게임보이 컴플리트 가이드

라의눈

차례

게임보이 컴플리트 가이드

게임보이 시리즈 하드 소개

게임보이 …………………… 004쪽	게임보이 라이트 ………… 010쪽
게임보이 브로스 …………… 006쪽	게임보이 컬러 …………… 012쪽
게임보이 포켓 ……………… 008쪽	

게임보이 시리즈 소프트 소개

1989년 ………… 017쪽	1994년 ………… 117쪽	1999년 ………… 193쪽
1990년 ………… 025쪽	1995년 ………… 137쪽	2000년 ………… 225쪽
1991년 ………… 051쪽	1996년 ………… 151쪽	2001년 ………… 261쪽
1992년 ………… 075쪽	1997년 ………… 161쪽	2002년 & 2003년 …………
1993년 ………… 099쪽	1998년 ………… 173쪽	………… 285쪽

칼럼

010쪽	074쪽	149쪽	223쪽	289쪽
015쪽	098쪽	150쪽	224쪽	
016쪽	104쪽	155쪽	260쪽	
023쪽	116쪽	160쪽	283쪽	
049쪽	135쪽	172쪽	284쪽	
050쪽	136쪽	192쪽	288쪽	

하드 소개

게임보이 소프트 연대순 & 가나다순 검색

연대순 검색 …… 291쪽   가나다순 검색 …… 305쪽

이 책의 표기 기준 등에 대하여

● 다음과 같은 약칭을 사용할 경우가 있습니다. 게임보이→GB, 게임보이 브로스→GB브로스 · GBG, 게임보이 포켓→GB포켓 · GBP, 게임보이 라이트→GB라이트 · GBL, 게임보이 컬러→GB컬러 · GBC.

● 출처가 불분명한 이야기나 진위가 확실치 않은 정보는 기본적으로 게재를 보류하고 있습니다. 또한 이 책에 기재된 발매일과 가격은 모두 독자적인 조사에 의한 것입니다.

● 가격은 당시 표기를 기준으로 했으므로 세금별도, 세금포함 가격이 혼재되어 있습니다.

● 이 책에서 다루는 게임기, 소프트, 기타 상품은 개인 컬렉션을 촬영 · 스캔한 것입니다. 상태가 매우 나쁜 것은 영상의 일부를 가공 및 수정한 경우도 있습니다.

● 이 책에서 다루는 게임기, 소프트, 기타 상품은 개인 컬렉션이지만 각종 권리는 각 개발사에 귀속되어 있고, 각 개발사의 상표 또는 등록상표입니다. 각 개발사로의 문의는 삼가주시기 바랍니다.

GAME BOY 시리즈
HARDWARE

GAME BOY COMPLETE GUIDE

게임보이

GAME BOY

발매일 / 1989년 4월 21일 가격 / 12,500엔

언제 어디서나 본격적인 게임을

휴대용 게임기 '게임보이'는 1989년에 탄생했다. 그해는 일본 기준으로 쇼와의 마지막 해인 동시에 30년 이상 이어질 헤이세이라는 새로운 시대의 시작이기도 했다. 게임보이가 등장하기 4년 전 에폭에서 카세트 교환식 휴대용 게임기 '게임 포켓 컴퓨터(통칭 포켓컴)'를 발매했던 적이 있었지만, 이는 FC 붐 때문인지 결과가 좋지 못했다. (호환 소프트 전 5개 타이틀)

닌텐도 게임보이는 화면의 해상도를 제외하면 자사의 FC와 동급, 혹은 그 이상의 성능을 보유하고 있었으며 소프트 역시 모두 본격적으로 플레이할 수 있는 작품들로 구성되어 있었다. AA 알카라인 건전지 4개로 약 35시간을 플레이할 수 있었기에 전력 효율이 좋았고 FC를 필두로 한 거치형 게임기보다 낮은 가격의 소프트 역시 본체 판매를 촉진시켰다. 결국 게임보이는 일본 내 누적 판매량 3,247만 대, 세계 누적 판매량 1억 1,869만 대를 기록하며 역사적인 명기가 될 수 있었다.

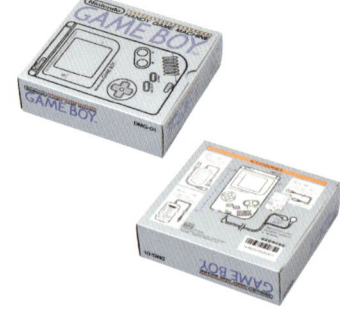

염가판

발매일 / 1994년 6월 6일 가격 / 9,800엔

그때까지 동봉되어 있던 '전용 스테레오 헤드폰'이 별매가 되고 패키지도 개선. 최종적으로는 8,000엔까지 가격이 내려갔다.

스펙

■ CPU / 독자개발 8비트 ■ 그래픽 / 모노크롬 4단조, 해상도 / 160×144도트 ■ 사운드 / PSG 음원 3음 ■ 본체 사이즈 / 세로148×가로90×두께32mm ■ 무게 / 약 300g(AA 전지 4개 포함) ■ 연속 사용시간 / 망간 건전지 사용시 약 15시간, 알카라인 건전지 사용시 약 35시간

카트리지 삽입구

이어폰 잭
전원 스위치
볼륨 스위치
시리얼 통신 포트

본체의 전원을 켜면 카트리지 삽입구 부분의 돌출부가 출현. 끝까지 밀어 넣으면 카트리지 오른쪽 홈 부분에 돌출부가 딱 맞게 끼워지기 때문에 게임을 실행할 수 있다.

모노크롬 소프트에는 플라스틱 케이스가 부속. 컬러 전용에서는 폐지.

광고지 갤러리

앞면…패미컴에서는 할 수 없었던 통신 케이블을 이용한 플레이 방식도 선보인다.

뒷면…스펙과 사용법은 물론이고 주변기기 및 론칭 타이틀도 소개한다.

게임보이 브로스

GAME BOY BROS.

발매일 / 1994년 11월 21일   가격 / 8,000엔

게임보이에게 컬러풀한 동생이 등장!

이 기기는 초대 게임보이가 등장하고 나서 약 5년이 지나 발매된 게임보이의 '동생'이다. 본체 '색놀이'의 선구자라고 할 수 있겠는데 이때 발매된 색상은 모두 6색이었다. 그 중에서 가장 많이 판매된 것은 '그린' 버전! 이유는 당시 SMAP의 멤버로 인기 절정이었던 키무라 타쿠야가 본 기기의 광고를 맡았을 때 손에 들고 있었던 색상이 바로 그린 버전이었기 때문이다. 반면 가장 인기가 없었던 색상은 초기형과 같은 색상인 화이트 버전이었다고 하는데, 다른 브로스 기기와 마찬가지로 화이트 버전 역시 버튼 색상이 초기형과 달랐기 때문에 구분은 용이했다. 스펙이나 본체 사이즈에선 초기형 게임보이와 차이가 없었지만 가격이 대폭 하락했기 때문에 신규 구매층은 물론이고 초기형 게임보이의 교체를 위해(액정 수명이 짧고 먼지가 들어가기 쉽기 때문) 구매하는 유저층도 많아서 수요는 컸던 것으로 보인다.

스펙

■CPU / 독자개발 8비트 ■그래픽 / 모노크롬 4단조, 해상도 / 160×144도트 ■사운드 / PSG 원음 3음 ■본체 사이즈 / 세로148×가로90×두께32mm ■무게 / 약 300g(AA 건전지 4개 포함) ■연속 사용시간 / 망간 건전지 사용시 약 15시간, 알카라인 건전지 사용시 약 35시간

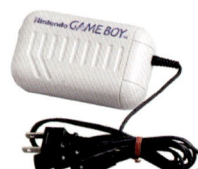

기본 사양과 본체 사이즈는 초기형 게임보이와 동일하기 때문에, 기존 게임보이용 주변기기는 계속 사용할 수 있었다.

컬러 배리에이션①

옐로우

그린

화이트

컬러 배리에이션②

스켈레톤

블랙

광고지 갤러리

당시로서는 본체 컬러를 선택할 수 있다는 것이 매우 획기적인 일이었다.
구매자 전원 증정 이벤트 상품이었던 '반다나'는 광고 모델인 키무라 타쿠야가 착용했던 것과 동일하다.

게임보이 포켓

GAME BOY POCKET

발매일 / 1996년 7월 21일   가격 / 6,800엔

가격 인하 & 대히트작의 등장으로 다시 살아난 GB 시장

6,800엔으로 가격을 낮춘 것과 더불어(1998년 2월 5,800엔, 같은 해 3,800엔까지 가격 인하) 게임보이 포켓과 같은 해에 발매된 '포켓몬스터'의 대히트로 한계에 이르렀다고 판단된 GB 시장이 다시 활성화되었다. 게임보이 포켓의 색상은 처음 발매된 순간부터 5색이었으며 1996년 10월에는 실버, 다음해인 97년 4월에는 골드 버전이 추가되었다. 같은 해 7월에는 핑크, 11월에 클리어 퍼플이 발매된 것 외에도 오리지널 사양의 한정 본체가 많이 출시되었다.

묵직했던 본체는 소형화/경량화 되었고 액정의 가시도도 상승했다. 다만 초기형과 달리 일정 배터리 양을 충족시키지 못했을 경우 강제로 전원이 꺼지는 문제점이 있었는데(초기형은 화면이 서서히 희미해지면서 사운드도 끊김) 후기형에선 배터리 잔량 램프로 이 문제를 해결했다.

스펙
- 본체 사이즈 / 세로127.6×가로77.6×두께 25.3mm ■ 무게 / 약 150g(AAA 건전지 4개 포함) ■ 연속 사용시간 / 알카라인 건전지 사용시 약 8시간

게임보이 포켓의 광고지

컬러 배리에이션①

레드

옐로우

그린

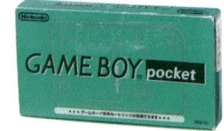

컬러 배리에이션②

블랙

핑크

발매일 / 1997년 7월 11일   가격 / 6,800엔

클리어 퍼플

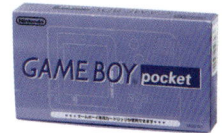

발매일 / 1997년 11월 21일   가격 / 6,800엔

골드

발매일 / 1997년 4월 18일   가격 / 7,800엔

실버(초기형)

발매일 / 1996년 10월 19일   가격 / 7,800엔

실버(후기형)

발매일 / 불명
가격 / 7,800엔

원래 미국에서 발매되던 것을 일본에서 발매. 메탈 소재로 도장되어 있고, 특제 플라스틱 케이스에 수납되어 있다. 실버 초기형만 액정 화면의 프레임이 거울로 되어 있다.

카트리지 삽입구의 돌출부가 폐지되는 등, 보다 슬림해졌다.

게임보이 라이트

GAME BOY LIGHT

발매일 / 1998년 4월 14일   가격 / 6,800엔

화면이 훨씬 보기 쉬워졌고, 스태미너도 충분

골드

모노크롬 GB 시리즈로는 마지막 주자이며 일본을 제외한 해외에서는 발매되지 않았다. ON/OFF 전환이 가능한 백라이트를 탑재한 것이 이 제품 최대의 특징이며 AA 알카라인 건전지 2개를 사용해서 GB 포켓 대비 장시간 플레이가 가능했던 것도 핵심 포인트. (백라이트 점등시 약 12시간, 비점등시 약 20시간 사용 가능)

본체 색상은 고급스러움을 연출하는 '골드'와 어른스러운 분위기의 '실버' 2가지가 채택되었으며 GB 포켓보다 사이즈가 약간 크고 무게감이 있다. 가격은 GB 포켓이 처음 출시되었을 때와 동일한 6,800엔이었는데, 시중에 판매되고 있던 GB 포켓이 5,800엔이었기 때문에 비싸다는 느낌은 전혀 없었고 GB 포켓용 주변기기도 연동해서 사용할 수 있다는 장점을 가지고 있었다. 하지만 본 기기가 출시되고 반년이 지나서 게임보이 컬러가 등장했기 때문에 결국 포지션이 애매한 기기가 되고 말았다.

스펙

- 본체 사이즈 / 세로135×가로80×두께29mm
- 무게 / 약 190g(AA 건전지 2개 포함)
- 연속 사용시간 / 알칼라인 건전지 사용시 백라이트 ON에서 약 12시간, 백라이트 OFF에서 약 20시간

게임보이 전문지 「필승 Game boy 플레이어」

당시 드물었던 게임보이 전문지 중 하나로 공략 기사와 리뷰 코너(점수는 없고 추천 소프트에는 GOOD이나 VERY GOOD이 부여되었다) 및 독자 참가 RPG 'Power of Iron', 사가의 오리지널 보드게임 '낙원으로 가는 길' 등 독자적인 내용이 빛났다.

「필승 Game boy 플레이어」
1990년 7월호(창간호)

「필승 Game boy 플레이어」
1990년 8월호

「필승 Game boy 플레이어」
1990년 9월호

타츠미출판 발간 (1990년 7월 1일 발행)

타츠미출판 발간 (1990년 8월 1일 발행)

타츠미출판 발간 (1990년 9월 1일 발행)

광고지 갤러리

게임보이 포켓 (핑크) 광고지

게임보이 포켓 (클리어 퍼플) 광고지

게임보이 포켓 (골드) 광고지

게임보이 라이트 광고지

게임보이 컬러

GAMEBOY COLOR

발매일 / 1998년 10월 21일   가격 / 8,900엔

선명한 컬러 액정으로 게임을 보다 즐겁게

컬러 액정으로 변경되면서 표현력이 상승했던 기종이었다. 저렴한 STN 액정이 TFT 액정으로 업그레이드되었고, 기존 시리즈의 단점으로 지목받았던 액정의 잔상 문제 역시 말끔하게 해결되었다. 이 기기는 하위 호환을 지원해서 내부문의 게임보이 소프트를 구동할 수 있었으며(일부 작동되지 않는 소프트도 있었음) 기존 게임보이 소프트는 4~10색으로 컬러를 구현 가능, 'GB & GBC 공통 소프트', 'GBC 전용 소프트'는 32,000색 중 56색 동시 발색으로 더욱 화려한 화면을 즐길 수 있었다. AA 알카라인 건전지로 약 20시간 플레이가 가능했으며 새롭게 탑재된 적외선 통신 기능을 비롯해서 스펙과 기능 면에서도 아무 손색이 없었다. 소프트 역시 다수가 출시되면서 전 세계 2,000만대 이상의 판매고를 올리는 대히트를 기록했으며 가격은 발매 당시 8,900엔이었지만 추후 6,800엔으로 다운되기도 했다.

크림

스펙

- CPU / DMG호환 8비트 CPU(128Kb 메모리 내장, 배속 모드 탑재) ■메모리 / 256K SRAM ■그래픽 / 그래픽 32,000색 중 56색 동시 발색, 해상도 / 160×144도트 ■본체 사이즈 / 세로 133.5×가로78×두께27.4mm ■무게 / 약 188g (AA 건전지 2개 포함) ■연속 사용시간 / 알카라인 건전지 사용시 약 20시간

컬러 배리에이션①

퍼플

레드

옐로우

컬러 배리에이션②

블루

클리어 퍼플

앞면과 측면은 게임보이 포켓에 가까운 디자인

'게임보이 & 컬러 공통 소프트'는 카트리지 색이 검정, '게임보이 컬러 전용 소프트'는 스켈레톤으로 구성되어 있다. 물론 예외도 있었다.

광고지 갤러리

게임보이 컬러 광고지1

게임보이 컬러 광고지2

013

슈퍼 게임보이 & 슈퍼 게임보이2

발매일 / 1994년 6월 14일   가격 / 7,000엔

슈퍼패미컴에서 플레이가 가능한 게임보이 주변기기

슈퍼 게임보이의 삽입구에 게임보이 카트리지를 꽂고 그 상태로 평소처럼 슈퍼패미컴 카트리지 삽입구에 세팅하면 TV 화면으로 게임보이 소프트를 플레이할 수 있는 슈퍼패미컴의 주변기기이다.
기존 모노크롬 4단조를 임의의 색으로 변환할 수 있으며 일부 타이틀은 전용 픽처 프레임(게임 화면 가장자리에 표시되는 영상)이 준비되기도 했다. 게임 자체의 발색수가 최대 13색으로 늘어난 소프트도 있었으며 BGM과 효과음을 슈퍼패미컴의 음원으로 사용한 호화 소프트도 있었다.
슈퍼 게임보이 초기형은 게임 속도가 몇 퍼센트 상승하는 문제점이 있었는데 이것은 2에서 해결되었다. 이후 후속기기 개발도 발표되었지만 안타깝게 이 계획은 중지되고 말았다.

슈퍼 게임보이 2
발매일 / 1998년 1월 30일
가격 / 5,800엔

통신 단자가 탑재되어 게임보이와 통신 플레이가 가능해졌고, 포켓 카메라, 포켓 프린터 등 게임보이 주변기기에도 접속할 수 있다.

특수한 소프트 & GB 메모리 카트리지

「포켓몬 핀볼」

닌텐도64의 진동 팩에서 힌트를 얻은 '진동 카트리지'를 첫 탑재. 건전지 방식으로 제작되어 있다. 진동에서 나오는 현장감 넘치는 게임성으로 100만 개 이상의 대히트를 기록했다.

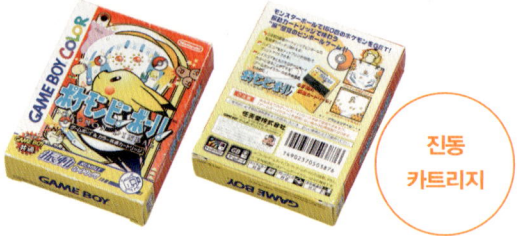

진동 카트리지

「GB 메모리 카트리지」

「데굴데굴 커비」

세계 최초로 동작 센서(가속도 센서)를 탑재한 휴대용 게임기 소프트. 게임보이의 움직임에 맞춰 커비가 움직인다. 참신한 게임성으로 50만 개 이상의 판매고를 기록했다.

동작 센서

1997년 9월 30일부터 2007년 2월 28일까지 편의점 로손과 닌텐도에서 실시했던 게임 소프트를 덧씌워 판매하는 서비스명이 '닌텐도 파워'였다. 게임을 덧씌우기 위해서는 플래시 메모리가 내장된 'GB 메모리 카트리지'가 필요했는데 이 카트리지의 개별 판매 가격은 2,800엔(세금별도)이었으며, 가끔씩 있었던 예외를 제외하고 게임을 덧씌우는 가격은 1,000엔이 기본이었다. 또한 미리 게임이 내장된 상태로 발매되는 프리 라이트판도 준비되어 있었다.

광고지 갤러리

『드라큘라 전설』

『페인터 모모피』

『코스모 탱크』　　『아야카시의 성』

『몬스터 메이커』

『쿼스』

광고지 갤러리

『아레사』

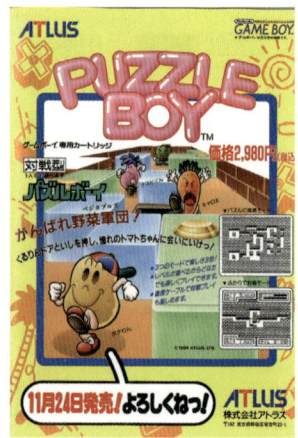

『퍼즐 보이』

『몬스터 메이커』

『베리우스 롤랑의 마수』

『SD건담 외전 나이트 건담 이야기』

『F1 보이』

GAME BOY
1989년
GAME BOY COMPLETE GUIDE

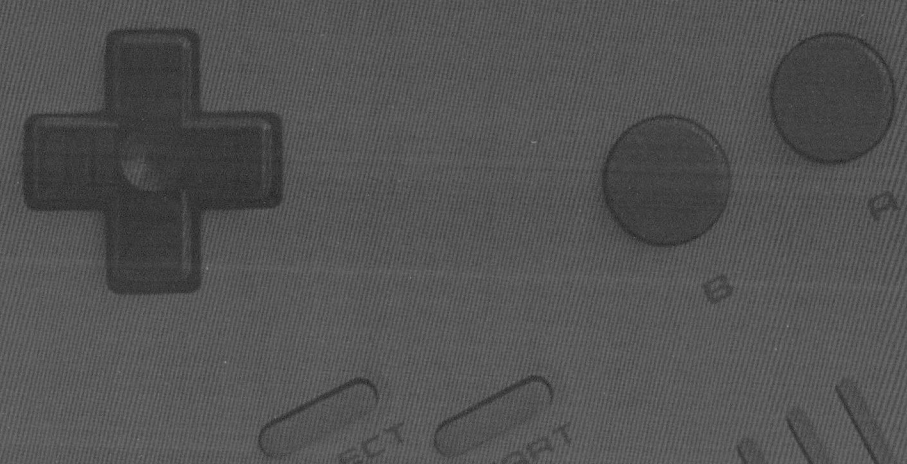

슈퍼마리오 랜드

- 발매일 / 1989년 4월 21일 ● 가격 / 2,600엔
- 퍼블리셔 / 닌텐도

게임보이 론칭 타이틀. 발매일에 게임보이를 구입했던 대다수의 유저들이 이 작품을 동시 구매했을 것으로 예상된다. 휴대용 하드웨어로 『슈퍼마리오』를 플레이할 수 있다는 점이 큰 화제가 되어 일본에서만 약 420만 개의 판매고를 올렸다. (게임보이 소프트에선 『테트리스』에 이어서 2위) 기본적인 내용은 패미컴용 『슈퍼 마리오 브라더스』와 같은 횡스크롤 점프 액션이며 슈퍼 버섯으로 거대화해서 블록을 부수고 그 상태에서 꽃을 얻으면 슈퍼볼 마리오로 변신한다.

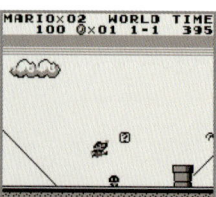
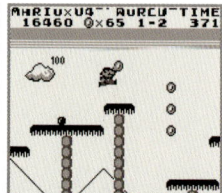
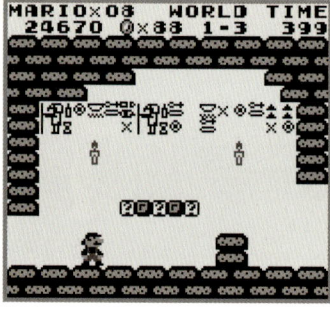

테트리스

- 발매일 / 1989년 6월 14일 ● 가격 / 2,600엔
- 퍼블리셔 / 닌텐도

게임보이에서 가장 많이 판매된 게임이며 하드웨어 보급의 기폭제 역할을 했다. 게임보이 이전에도 테트리스는 다양한 하드웨어로 이식되었지만 휴대용 기기의 장점인 휴대성과 가벼움이 히트의 원인이 되었다. 또한 이 작품으로 인해 테트리스에서 처음으로 대전이 실현되었다는 것도 중요한 포인트. 다른 낙하형 퍼즐과는 형태가 다른 '테트리미노'의 독창성 때문에 비록 흑백 화면이 채용되었어도 전혀 마이너스 요소가 되지 않았고, 규칙 또한 심플해서 남녀노소 모두가 즐길 수 있다는 점이 폭발적인 인기에 박차를 가했을 것이다.

마계탑사 SaGa

- 발매일 / 1989년 12월 15일 ● 가격 / 3,500엔
- 퍼블리셔 / 스퀘어

게임보이 최초의 RPG이자 서드파티에서 개발했던 소프트 중에선 처음으로 100만 개 이상의 판매고를 올렸던 작품이다. RPG이면서 경험치의 개념을 없애고 종족마다 다른 성장 방법을 도입했던 것이 특이했으며 특히 적을 먹고 성장하는 몬스터는 어떻게 변신할지 몰라서(법칙은 있었지만) 도박성 높은 캐릭터가 되기도 했다. 집 밖에서 플레이하는 휴대기기와 장시간 플레이가 필요한 RPG는 상성이 나빠 보이지만 어디에서든 세이브가 가능한 구조로 이 약점이 해결되기도 했다.

얼레이웨이

- 발매일 / 1989년 4월 21일 ● 가격 / 2,600엔
- 퍼블리셔 / 닌텐도

게임보이 론칭 타이틀 4개 중 하나로 흔히 말하는 '블록 깨기' 게임이다. 보너스 스테이지를 포함해 총 32 스테이지를 수록하고 있으며 버튼을 누른 상태로 패들을 조작하면 가속이 가능하다.

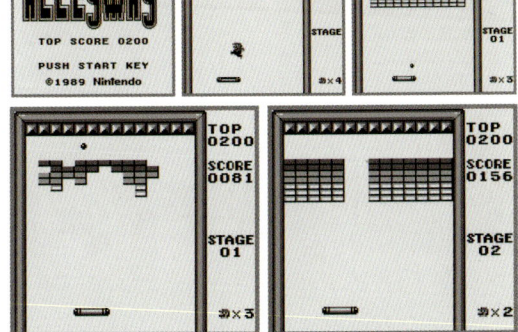

베이스볼

- 발매일 / 1989년 4월 21일 ● 가격 / 2,600엔
- 퍼블리셔 / 닌텐도

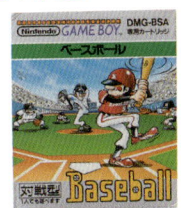
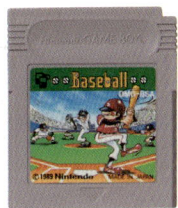

1983년 발매된 패미컴의 『베이스볼』 이후 닌텐도에서 발매한 첫 야구 게임이었다. 팀은 가상의 팀 2개뿐이며 수비는 세미 오토로 진행되었다. JPN과 USB 모드로 전환할 수 있는 것이 특징.

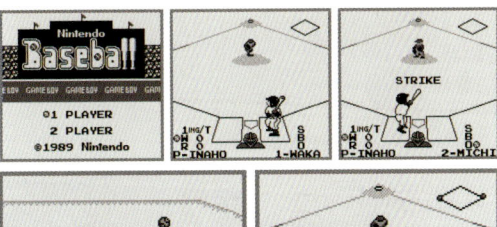
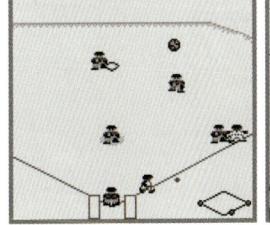
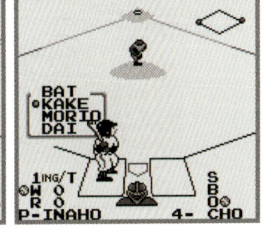

역만

- 발매일 / 1989년 4월 21일 ● 가격 / 2,600엔
- 퍼블리셔 / 닌텐도

게임보이 론칭 타이틀 중 하나로 2인 마작 게임이다. 통신 케이블을 사용하면 플레이어끼리 대전이 가능하고 CPU와의 대전에서는 5명의 캐릭터 중 1명을 선택할 수 있다.

  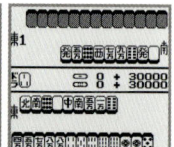

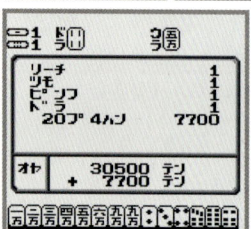 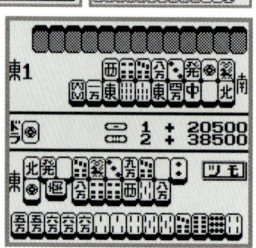

테니스

- 발매일 / 1989년 5월 29일 ● 가격 / 2,600엔
- 퍼블리셔 / 닌텐도

 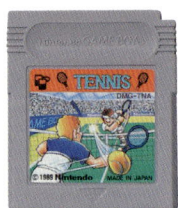

패미컴 버전 『테니스』를 토대로 개발된 타이틀. 원작과 마찬가지로 2인 플레이는 불가능하지만 통신 케이블을 이용하면 플레이어 2명이 대전할 수 있었다. 이 작품에서도 마리오가 심판을 맡고 있다.

 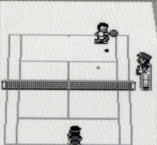 

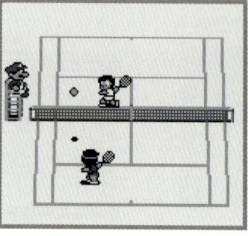 

상하이

- 발매일 / 1989년 7월 28일 ● 가격 / 2,980엔
- 퍼블리셔 / HAL 연구소

퍼즐 게임으로는 상당히 많은 하드웨어로 출시되었던 『상하이』의 게임보이 버전이다. 흑백 화면이지만 그림자를 이용해서 마작패의 입체감을 표현했으며 덕분에 패가 쌓인 부분이 알아보기 쉽다.

 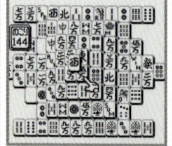 

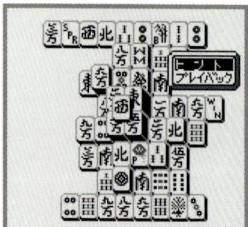 

소코반

- 발매일 / 1989년 9월 1일 ● 가격 / 3,090엔
- 퍼블리셔 / 포니 캐니언

고전 명작 퍼즐 게임의 이식 버전. 지정 위치까지 짐을 옮기면 클리어인데 '밀 수는 있어도 당길 수는 없다'는 규칙으로 플레이어의 사고력을 시험한다.

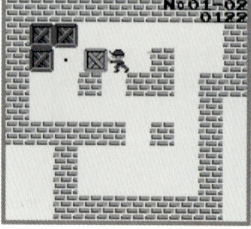 

모토크로스 매니악스

- 발매일 / 1989년 9월 20일 ● 가격 / 2,900엔
- 퍼블리셔 / 코나미

크고 작은 돌출부와 점프대, 360도 회전 등의 변화가 가득한 코스를 달리는 사이드뷰 레이스 게임. 혼자 달리는 솔로 모드, CPU 및 2P와의 대전 모드가 준비되어 있고, 8종류의 코스를 플레이할 수 있다.

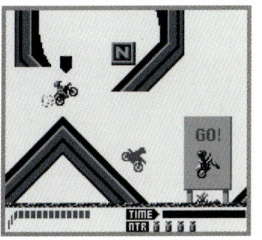

하이퍼 로드 런너

- 발매일 / 1989년 9월 21일 ● 가격 / 2,800엔
- 퍼블리셔 / 반다이

패미컴 초기에도 인기를 누렸던 세계적인 명작 퍼즐 게임을 이식. 열쇠를 습득해서 숨겨진(우라) 스테이지로 가고, 금괴를 전부 모으지 않으면 클리어가 되지 않는 등 난이도가 높은 스테이지가 많다.

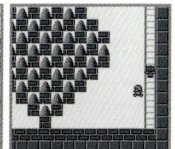
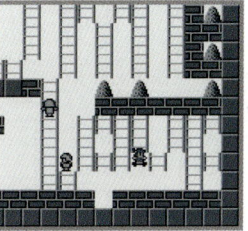

핀볼 66마리의 악어 대행진

- 발매일 / 1989년 10월 18일 ● 가격 / 2,980엔
- 퍼블리셔 / HAL연구소

HAL연구소가 개발한 핀볼 게임. 제목 그대로 필드에는 다수의 악어가 있으며 다양한 기믹이 존재한다. 2인용으로 플레이할 수 있지만 플레이어가 죽을 때마다 두 명의 플레이어가 교대하는 구조로 되어 있다.

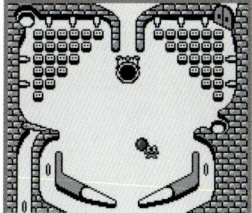
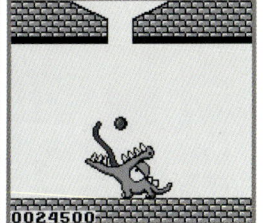

드라큘라 전설

- 발매일 / 1989년 10월 27일 ● 가격 / 3,300엔
- 퍼블리셔 / 코나미

패미컴에서 큰 인기를 끌었던 『악마성 드라큘라』의 시리즈 중 하나. 보조 무기가 존재하지 않고 파워업된 채찍에서 불덩이가 발사되는 등의 오리지널 요소가 있다.

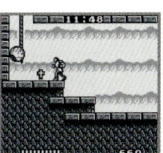

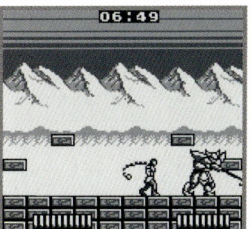

GAME BOY 1989

퍼즐 보이
- 발매일 / 1989년 11월 24일 ● 가격 / 2,980엔
- 퍼블리셔 / 아틀라스

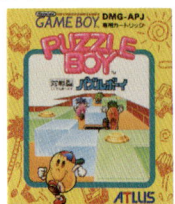 

감자가 주인공인 퍼즐 게임. 블록과 회전문을 밀어서 나아가고 골에 도착하면 클리어. 일부 스테이지는 여러 캐릭터를 교대로 조작하기도 한다.

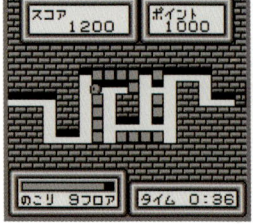 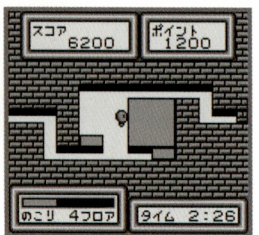

골프
- 발매일 / 1989년 11월 28일 ● 가격 / 2,600엔
- 퍼블리셔 / 닌텐도

패미컴용 「골프」를 토대로 게임보이 버전으로 개발되었다. 시스템은 패미컴 버전을 답습하고 있으며, JAPAN 코스와 USA 코스가 수록되어 있다.

  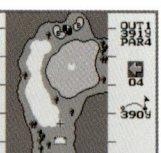

 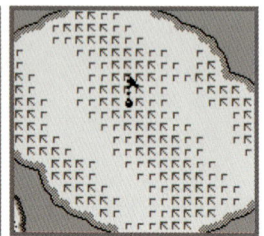

해전 게임 네이비 블루
- 발매일 / 1989년 12월 22일 ● 가격 / 3,400엔
- 퍼블리셔 / 유스

오래전부터 종이와 필기도구로 플레이하던 해전 게임을 디지털화 한 것. 플레이어에게는 보이지 않는 적의 함선 칸을 지정해서 공격해 나간다. 2인 대전도 가능하다.

 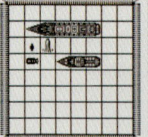 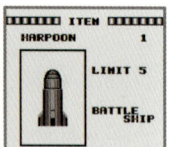

 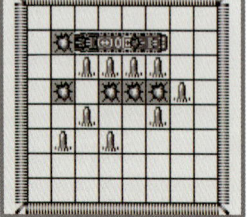

터벅터벅! 아스믹군 월드
- 발매일 / 1989년 12월 27일 ● 가격 / 3,090엔
- 퍼블리셔 / 아스믹

탑뷰 액션 게임으로 열쇠를 찾아서 계단으로 가면 클리어. 적을 쓰러뜨리려면 구멍에 빠뜨려 묻거나 아이템을 이용해 특수공격을 해야 한다. 2인 협력 플레이에서는 서로 도와가며 진행하게 된다.

 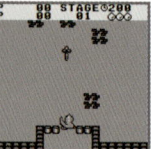 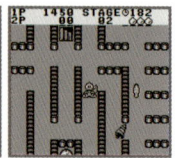

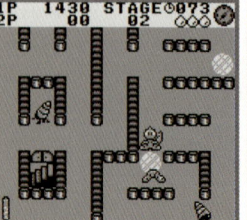 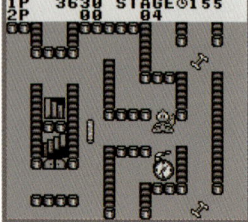

셀렉션 선택받은 자

- 발매일 / 1989년 12월 28일 ● 가격 / 3,090엔
- 퍼블리셔 / 켐코

어드벤처 게임의 시스템을 채용한 커맨드 선택식 RPG로 적끼리 공격을 시작하거나 주인공이 마법 데미지를 입는 등의 특이한 요소들이 탑재되어 있다. 게임 재개는 패스워드 방식으로 진행된다.

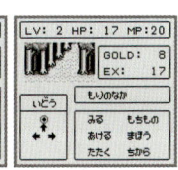
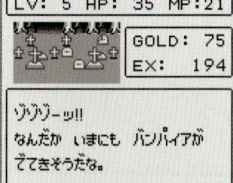
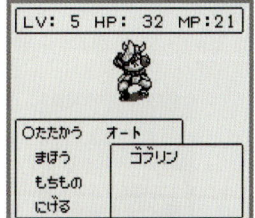

마스터 카라테카

- 발매일 / 1989년 12월 28일 ● 가격 / 2,900엔
- 퍼블리셔 / 신세이 공업

해외 제작사에서 개발했던 횡스크롤 액션 게임을 이식한 버전이다. 다른 기종 버전보다 캐릭터가 크게 그려져 있으며 파워, 스피드, 라이프 능력치 분배 등의 오리지널 요소도 갖추고 있다.

소프트 부속품 & 세트 상품 소개①

『사쿠라 대전 GB2 썬더 볼트 작전』
『사쿠라 대전 GB 격 · 하나구미 입대』

오리지널 GB 파우치가 동봉된 초회 한정판(왼쪽 사진), 그리고 만보계 휴대형 게임기인 '포켓 사쿠라'와의 적외선 통신이 가능한 '하나구미 입대'는 2개 세트로 구성된 합본팩도 발매되었다. (오른쪽 사진/8,300엔)

『전차로 GO!2』
호환 전철 도감과 전철 카드가 동봉. 철도 마니아에게는 조금이나마 기분 좋은 특별 부록이다.

『댄스 댄스 레볼루션』 시리즈

『댄스 댄스 레볼루션 GB』 시리즈에는 전용 컨트롤러가 동봉.

『포켓 러브』 & 『포켓 러브2』
KID가 개발한 연애 시뮬레이션 게임. 테마송 및 성우를 기용해 게임 속 일부 대사를 수록한 CD가 부속된 버전으로, 게임에 맞춰 재생하면 현장감을 느낄 수 있다.

『퍼즐 스페이스(바코드 보이 세트)』

바코드 보이와 전용 소프트의 동봉판.
『몬스터 메이커 바코드 사가』에도 같은 동봉판이 존재한다.

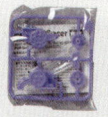

『작은 에일리언』

『미니사구 GB Let's & Go!!』

왼쪽은 「스펙트럼 커뮤니케이터」의 파츠. 본체에 붙이면 적외선 통신을 서포트한다. 오른쪽은 미니사구에서 사용할 수 있는 경량 초속 기어 세트로, 특별 사양이다.

미키 마우스

- 발매일 / 1989년 9월 5일
- 가격 / 2,980엔
- 퍼블리셔 / 켐코

미키 마우스가 주인공인 사이드뷰 액션 게임. 하트를 전부 수집하면 스 테이지 클리어가 되는데 총 80스테이시가 수록되어 있다.

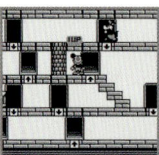

씨사이드 발리

- 발매일 / 1989년 10월 31일
- 가격 / 2,980엔
- 퍼블리셔 / 톤킹 하우스

비치발리볼을 게임화 한 작품으로 CPU전 및 2P와의 대전, 협력전이 가 능하다. 선택한 나라에 따라 능력차가 존재한다.

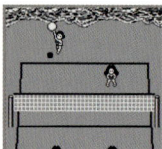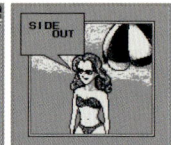

파친코 타임

- 발매일 / 1989년 12월 8일
- 가격 / 3,280엔
- 퍼블리셔 / 코코너츠 재팬 엔터테인먼트

코코너츠 재팬의 4번째 파친코 게임이다(패미컴 버전이 최초). '하네모노' 나 '디지파치' 등 가공의 파친코 기기가 수록되어 있다.

장기

- 발매일 / 1989년 12월 19일
- 가격 / 3,400엔
- 퍼블리셔 / 포니 캐니언

게임보이 최초의 장기 게임. 장기 본편 이외에도 상대의 말이 보이지 않 는 특이한 장기나 묘수풀이도 준비되어 있다.

Q 빌리온

- 발매일 / 1989년 12월 22일
- 가격 / 2,980엔
- 퍼블리셔 / 세타

두 종류의 퍼즐 게임을 플레이할 수 있다. A는 쌓인 블록을 비우는 게 임, B는 같은 블록 4개를 한 세트로 지우는 게임이다.

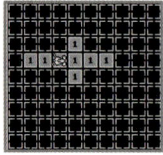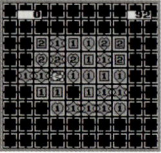

북두의 권 처절십번승부

- 발매일 / 1989년 12월 22일
- 가격 / 3,500엔
- 퍼블리셔 / 토에이 동화

『북두의 권』에 등장하는 캐릭터 11명 중 한 명을 선택해서 남은 10명을 쓰 러뜨리는 대전 액션 게임. 버튼을 길게 눌러서 필살기도 쓸 수 있다.

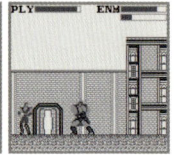

GAME BOY
1990년

GAME BOY COMPLETE GUIDE

네메시스

● 발매일 / 1990년 2월 23일   ● 가격 / 3,500엔
● 퍼블리셔 / 코나미

『네메시스』는 『그라디우스』의 해외판 제목이며 게임보이 버전은 『네메시스』란 제목을 채용했다. 파워업 캡슐을 얻으면 게이지가 올라가고 플레이어가 임의의 타이밍에 자신의 기체를 파워업시킬 수 있다. 기체의 움직임을 동기화하는 옵션은 2개까지 부여할 수 있으며 공격은 레이저나 더블로 강화할 수 있다. 스테이지는 총 다섯 개로 아케이드 버전은 물론이고 패미컴 버전보다 적지만 오리지널 요소가 수록되어서 꽤 재밌게 즐길 수 있는 작품이다.

  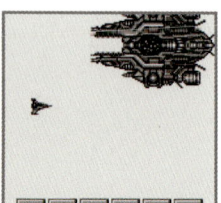

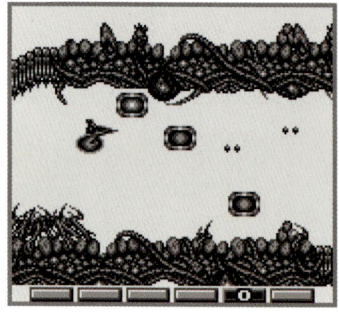 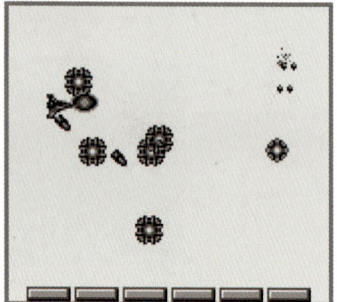

레드 아리마 마계촌 외전

● 발매일 / 1990년 5월 2일   ● 가격 / 3,300엔
● 퍼블리셔 / 캡콤

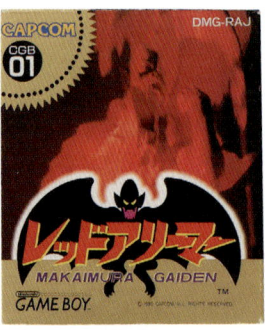

아케이드 버전과 이식 버전까지 모두 좋은 평가를 받았던 『마계촌』의 스핀오프작으로 마계촌에서 플레이어를 괴롭혔던 레드 아리마가 주인공으로 등장한다. 장르는 액션 RPG이며 통상 화면은 탑뷰, 하지만 적과 마주칠 때나 던전 내부에서는 사이드뷰로 전환된다. 전투 중 입에서 불덩이를 쏘아 적을 공격할 수 있으며 점프나 점프 중의 호버링, 벽에 달라붙는 액션 등이 준비되어 있다. 기존 마계촌의 캐릭터와 세계관을 살리면서 전혀 다른 게임으로 완성되었다는 것이 특징.

닥터 마리오

- 발매일 / 1990년 7월 27일　● 가격 / 2,600엔
- 퍼블리셔 / 닌텐도

게임보이 버전과 패미컴 버전이 동시 발매. 병 속에 있는 바이러스를 화면 위에서 투하하는 캡슐로 지워가게 되는데 바이러스를 전부 없애면 클리어, 최상단까지 캡슐이 쌓이면 게임오버가 된다. 캡슐은 완전히 낙하할 때까지 회전시킬 수 있으며 바이러스를 포함해 같은 색상이 가로, 세로로 4개 이상 모이면 바이러스를 지울 수 있다. 1인 플레이는 바이러스를 지워나가면 되지만, 2인 플레이(대전형)는 지운 바이러스의 수에 따라 상대에게 버블 캡슐을 날려 병의 상단까지 쌓이게 한 쪽이 승리한다.

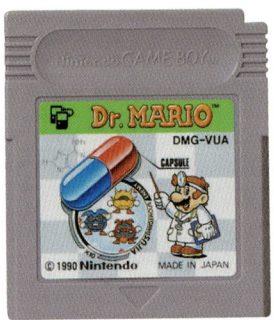

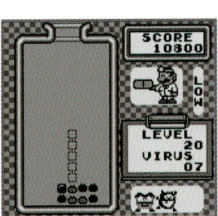

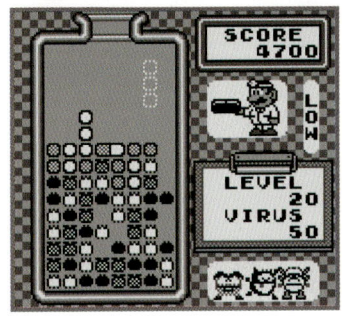
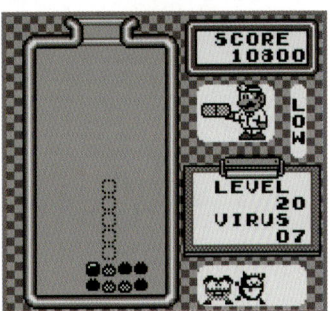

SaGa2 비보전설

- 발매일 / 1990년 12월 14일　● 가격 / 4,800엔
- 퍼블리셔 / 스퀘어

1989년 12월에 발매되었던 『마계탑사 SaGa』의 속편으로 전작처럼 레벨업 개념을 없앤 파워업은 건재하다. 4인 파티의 종족은 인간, 에스퍼, 메카, 몬스터 중에서 선택할 수 있으며 성장 방법은 종족에 따라 다르다. 특히 이 작품에서 처음 등장하는 메카는 장비품에 따라 HP나 능력치가 변하는 특징을 가지고 있으며 시나리오는 주인공이 아버지를 찾기 위해 NPC의 도움을 받아 수많은 세계를 하나씩 클리어해 나가는 방식으로 구성되어 있다. 일본 내에서 약 85만 개가 판매되었다.

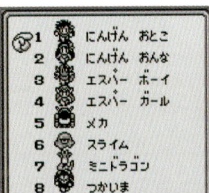

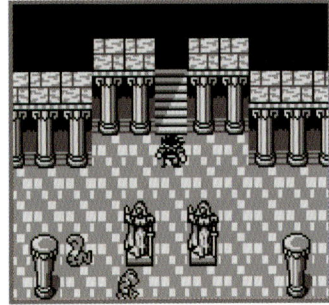

솔라 스트라이커

- 발매일 / 1990년 1월 26일
- 가격 / 2,600엔
- 퍼블리셔 / 닌텐도

닌텐도에서 제작한 몇 안 되는 슈팅 게임 중 하나이며 게임보이 디아이들 중 첫 번째로 출시된 슈팅 게임이다. 플레이어의 기체는 아이템 습득으로 파워업을 하며 전체 6스테이지 클리어를 목표로 삼는다.

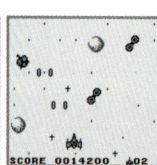

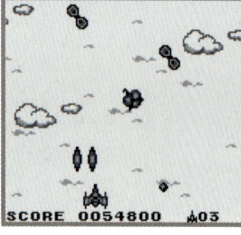

쿼스

- 발매일 / 1990년 3월 16일
- 가격 / 3,300엔
- 퍼블리셔 / 코나미

오리지널은 아케이드 버전이며 플레이어의 기체로 블록을 쏴 필드의 블록을 사각으로 만들어 지워나가는 게임이다. 다양한 효과를 가진 아이템이 존재하는 독자적인 요소가 있으며 2인 대전도 가능하다.

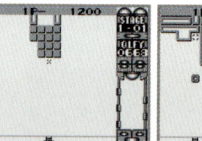
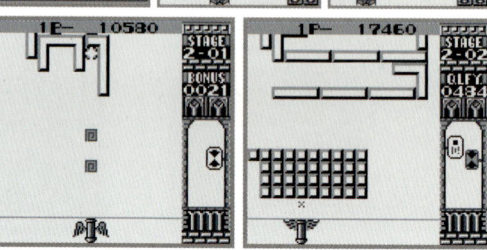

퀵스

- 발매일 / 1990년 4월 13일
- 가격 / 2,600엔
- 퍼블리셔 / 닌텐도

미국과 일본에서 아케이드용으로 히트했던 퍼즐 게임을 이식한 버전. 라인으로 구역을 감싸서 75%를 넘기면 클리어가 된다. 심플한 규칙을 가지고 있지만 다양한 테크닉을 요구하는 심도 있는 작품이다.

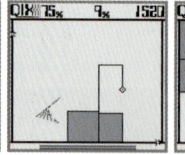
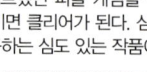
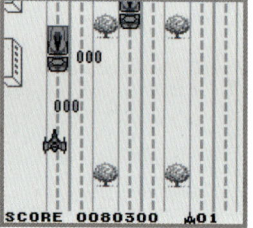

배트맨

- 발매일 / 1990년 4월 13일
- 가격 / 3,400엔
- 퍼블리셔 / 선 전자

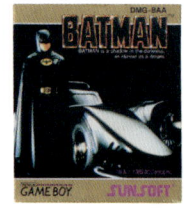
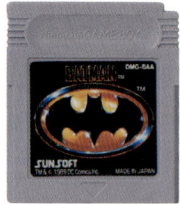

아메리칸 히어로의 대표적인 인물인 배트맨을 주인공으로 삼은 사이드 뷰 액션 게임. 총으로 공격하며 아이템으로 파워업한다. 게임 중간에 슈팅 스테이지도 준비되어 있다.

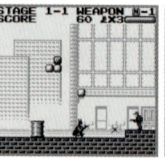

GAME BOY 1990

코스모 탱크
- 발매일 / 1990년 6월 8일
- 가격 / 3,500엔
- 퍼블리셔 / 아틀라스

8방향 스크롤 스테이지를 중심으로 종스크롤과 유사 3D 스테이지가 더해진 호화로운 슈팅 게임이다. 적을 쓰러뜨리면 경험치가 들어오고 일정량의 라이프 최대치가 늘어나게 된다.

 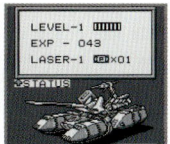 

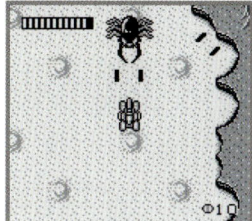 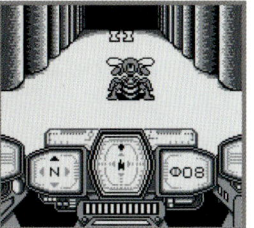

더블 드래곤
- 발매일 / 1990년 7월 20일
- 가격 / 3,500엔
- 퍼블리셔 / 테크노스 재팬

큰 인기를 누렸던 아케이드 벨트 스크롤 액션을 이식한 버전. 게임보이용은 아쉽게도 2P 동시 플레이가 불가능해졌지만 대신 1vs1 대전과 오리지널 보스 캐릭터가 준비되어 있다.

 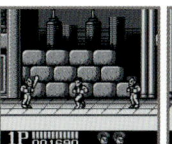 

 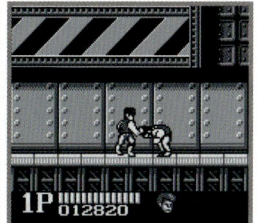

퍼즈닉
- 발매일 / 1990년 7월 31일
- 가격 / 3,400엔
- 퍼블리셔 / 타이토

아케이드용 퍼즐 게임을 이식한 버전. 블록을 움직여서 동일한 모양을 2개 이상 접촉시키면 지울 수 있다. 아케이드용에 존재했던 탈의 요소는 사라졌지만 대신 애니메이션풍의 예쁜 여성 캐릭터가 등장한다.

 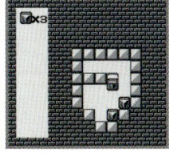 

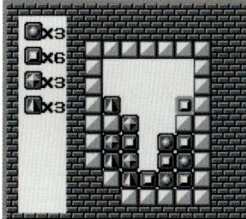 

틴에이지 뮤턴트 닌자 터틀스
- 발매일 / 1990년 8월 3일
- 가격 / 3,500엔
- 퍼블리셔 / 코나미

미국에서 큰 인기를 누렸던 닌자 거북이를 주인공으로 내세운 사이드뷰 액션 게임. 4명의 캐릭터 중 한 명을 선택하고 근접 공격과 수리검으로 적을 쓰러뜨려 나간다. 총 5스테이지가 준비되어 있다.

봄버보이

- 발매일 / 1990년 8월 31일
- 가격 / 3,500엔
- 퍼블리셔 / 허드슨

『봄버맨』의 게임보이 버전이다. 패미컴 버전외 이식판과 오리지널 게임을 즐길 수 있으며 시리즈 최초로 플레이어끼리 대전 모드를 플레이할 수 있었다.

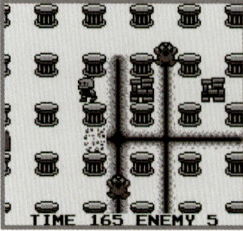

패미스타

- 발매일 / 1990년 9월 14일
- 가격 / 3,500엔
- 퍼블리셔 / 남코

패미컴 대표 시리즈가 된 『패미스타』의 게임보이 버전. 시스템 등 기본적인 부분은 패미컴 버전을 따랐으며 팀과 선수 이름은 가명으로 처리하였다.

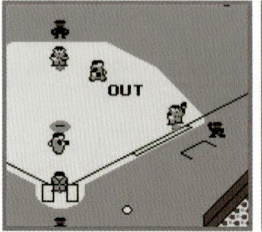

SD건담 외전 라크로안 히어로즈

- 발매일 / 1990년 10월 6일
- 가격 / 3,800엔
- 퍼블리셔 / 반다이

나이트 건담 시리즈의 캐릭터를 활용한 RPG. 필드는 탑뷰이며 전투는 커맨드식, 마법과 아이템 사용이 가능한 전형적인 시스템을 채용했다.

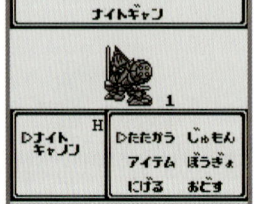

노부나가의 야망 게임보이판

- 발매일 / 1990년 10월 10일
- 가격 / 5,800엔
- 퍼블리셔 / 코에이

코에이의 역사 시뮬레이션 게임을 게임보이로 이식. 『전국 군웅전』의 요소를 도입했고 다이묘 이외의 가신도 등장한다. 내정으로 영지를 발전시키고 전쟁으로 영토를 확대해나가는 기존의 익숙한 흐름을 따라가고 있다.

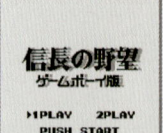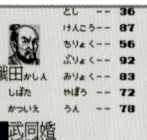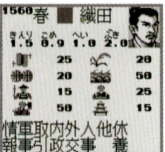

트윈비다!!

- 발매일 / 1990년 10월 12일 ● 가격 / 3,500엔
- 퍼블리셔 / 코나미

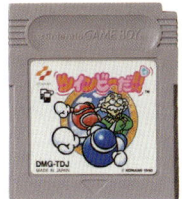

이식작이 아닌, 게임보이 오리지널의 『트윈비』로 2P와 동시 플레이도 가능하다. 원작에서 호평받았던 대지, 대공 구분 및 벨을 이용한 파워업의 요소도 건재하다.

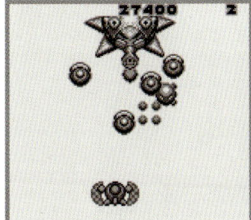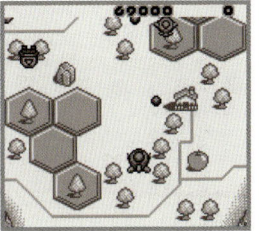

베리우스 롤랜드의 마수

- 발매일 / 1990년 10월 26일 ● 가격 / 3,300엔
- 퍼블리셔 / 새미 공업

게임보이 오리지널 액션 RPG로 2인 동시 플레이도 가능하다. 아이템 습득에 의한 파워업이나 대형 라스트 보스 등 포인트를 잘 잡은 구성으로 두 번째 작품도 개발되었다.

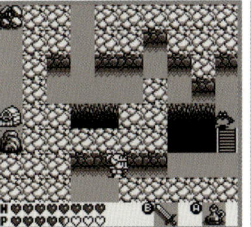

F★1 레이스

- 발매일 / 1990년 11월 9일 ● 가격 / 2,600엔
- 퍼블리셔 / 닌텐도

닌텐도에서 개발한 유사 3D 레이싱 게임. 4인용 어댑터와 같은 날 발매되어서 이를 사용하면 4인 동시 플레이가 가능하다. 차량은 '그립 중시'와 '속도 중시' 중에서 선택할 수 있다.

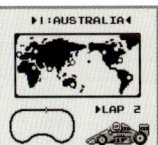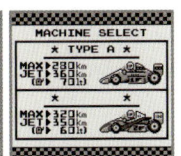

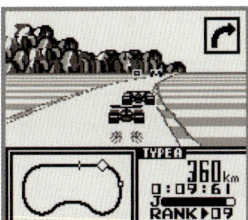

신비한 블로비 프린세스·블로비를 구하라!

- 발매일 / 1990년 11월 9일 ● 가격 / 3,400엔
- 퍼블리셔 / 자레코

주인공인 소년이 신비한 생물 '블로비'에게 사탕을 주면 다양한 효과를 얻을 수 있다. 사탕의 맛에 따라 효과가 바뀌며, 어디서 무엇을 쓸지 생각해야 하는 수수께끼 요소가 강한 게임이다.

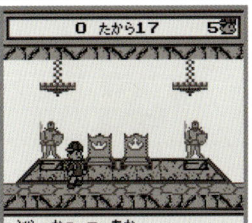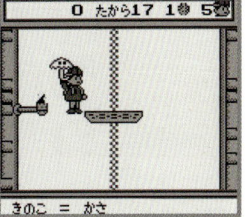

아레사

- 발매일 / 1990년 11월 16일 ● 가격 / 3,800엔
- 퍼블리셔 / 야노만

예쁜 여자아이를 주인공으로 채택한 게임보이 오리지널 RPG이다. 캡슐 몬스터 등의 독창적인 시스템이 인기를 얻어서 게임보이에 세 번째 작품까지 발매가 되었다.

팩맨

- 발매일 / 1990년 11월 16일 ● 가격 / 3,500엔
- 퍼블리셔 / 남코

세계에서 가장 성공한 아케이드 게임. 기네스도 인정한 『팩맨』의 게임보이 버전이다. 다른 하드웨어 버전과 다르게 게임보이용은 필드 전체가 표시되지 않고 화면이 스크롤 된다.

 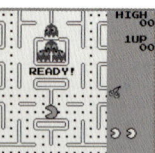 

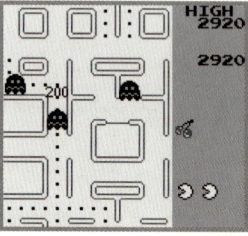 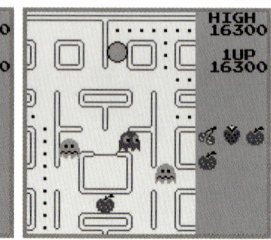

해전 게임 네이비 블루 90

- 발매일 / 1990년 12월 7일 ● 가격 / 3,500엔
- 퍼블리셔 / 유스

전년도에 발매된 『네이비 블루』의 속편. 이 작품부터 적의 함선에 인접한 칸에 공격이 들어가면 '큰 파도'가 표시되면서 전략성이 높아졌다.

버블보블

- 발매일 / 1990년 12월 7일 ● 가격 / 3,600엔
- 퍼블리셔 / 타이토

아케이드에서 큰 인기를 끌었던 고정 화면 액션 게임의 이식판인데, 게임보이 버전은 아케이드용과 다르게 화면이 스크롤된다. 적을 거품에 가두고 그 거품을 터뜨려서 쓰러뜨린다는 시스템은 건재하다.

  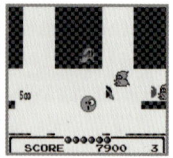

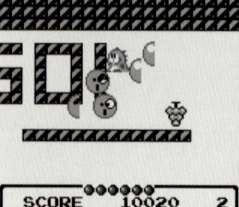 

열혈경파 쿠니오군 번외난투편

- 발매일 / 1990년 12월 7일
- 가격 / 3,500엔
- 퍼블리셔 / 테크노스 재팬

『쿠니오군』 시리즈 중 하나이며 게임보이 오리지널 벨트 스크롤 액션이다. 펀치와 킥으로 적을 쓰러뜨려 나가며 총 10스테이지 클리어를 목표로 삼는다. 특정 스테이지에는 보스도 준비되어 있어서 긴장을 늦출 수 없다.

  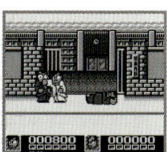
 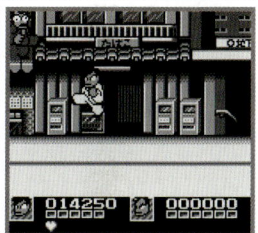

귀인항마록 ONI

- 발매일 / 1990년 12월 8일
- 가격 / 3,800엔
- 퍼블리셔 / 반프레스토

『라스트 하르마게돈』 등으로 유명한 이이지마 타케오 씨를 중심으로 개발된 오리지널 RPG. 변신 시스템이 플레이어에게 호평받아 게임보이로 도합 다섯 편의 시리즈가 발매되었다.

 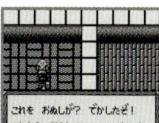 

클락스

- 발매일 / 1990년 12월 14일
- 가격 / 3,500엔
- 퍼블리셔 / 허드슨

 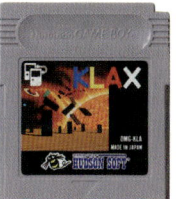

ATARI에서 개발한 아케이드용 퍼즐 게임을 이식한 버전. 화면 끝에서 굴러오는 퍼즐을 세워서 떨어뜨리는 방식인데 같은 색 퍼즐이 가로, 세로, 대각으로 3개 이상 모이면 지울 수 있는 구조이다.

 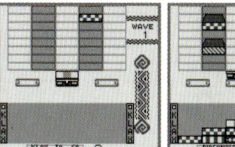
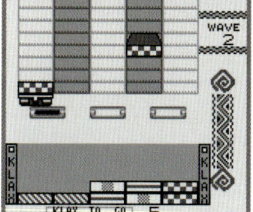 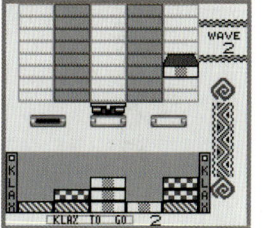

네코쟈라 이야기

- 발매일 / 1990년 12월 14일
- 가격 / 3,300엔
- 퍼블리셔 / 켐코

전년도에 발매되었던 『셀렉션』과 같은 시스템을 채용한 RPG. 오리지널 요소로 스트레스를 나타내는 '네코퐁'이라는 수치가 생겨서 이 수치가 높을수록 전투가 유리하게 진행된다.

  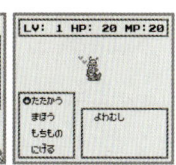
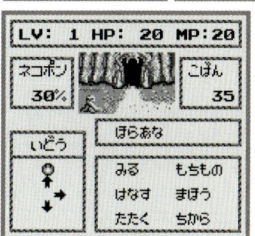

몬스터 메이커

- 발매일 / 1990년 12월 22일　● 가격 / 3,500엔
- 퍼블리셔 / 소프엘

카드 게임이었던 원작을 디지털화 한 첫 번째 RPG 작품이다. 4명의 캐릭터 중 주인공을 선택하고 동료는 주점에서 고용할 수 있다. 경험치를 이용한 레벨업 개념이 없는 것이 특징이다.

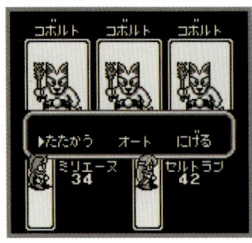

비룡의 권 외전

- 발매일 / 1990년 12월 22일　● 가격 / 3,500엔
- 퍼블리셔 / 컬처 브레인

컬처 브레인을 대표하는 액션 게임 『비룡의 권』 시리즈로, 횡스크롤 액션 및 1vs1 대전을 계속 즐길 수 있는 모드가 준비되어 있다.

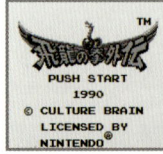  

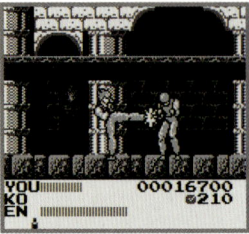 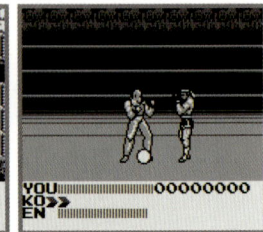

아메리카 횡단 울트라 퀴즈

- 발매일 / 1990년 12월 23일　● 가격 / 3,980엔
- 퍼블리셔 / 토미

니혼 TV에서 매년 1회 방송되던 인기 퀴즈 방송을 게임화 한 것. OX 퀴즈부터 시작해서 가위바위보나 기내 퀴즈 등, 방송의 분위기를 즐길 수 있는 게임으로 구성되어 있다.

 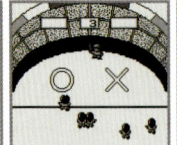 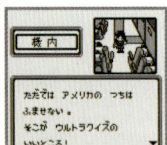

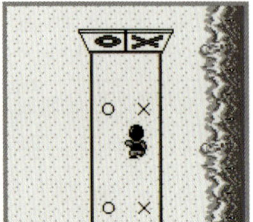 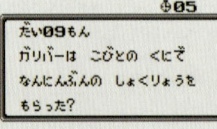

드루아가의 탑

- 발매일 / 1990년 12월 31일　● 가격 / 3,500엔
- 퍼블리셔 / 엔젤

아케이드용으로 큰 인기를 끌었던 액션 RPG를 게임보이로 이식. 잔기제였던 원작을 라이프제로 변경하여 화면 왼쪽 하단에 HP가 표시된다. 보물상자 출현 조건은 아케이드용과 다른 오리지널 조건 채용.

 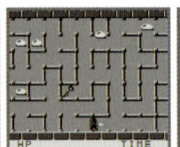 

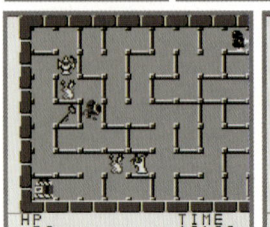 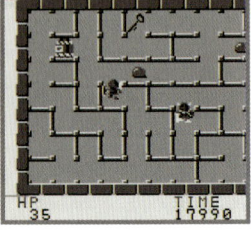

GAME BOY 1990

히어로 집합! 핀볼 파티
- 발매일 / 1990년 1월 12일
- 가격 / 2,980엔
- 퍼블리셔 / 자레코

자레코의 게임 캐릭터가 등장하는 핀볼 게임. 노멀 게임 이외에 보스와 대전하는 엑스트라 모드도 준비되어 있다.

월드 볼링
- 발매일 / 1990년 1월 13일
- 가격 / 3,090엔
- 퍼블리셔 / 아테나

 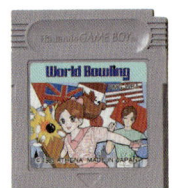

세계 각국의 레인에서 실력을 겨루는 볼링 게임. 특정 스코어를 넘으면 다음 나라로 진행하는 구성이다.

 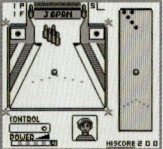 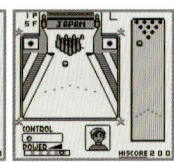

헤이안쿄 에일리언
- 발매일 / 1990년 1월 26일
- 가격 / 2,600엔
- 퍼블리셔 / 멜닥

유명한 아케이드 게임의 리메이크작으로 동경대생이 제작한 게임이다. 구멍을 파서 적을 떨어뜨리고 그 구멍을 메우면 적을 쓰러뜨릴 수 있다.

 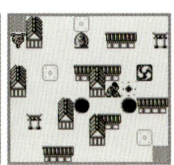 

오델로
- 발매일 / 1990년 2월 9일
- 가격 / 2,980엔
- 퍼블리셔 / 카와다

전 세계인이 플레이하는 오델로(리버시)를 게임보이로 재현한 버전이다. CPU 대전 상대는 실력이 각기 다른 4명 중에서 선택할 수 있다.

 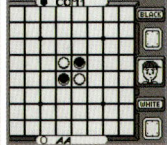 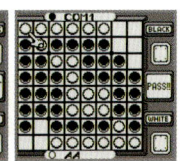

대국연주
- 발매일 / 1990년 2월 23일
- 가격 / 2,980엔
- 퍼블리셔 / 토와치키

 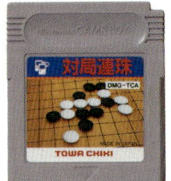

흔히 말하는 오목을 디지털 게임화 한 것. 난이도와 초기 배치를 바꿀 수 있고 묘수풀이도 플레이할 수 있다.

 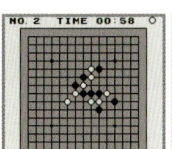 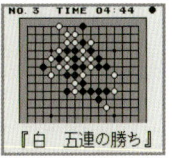

베이스볼 키즈
- 발매일 / 1990년 3월 15일
- 가격 / 3,300엔
- 퍼블리셔 / 자레코

CPU전은 JAPAN 팀을 이끌고 루키에서 시작해 메이저리그까지 이겨나가는 구성을 취하고 있다. 선수는 모두 가상의 이름을 사용하고 있다.

 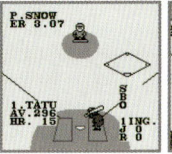 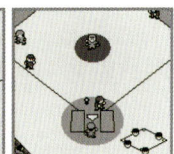

플리풀

- 발매일 / 1990년 3월 16일
- 가격 / 3,090엔
- 퍼블리셔 / 타이토

타이토의 아케이드용 퍼즐 게임을 게임보이로 이식. 같은 색상을 부딪치게 해서 블록을 지워나가기 되는데 앞을 내다보는 능력이 중요하다.

 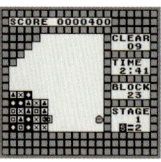 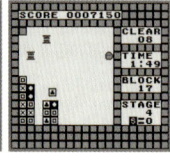

펭귄 랜드

- 발매일 / 1990년 3월 21일
- 가격 / 3,090엔
- 퍼블리셔 / 포니 캐니언

세가가 개발한 퍼즐 게임을 게임보이로 이식. 펭귄이 주인공이며 알을 최하층까지 옮기는 것이 목표. 물론 알이 깨지면 실패.

 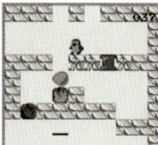 

플래피 스페셜

- 발매일 / 1990년 3월 23일
- 가격 / 3,300엔
- 퍼블리셔 / 빅터 음악산업

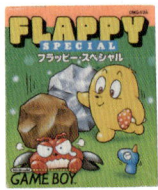 

블루 스톤을 특정 장소로 옮기면 클리어되는 방식이며 적의 수가 적은 모드 A, 적의 수가 많은 모드 B가 각각 80스테이지로 준비되어 있다.

SD전국전 국가 찬탈 이야기

- 발매일 / 1990년 3월 24일
- 가격 / 3,500엔
- 퍼블리셔 / 반다이

턴제와 리얼타임제의 전환이 가능한 시뮬레이션 게임. 전투시에는 캐릭터를 조작하는 액션 게임으로 변한다.

트럼프 보이

- 발매일 / 1990년 3월 29일
- 가격 / 3,090엔
- 퍼블리셔 / 팩·인·비디오

대부호, 스피드, 신경쇠약 3종류를 플레이할 수 있다. CPU 캐릭터는 실력이 다른 5명 중에서 선택할 수 있고 2P와의 대전도 가능하다.

 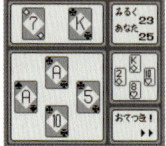 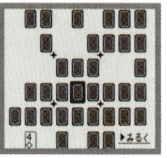

스페이스 인베이더

- 발매일 / 1990년 3월 30일
- 가격 / 3,090엔
- 퍼블리셔 / 타이토

 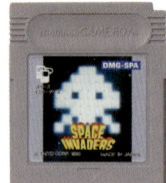

아케이드 최고의 히트작을 게임보이로 이식. 고정 화면식 슈팅 게임으로 플레이어 기체의 이동은 좌우뿐이다. 탄은 화면에 1발만 쏠 수 있다.

 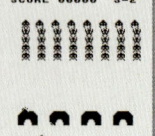 

GAME BOY 1990

펭귄군 wars vs.
- 발매일 / 1990년 3월 30일   ● 가격 / 3,090엔
- 퍼블리셔 / 아스키

다양한 하드로 이식된 대전형 액션 게임. 상대와 공을 주고받는 방식으로, 전부 던지거나 마지막에 개수가 적은 쪽이 승리하게 된다.

감싸는 뱀
- 발매일 / 1990년 4월 6일   ● 가격 / 3,090엔
- 퍼블리셔 / 나그자트

2마리의 뱀 형태의 기체가 몸을 늘리면서 나아가고, 머리 부분이 몸체와 닿으면 진다. 고전적인 게임이지만 집중도가 높다.

 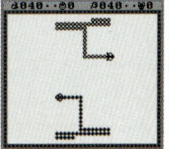 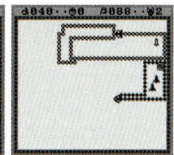

SD 루팡 3세 금고 파괴 대작전
- 발매일 / 1990년 4월 13일   ● 가격 / 3,300엔
- 퍼블리셔 / 반프레스토

'루팡 3세'의 캐릭터가 등장하는 액션 게임. 열쇠를 획득하고 금고를 열면 클리어가 되며 아이템으로 '지겐'이나 '고에몬'도 불러낼 수 있다.

  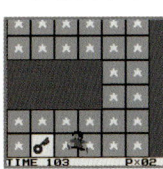

폭렬전사 워리어
- 발매일 / 1990년 4월 13일   ● 가격 / 3,090엔
- 퍼블리셔 / 에폭사

고정 화면식 퍼즐 액션 게임. 티마크 블록을 파괴해서 출현하는 아이템을 모두 얻으면 클리어가 된다.

 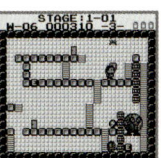 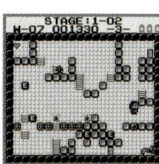

슈퍼 차이니즈 랜드
- 발매일 / 1990년 4월 20일   ● 가격 / 3,300엔
- 퍼블리셔 / 컬처 브레인

펀치와 점프 후 밟기로 적을 공격하는 액션 게임. 아이템을 이용해서 검이나 불덩이로 공격할 수도 있다.

 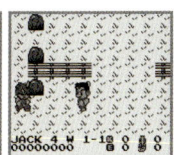 

데드 히트 스크럼블
- 발매일 / 1990년 4월 20일   ● 가격 / 3,300엔
- 퍼블리셔 / 코피아 시스템

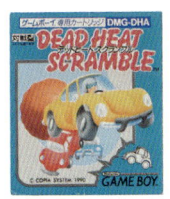 

탑뷰 레이싱 게임으로 하프 파이프형 코스가 특징. 플레이어의 차량은 3종류 중에서 선택할 수 있고 적의 차량에는 충돌 판정이 없다.

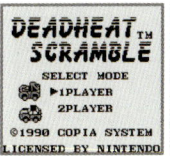 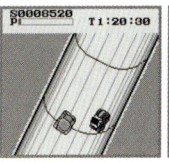 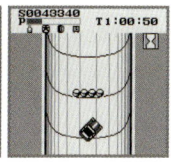

GAME BOY 1990

블로디아
- 발매일 / 1990년 4월 20일 ● 가격 / 3,000엔
- 퍼블리셔 / 톤킹 하우스

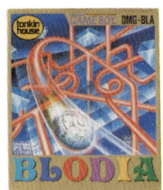 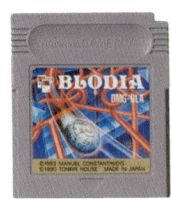

패널을 변경해서 공이 지나갈 수 있는 길을 만들어 나가는 퍼즐 게임. 공이 모든 길을 통과하면 스테이지 클리어가 된다.

 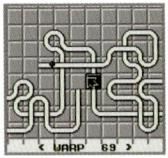 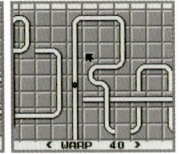

뽀빠이
- 발매일 / 1990년 4월 20일 ● 가격 / 3,500엔
- 퍼블리셔 / 시그마 상사

 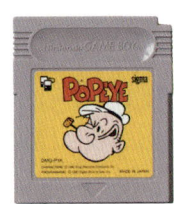

뽀빠이가 주인공인 탑뷰 액션 게임. 필드 위의 하트를 수집하는 것이 목표로 블루토와 접촉하면 전투로 돌입하게 된다.

 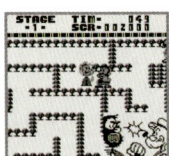 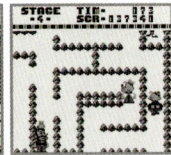

모험! 퍼즐 로드
- 발매일 / 1990년 4월 20일 ● 가격 / 2,980엔
- 퍼블리셔 / 빅 토카이

블록을 회전시키거나 반전시켜서 틀에 맞게 넣으면 클리어 되는 방식. 단순한 규칙을 가진 퍼즐 게임이며 스테이지는 42개까지 준비되어 있다.

 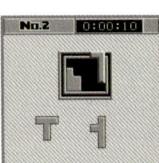 

사커 보이
- 발매일 / 1990년 4월 27일 ● 가격 / 3,000엔
- 퍼블리셔 / 에픽 · 소니 레코드

게임보이 최초의 축구 게임으로 코믹한 모습을 갖추고 있지만 스태미너 개념이 도입되었고 2P와의 대전도 가능하다.

 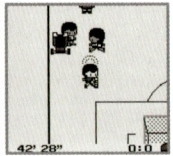 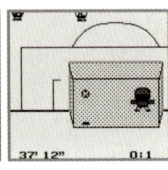

천신괴전
- 발매일 / 1990년 4월 27일 ● 가격 / 3,500엔
- 퍼블리셔 / 멜닥

사무라이와 닌자를 주인공으로 내세운 일본풍 슈팅 게임. 최대 4명까지 캐릭터를 추가할 수 있으며 파티의 선두에 서는 캐릭터는 특수 공격을 할 수 있다.

 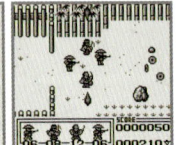 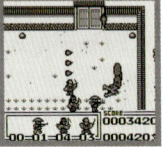

스누피 매직쇼
- 발매일 / 1990년 4월 28일 ● 가격 / 2,980엔
- 퍼블리셔 / 켐코

 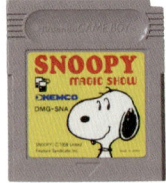

필드 위의 우드스탁을 모두 회수하면 클리어인데 공에 닿으면 실패다. 토탈 120스테이지를 클리어하면 엔딩이 나온다.

  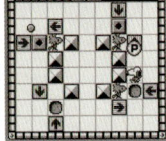

GAME BOY 1990

로큰 체이스
- 발매일 / 1990년 5월 11일 ● 가격 / 3,300엔
- 퍼블리셔 / 데이터 이스트

아케이드용 도트이트 게임을 게임보이로 이식. 필드 위의 코인을 모두 얻으면 클리어이며 경찰에게 잡히면 게임오버가 된다.

 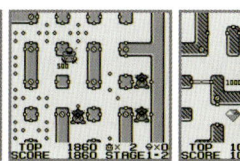 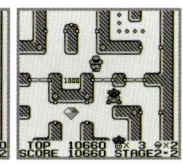

복싱
- 발매일 / 1990년 5월 18일 ● 가격 / 3,000엔
- 퍼블리셔 / 톤킹 하우스

상대방에게 접근하면 2D 화면이 유사 3D 화면으로 변한다. 스트레이트, 훅, 어퍼 3종류의 펀치를 구사해서 상대방을 KO시켜야 한다.

 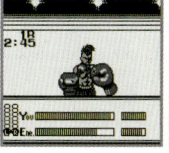 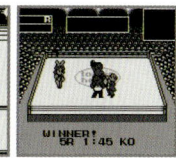

아야카시의 성
- 발매일 / 1990년 5월 25일 ● 가격 / 3,500엔
- 퍼블리셔 / 세타

유사 3D 던전을 모험하는 RPG로 일본풍 시나리오 및 적이 채용된 것이 특징이다. 동료 캐릭터가 없으며 주인공 혼자서 전투를 치러 나가게 된다.

  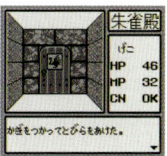

울트라맨 클럽 적 괴수를 발견하라
- 발매일 / 1990년 5월 26일 ● 가격 / 3,300엔
- 퍼블리셔 / 반다이

'울트라맨 대 괴수 군단'의 시뮬레이션 게임이다. 우주, 도시, 시골 중에서 맵을 선택하고 쇼핑을 통해 파워업을 할 수 있다.

 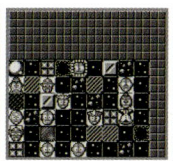 

피트맨
- 발매일 / 1990년 6월 1일 ● 가격 / 2,980엔
- 퍼블리셔 / 애스크 코단샤

PC용 퍼즐 게임을 게임보이로 이식한 버전. 흙을 파거나 바위를 날려 길을 만들어 나가고 적을 모두 쓰러뜨리면 스테이지가 클리어된다.

 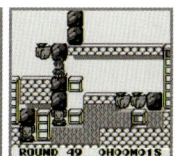 

카드 게임
- 발매일 / 1990년 6월 15일 ● 가격 / 3,400엔
- 퍼블리셔 / 코코너츠 재팬 엔터테인먼트

세 가지 트럼프 게임(포커, 블랙잭, 원카드)을 플레이할 수 있으며 카드 운세도 준비되어 있다.

  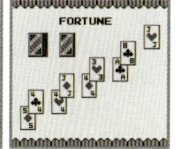

메카 생체 ZOIDS 조이드 전설

- 발매일 / 1990년 6월 15일 ● 가격 / 3,090엔
- 퍼블리셔 / 토미

플레이어의 기체가 조이드인 횡스크롤 슈팅 게임으로 공화국, 제국의 선택에 따라 기체가 변화한다. 이 아이템을 이용한 파워업이 가능한 것이 특징.

퍼니 필드

- 발매일 / 1990년 6월 15일 ● 가격 / 3,090엔
- 퍼블리셔 / SNK

아케이드용 게임을 리메이크한 액션 퍼즐 게임. 패널을 뒤집어서 화면 내의 하얀 패널을 없애면 클리어가 된다.

  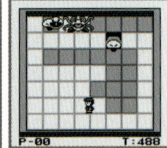

소코반2

- 발매일 / 1990년 6월 22일 ● 가격 / 3,090엔
- 퍼블리셔 / 포니 캐니언

게임보이로 출시된 두 번째 작품이다. 매우 심플한 규칙의 게임이지만 난이도가 높고 120개의 스테이지가 준비되어 있다.

 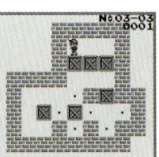 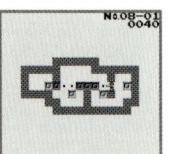

부라이 파이터 디럭스

- 발매일 / 1990년 6월 27일 ● 가격 / 3,400엔
- 퍼블리셔 / 타이토

플레이어의 기체가 인간형인 사이드뷰 슈팅 게임으로 패미컴 버전을 이식했다. 필드는 가로와 세로 방향으로 스크롤 된다.

 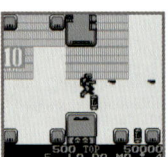 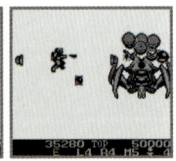

발리 파이어

- 발매일 / 1990년 6월 29일 ● 가격 / 3,200엔
- 퍼블리셔 / 토에이 동화

대전형 슈팅 게임으로, 화면 위와 아래로 나뉘어서 서로 탄을 쏜다. 플레이어의 기체와 적 기체의 움직임은 좌우 방향뿐이다.

 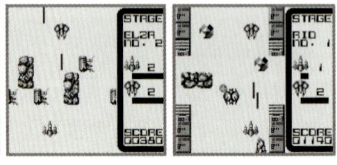

파이프 드림

- 발매일 / 1990년 7월 3일 ● 가격 / 3,090엔
- 퍼블리셔 / BPS

 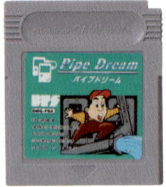

많은 하드웨어로 이식된 퍼즐 게임. 패널에 그려진 파이프를 이어서 끝까지 물을 통과시키면 클리어 된다.

 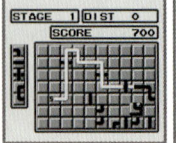 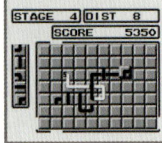

GAME BOY 1990

사천성
- 발매일 / 1990년 7월 13일　● 가격 / 3,090엔
- 퍼블리셔 / 아이렘

'짝 맞추기'로도 불리는 퍼즐 게임. 같은 패를 2장 1세트로 지워 나가지만, 패를 이은 선은 2번만 꺾인다는 규칙이 있다.

  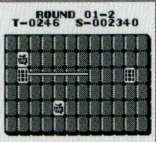

타즈마니아 이야기
- 발매일 / 1990년 7월 27일　● 가격 / 3,090엔
- 퍼블리셔 / 포니 캐니언

소년 캐릭터를 조작해서 화면상의 식물을 전부 뽑으면 클리어. 적 캐릭터인 타즈마니아 데빌은 밟거나 폭탄으로 기절시킬 수 있다.

 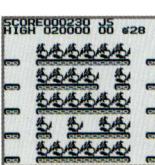 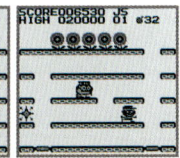

란마 1/2
- 발매일 / 1990년 7월 28일　● 가격 / 3,300엔
- 퍼블리셔 / 반프레스토

인기 만화를 원작으로 삼은 퍼즐 액션 게임. 액세서리를 3개 수집하면 클리어가 되고, 주인공 란마는 남자 상태·여자 상태에 따라 성능이 변화된다.

 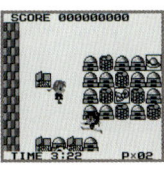 

이시도
- 발매일 / 1990년 8월 2일　● 가격 / 3,090엔
- 퍼블리셔 / 아스키

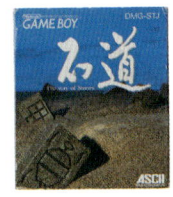 

색이나 모양이 같은 돌을 2개 이상 인접시켜 놓고 나아간다. 소박해 보이는 퍼즐이지만 스코어에 집중하면 나름 심도가 있는 게임이다.

 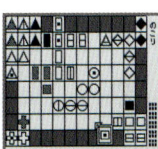 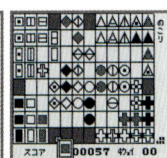

돌격!! 남자 훈련소 명봉도결전
- 발매일 / 1990년 8월 4일　● 가격 / 3,500엔
- 퍼블리셔 / 유타카

『돌격!! 남자 훈련소』의 캐릭터들이 싸우는 대전 격투 게임. P게이지가 모이면 필살기를 쓸 수 있으며, CPU전에서는 체력 회복이 없다.

  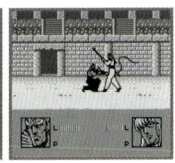

야단법석! 펭귄 BOY
- 발매일 / 1990년 8월 8일　● 가격 / 3,090엔
- 퍼블리셔 / 나츠메

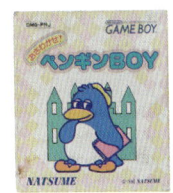 

게임보이 오리지널 액션 퍼즐 게임. 라인 위의 공을 파괴해서 바닥의 색을 입혀가고 모든 바닥에 색을 입히면 클리어가 된다.

 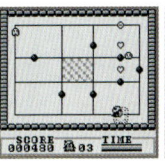 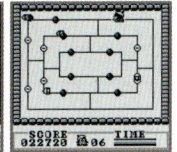

GAME BOY 1990

VS 배틀러
- 발매일 / 1990년 8월 10일
- 가격 / 3,400엔
- 퍼블리셔 / 유스

화면이 2분할되어 하단 맵 화면을 응시하며 이동하게 되고 상단에 보이는 적을 공격한다. 공격에는 펀치와 미사일이 준비되어 있다.

홍콩
- 발매일 / 1990년 8월 11일
- 가격 / 2,900엔
- 퍼블리셔 / 토쿠마 서점

마작패를 사용한 퍼즐 게임으로 특정 순서에 띠라 패를 지워나가게 되는데 패가 무너지지 않도록 지워나가는 것이 핵심이다.

 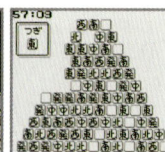 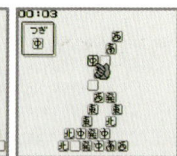

드래곤 슬레이어 I
- 발매일 / 1990년 8월 12일
- 가격 / 3,090엔
- 퍼블리셔 / 에폭사

액션 RPG의 원조라 할 수 있는 작품을 게임보이로 이식한 버전. 아이템 전환이 중요하며 퍼즐적인 요소를 많이 내포하고 있다.

 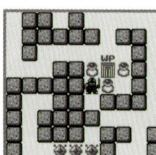 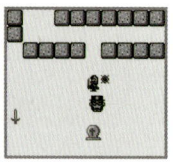

파워 미션
- 발매일 / 1990년 8월 24일
- 가격 / 3,500엔
- 퍼블리셔 / 밥

함대를 조작해서 적과 싸우는 시뮬레이션 액션 게임. 색적(索敵) 요소가 존재해 인접할 때까지 적이 보이지 않고, 무기별로 공격 효과가 다르다.

 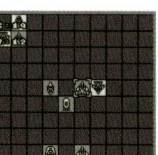 

기동경찰 패트레이버 표적이 된 거리 1990
- 발매일 / 1990년 8월 25일
- 가격 / 3,500엔
- 퍼블리셔 / 유타카

 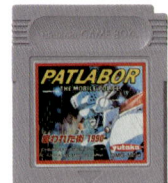

인기 애니메이션을 원작으로 삼은 어드벤처 게임으로 전투는 RPG풍이다. 전투 중의 커맨드가 다채로우며 샵에서 쇼핑도 가능하다.

배틀 핑퐁
- 발매일 / 1990년 8월 31일
- 가격 / 3,300엔
- 퍼블리셔 / 퀘스트

대전이 가능한 핀볼 게임. 라켓이 자동으로 공을 따라가기 때문에 치는 타이밍과 구종이 중요하다.

  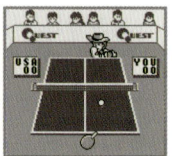

GAME BOY 1990

프로 레슬링

- 발매일 / 1990년 9월 14일
- 가격 / 3,500엔
- 퍼블리셔 / 휴먼

모델이 있는 가공의 레슬러가 싸우는 프로 레슬링 게임. 시스템은 동사에서 제작한 『파이어 프로 레슬링』 시리즈와 비슷하다.

  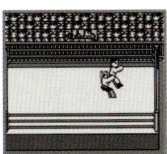

사이드 포켓

- 발매일 / 1990년 9월 21일
- 가격 / 3,300엔
- 퍼블리셔 / 데이터 이스트

아케이드판의 게임보이 이식 버전으로, 9회 공을 넣어야 이기는 나인볼과 모든 공을 넣어야 이기는 포켓볼을 플레이할 수 있다.

 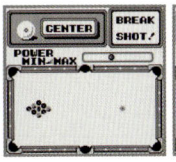 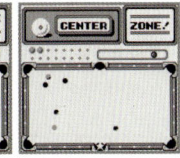

덕 테일즈

- 발매일 / 1990년 9월 21일
- 가격 / 3,300엔
- 퍼블리셔 / 캡콤

도널드 덕의 외삼촌인 스크루지 맥덕이 주인공인 사이드뷰 액션 게임. 보물을 찾는 것이 목적이며 우산을 이용해 높게 점프하거나 적을 공격한다.

 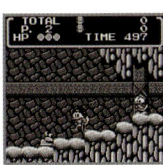 

볼더 대시

- 발매일 / 1990년 9월 21일
- 가격 / 3,400엔
- 퍼블리셔 / 빅터 음악산업

해외판 액션 퍼즐 게임을 이식. 땅속을 파면서 나아가 보물을 습득해야 하는데 바위가 낙하하기 때문에 잘 생각해서 땅을 파야 한다.

 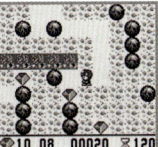 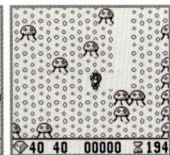

루나 랜더

- 발매일 / 1990년 9월 21일
- 가격 / 3,500엔
- 퍼블리셔 / 팩·인·비디오

ATARI에서 개발한 아케이드용 게임을 게임보이로 이식한 버전. 게임의 목표는 추진제를 분사하여 달에 착륙하는 것이며 신중한 조작이 중요하다.

 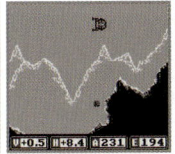 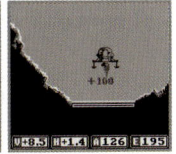

F1 보이

- 발매일 / 1990년 9월 28일
- 가격 / 3,300엔
- 퍼블리셔 / 애스크 코단샤

탑뷰 레이싱 게임. 3종류 클래스에 16개 코스라는 엄청난 볼륨을 자랑한다. 차량은 수동이나 오토를 선택할 수 있다.

 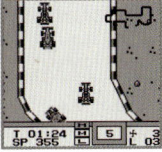 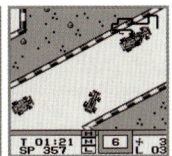

043

나는 쟈쟈마루! 세계대모험

- 발매일 / 1990년 9월 28일 ● 가격 / 3,400엔
- 퍼블리셔 / 자레코

『닌자 쟈쟈마루군』 시리즈 중 하나로 장르는 사이드뷰 액션이다. 수리검으로 적을 공격하며 스테이지 마지막에 준비된 보스를 상대하게 된다.

물고기들

- 발매일 / 1990년 10월 5일 ● 가격 / 3,090엔
- 퍼블리셔 / 토와치키

 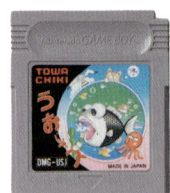

물고기가 주인공인 사이드뷰 액션 게임. 자신보다 작은 물고기를 일정수 포식하면 클리어인데, 반대로 큰 물고기에게는 잡아먹히니 주의하자.

  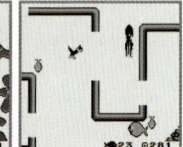

아스트로 라비

- 발매일 / 1990년 10월 12일 ● 가격 / 3,300엔
- 퍼블리셔 / 아이・지・에스

종방향으로 강제 스크롤 되는 점프 액션 게임. 점프로 패널을 깨서 하트를 찾아내면 스테이지를 클리어할 수 있다.

팔라메데스

- 발매일 / 1990년 10월 12일 ● 가격 / 3,300엔
- 퍼블리셔 / 핫・비

상단의 주사위를 같은 숫자의 주사위에 맞춰서 지워나가는 퍼즐 게임. 지운 주사위로 역을 만들면 여러 라인을 한 번에 지울 수 있다.

 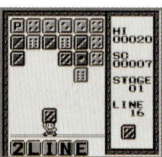 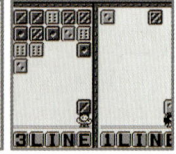

고스트 버스터즈2

- 발매일 / 1990년 10월 16일 ● 가격 / 3,400엔
- 퍼블리셔 / HAL 연구소

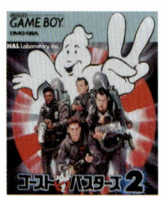 

유명 영화를 주제로 삼은 액션 게임. 유령에게 빔을 맞춰 구속한 다음 흡입해서 쓰러뜨리는 방식이다.

  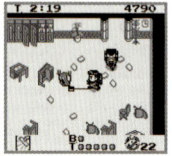

몬스터 트럭

- 발매일 / 1990년 10월 19일 ● 가격 / 3,200엔
- 퍼블리셔 / 바리에

적의 차량을 충돌해서 날려버리는 트럭 레이싱 게임. 레이스에서 승리해 얻은 상금으로 트럭을 튜닝할 수 있다.

로드스터

- 발매일 / 1990년 10월 19일
- 가격 / 3,300엔
- 퍼블리셔 / 톤킹 하우스

 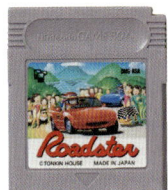

탑뷰 레이싱 게임으로 20개 코스가 준비되어 있으며 도로 위에 떨어져 있는 아이템은 다양한 효과를 가지고 있다.

 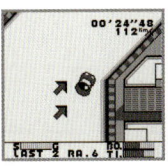 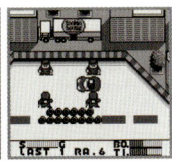

아미다군

- 발매일 / 1990년 10월 23일
- 가격 / 2,980엔
- 퍼블리셔 / 코코너츠 재팬 엔터테인먼트

화면 상단에서 '사다리 타기' 법칙대로 내려오는 캐릭터를 집에 보내주는 게임. 주인공인 아미다군을 조작해서 루트를 만들어 클리어를 유도한다.

레이더 미션

- 발매일 / 1990년 10월 23일
- 가격 / 2,600엔
- 퍼블리셔 / 닌텐도

게임 A는 흔히 말하는 해전 게임이며 게임 B는 잠수함을 조작하는 3D 슈팅 게임이다. 이렇게 내용이 다른 2가지 게임을 플레이할 수 있다.

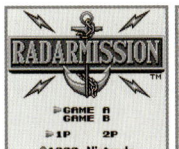 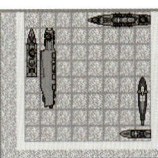 

애프터 버스트

- 발매일 / 1990년 10월 26일
- 가격 / 3,090엔
- 퍼블리셔 / NCS

고정 화면식 사이드뷰 액션 게임으로 스테이지 위에 있는 메인 컴퓨터를 파괴하면 클리어된다. 총 30개의 스테이지로 구성된다.

 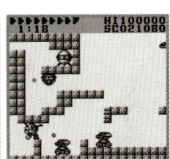 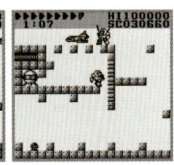

트럼프 보이 II

- 발매일 / 1990년 11월 9일
- 가격 / 3,500엔
- 퍼블리셔 / 팩·인·비디오

같은 해 3월에 발매된 『트럼프 보이』의 속편. 대부호, 7정렬, 원카드라는 3종류의 게임을 플레이할 수 있다.

 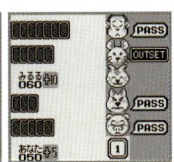 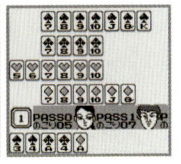

파라솔 헨베 무지개 대모험

- 발매일 / 1990년 11월 16일
- 가격 / 3,300엔
- 퍼블리셔 / 에폭사

만화 원작의 사이드뷰 액션 게임. 파라솔로 비행을 하거나 공격을 하면 체력이 소모되고, 일정 레벨 이하가 되면 플레이어의 성능이 떨어진다.

 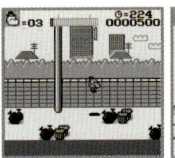 

고고・탱크

- 발매일 / 1990년 11월 30일 ● 가격 / 3,400엔
- 퍼블리셔 / 코피아 시스템

비행기를 조작해서 탱크가 진행하는 길을 만들어가는 액션 퍼즐 게임. 비행기가 후크로 블록을 옮기거나 탄으로 장애물을 파괴할 수 있다.

캐딜락II

- 발매일 / 1990년 11월 30일 ● 가격 / 3,300엔
- 퍼블리셔 / 헥터

트럼프를 사용한 낙하형 퍼즐 게임. 화면 상단에서 낙하하는 트럼프를 가로, 세로, 대각으로 맞춰서 포커의 역(役)을 만들어 지워간다.

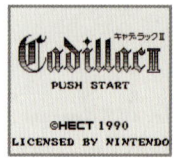 

배틀 불

- 발매일 / 1990년 11월 30일 ● 가격 / 3,500엔
- 퍼블리셔 / 세타

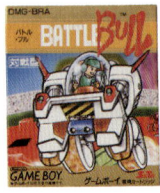 

퍼즐 요소가 강한 액션 게임. 적을 블록 사이에 끼워서 쓰러뜨릴 수 있으며 샵에서 쇼핑을 하고 파워업도 가능하다.

  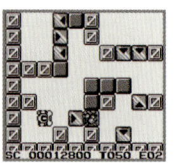

코로다이스

- 발매일 / 1990년 12월 7일 ● 가격 / 3,300엔
- 퍼블리셔 / 킹 레코드

주사위의 눈이 1이 나온 상태로 골인하면 클리어가 되는 퍼즐게임이다. 다양한 장애물이 방해를 하는 데다 제한 시간도 있어서 고난이도.

스코틀랜드 야드

- 발매일 / 1990년 12월 7일 ● 가격 / 3,300엔
- 퍼블리셔 / 토에이 동화

유명한 보드 게임을 디지털화 해서 혼자서도 플레이할 수 있도록 디자인 한 타이틀. 몇 턴 동안 한 번만 보이는 괴도를 예측해서 추적하게 된다.

  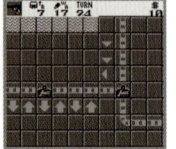

치비 마루코짱 용돈 대작전

- 발매일 / 1990년 12월 7일 ● 가격 / 3,400엔
- 퍼블리셔 / 타카라

국민적 인기 만화를 원작으로 삼은 미니 게임집. 치비 마루코짱이 다양한 게임에 도전해서 용돈을 모은다는 내용이다.

GAME BOY 1990

페인터 모모피
- 발매일 / 1990년 12월 7일
- 가격 / 3,300엔
- 퍼블리셔 / 시그마 상사

주인공을 조작해서 바닥의 오물을 청소하는 게임이다. 적과 접촉하면 실패하게 되며 다양한 효과를 가진 마법을 사용할 수 있다.

헤드 온
- 발매일 / 1990년 12월 7일
- 가격 / 3,300엔
- 퍼블리셔 / 테크모

1979년 발매된 세가의 아케이드 게임을 게임보이로 이식한 버전. 도트이트 게임의 원조라고 할 수 있으며 어레인지 모드도 준비되어 있다.

 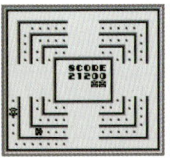 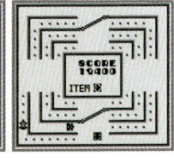

스파르탄X
- 발매일 / 1990년 12월 11일
- 가격 / 3,500엔
- 퍼블리셔 / 아이렘

유명 영화를 원작으로 한 사이드뷰 액션 게임으로 아케이드 버전이나 패미컴 버전과는 다른 내용으로 구성되어 있다.

PRI PRI PRIMITIVE PRINCESS!
- 발매일 / 1990년 12월 12일
- 가격 / 3,200엔
- 퍼블리셔 / 선 전자

고정 화면식 액션 퍼즐 게임. 문을 이용한 워프, 해머를 이용한 바닥 파괴 및 재생을 구사해서 크리스탈을 습득하면 클리어가 된다.

 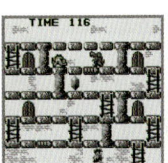 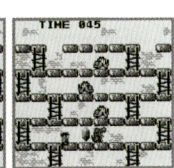

드래곤 테일
- 발매일 / 1990년 12월 13일
- 가격 / 3,500엔
- 퍼블리셔 / 아이맥스

MSX로 발매된 『퀸플』의 게임보이 이식 버전. 지형에 말뚝을 박아서 블록을 부수거나 발판으로 삼아 출구를 향해 나아간다.

  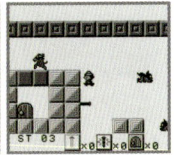

포켓 스타디움
- 발매일 / 1990년 12월 14일
- 가격 / 3,300엔
- 퍼블리셔 / 아틀라스

선수를 조작하는 것이 아니라 배팅이나 피칭 코스를 지정하는 색다른 야구 게임이다. 지정 후 나머지는 모두 자동으로 진행된다.

 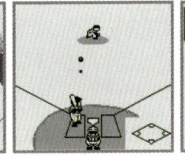 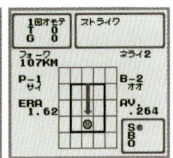

카드 & 퍼즐 컬렉션 은하

- 발매일 / 1990년 12월 14일　● 가격 / 3,500엔
- 퍼블리셔 / 핫・비

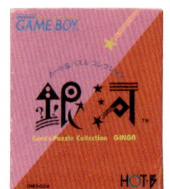 

트럼프나 마작패를 사용한 퍼즐 게임으로 12종을 플레이할 수 있다. 혼자서 조용히 놀고 싶은 사람을 위한 게임이다.

 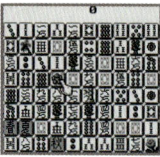 

고질라군 괴수대행진

- 발매일 / 1990년 12월 18일　● 가격 / 3,500엔
- 퍼블리셔 / 토호

고질라를 주인공으로 삼은 퍼즐 게임으로 펀치로 바위를 파괴시켜 로드를 만들어 나가고 미니라가 있는 곳에 도착하면 스테이지 클리어가 된다.

폰타와 히나코의 별난 여행길 우정편

- 발매일 / 1990년 12월 20일　● 가격 / 3,400엔
- 퍼블리셔 / 나그자트

너구리 폰타가 주인공인 사이드뷰 액션 게임. 머리에 올라탄 히나코는 공격이나 아이템 회수에 도움을 준다.

 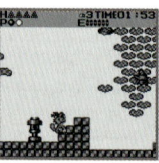 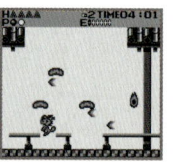

캡콤 퀴즈 물음표? 대모험

- 발매일 / 1990년 12월 21일　● 가격 / 3,500엔
- 퍼블리셔 / 캡콤

아케이드용 퀴즈 게임을 게임보이로 이식한 버전. 주사위 게임처럼 맵을 진행하면서 정해진 퀴즈를 풀어나가는 방식이다.

그렘린 2 -신・종・탄・생-

- 발매일 / 1990년 12월 21일　● 가격 / 3,400엔
- 퍼블리셔 / 선 전자

그렘린을 주인공으로 한 사이드뷰 액션 게임. 패미컴 버전과는 게임 내용이 다르다.

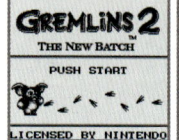  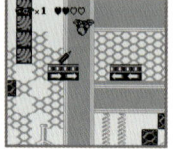

배틀 유닛 ZEOTH

- 발매일 / 1990년 12월 21일　● 가격 / 3,400엔
- 퍼블리셔 / 자레코

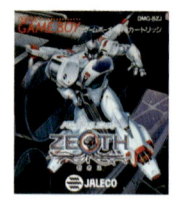 

로봇이 주인공인 사이드뷰 슈팅 게임. 중력이 있는 조작감이 특징이고 아이템을 이용한 파워업도 준비되어 있다.

 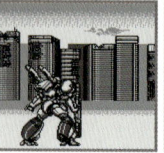 

GAME BOY 1990

버블 고스트

- 발매일 / 1990년 12월 21일
- 가격 / 3,090엔
- 퍼블리셔 / 포니 캐니언

유령을 조작해 숨을 내뿜어서 거품을 골인시키면 클리어되는 방식의 게임으로 총 35스테이지가 준비되어 있다.

  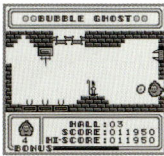

이시다 요시오의 바둑 묘수풀이 파라다이스

- 발매일 / 1990년 12월 21일
- 가격 / 3,400엔
- 퍼블리셔 / 포니 캐니언

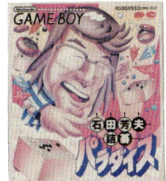 

바둑 게임이지만 대국은 불가능한 것이 아쉽다. 묘수풀이가 100문제 준비되어 있으며 플레이어의 실력 판정도 해준다.

게임보이 공략본 소개①

인터넷이 보급되지 않았던 시절에는 공략본의 인기가 상당했다. 공략본이 없어도 얼마든지 공략할 수 있는 게임이 있었지만, 숨겨진 스킬이나 게임 내 언급되지 않은 설정 등이 게재된 경우도 많았고 무엇보다 가볍게 넘겨보기만 해도 재미가 있다는 것이 중요했다.

『게임보이 완벽 공략 시리즈1』
패미스타 필승 공략법

『게임보이 완벽 공략 시리즈3』
게임보이 워즈 필승 공략법

『게임보이 완벽 공략 시리즈5』
위저드리・외전Ⅰ 필승 공략법

『게임보이 완벽 공략 시리즈7』
헤라클레스의 영광 필승 공략법

『게임보이 완벽 공략 시리즈8』
메트로이드Ⅱ 필승 공략법

후타바사 발간　후타바사 발간　후타바사 발간　후타바사 발간　후타바사 발간

『게임보이 완벽 공략 시리즈11』
위저드리・외전Ⅱ 필승 공략법

『게임보이 완벽 공략 시리즈13』
젤다의 전설 꿈꾸는 섬 필승 공략법

『게임보이 완벽 공략 시리즈15』
위저드리・외전Ⅲ 필승 공략법

『게임보이 완벽 공략 시리즈18』
와리오 랜드 필승 공략법

『게임보이 완벽 공략 시리즈19』
천지를 먹다 필승 공략법

후타바사 발간　후타바사 발간　후타바사 발간　후타바사 발간　후타바사 발간

『게임보이 완벽 공략 시리즈21』
록맨 월드5 필승 공략법

『게임보이 완벽 공략 시리즈23』
ONI Ⅴ 필승 공략법

『게임보이 완벽 공략 시리즈36』
와리오 랜드2 필승 공략법

『게임보이 필승 도장1』
테트리스 & 슈퍼마리오 랜드

『게임보이 필승 도장1』
SD전국전 국가 찬탈 이야기』

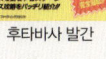    

후타바사 발간　후타바사 발간　후타바사 발간　코단샤 발간
(코믹 봉봉 스페셜48)　코단샤 발간
(코믹 봉봉 스페셜54)

주변기기 소개

이 페이지와 116페이지에서는 닌텐도 순정 주변기기를 소개한다. 지금은 내장 배터리를 사용하는 것이 당연하지만 당시에는 건전지 플레이가 표준이었다. 초기형 게임보이는 건전지를 4개 사용했으므로 전용 배터리 등을 이용하는 것이 경제적이었다.

전용 충전식 어댑터

발매일: 1989년 4월 21일　가격: 3,800엔

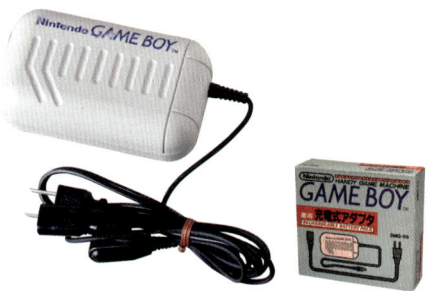

가정용 콘센트로 충전하면 약 10시간 사용할 수 있는 배터리. AC 어댑터로도 사용할 수 있다.

전용 통신 케이블

발매일: 1989년 4월 21일　가격: 1,500엔

GB끼리 접속하는 통신 케이블. 대응 소프트에서 통신 플레이를 즐길 수 있다. 통신 대전・교환 같은 새로운 플레이 방식을 제공했다. GB포켓, GB컬러, GB라이트에는 사용할 수 없다.

전용 배터리 케이스

발매일: 1989년 4월 21일　가격: 1,400엔

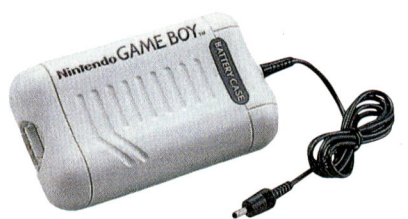

건전지를 사용한 GB의 외부 배터리. C 사이즈 배터리(LR14) 4개로 약 40시간 사용이 가능하다. ※사진은 팜플렛에서

4인용 어댑터

발매일: 1990년 11월 9일　가격: 3,000엔

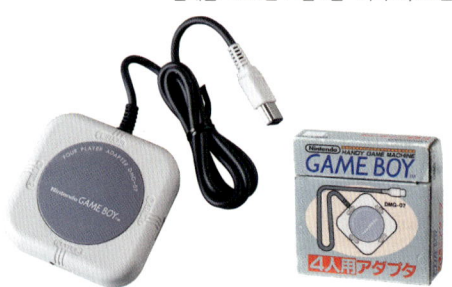

2~4대의 GB를 접속시킬 수 있는 어댑터. 2인 이상이 플레이할 경우에는 별도로 인원수만큼의 통신 케이블이 필요하다. 대응 소프트는 6개 정도. 초기형 GB에만 사용 가능하다.

전용 클리닝 키트

발매일: 1990년　가격: 800엔

GB 본체나 소프트 등의 단자 부분을 청소하는 키트. 클리닝 카트리지, 스틱, 클리닝 카드, 와이퍼가 부속되어 있다. 패키지는 초기형인 붉은색과 GB 시리즈 공통 컬러인 파란색으로 2종류가 있다.

전용 스테레오 헤드폰

발매일: 1993년 6월 6일　가격: 1,000엔

GB에 꽂을 수 있는 이어폰. 모노였던 본체 스피커 사운드를 스테레오로 들을 수 있다. 본체에도 동봉되었지만 가격 개정 후에 별도로 판매되었다.

GAME BOY

1991년

GAME BOY COMPLETE GUIDE

성검전설 파이널 판타지 외전

- 발매일 / 1991년 6월 28일 ● 가격 / 4,800엔
- 퍼블리셔 / 스퀘어

스퀘어에서 출시한 첫 번째 액션 RPG 작품. 첫 작품에는 '파이널 판타지 외전'이란 부제가 붙었지만 해당 작품과 직접적인 관계는 없다. 시점은 탑뷰이며 전환되는 방식의 게임 화면이 특징. 플레이어는 주인공 캐릭터를 조작하며 다양한 NPC로부터 도움을 받게 되고 검, 도끼, 낫, 창, 철퇴 등 각각 특징이 다른 무기를 다루게 된다. 경험치가 쌓여서 레벨업을 할 때마다 전사(힘), 몽크(체력), 마도사(지성), 현자(정신)의 4가지 타입 중 하나를 선택하게 되는데 타입별로 능력치 성장률이 다르다.

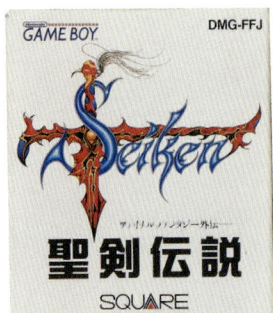
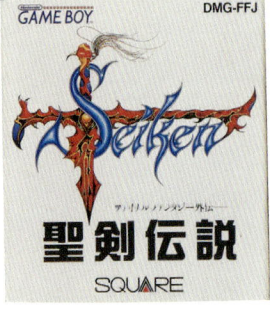

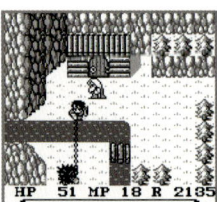
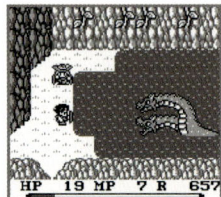

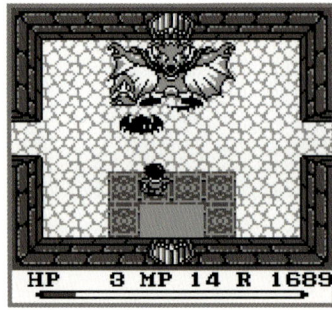
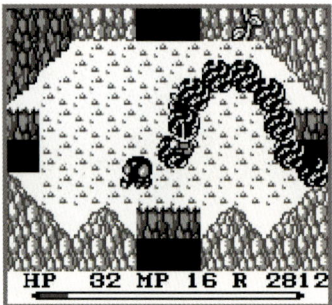

위저드리·외전I 여왕의 수난

- 발매일 / 1991년 10월 1일 ● 가격 / 4,635엔
- 퍼블리셔 / 아스키

세계적으로 유명한 고전 명작 RPG『위저드리』의 속편으로 패미컴 버전의 이식을 맡았던 게임 스튜디오에서 개발했다. 이 작품은 휴대용 게임기로 출시된 최초의 위저드리 시리즈인 동시에 최초의 일본산 위저드리이기도 하다. 넘버링 타이틀 이외의 작품이 출시된 것 역시 처음이었기에 타이틀명에 '외전'이 붙은 것도 특징. 장르는 유사 3D 던전 RPG로 6명까지 파티를 꾸려 모험을 하게 되며 당시 마니아들을 저격한 세밀한 구조가 인기를 모아 일시 품절 상태가 되었다가 훗날 재판되기도 했다.

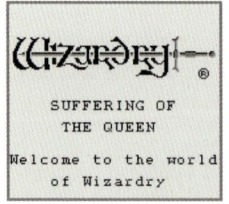

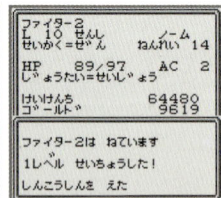

콘트라

- 발매일 / 1991년 1월 8일
- 가격 / 3,500엔
- 퍼블리셔 / 코나미

코나미의 『콘트라』 시리즈 중 하나로 이식작이 아니라 게임보이 오리지널 작품이다. 사이드뷰와 탑뷰 스테이지가 번갈아 전환되는 것이 매력이며 자동 연사로 통쾌함을 느낄 수 있다.

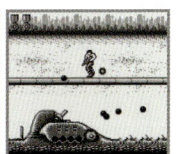
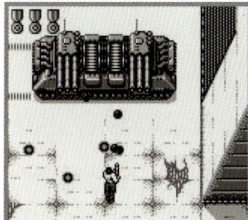
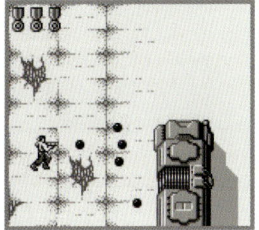

돌격! 고물 탱크

- 발매일 / 1991년 1월 8일
- 가격 / 3,300엔
- 퍼블리셔 / HAL 연구소

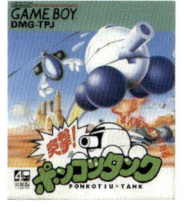

4방향 랜덤 스크롤 슈팅 게임으로 플레이어의 탱크는 B 버튼으로 포탑을 회전시킬 수 있는데 고물이라 우회전만 가능하다. 아이템에 따라 발사 방향이 바뀌는 것이 특징.

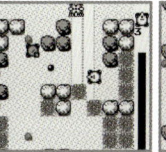
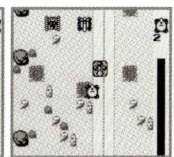
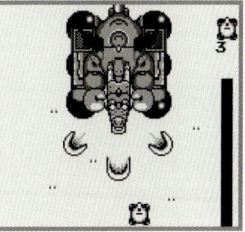
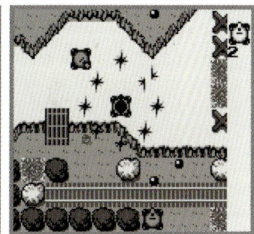

삼색 고양이 홈즈의 기사도

- 발매일 / 1991년 2월 15일
- 가격 / 3,500엔
- 퍼블리셔 / 애스크 코단샤

게임보이 진영에 소량만 존재하는 커맨드 선택식 어드벤처로 원작은 아카가와 지로의 소설이다. 본격적인 추리를 즐길 수 있는 작품으로 패스워드를 사용해 게임을 연속으로 플레이할 수 있다.

F-1 스피리트

- 발매일 / 1991년 2월 28일
- 가격 / 3,500엔
- 퍼블리셔 / 코나미

탑뷰 F-1 레이싱 게임으로 MSX 버전이 오리지널이다. 머신 세팅이나 고장으로 인한 피트인 요소도 준비되어 있으며 전체적으로 속도감이 넘치는 작품이다.

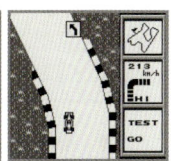
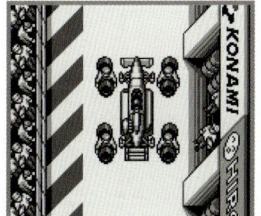
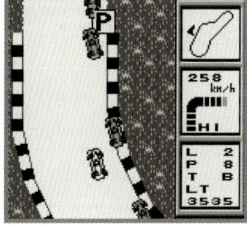

로보캅

- 발매일 / 1991년 3월 1일
- 가격 / 3,500엔
- 퍼블리셔 / 에픽·소니 레코드

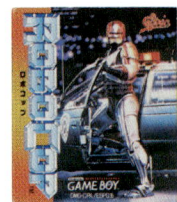

인기 캐릭터인 로보캅을 주인공으로 채용한 액션 슈팅 게임. 시스템은 라이프제를 채용했으며 총과 펀치를 사용해서 적을 쓰러뜨려 나간다. 횡스크롤 화면이 기본이지만 3D 슈팅을 비롯한 미니 게임도 삽입된 것이 특징.

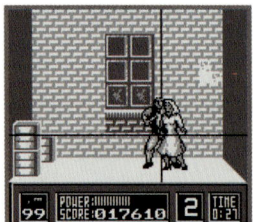

슈퍼 모모타로 전철

- 발매일 / 1991년 3월 8일
- 가격 / 4,500엔
- 퍼블리셔 / 허드슨

대단한 인기를 누렸던 시리즈 두 번째 작품으로 PC엔진 버전을 이식. 주사위의 눈만큼 앞으로 나아가며 목적지에 가장 먼저 도착하면 상금을 받게 된다. 물건 구입이나 카드 사용 등이 준비되어 전략성을 요구한다.

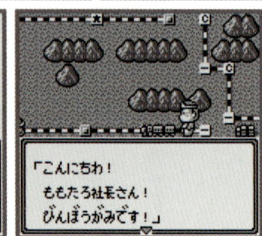

R-TYPE

- 발매일 / 1991년 3월 19일
- 가격 / 3,600엔
- 퍼블리셔 / 아이렘

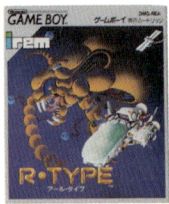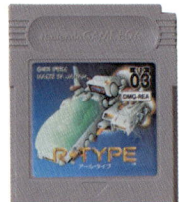

큰 인기를 누렸던 아케이드 횡스크롤 슈팅 게임을 게임보이로 이식한 버전. 하드웨어의 성능과 용량 문제로 스테이지 수가 줄어들고 장비도 간략화 되었지만 그럼에도 이식도는 제법 높은 편이다.

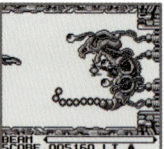

패밀리 자키

- 발매일 / 1991년 3월 29일
- 가격 / 3,500엔
- 퍼블리셔 / 남코

플레이어는 기수가 되어 말을 선택하고 레이스에 도전하게 된다. 아이템을 사용해 말을 강화하고 상금을 타야 하는데 3등 안에 들지 못하면 게임오버로 이어진다. 패미컴으로부터 이식된 작품.

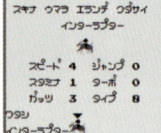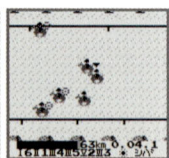

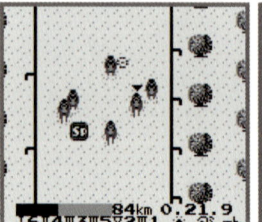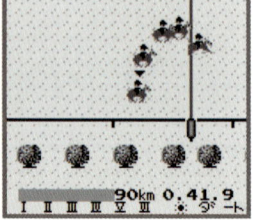

GAME BOY 1991

파로디우스다!!

- 발매일 / 1991년 4월 5일 ● 가격 / 3,800엔
- 퍼블리셔 / 코나미

아케이드용 사이드뷰 슈팅 게임을 게임보이로 이식한 버전. 플레이어 기체의 옵션은 2개로 제한되어 있으며 원조에 비해 스테이지도 줄었지만 '치치빈타리카'가 등장하기도 하는 등 이식도는 높은 편이다.

  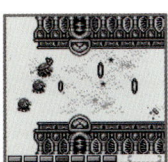

케이브 노어

- 발매일 / 1991년 4월 19일 ● 가격 / 3,800엔
- 퍼블리셔 / 코나미

플레이어와 적이 턴제로 행동하는 로그라이크 RPG. 던전마다 정해져 있는 클리어 조건을 충족했을 시 문이 나타나서 탈출할 수 있는데, 주인공은 아이템으로 강화가 가능하다.

  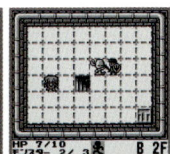
 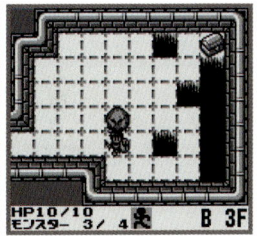

리틀 마스터 라이크반의 전설

- 발매일 / 1991년 4월 19일 ● 가격 / 4,200엔
- 퍼블리셔 / 토쿠마 서점

판타지 세계를 무대로 삼은 시뮬레이션 RPG. 특징은 유닛을 합성해서 강화할 수 있다는 점, 그리고 중간 맵까지는 반복 플레이가 가능하다는 점이다. 이후 시리즈화 되어서 세 번째 작품까지 발매되었다.

슈퍼로봇대전

- 발매일 / 1991년 4월 20일 ● 가격 / 3,980엔
- 퍼블리셔 / 반프레스토

현세대까지도 이어져 오고 있는 인기 시뮬레이션 RPG의 전설적인 첫 번째 작품이다. 건담과 마징가Z 등의 세대를 뛰어넘은 인기 로봇이 한데 모여 싸운다는 내용으로 큰 호응을 얻어 폭 넓은 유저층에게 어필했다.

 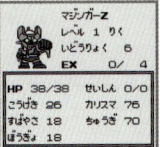 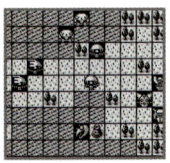
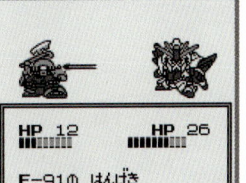 

게임보이 워즈

- 발매일 / 1991년 5월 21일 ● 가격 / 3,500엔
- 퍼블리셔 / 닌텐도

인기 전략 시뮬레이션 『패미컴 워즈』의 게임보이 버전이나. 턴제를 채용했으며 도시에서 얻을 수 있는 자금으로 유닛을 채용해 나가게 된다. 적의 유닛을 전멸시키거나 적의 본거지를 점령하면 승리하게 된다.

  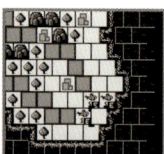

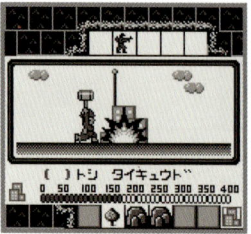 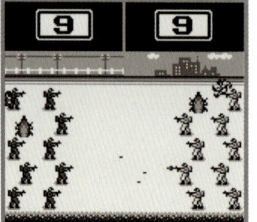

스노우 브라더스 주니어

- 발매일 / 1991년 5월 24일 ● 가격 / 3,800엔
- 퍼블리셔 / 나그자트

토아 플랜의 아케이드용 고정 화면 액션 게임을 게임보이로 이식한 버전. 적에게 눈을 던져서 눈덩이로 만들고 발로 차서 쓰러뜨려야 하는데, 만약 눈덩이가 굴러가면서 다른 적이 말려든다면 고득점이 가능하다.

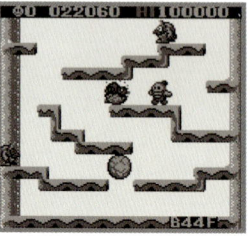 

레전드 내일을 향한 날개

- 발매일 / 1991년 5월 31일 ● 가격 / 4,500엔
- 퍼블리셔 / 퀘스트

2D 필드와 커맨드 선택식을 채용한 전형적인 RPG. 아군 파티는 고정이며 4명의 캐릭터에게 각각의 특징이 있는데 특이사항이 없는 무난한 구성으로 폭넓은 층에게 인기를 얻었다.

정글 워즈

- 발매일 / 1991년 6월 21일 ● 가격 / 4,800엔
- 퍼블리셔 / 포니 캐니언

주간 소년 점프의 '점프 방송국'과 『패미컴 신권』의 스탭이 다수 참여한 RPG로 주인공이 아버지를 구하기 위해 모험을 한다는 스토리를 담고 있다. 코미컬한 캐릭터가 특징이며 전투는 커맨드 선택 방식이다.

  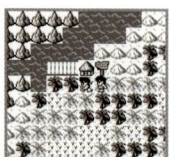

GAME BOY 1991

드라큘라 전설 II
- 발매일 / 1991년 7월 12일 ● 가격 / 3,800엔
- 퍼블리셔 / 코나미

89년에 발매된 『드라큘라 전설』의 속편으로 전작의 시스템을 대다수 이어 받았지만 성수나 십자가와 같은 보조무기를 사용할 수 있다. 전작보다 조작성이 훨씬 개선된 것도 특징.

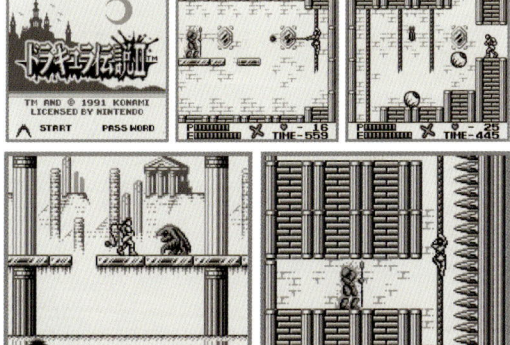

해트리스
- 발매일 / 1991년 7월 19일 ● 가격 / 3,500엔
- 퍼블리셔 / BPS

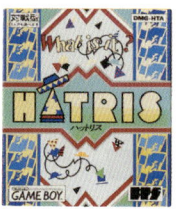

『테트리스』의 개발자 알렉세이 파지노프가 개발한 낙하형 퍼즐 게임. 낙하하는 모자의 위치를 좌우로 바꿔 같은 모양의 모자 5개를 쌓으면 해당 모자를 지울 수 있으며, 일정 수를 지우면 보상으로 1종을 전부 지울 수 있다.

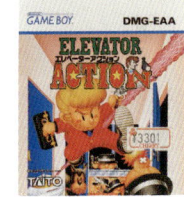

록맨 월드
- 발매일 / 1991년 7월 26일 ● 가격 / 3,500엔
- 퍼블리셔 / 캡콤

게임보이 최초의 『록맨』 시리즈. 패미컴으로 출시된 넘버링작을 토대로 개발된 오리지널 사이드뷰 액션으로, 매 스테이지마다 마지막에 보스와 전투를 치르게 된다.

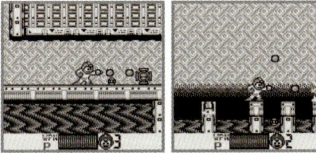
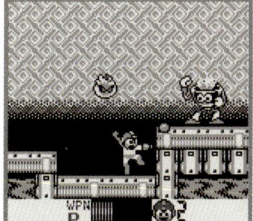

엘리베이터 액션
- 발매일 / 1991년 8월 9일 ● 가격 / 3,400엔
- 퍼블리셔 / 타이토

빌딩에 잠입한 주인공이 기밀 서류를 빼앗아 탈출한다는 내용의 타이토 제작 아케이드 액션을 이식한 버전이다. 게임보이 버전은 라이프제를 채용했으며 머신건 등의 총기 입수 같은 어레인지가 존재한다.

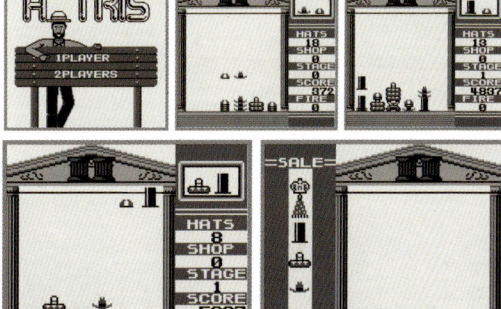
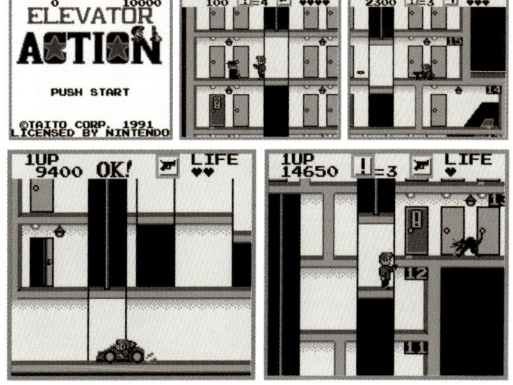

057

네메시스 II

- 발매일 / 1991년 8월 9일
- 가격 / 3,800엔
- 퍼블리셔 / 코나미

전년도에 발매되었던 『네메시스』의 속편으로 게임보이 오리지널작이다. 레이저, 더블, 미사일 3가지 중 하나를 파워업 할 수 있으며 총 5스테이지를 진행하게 된다.

 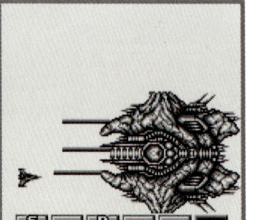

배틀 시티

- 발매일 / 1991년 8월 9일
- 가격 / 3,090엔
- 퍼블리셔 / 노바

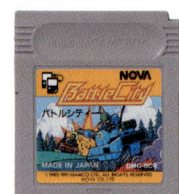

패미컴 버전을 이식했지만 고정 스크롤이 아닌 랜덤 스크롤로 변경되었다. 적의 전차를 전멸시키면 스테이지 클리어, 잔여 기체가 없거나 사령부가 파괴되면 게임오버 된다.

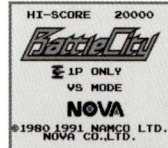  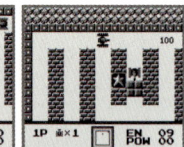
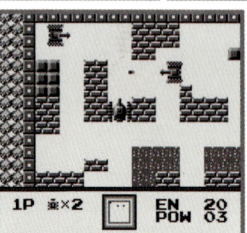 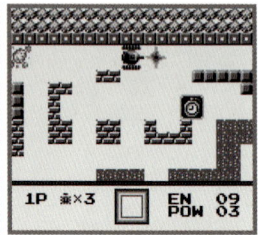

봄버킹 시나리오2

- 발매일 / 1991년 8월 23일
- 가격 / 3,400엔
- 퍼블리셔 / 선 전자

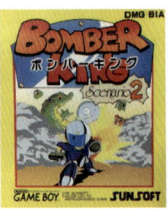 

패미컴으로 발매된 『봄버킹』의 속편 같은 작품이다. 폭탄으로 적이나 벽을 부수고, 열쇠를 찾아 탈출하면 스테이지가 클리어된다. 1~9라운드의 최종 스테이지에는 보스도 등장한다.

시공전기 무

- 발매일 / 1991년 9월 13일
- 가격 / 4,500엔
- 퍼블리셔 / 허드슨

게임보이 오리지널 RPG로 게임 시작 시 주인공의 얼굴을 제작할 수 있다. 시스템이 독창적이고 여러 파티를 조작할 수 있으며 최대 20명의 캐릭터를 동료로 만들 수 있다.

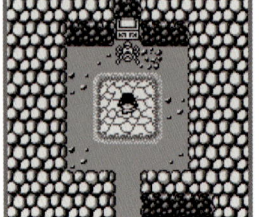 

아레사 II

- 발매일 / 1991년 9월 27일
- 가격 / 4,800엔
- 퍼블리셔 / 야노만

전년도에 발매되었던 『아레사』의 속편으로 호평을 받았던 전작을 능가하는 볼륨으로 더욱 인기가 높아졌다. 그래픽의 퀄리티도 향상되었고, 특히 주인공 테마리아의 외모에 힘이 들어가 있다.

테크모 볼 GB

- 발매일 / 1991년 9월 27일
- 가격 / 3,800엔
- 퍼블리셔 / 테크모

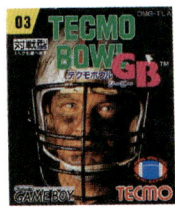 

테크모의 특기 분야인 아메리칸 풋볼 게임의 GB 버전. CPU전, 2P 대전 및 조작을 CPU에게 맡기는 코치 모드를 플레이할 수 있다. 포메이션은 4가지 중 하나를 선택할 수 있으며 패스나 런으로 공격해 나간다.

 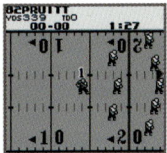 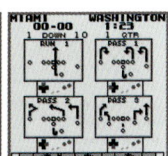

자드의 전설

- 발매일 / 1991년 10월 18일
- 가격 / 3,980엔
- 퍼블리셔 / 빅 토카이

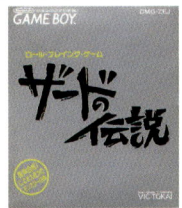 

전형적인 시스템을 가지고 있지만 독특한 시나리오가 매력인 RPG. 난이도가 낮은 편이라 가볍게 플레이할 수 있고 합성 음성을 이용한 몬스터의 단말마가 특징이다.

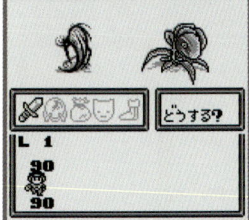

SaGa3 시공의 패자 [완결편]

- 발매일 / 1991년 12월 13일
- 가격 / 4,900엔
- 퍼블리셔 / 스퀘어

SaGa 시리즈로서는 게임보이 마지막 작품이다. 개발 부서가 달라져서 게임성도 달라진 점이 많은데 예를 들면 레벨과 경험치 제도의 도입, 게임 중 종족 변신 등이 그러하다.

GAME BOY 1991

사가이아
- 발매일 / 1991년 12월 13일　● 가격 / 3,600엔
- 퍼블리셔 / 타이토

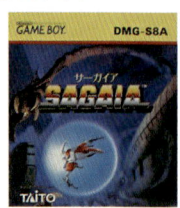

아케이드용으로 대히트 했던 『다라이어스』를 게임보이로 이식한 버전. 3개의 모니터를 가로로 이어서 긴 화면을 보여줬던 오리지널 버전을 멋지게 어레인지했으며, 다수의 플레이어로부터 명작으로 평가받고 있다.

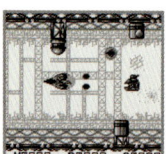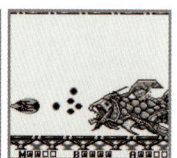
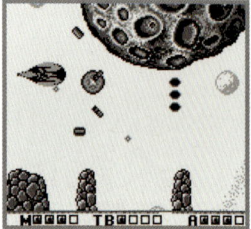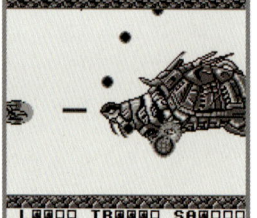

닌자용검전 GB 마천루결전
- 발매일 / 1991년 12월 13일　● 가격 / 3,800엔
- 퍼블리셔 / 테크모

패미컴 버전의 『어둠의 암살자 KAGE』를 베이스로 제작된 사이드뷰 액션 게임으로 『닌자용검전』이란 제목이 붙었다. 액션 파트도 우수하고 데모 화면도 매우 멋지다.

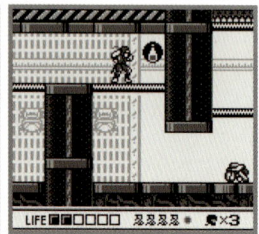

요시의 알
- 발매일 / 1991년 12월 14일　● 가격 / 2,600엔
- 퍼블리셔 / 닌텐도

패미컴 버전과 동시 발매된 낙하형 퍼즐 게임. 마리오가 접시를 움직이며 낙하형 적을 잡게 되는데, 깨진 알의 아랫부분 위로 적을 쌓고 그 위에 알의 윗부분을 덮으면 적이 모두 사라지며 요시가 태어난다.

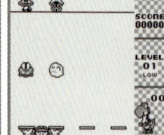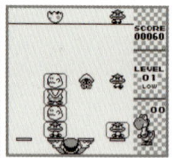
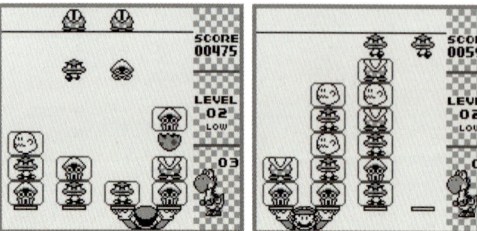

아메리카 횡단 울트라 퀴즈 PART2
- 발매일 / 1991년 12월 20일　● 가격 / 3,980엔
- 퍼블리셔 / 토미

게임보이로 다수 발매된 시리즈의 두 번째 작품으로 시스템에는 변화가 없지만 그래픽 퀄리티는 향상되었다. 퀴즈에 사용된 문제가 리뉴얼되었기 때문에 전작을 플레이했던 사람도 새롭게 즐길 수 있다.

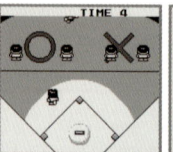
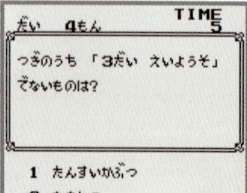

모노폴리

- 발매일 / 1991년 12월 20일　● 가격 / 3,980엔
- 퍼블리셔 / 토미

세계적으로 유명한 보드 게임을 게임보이용으로 제작해 CPU 또는 2P 와 플레이할 수 있다. 주사위의 결과만이 아닌 다른 플레이어와의 교섭 이 중요한 게임으로, CPU도 매매를 하는 것이 특징.

  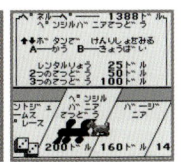

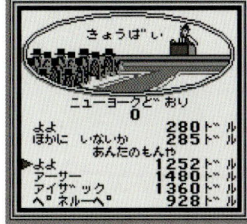 

록맨 월드2

- 발매일 / 1991년 12월 20일　● 가격 / 3,500엔
- 퍼블리셔 / 캡콤

시리즈 두 번째 작품으로 패미컴 버전의 『록맨2』와 『록맨3』를 베이스로 삼았다. 패미컴 버전보다 난이도가 낮고 오리지널 보스가 등장하는 등 의 어레인지가 존재한다.

 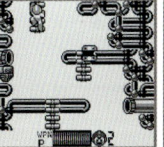 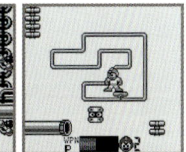

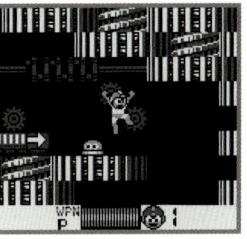 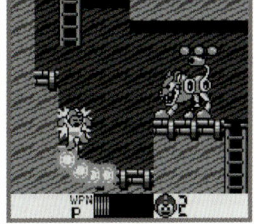

힘내라 고에몽 납치된 에비스마루

- 발매일 / 1991년 12월 25일　● 가격 / 3,800엔
- 퍼블리셔 / 코나미

코나미의 인기 타이틀 『힘내라 고에몽』 시리즈의 첫 번째 게임보이 작 품이다. 담뱃대와 금화를 이용한 공격 및 점프를 이용한 액션으로 총 9 스테이지를 공략해 나간다.

 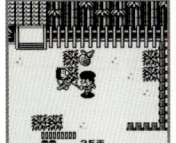 

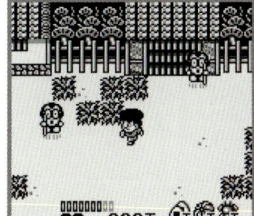 

모모타로 전설 외전

- 발매일 / 1991년 12월 26일　● 가격 / 4,500엔
- 퍼블리셔 / 허드슨

인기 RPG 시리즈의 외전으로 가난신, 야차 공주, 우라시마 타로라는 세 캐릭터를 주인공으로 삼은 시나리오 세 편이 수록되어 있다. 시나리오 에 따라 시스템이 다르지만 전투는 모두 커맨드 입력 방식이다.

  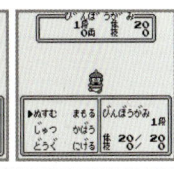

타이토 체이스 H.Q.

- 발매일 / 1991년 1월 11일 ● 가격 / 3,600엔
- 퍼블리셔 / 타이토

아케이드용 레이싱 게임을 게임보이로 이식한 버전. 플레이어는 형사가 되어 충돌을 이용해 범인이 차량을 세우고 체포하는 것을 목표로 삼는다.

레이 선더

- 발매일 / 1991년 2월 8일 ● 가격 / 3,600엔
- 퍼블리셔 / 일본 물산

게임보이에는 드문 1인칭 시점 유사 3D 슈팅 게임. 플레이어는 세 가지 중 하나의 기체를 선택할 수 있고 샷과 보조 무기를 쓸 수 있다.

 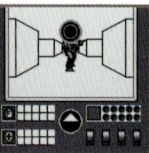 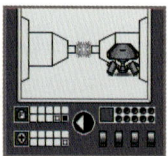

버거 타임 디럭스

- 발매일 / 1991년 2월 15일 ● 가격 / 3,300엔
- 퍼블리셔 / 데이터 이스트

아케이드용 게임을 GB로 어레인지 이식. 거대한 햄버거 재료를 밟고 떨어뜨려 햄버거를 완성하는 것이 목적. 적 캐릭터는 피클과 소시지로 구성.

  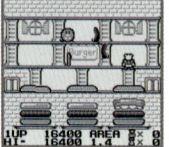

돌격 바레이션즈

- 발매일 / 1991년 1월 25일 ● 가격 / 3,300엔
- 퍼블리셔 / 아틀러스

예전에 발매되었던 『퍼즐 보이』의 캐릭터가 등장하는 액션 게임이다. 미로형 플로어는 퍼즐 요소가 강한 것이 특징.

 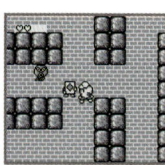 

오니가시마 파친코 가게

- 발매일 / 1991년 2월 8일 ● 가격 / 3,500엔
- 퍼블리셔 / 코코너츠 재팬 엔터테인먼트

모모타로가 주인공이며 도깨비를 퇴치하기 위해 파친코 기기를 멈추게 만든다. 개, 원숭이, 꿩에게는 각각 특수한 능력이 있다.

  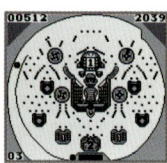

분노의 요새

- 발매일 / 1991년 2월 26일 ● 가격 / 3,400엔
- 퍼블리셔 / 자레코

GB 오리지널 액션 슈팅 게임. 2명의 캐릭터를 바꿔가면서 조작하고, 스테이지 마지막에 있는 보스를 쓰러뜨리면 클리어된다.

 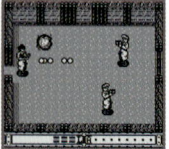 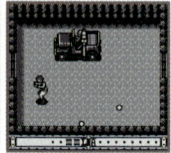

레이싱 혼

- 발매일 / 1991년 2월 28일
- 가격 / 3,500엔
- 퍼블리셔 / 아이렘

GB 오리지널 유사 3D 레이싱 게임이며 이후 PC엔진으로 이식되었다. 포인트를 소비해서 바이크를 튜닝할 수 있다.

 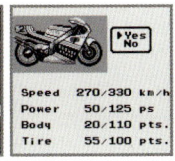 

도라에몽 대결 비밀도구!!

- 발매일 / 1991년 3월 1일
- 가격 / 3,500엔
- 퍼블리셔 / 에폭사

스테이지에 따라 스크롤 방향이 변하는 액션 & 슈팅 게임. 비밀도구를 찾아내면 다양한 효과가 발휘된다.

  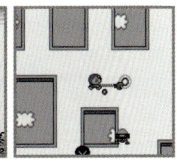

전국 닌자군

- 발매일 / 1991년 3월 8일
- 가격 / 3,800엔
- 퍼블리셔 / UPL

UPL의 인기 캐릭터 '닌자군'을 주인공으로 삼은 액션 RPG. 레벨이나 경험치 개념이 없고 아이템만으로 성장하게 된다.

 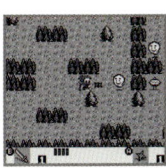 

루프스

- 발매일 / 1991년 3월 15일
- 가격 / 3,090엔
- 퍼블리셔 / 마인드 스케이프

해외에서 PC용 등으로 발매된 퍼즐 게임을 이식했다. 블록에 그려진 라인을 연결해서 테두리를 만들어 그 안의 블록을 지워나가는 방식이다.

 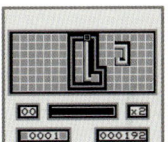 

패스티스트・랩

- 발매일 / 1991년 3월 20일
- 가격 / 3,800엔
- 퍼블리셔 / 밥

탑뷰 레이싱 게임으로 머신 세팅이 가능하다. 월드 투어 모드는 총 16전이 준비되어 있고 포인트로 경쟁하게 된다.

 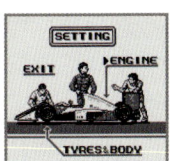 

젬젬

- 발매일 / 1991년 3월 29일
- 가격 / 3,800엔
- 퍼블리셔 / 빅 토카이

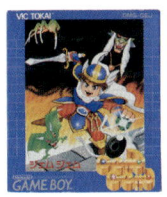 

칸마다 배치된 벽을 회전시키며 출구로 나아가는 퍼즐 게임이다. 전투는 가위바위보로 적에게 피해를 주는 방식으로 진행된다.

 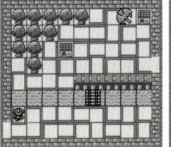 

GAME BOY 1991

솔로몬즈 클럽
- 발매일 / 1991년 4월 5일 ● 가격 / 3,300엔
- 퍼블리셔 / 테크모

아케이드, 패미컴용으로 인기를 끌었던 액션 퍼즐 게임 『솔로몬의 열쇠』의 게임보이 이식판. 블록을 생성, 제거하면서 출구를 향해 나아가게 된다.

파이널 리버스
- 발매일 / 1991년 4월 12일 ● 가격 / 3,400엔
- 퍼블리셔 / 토에이 동화

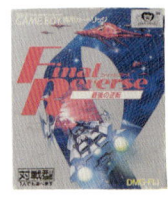

대전형 슈팅 게임. 예선에서 자신이 움직였던 라인이 결승에서는 적의 이동 범위가 된다. (반대도 가능)

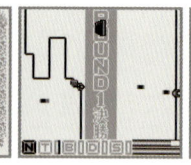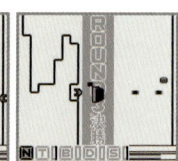

월드 아이스하키
- 발매일 / 1991년 4월 12일 ● 가격 / 3,500엔
- 퍼블리셔 / 아테나

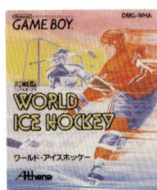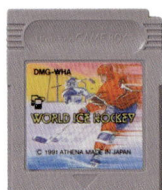

8개국 중에서 팀을 골라 싸우는 아이스하키 게임. 포지션마다 복수의 선수가 존재하고, 각각 능력치가 다르다.

차차마루 패닉
- 발매일 / 1991년 4월 19일 ● 가격 / 2,900엔
- 퍼블리셔 / 휴먼

관성이 있으면서 미끄러지는 필드에서 몸통 박치기로 석판을 떨어뜨려야 한다. 4인용 어댑터를 이용하면 다인 대전 플레이가 가능한 것이 특징.

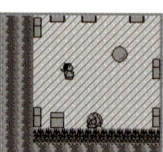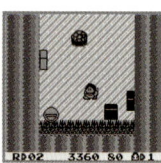

미키 마우스 II
- 발매일 / 1991년 4월 26일 ● 가격 / 3,090엔
- 퍼블리셔 / 켐코

89년에 발매된 『미키 마우스』의 속편. 필드 위에 떨어져 있는 열쇠를 모두 수집해 문으로 탈출하는 것이 목적이다. 총 28스테이지가 수록되었다.

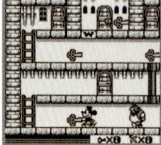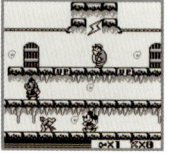

미니 퍼트
- 발매일 / 1991년 4월 26일 ● 가격 / 3,400엔
- 퍼블리셔 / A-WAVE

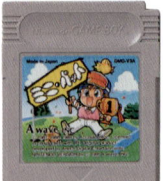

흔히 말하는 퍼터 골프(퍼터만을 사용하는 골프-역주)를 게임화 한 것. 꽤 기발한 공이 많으며, 다양한 기믹이 존재한다.

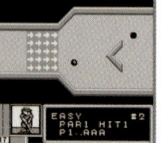

럭키 몽키

- 발매일 / 1991년 4월 26일
- 가격 / 3,090엔
- 퍼블리셔 / 나츠메

게임보이 오리지널 고정 화면 액션 게임. 주인공인 원숭이가 공을 헤딩해서 크게 만들고, 하얀 공으로 적을 쓰러뜨린다.

 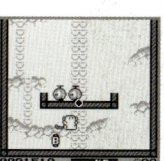 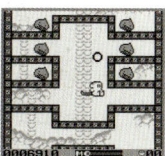

스모 파이터 토카이도 장소

- 발매일 / 1991년 4월 26일
- 가격 / 3,500엔
- 퍼블리셔 / 아이맥스

스모 선수가 주인공인 사이드뷰 액션 게임. 손바닥과 발 구르기로 공격해서 스테이지를 진행한다. 경험치를 이용한 성장 요소도 있다.

  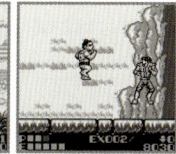

열혈 고교 축구부 월드컵편

- 발매일 / 1991년 4월 26일
- 가격 / 3,500엔
- 퍼블리셔 / 테크노스 재팬

쿠니오군과 열혈 고교 일행이 축구에 도전한 작품. 악질적인 태클이 반칙으로 인정되지 않는 구조에 필살 슈팅이 준비되어 있다.

계략 검호전 무사시 로드

- 발매일 / 1991년 4월 27일
- 가격 / 3,500엔
- 퍼블리셔 / 유타카

애니메이션을 원작으로 삼은 액션 RPG. 검으로 적을 쓰러뜨리며 필드를 나아가고 보스를 쓰러뜨리면 스테이지가 클리어된다.

토피드・레인지

- 발매일 / 1991년 4월 27일
- 가격 / 3,800엔
- 퍼블리셔 / 세타

플레이어의 기체가 잠수함인 슈팅 게임으로, 전투 장면에는 사이드뷰와 유사 3D 화면이 있다.

키친 패닉

- 발매일 / 1991년 5월 10일
- 가격 / 3,800엔
- 퍼블리셔 / 코코너츠 재팬 엔터테인먼트

주인공이 해충을 퇴치하는 사이드뷰 액션 게임. 살충제로 적을 쓰러뜨리면 블록이 출현하는데, 블록을 늘어놓으면 특수 효과가 있다.

 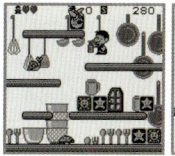 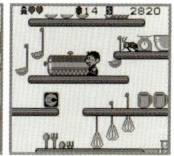

산리오 카니발

- 발매일 / 1991년 5월 11일
- 가격 / 3,296엔
- 퍼블리셔 / 캐릭터 소프트

산리오의 캐릭터를 사용한 낙하형 퍼즐 게임이다. 같은 캐릭터를 가로, 세로, 대각선으로 모이서 지워야 하며 조건을 달성하면 스테이시가 클리어된다.

 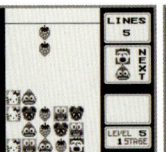 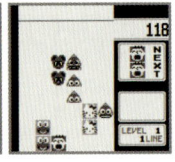

러블 세이버

- 발매일 / 1991년 5월 17일
- 가격 / 3,500엔
- 퍼블리셔 / 킹 레코드

패미컴의 『미라클 로핏트』를 어레인지 이식한 액션 슈팅 게임. 플레이어의 기체가 쓰러지면 조작하는 캐릭터가 여자아이로 변한다.

 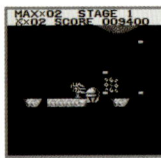 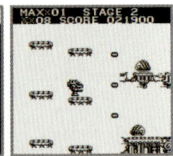

DX 마권왕

- 발매일 / 1991년 5월 17일
- 가격 / 5,900엔
- 퍼블리셔 / 아스믹

경마 순위를 예상하기 위한 소프트이며, 게임이 아니다. 이 작품을 계기로 비슷한 소프트가 다수 발매되었다.

 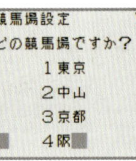 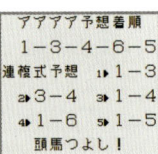

SD코만도 건담 G-ARMS 오퍼레이션 건담

- 발매일 / 1991년 5월 18일
- 가격 / 3,500엔
- 퍼블리셔 / 반다이

SD건담이 다수 등장하는 액션 슈팅 게임. 적을 쓰러뜨리면 포인트가 쌓이고, 일정량이 넘으면 스테이지 클리어다.

아스믹군 월드2

- 발매일 / 1991년 5월 24일
- 가격 / 3,900엔
- 퍼블리셔 / 아스믹

89년에 발매됐던 작품의 속편으로 장르를 퍼즐 게임으로 변경. 패널을 배치해서 골에 도착하면 클리어된다.

 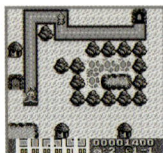 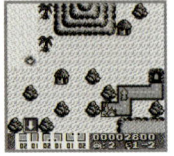

사커

- 발매일 / 1991년 6월 7일
- 가격 / 3,500엔
- 퍼블리셔 / 톤킹 하우스

매우 심플한 제목의 작품. 겉보기엔 소박하지만 오프사이드나 키킹 같은 반칙도 존재하는 현실적인 구성의 작품이다.

 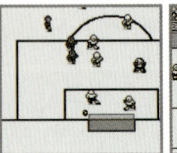 

대전략

- 발매일 / 1991년 6월 12일
- 가격 / 4,800엔
- 퍼블리셔 / 히로

유명 전략 시뮬레이션 게임을 이식. 리얼타임 방식을 채용했고, 목적지를 지정한 유닛이 자동으로 이동한다.

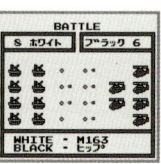 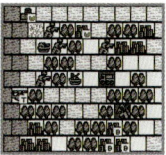

매지컬☆타루루토군

- 발매일 / 1991년 6월 15일
- 가격 / 3,500엔
- 퍼블리셔 / 반다이

인기 만화를 원작으로 한 사이드뷰 액션 게임. 주인공을 조작하고, 타루루토군에게 지시를 내리면 자동으로 행동한다.

 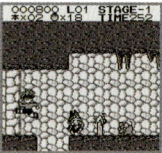 

춉 리프터 II

- 발매일 / 1991년 6월 21일
- 가격 / 3,400엔
- 퍼블리셔 / 빅터 음악 산업

상당히 많은 하드웨어로 이식된 명작 슈팅 게임의 속편. 플레이어의 기체는 헬리콥터이며 인질 구출을 목적으로 삼는다.

에어로 스타

- 발매일 / 1991년 6월 28일
- 가격 / 3,300엔
- 퍼블리셔 / 빅 토카이

종스크롤 슈팅 게임. 주인공의 기체가 길이 없는 부분에서만 이동할 수 있으며 점프를 이용해 짧은 시간만 비행할 수 있다는 점이 특이하다.

 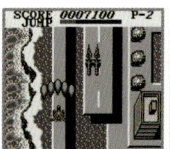 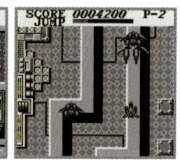

인생게임 전설

- 발매일 / 1991년 6월 28일
- 가격 / 3,980엔
- 퍼블리셔 / 타카라

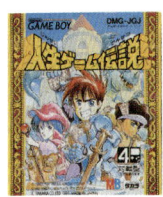 

4명까지 동시 플레이가 가능한 보드게임. 검사나 도적 같은 직업이 준비되어 있는 점과 전투가 존재하는 점에서 RPG풍임을 알 수 있다.

 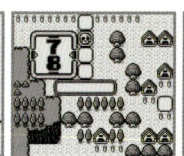 

원조!! 얀챠마루

- 발매일 / 1991년 7월 11일
- 가격 / 3,600엔
- 퍼블리셔 / 아이렘

아케이드용 게임 『쾌걸 얀챠마루』 관련 작품. 칼과 수리검으로 적을 공격하는 전형적인 횡스크롤 점프 액션 게임이다.

바틀 기우스

- 발매일 / 1991년 7월 12일
- 가격 / 3,900엔
- 퍼블리셔 / 아이·지·에스

게임보이 오리지널 종스크롤 슈팅 게임. 플레이어 기체의 고도를 바꿀 수 있고, 지상과 공중의 적을 파괴해 나간다.

자금성

- 발매일 / 1991년 7월 16일
- 가격 / 3,500엔
- 퍼블리셔 / 토에이 동화

PC용으로 발매되었던 피즐 게임을 게임보이로 이식한 버전. 마작패를 밀어서 같은 패를 붙여주면 사라지며 문에 들어가면 클리어가 된다.

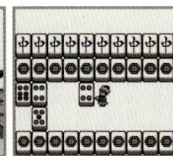
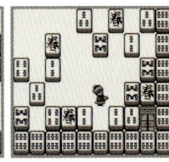

사랑은 밀당

- 발매일 / 1991년 7월 21일
- 가격 / 3,090엔
- 퍼블리셔 / 포니 캐니언

대전형 퍼즐 게임. 흑백 패널로 된 필드를 가로, 세로로 밀어서 여자아이에게 향하는 길을 만들면 승리한다.

버니싱 레이서

- 발매일 / 1991년 7월 26일
- 가격 / 3,500엔
- 퍼블리셔 / 자레코

눈이 달린 자동차 '사부로군'이 주인공인 횡스크롤 액션 게임. 점프한 후에 밟아서 적을 쓰러뜨릴 수 있고, 보스전도 준비되어 있다.

퍼즐 보이 II

- 발매일 / 1991년 8월 2일
- 가격 / 2,980엔
- 퍼블리셔 / 아틀라스

89년에 발매된 퍼즐 게임의 속편으로 기본적인 규칙은 전작과 동일하다. 블록이나 문을 밀어 길을 만들면서 골로 향한다.

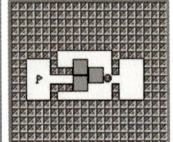

플리트 커맨더 VS.

- 발매일 / 1991년 8월 2일
- 가격 / 4,635엔
- 퍼블리셔 / 아스키

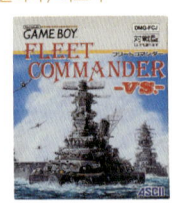

패미컴과 PC로 발매되었던 해전 시뮬레이션 게임을 게임보이로 이식한 버전. 유닛을 교대로 움직여서 적의 함선을 모두 파괴하면 승리하게 된다.

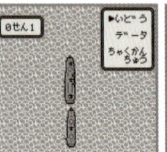
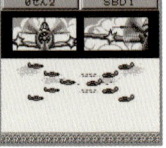

차차마루 모험기3 어비스의 탑

- 발매일 / 1991년 8월 2일　● 가격 / 3,900엔
- 퍼블리셔 / 휴먼

같은 해 4월에 발매된 『차차마루 패닉』의 속편(『2』는 미발매). 장르는 액션 RPG로 변경되었다.

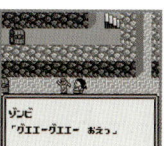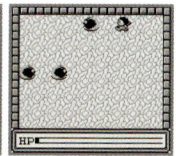

페케와 포코의 다루만 버스터즈

- 발매일 / 1991년 8월 3일　● 가격 / 3,300엔
- 퍼블리셔 / 반프레스토

다루마 빼내기를 응용한 퍼즐 게임. 세로로 쌓인 블록을 가로로 쳐내서 같은 색을 가로, 세로로 이으면 지워지는 구조다.

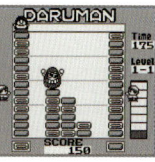

메가리트

- 발매일 / 1991년 8월 9일　● 가격 / 3,900엔
- 퍼블리셔 / 아스믹

게임보이 오리지널 퍼즐 게임. 쌓인 블록을 모두 바닥으로 떨어뜨리면 클리어된다. 단 2단 이상 떨어뜨리면 무너지니 주의!

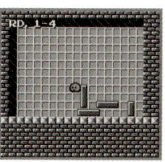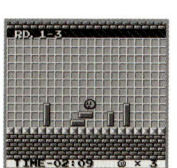

히가시오 오사무 감수 프로야구 스타디움'91

- 발매일 / 1991년 8월 9일　● 가격 / 4,200엔
- 퍼블리셔 / 토쿠마 서점

조작이 독특한 야구 게임으로 피칭과 배팅은 코스 좌우뿐 아니라 고저 개념도 존재한다. 선수 이름이 실명으로 수록된 것도 특징.

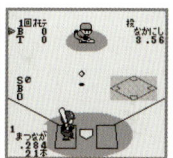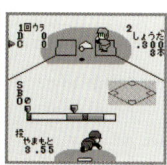

치비 마루코짱 2 디럭스 마루코 월드

- 발매일 / 1991년 9월 13일　● 가격 / 3,800엔
- 퍼블리셔 / 타카라

치비 마루코짱을 주인공으로 한 어드벤처 게임. 미니게임이 몇 가지 삽입되어, 클리어하지 않으면 앞으로 나아갈 수 없다.

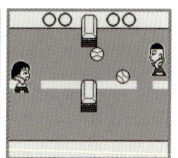

나이트 퀘스트

- 발매일 / 1991년 9월 13일　● 가격 / 3,600엔
- 퍼블리셔 / 타이토

탑뷰 RPG이며 적과의 전투 화면은 사이드뷰로 실행된다. 하지만 액션성이 없으며 커맨드 입력식이다.

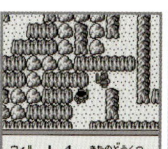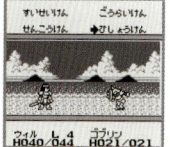

GAME BOY 1991

위너즈 호스

- 발매일 / 1991년 9월 20일
- 가격 / 4,000엔
- 퍼블리셔 / NCS

경주마 육성 시뮬레이션 게임. 트레이닝으로 말의 능력을 향상시켜 레이스에서 승리하는 것이 목적이다.

 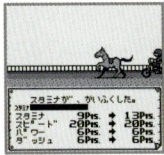 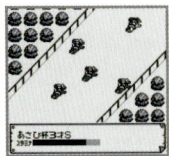

소년 아시베 유원지 패닉

- 발매일 / 1991년 9월 27일
- 가격 / 3,800엔
- 퍼블리셔 / 타카라

인기 만화를 원작으로 한 RPG. 고마짱의 표정으로 캐릭터의 체력을 표현했고, 성장 개념이 없는 보기 드문 구조다.

드래곤즈・레어

- 발매일 / 1991년 10월 25일
- 가격 / 3,500엔
- 퍼블리셔 / 에픽・소니 레코드

매우 높은 난이도로 유명한 패미컴 버전과는 다른 사이드뷰 액션 게임. GB용 역시 높은 난이도는 건재해서 플레이어의 실력이 시험받는다.

코나믹 골프

- 발매일 / 1991년 11월 1일
- 가격 / 3,800엔
- 퍼블리셔 / 코나미

 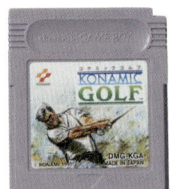

게임보이 오리지널 골프 게임. 상당히 본격적인 구조로 제작되어서 어렵지만 오랫동안 플레이할 수 있는 작품이다.

 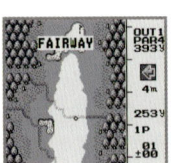 

열혈 고교 피구부 강적! 투구 전사의 권

- 발매일 / 1991년 11월 8일
- 가격 / 3,600엔
- 퍼블리셔 / 테크노스 재팬

오리지널은 아케이드판이며, 이 작품은 어레인지 이식이다. 쿠니오군이 닌자, 히어로, 야쿠자 등의 팀과 싸운다.

틴에이지 뮤턴트 닌자 터틀스2

- 발매일 / 1991년 11월 15일
- 가격 / 3,800엔
- 퍼블리셔 / 코나미

전년도에 발매된 액션 게임의 속편. 다양하게 변화된 스테이지를 비롯해서 캐릭터의 무기마다 특징 있는 공격이 매력적이다.

 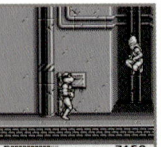 

뽀빠이2

- 발매일 / 1991년 11월 22일
- 가격 / 3,500엔
- 퍼블리셔 / 시그마 상사

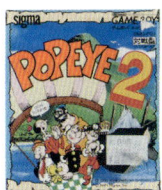 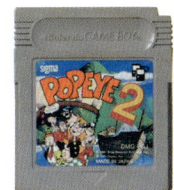

전년도에 발매된 『뽀빠이』의 속편으로 사이드뷰 액션이다. 스테이지 마지막에는 보스가 기다리고 있다.

 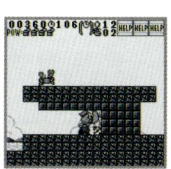 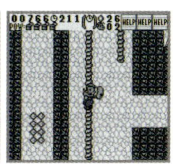

비전 음양기공법 도식 의문의 유희 화타

- 발매일 / 1991년 11월 22일
- 가격 / 3,500엔
- 퍼블리셔 / 요네자와

삼국지에 등장하는 명의의 이름을 내건 퍼즐 게임. 주인공의 색과 구슬의 색이 같으면 밀어내고, 다르면 서로 끌어당기는 성질을 이용한다.

 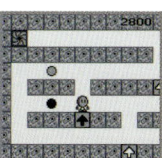 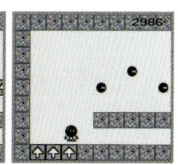

알터드 스페이스

- 발매일 / 1991년 11월 29일
- 가격 / 3,500엔
- 퍼블리셔 / 에픽·소니 레코드

해외 제작사가 개발한 GB 오리지널 액션 퍼즐 게임. 쿼터뷰 시점이 특징이고, 주인공이 시간 내에 출구로 나가야 한다.

  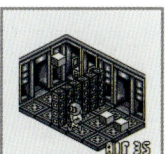

슈퍼 차이니즈 랜드2 우주대모험

- 발매일 / 1991년 11월 29일
- 가격 / 3,980엔
- 퍼블리셔 / 컬처 브레인

전작과 달리 장르가 액션 RPG이다. 부하들과 싸울 때는 액션으로 진행되지만 보스와 싸울 때는 커맨드 입력식으로 진행된다.

 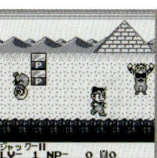 

남코 클래식

- 발매일 / 1991년 12월 3일
- 가격 / 3,500엔
- 퍼블리셔 / 남코

패미컴 버전을 이식한 골프 게임. 토너먼트 모드는 30라운드의 투어를 이겨야 하는 장기전으로 구성되어 있다.

  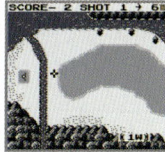

돗지 보이

- 발매일 / 1991년 12월 6일
- 가격 / 3,500엔
- 퍼블리셔 / 톤킹 하우스

피구를 게임화 한 것으로, 게임 모드나 설정이 풍부하다. 승부의 열쇠는 필살 슛을 얼마나 성공시키는가에 있다.

마인 스위퍼 소해정

- 발매일 / 1991년 12월 13일　● 가격 / 3,500엔
- 퍼블리셔 / 팩・인・비디오

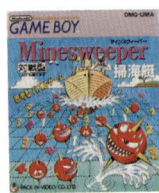 

윈도우즈 PC에 기본 내장되어 있던 유명한 퍼즐 게임(지뢰 찾기-역주)을 GB로 이식. 패널을 뒤집어서 숫자를 힌트 삼아 폭탄을 찾는다.

파친코 서유기

- 발매일 / 1991년 12월 13일　● 가격 / 3,900엔
- 퍼블리셔 / 코코너츠 재팬 엔터테인먼트

같은 해에 발매된 『오니가시마』에 이은 파친코 게임. 기공의 피친고 기기를 멈추게 해서 서유기에 등장하는 적을 쓰러뜨린다.

 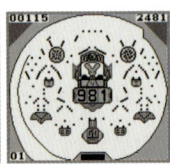 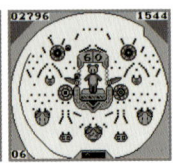

배틀 오브 킹덤

- 발매일 / 1991년 12월 13일　● 가격 / 3,800엔
- 퍼블리셔 / 멜닥

샵에서 몬스터를 고용해서 적의 성을 침공한다. 적에게 아이콘을 맞추고, 버튼을 눌러 마법이나 격투로 공격한다.

 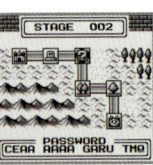 

월드 비치발리 1991 GB 컵

- 발매일 / 1991년 12월 13일　● 가격 / 3,900엔
- 퍼블리셔 / 아이・지・에스

PC엔진으로 개발되었던 비치발리볼 게임을 GB로 이식한 버전. 6개국 중 한 팀을 선택해야 하며 2P와 협력 플레이도 가능하다.

 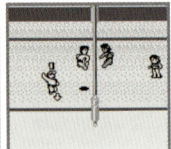 

울티마 잃어버린 룬

- 발매일 / 1991년 12월 14일　● 가격 / 4,800엔
- 퍼블리셔 / 포니 캐니언

『울티마』라는 이름을 내건 오리지널 작품. 장르는 액션 RPG로, 8개의 룬을 되찾기 위해 여행을 떠난다.

  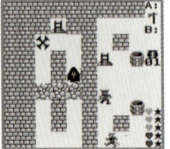

금붕어 주의보! 와피코의 두근두근 스탬플러리!

- 발매일 / 1991년 12월 14일　● 가격 / 3,500엔
- 퍼블리셔 / 유타카

순정 만화를 원작으로 한 미니 게임 모음집. 이벤트나 미니 게임을 클리어해서 스탬프를 수집해 나가는 게임이다.

GAME BOY 1991

태양의 용사 파이버드 GB
- 발매일 / 1991년 12월 20일
- 가격 / 3,800엔
- 퍼블리셔 / 아이렘

애니메이션 원작의 종스크롤 슈팅 게임으로, 패미컴 버전을 이식했다. 3단계로 위력을 모은 차지 샷이 가능하다.

 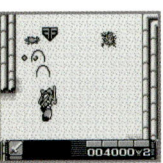 

가위바위보맨
- 발매일 / 1991년 12월 27일
- 가격 / 3,600엔
- 퍼블리셔 / NCS

애니메이션 원작의 횡스크롤 액션 게임. 스테이지 마지막에는 보스가 준비되어 있고 가위바위보를 5회 이기면 클리어가 된다.

피탄
- 발매일 / 1991년 12월 27일
- 가격 / 3,600엔
- 퍼블리셔 / KANEKO

고정 화면식 액션 퍼즐 게임. 시소에 알을 떨어뜨려서 병아리를 위로 날리고, 최상층까지 유도하면 클리어다.

  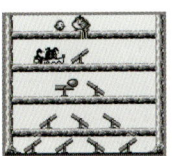

나카지마 사토루 감수 F-1 HERO GB WORLD CHAMPIONSHIP'91
- 발매일 / 1991년 12월 27일
- 가격 / 3,500엔
- 퍼블리셔 / 바리에

많은 하드웨어로 발매되었던 『나카지마 사토루 감수』 시리즈 중의 하나. 내용은 유사 3D 레이스로 머신 세팅도 가능하다.

 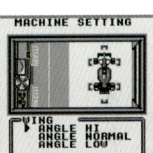 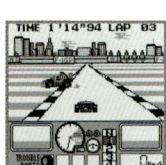

절대무적 라이징오
- 발매일 / 1991년 12월 28일
- 가격 / 3,200엔
- 퍼블리셔 / 토미

애니메이션 원작의 대전형 액션 게임. 플레이어의 기체는 인간형, 조류형, 짐승형 3종류로 변형이 가능하고 합체하면 라이징오가 된다.

울트라맨
- 발매일 / 1991년 12월 29일
- 가격 / 3,500엔
- 퍼블리셔 / 벡

슈퍼패미컴 버전을 게임보이로 이식. 울트라맨이 괴수와 일대일로 싸우는 격투 액션게임으로 조작에는 스타트 버튼까지 사용된다.

광고 갤러리

『F★1 레이스』

『골프』

『솔라 스트라이커』

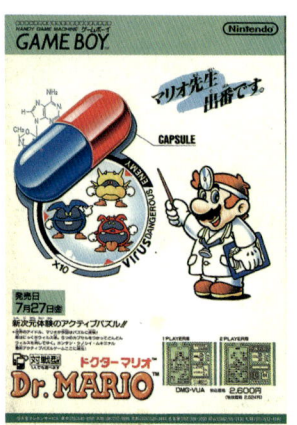

『Dr. 마리오』

『게임보이 워즈』

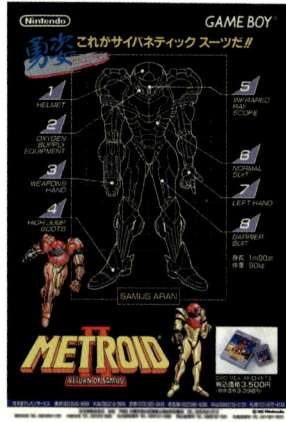

『메트로이드 II』

『요시의 쿠키』①

『요시의 쿠키』②

『요시의 알』

GAME BOY
1992년
GAME BOY COMPLETE GUIDE

메트로이드 II RETURN OF SAMUS

- 발매일 / 1992년 1월 21일 ● 가격 / 3,500엔
- 퍼블리셔 / 닌텐도

패미컴 디스크 시스템으로 발매되었던 『메트로이드』의 속편이다. 장르는 사이드뷰 액션이지만 여타 액션과 다르게 복잡한 필드를 탐색하는 것이 중요한 요소가 된다. 주인공 사무스 아란은 게임을 처음 시작할 때 능력치가 매우 낮게 설정되어 있지만 아이템으로 파워업이 가능하며, 게임을 클리어하기 위해서는 필수적으로 파워업 아이템을 찾아내야 한다.

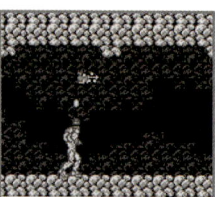
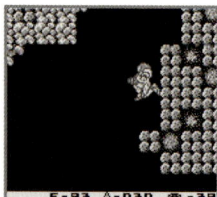
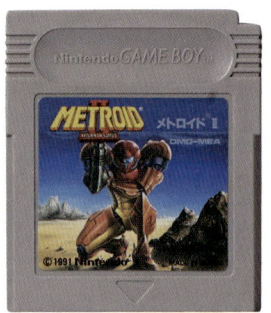
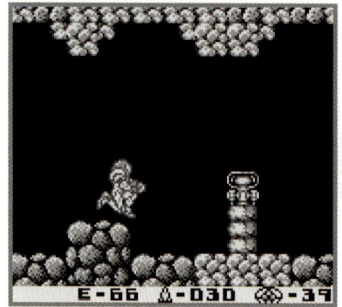
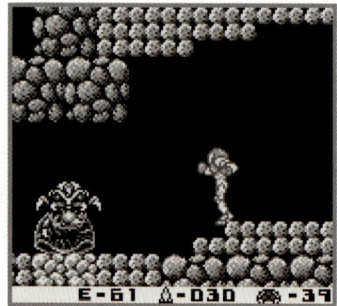

별의 커비

- 발매일 / 1992년 4월 27일 ● 가격 / 2,900엔
- 퍼블리셔 / 닌텐도

「별의 커비」 시리즈의 기념비적인 첫 번째 작품. HAL 연구소가 개발하고 사쿠라이 마사히로가 개발의 중심이 되었다. 주인공 커비를 조작하는 사이드뷰 액션 게임으로, 공기를 빨아들이면 커비가 동그랗게 커져서 하늘을 날고, 적을 빨아들이면 다른 적에게 적을 쏴서 맞출 수 있다. 다만 빨아들인 적의 능력을 복사하는 시스템은 차기작부터 채용되어 본작에선 볼 수 없다. 난이도가 낮은 플레이어 친화적인 작품으로 일본에서 약 170만 개, 세계적으로 500만 개가 판매되는 대히트를 기록.

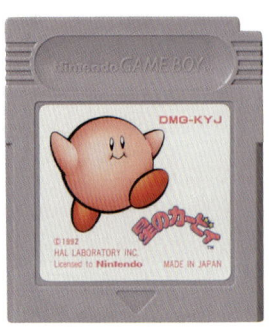

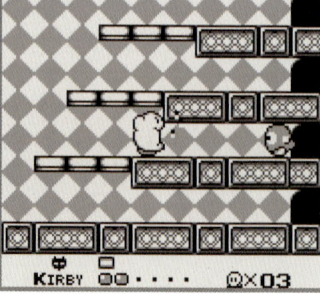

GAME BOY 1992

개구리를 위해 종은 울린다

- 발매일 / 1992년 9월 14일 ● 가격 / 3,900엔
- 퍼블리셔 / 닌텐도

게임보이 오리지널 액션 RPG로 시리즈화 되지 않아서 마이너한 감은 있지만 틀림없는 명작이다. 주인공인 왕자를 조작해서 게임을 진행하게 되는데 실외인 필드에서는 탑뷰, 성 같은 던전 내부에서는 사이드뷰로 진행되는 화면 전환 방식을 채용했다. 경험치와 레벨 개념이 없고 오직 아이템만으로 파워업을 한다는 점도 특징. 적과 접촉하면 자동으로 전투가 진행되며, 개구리나 뱀으로 변신해서 진행하게 되는 퍼즐 요소를 비롯해 다양한 패러디 요소가 가득한 즐거운 작품이다.

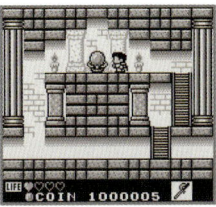

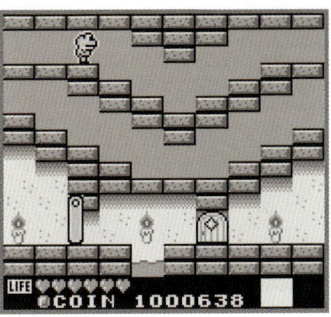
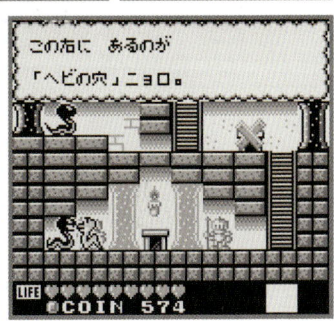

위저드리·외전II 고대 황제의 저주

- 발매일 / 1992년 12월 26일 ● 가격 / 4,635엔
- 퍼블리셔 / 아스키

매니아를 중심으로 인기를 끌었던 『위저드리 외전』의 두 번째 작품. 전작을 클리어해서 '전생의 서'를 보유하고 있다면 패스워드 입력으로 캐릭터를 이 작품에서 환생시킬 수 있다. 전투 밸런스는 매니아를 겨냥했지만 전작보다 다수 완화되어 호평받았으며 완성도 역시 넘버링 작품을 능가한다는 평을 받았다. 열렬한 팬의 지지를 받아 초회 출하품이 완판되는 기염을 토하기도 했다. Wiz를 소재로 삼은 소설 집필 등으로 업계에서 유명했던 베니 마츠야마 씨가 이 작품의 제작에 깊이 관여했다.

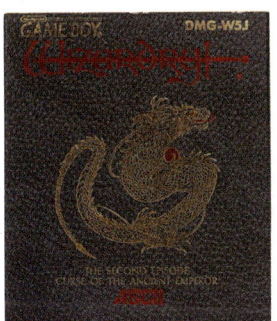

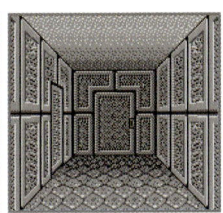

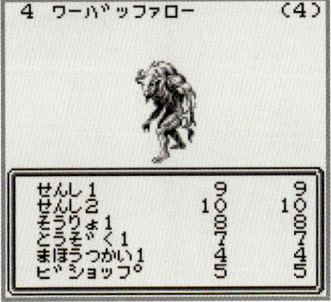

GAME BOY 1992

타이니・툰 어드벤처즈

- 발매일 / 1992년 2월 1일
- 가격 / 3,500엔
- 퍼블리셔 / 코나미

미국, 일본에서 인기를 모은 애니메이션 캐릭터를 사용한 사이드뷰 액션 게임. 점프로 적을 밟거나 당근을 던져서 공격할 수 있다. 적당한 난이도로 만인의 사랑을 받은 수작이다.

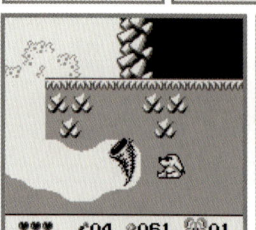 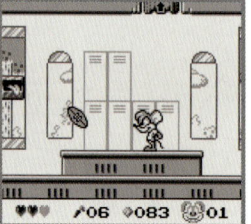

베리우스 II 복수의 사신

- 발매일 / 1992년 2월 21일
- 가격 / 4,200엔
- 퍼블리셔 / 새미 공업

90년에 발매된 『베리우스 롤랜드의 마수』 속편. 탑뷰 액션 RPG로 8명의 캐릭터를 바꿔가며 싸운다. 경험치 개념이 없고 레벨업을 아이템으로 하는 것이 특징.

 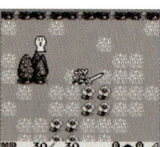 
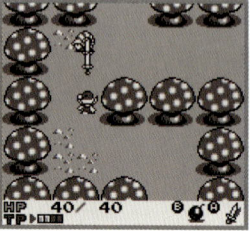 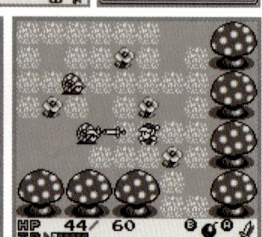

ONI II 닌자전설

- 발매일 / 1992년 2월 28일
- 가격 / 4,980엔
- 퍼블리셔 / 반프레스토

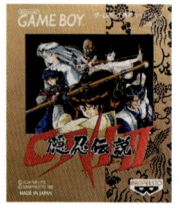 

90년에 발매된 『귀인항마록 ONI』의 속편이다. 전작에 있었던 변신 시스템은 사라졌고, 전형적이며 폭 넓은 층이 즐길 수 있는 대중적 게임으로 변모했다.

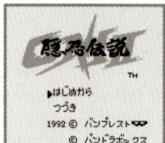  
 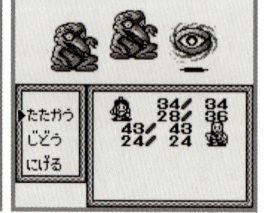

드래곤 슬레이어 외전 잠든 왕관

- 발매일 / 1992년 3월 6일
- 가격 / 4,500엔
- 퍼블리셔 / 에폭사

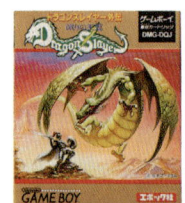 

일본 팔콤의 『드래곤 슬레이어』 시리즈에서 이어지는 외전 작품으로, 장르는 액션 RPG이다. 직업이 다른 4종의 캐릭터 중에서 주인공을 선택해, 드래곤을 쓰러뜨리는 여행을 떠난다.

  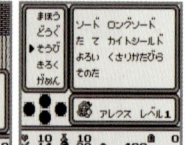

GAME BOY 1992

타카하시 명인의 모험도 II

- 발매일 / 1992년 3월 6일
- 가격 / 3,800엔
- 퍼블리셔 / 허드슨

패미컴 버전을 게임보이로 이식한 작품이다. 납치된 티나를 구출하는 것이 목적인 횡스크롤 액션 게임으로 공룡에 타거나 아이템을 수집하는 등 전작보다 플레이어 친화적인 모습이 많다.

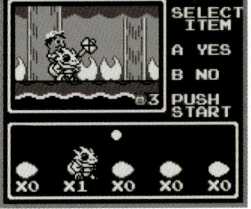

캡틴 츠바사 VS

- 발매일 / 1992년 3월 27일
- 가격 / 4,200엔
- 퍼블리셔 / 테크모

패미컴에서 인기를 끌었던 이색적인 축구 시뮬레이션 게임. 커맨드 입력으로 캐릭터에게 패스나 슛을 지시한다. 게임보이용은 시리즈 최초로 2P와의 대전 모드가 탑재되어 있다.

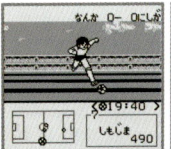
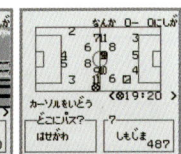

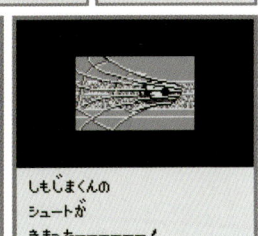

리틀 마스터2 뇌광의 기사

- 발매일 / 1992년 3월 27일
- 가격 / 4,800엔
- 퍼블리셔 / 토쿠마 서점 인터미디어

전년도에 발매되었던 시뮬레이션 RPG의 속편. 이번 작품에서는 인간형 캐릭터가 늘어났지만, 몬스터 캐릭터도 풍부해져서 합체 시스템을 이용해 강화해 나갈 수 있다.

X

- 발매일 / 1992년 5월 29일
- 가격 / 3,900엔
- 퍼블리셔 / 닌텐도

폴리곤이 아니라 선화(線畵)로 3D를 표현한 슈팅 게임. 꽤나 본격적인 구조로 난이도가 높게 느껴지지만, 조작에 익숙해지면 매우 심도 있는 작품임을 알 수 있다.

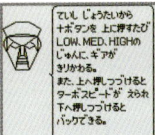

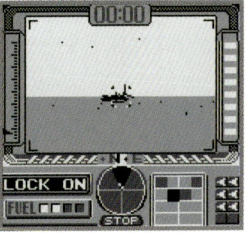

079

다운타운 열혈 행진곡 어디서든 대운동회

- 발매일 / 1992년 7월 24일
- 가격 / 3,800엔
- 퍼블리셔 / 테크노스 재팬

친숙한 『쿠니오군』이 운동회에 참가해서 크로스 컨트리, 격투 빵 먹기, 장애물 방 등 5경기를 플레이하는데, 전부 반칙이 없어서 아이템을 사용한 난투가 펼쳐진다.

 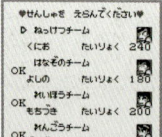 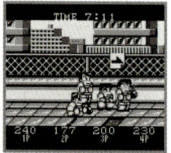
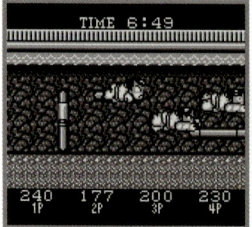

바이오닉 코만도

- 발매일 / 1992년 7월 24일
- 가격 / 3,500엔
- 퍼블리셔 / 캡콤

원래는 아케이드용 『탑 시크릿』에서 이식된 작품인데 GB 버전은 패미컴 버전을 토대로 제작되었다. 점프 대신 와이어를 진자처럼 사용해 이동하는 조작이 특징이다.

 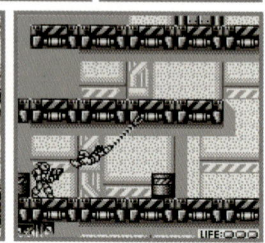

셀렉션Ⅱ 암흑의 봉인

- 발매일 / 1992년 9월 4일
- 가격 / 4,800엔
- 퍼블리셔 / 켐코

89년에 발매된 커맨드 선택식 RPG의 속편. 이번 작품에서는 최대 3명까지 파티를 편성할 수 있게 되었다. 특이사항이 많았던 전작보다는 많은 사람이 플레이할 수 있는 시스템을 취하고 있다.

 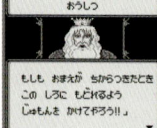 
 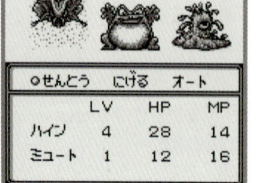

비타미너 왕국 이야기

- 발매일 / 1992년 9월 17일
- 가격 / 4,900엔
- 퍼블리셔 / 남코

남코에서 개발했던 RPG. 전투시 각 버튼에 행동이 부여되어 있어서 스피디하게 입력되는 편이며 캐릭터의 이름에는 음식과 관련된 것이 많다. 히로인이 많은 것도 이 게임의 특징이다.

  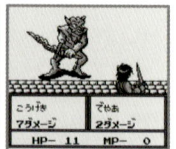
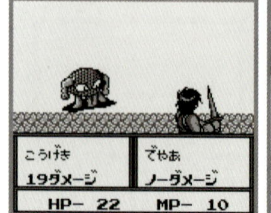 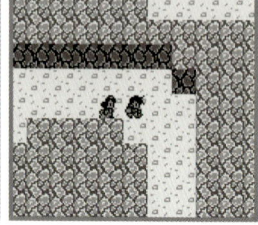

삼국지 게임보이판

- 발매일 / 1992년 9월 30일 ● 가격 / 6,800엔
- 퍼블리셔 / 코에이

코에이의 역사 시뮬레이션 게임의 대표작을 게임보이용으로 어레인지. 메인 맵이나 전장 맵은 간략화 되어 있지만 198명의 무장을 등록했고 2가지 시나리오를 플레이할 수 있다.

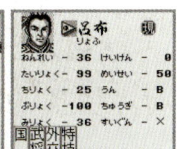
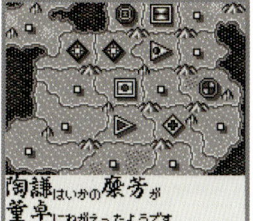
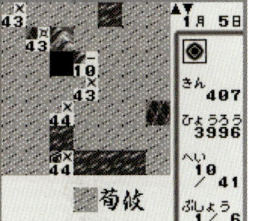

아레사 III

- 발매일 / 1992년 10월 16일 ● 가격 / 4,800엔
- 퍼블리셔 / 야노만

시리즈 세 번째 작품으로 이후의 작품은 슈퍼패미컴으로 발매되었다. 4인 파티 시스템을 채용했으며 전반적인 시스템은 전작에서 답습. 캐릭터 레벨을 100으로 만들면 호쾌한 비밀 아이템이 등장한다.

슈퍼마리오 랜드2 6개의 금화

- 발매일 / 1992년 10월 21일 ● 가격 / 3,900엔
- 퍼블리셔 / 닌텐도

캐릭터가 커지고 그래픽도 아름다워진 속편. 머리에 귀가 달린 버니 마리오가 처음 등장했을 뿐 아니라 물속이나 우주에서도 모습이 변한다. 일본 내에서 약 270만 개가 판매된 대히트작.

램파트

- 발매일 / 1992년 10월 30일 ● 가격 / 4,000엔
- 퍼블리셔 / 자레코

ATARI에서 개발한 아케이드용 게임을 게임보이로 이식한 버전. 전투 파트에서는 진지에 놓인 포대에서 적을 노리게 되며 수리 파트에서는 다양한 블록을 회전시켜 부서진 성벽을 고치게 된다.

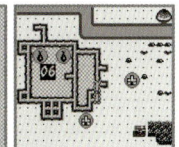

요시의 쿠키

● 발매일 / 1992년 11월 21일 ● 가격 / 2,900엔
● 퍼블리셔 / 닌텐도

패미컴 버전과 동시 발매된 퍼즐 게임으로 늘어선 쿠키를 가로, 세로로 밀어 한 줄이 같은 모양이 되면 지워진다. 시간 경과에 따라 위쪽과 왼쪽에서 쿠키가 추가되는데, 쿠키가 화면 끝까지 쌓이면 게임 오버.

 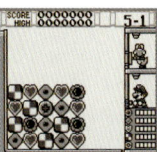 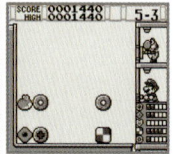
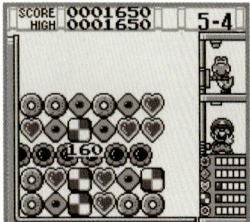 

GB원인

● 발매일 / 1992년 11월 27일 ● 가격 / 3,980엔
● 퍼블리셔 / 허드슨

PC엔진의 인기 액션 게임 『PC원인』의 게임보이 버전. 주인공 원시인은 고기로 파워업하고 암인(岩人), 규인(叫人)이 되기도 한다. 공격 수단은 박치기가 있는데, 점프 후의 박치기에는 특수 효과도 있다.

아메리카 횡단 울트라 퀴즈 PART3 챔피언 대회

● 발매일 / 1992년 11월 27일 ● 가격 / 3,500엔
● 퍼블리셔 / 토미

시리즈 3번째 작품. 통상 모드를 승리해 나가면, 보다 레벨이 높은 챔피언 모드에 도전할 수 있다. 이 모드에는 역대 울트라 퀴즈 챔피언도 참가한다.

  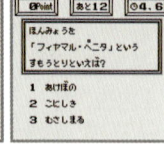

R-TYPE II

● 발매일 / 1992년 12월 11일 ● 가격 / 3,800엔
● 퍼블리셔 / 아이렘

아케이드용 인기 횡스크롤 슈팅 게임의 속편을 게임보이로 이식한 버전인데 꽤 많이 어레인지가 되었다. 게임보이로 본격적인 슈팅 게임을 플레이하고 싶은 사람에게 추천하고 싶은 게임이다.

  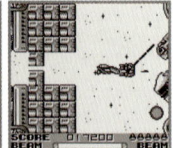

GAME BOY 1992

누~보~

- 발매일 / 1992년 12월 11일   ● 가격 / 3,800엔
- 퍼블리셔 / 아이렘

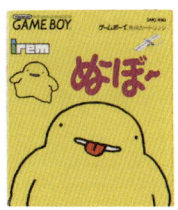 

모리나가 제과에서 판매했던 초코 과자의 이미지 캐릭터를 주인공으로 삼은 사이드뷰 액션 게임. 다양한 아이템을 활용해서 진행해 나가게 되는데 전체적으로 수수께끼 요소가 많은 작품이다.

  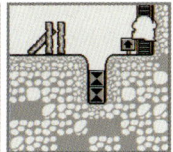

 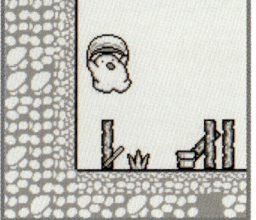

미라클 어드벤처 에스파크스 잃어버린 성석 페리바론

- 발매일 / 1992년 12월 11일   ● 가격 / 3,800엔
- 퍼블리셔 / 토미

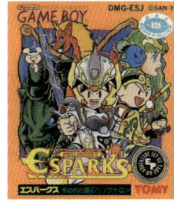 

「에스파크스」는 노트나 필통 등의 문구에 그려져 있던 만화인데, 본 작품은 그 캐릭터를 사용한 횡스크롤 액션 게임이다. 3종류의 샷을 바꿔가며 적을 쓰러뜨려 나간다.

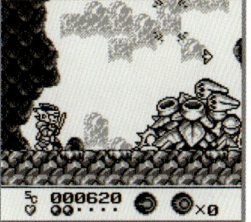 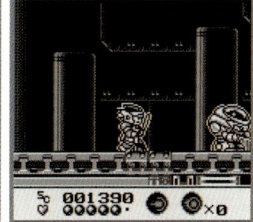

록맨 월드3

- 발매일 / 1992년 12월 11일   ● 가격 / 3,500엔
- 퍼블리셔 / 캡콤

시리즈 세 번째 작품으로 패미컴 버전『3』과『4』를 토대로 제작되었다. 이 작품만의 오리지널 보스 캐릭터가 등장하며 시스템 면에서는 차지 샷을 사용할 수 있게 된 것이 특징이다.

 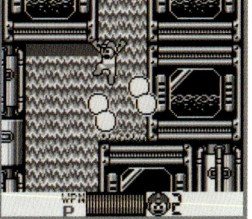

헤라클레스의 영광 움직이기 시작한 신들

- 발매일 / 1992년 12월 27일   ● 가격 / 4,800엔
- 퍼블리셔 / 데이터 이스트

패미컴과 슈퍼패미컴으로 발매되었던『헤라클레스의 영광』시리즈 외전 작품. 한 명의 신과 동행하게 되는데 레벨이 올라가면 동행할 수 있는 신의 종류가 늘어난다.

 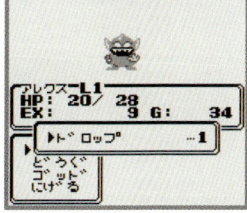

GAME BOY 1992

기갑경찰 메탈 잭
- 발매일 / 1992년 1월 8일 ● 가격 / 3,800엔
- 퍼블리셔 / 타카라

애니메이션을 원작으로 삼은 시뮬레이션 게임. 룰은 휴대기기 특성상 간략화 되었고 스테이지는 15개가 준비되어 있다.

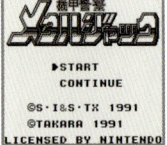 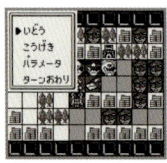 

토키오 전기 영웅열전
- 발매일 / 1992년 1월 10일 ● 가격 / 4,500엔
- 퍼블리셔 / 휴먼

토키오 대륙의 패권을 둘러싸고 각 세력이 나누는 시뮬레이션 게임. 내정으로 나라를 부강하게 하고, 전쟁으로 적국의 영토를 빼앗는다.

 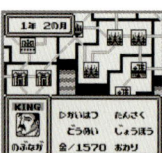 

Q-bert
- 발매일 / 1992년 1월 14일 ● 가격 / 4,200엔
- 퍼블리셔 / 자레코

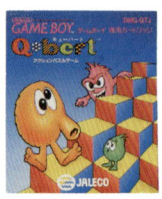 

해외 제작사에서 개발했던 게임을 게임보이로 이식한 버전. 쿼터뷰 화면이 특징이며 발판을 밟아서 모든 색을 변경하면 스테이지가 클리어된다.

 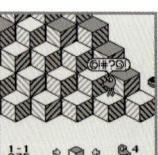 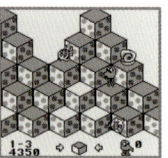

SD전국전2 천하통일편
- 발매일 / 1992년 1월 18일 ● 가격 / 4,800엔
- 퍼블리셔 / 반다이

SD건담을 이용한 시뮬레이션 게임으로 시리즈 두 번째 작품이다. 턴제를 채용했고 전투 화면에서는 액션 게임이 된다.

꼬리로 붕!!
- 발매일 / 1992년 1월 24일 ● 가격 / 3,800엔
- 퍼블리셔 / 밥

악어가 주인공인 사이드뷰 액션 게임. 제목처럼 꼬리를 휘둘러서 적을 공격하며, 에리어의 마지막에는 보스전도 준비되어 있다.

마작판 보이
- 발매일 / 1992년 1월 24일 ● 가격 / 3,500엔
- 퍼블리셔 / 남코

남코에서 발매된 4인 마작 게임. 다양한 캐릭터와 대국이 가능하고, 흑백화면이지만 마작패 보기가 꽤 편하다.

 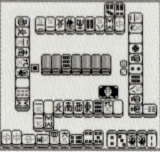 

GAME BOY 1992

TWIN
- 발매일 / 1992년 1월 31일
- 가격 / 3,900엔
- 퍼블리셔 / 아테나

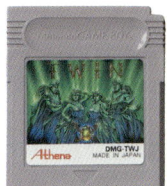

사이드뷰 화면이 꽤 참신한 RPG. 전사나 마법사 중에서 주인공의 직업을 선택할 수 있으며 전투는 커맨드 입력식이다.

WWF 슈퍼 스타즈
- 발매일 / 1992년 2월 14일
- 가격 / 3,900엔
- 퍼블리셔 / 핫・비

미국에서 인기 있는 프로레슬링 단체 「WWF」의 레슬러가 등장하는 프로레슬링 게임. 리얼한 레슬러의 그래픽이 포인트다.

트랙 미트 가자! 바르셀로나로
- 발매일 / 1992년 2월 14일
- 가격 / 3,800엔
- 퍼블리셔 / 히로

흔히 말하는 올림픽계 스포츠 게임으로, 100m 달리기, 장대높이뛰기, 원반던지기 등 7개 종목의 경기를 플레이할 수 있다.

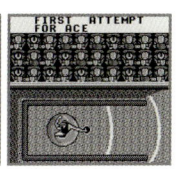

분노의 요새2
- 발매일 / 1992년 2월 21일
- 가격 / 3,900엔
- 퍼블리셔 / 자레코

전년도에 발매된 액션 슈팅 게임의 속편. 전작처럼 2명의 캐릭터를 바꿔가면서, 혹은 2P와 동시에 플레이할 수 있다.

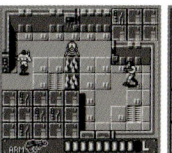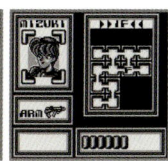

신세기 GPX 사이버 포뮬러
- 발매일 / 1992년 2월 28일
- 가격 / 3,980엔
- 퍼블리셔 / 바리에

애니메이션을 원작으로 한 작품. 언뜻 보면 레이싱 게임 같지만 사실은 주사위 게임이며, 적의 차량과 같은 칸에 멈추면 전투가 시작된다.

헤이세이 천재 바카본
- 발매일 / 1992년 2월 28일
- 가격 / 3,500엔
- 퍼블리셔 / 남코

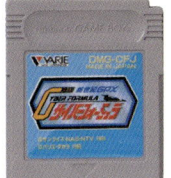

우산을 든 바카본의 할머니가 주인공인 사이드뷰 액션 게임. 우산은 공격, 이동 등에 사용하는데 이 작품을 클리어하는 데 열쇠가 되기도 한다.

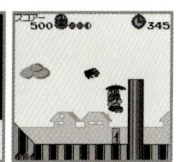

러블 세이버 II

- 발매일 / 1992년 3월 6일 ● 가격 / 3,800엔
- 퍼블리셔 / 킹 레코드

전년도에 발매된 액션 슈팅 게임의 속편. 와이어를 구사하면서 총 7스테이지를 공략한다.

 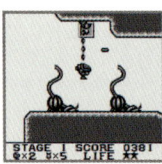 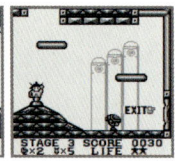

허드슨・호크

- 발매일 / 1992년 3월 13일 ● 가격 / 3,500엔
- 퍼블리셔 / 에픽・소니 레코드

해외 제작사가 개발한 영화 원작의 작품을 게임보이로 이식한 버전. 사이드뷰 액션 게임이며 특정 아이템을 회수하는 것이 목적이다.

요미혼 유메고요미 천신괴전2

- 발매일 / 1992년 3월 13일 ● 가격 / 4,500엔
- 퍼블리셔 / 멜닥

 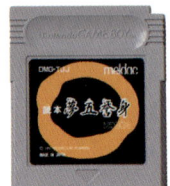

90년에 발매된 『천신괴전』의 속편. 장르가 커맨드 선택식 어드벤처 게임으로 변경되었으며, 전투는 카드 배틀로 진행된다.

슈퍼 스트리트 바스켓볼

- 발매일 / 1992년 3월 19일 ● 가격 / 4,200엔
- 퍼블리셔 / 밥

코트가 일반 농구 코트 규격의 절반인 2 on 2 농구 게임. 캐릭터가 코믹한 외모를 갖고 있지만 덩크 슛을 할 때는 박력 있는 컷신이 삽입되었다.

 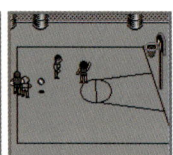 

로보캅2

- 발매일 / 1992년 3월 19일 ● 가격 / 3,500엔
- 퍼블리셔 / 에픽・소니 레코드

전년도에 발매된 영화 원작 작품의 속편. 사이드뷰 액션 슈팅 게임으로 주인공 캐릭터가 꽤 커졌다.

치키치키 머신 맹 레이스

- 발매일 / 1992년 3월 27일 ● 가격 / 3,900엔
- 퍼블리셔 / 아틀라스

인기 애니메이션을 원작으로 삼은 레이싱 게임. 차량마다 각각의 특징이 있으며 적의 차량이나 켄켄의 방해를 뿌리치고 골인을 목표로 삼는다.

 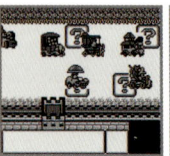 

GAME BOY 1992

치비 마루코짱3 가자! 게임 대상의 권
- 발매일 / 1992년 3월 27일 ● 가격 / 3,800엔
- 퍼블리셔 / 타카라

타카라의 『치비 마루코짱』 시리즈 3번째 작품. 전작과 동일하게 어드벤처 게임 + 미니 게임 모음의 구성을 취하고 있다.

프로 사커
- 발매일 / 1992년 3월 27일 ● 가격 / 3,800엔
- 퍼블리셔 / 이머지니어

해외 제작사가 개발한 축구 게임. 리그전과 토너먼트전 등 3종류의 모드로 플레이할 수 있다. 매우 작은 캐릭터도 특징.

 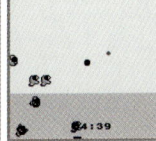 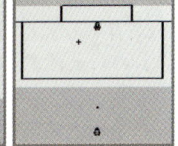

잔시로
- 발매일 / 1992년 3월 27일 ● 가격 / 3,800엔
- 퍼블리셔 / 새미 공업

어디선가 본 것 같은 캐릭터와 대전할 수 있는 마작 게임. 언뜻 보면 2인 마작 같지만 화면을 움직이면 남아 있는 대국 상대도 보인다.

  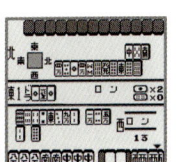

배트맨 리턴 오브 더 조커
- 발매일 / 1992년 3월 28일 ● 가격 / 3,800엔
- 퍼블리셔 / 선 전자

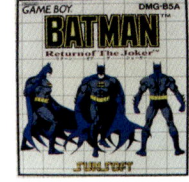 

게임보이의 두 번째 배트맨 관련 작품. 시점은 사이드뷰를 채용했고 와이어 액션이 특징이다.

 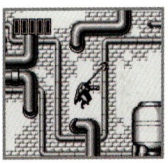 

HOOK
- 발매일 / 1992년 4월 3일 ● 가격 / 3,500엔
- 퍼블리셔 / 에픽・소니 레코드

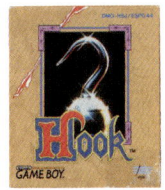 

해외 제작사가 개발한 영화 원작의 사이드뷰 액션 게임. 피터팬이 주인공이며 보스와는 일대일 결투를 치르게 된다.

  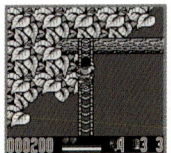

DX 마권왕Z
- 발매일 / 1992년 4월 17일 ● 가격 / 5,900엔
- 퍼블리셔 / 아스믹

전년도에 발매된 『DX 마권왕』의 속편. DX 마권왕과 마찬가지로 경마 순위를 예상하는 소프트이며, 게임 요소는 전혀 없다.

GAME BOY 1992

불꽃의 투구아 돗지탄평
- 발매일 / 1992년 4월 24일
- 가격 / 4,500엔
- 퍼블리셔 / 허드슨

코로코로 코믹에 연재된 만화를 원작으로 삼은 피구 게인으로 샷의 세 기는 게이지로 결정된다. 원작을 방불케 하는 컷신도 많이 삽입되었다.

미그레인
- 발매일 / 1992년 4월 24일
- 가격 / 3,980엔
- 퍼블리셔 / 어클레임 재팬

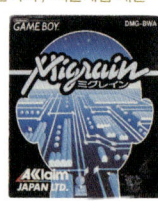

고정 화면식 퍼즐 게임. 거울을 회전시켜 빛을 반사하고 끝까지 유도해서 클리어하는 방식이다.

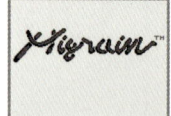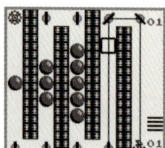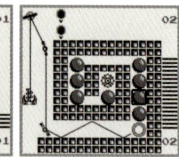

포켓 배틀
- 발매일 / 1992년 4월 28일
- 가격 / 3,500엔
- 퍼블리셔 / 시그마 상사

게임보이 오리지널의 판타지 시뮬레이션 게임. 전략성이 꽤 높아서 막무가내로 진행하면 이길 수 없게 구성되어 있다.

레드 옥토버를 쫓아라
- 발매일 / 1992년 4월 28일
- 가격 / 4,500엔
- 퍼블리셔 / 알트론

동명의 소설, 영화를 원작으로 한 사이드뷰 슈팅 게임. 플레이어의 기체는 잠수함이며, 잠입하는 지형이 많고 적의 공격도 격렬하다.

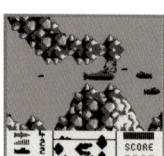

스파이 VS 스파이 트래퍼즈 천국
- 발매일 / 1992년 5월 2일
- 가격 / 3,800엔
- 퍼블리셔 / 켐코

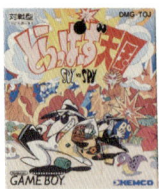

대전형 액션 게임으로, 특정 아이템을 수집해서 탈출하는 것이 게임의 목적이다. 다양한 덫으로 상대를 방해할 수 있다.

패널 닌자 케사마루
- 발매일 / 1992년 5월 2일
- 가격 / 3,500엔
- 퍼블리셔 / 에폭사

닌자가 주인공인 퍼즐 액션 게임으로 열쇠를 입수해서 문에 넣으면 클리어. 패널을 뒤집어서 적을 공격하거나 아이템을 찾게 된다.

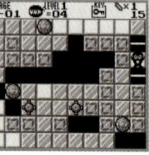

GAME BOY 1992

슈퍼 헌치백
- 발매일 / 1992년 6월 26일
- 가격 / 3,800엔
- 퍼블리셔 / 이머지니어

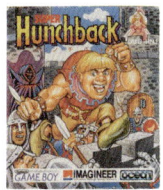 

해외 제작사가 개발한 작품. 마왕에게 납치당한 공주를 구출하는 것이 목적으로, 점프 중심의 심플한 액션 게임이다.

 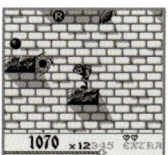 

솔리테어
- 발매일 / 1992년 6월 26일
- 가격 / 3,900엔
- 퍼블리셔 / 헥터

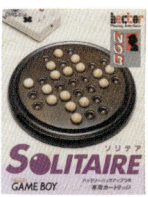 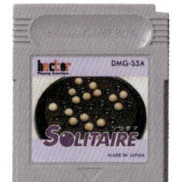

'페그 솔리테일'이라는 1인용 퍼즐 게임을 게임보이용으로 개발. 심플한 룰을 가지고 있지만 실력을 겨루다 보면 매우 깊이가 있다.

 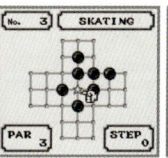 

나 홀로 집에
- 발매일 / 1992년 6월 26일
- 가격 / 4,500엔
- 퍼블리셔 / 알트론

유명 영화를 원작으로 한 사이드뷰 액션 게임. 특정 아이템을 수집하는 것이 게임의 목적이며, 적에게 다양한 공격을 할 수 있다.

우루세이 야츠라 미스 토모비키를 찾아라!
- 발매일 / 1992년 7월 3일
- 가격 / 5,200엔
- 퍼블리셔 / 야노만

3D 던전에서 미스 토모비키 후보들의 사진을 찍는 것이 게임의 목표. 다양한 효과를 가진 아이템이 있고 그래픽 퀄리티도 준수하다.

매지컬☆타루루토군2 라이버존 패닉!!
- 발매일 / 1992년 7월 10일
- 가격 / 3,500엔
- 퍼블리셔 / 반다이

전년도에 발매된 『매지컬☆타루루토군』의 속편. 이번 작품에서는 타루루토군을 직접 조작할 수 있게 되었다.

코나믹 스포츠 인 바르셀로나
- 발매일 / 1992년 7월 17일
- 가격 / 3,500엔
- 퍼블리셔 / 코나미

패미컴의 『하이퍼 올림픽』에 이은 작품 중의 하나로, 바르셀로나 올림픽을 주제로 다양한 경기에 도전한다.

란마 1/2 열렬격투편

- 발매일 / 1992년 7월 17일　● 가격 / 3,980엔
- 퍼블리셔 / 반프레스토

게임보이로 출시된 두 번째 『란마 1/2』 관련 작품. 커맨드 선택식 어드벤처 게임으로 전투 시에는 징가 격투 게임으로 변한다.

우주전함 야마토

- 발매일 / 1992년 7월 17일　● 가격 / 3,900엔
- 퍼블리셔 / 벡

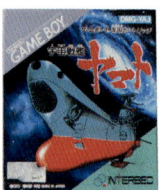 

『우주전함 야마토』를 주제로 한 시뮬레이션 슈팅 게임. 전투 장면으로 넘어가면 유사 3D 슈팅으로 변한다.

히가시오 오사무 감수 프로야구 스타디움'92

- 발매일 / 1992년 7월 17일　● 가격 / 4,800엔
- 퍼블리셔 / 토쿠마 서점 인터미디어

조작이 독특한 야구 게임의 두 번째 작품. 선수 데이터는 갱신되었지만 기본적인 시스템은 전작과 동일하다.

 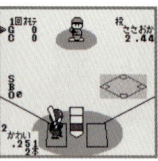 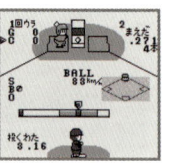

페르시아의 왕자

- 발매일 / 1992년 7월 24일　● 가격 / 3,980엔
- 퍼블리셔 / NCS

다수의 하드웨어로 이식되었던 명작 액션 게임을 게임보이로 이식한 버전. 시간 제한 속에서 가혹한 액션과 수수께끼를 헤쳐나가야 한다.

패미스타2

- 발매일 / 1992년 7월 30일　● 가격 / 3,500엔
- 퍼블리셔 / 남코

GB에서는 두 번째로 출시된 『패미스타』 시리즈. 2D 야구 게임의 기초가 된 시리즈인 만큼 안정된 재미와 조작성을 자랑한다.

  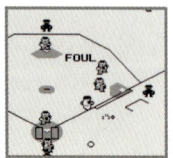

펜타 드래곤

- 발매일 / 1992년 7월 31일　● 가격 / 4,800엔
- 퍼블리셔 / 야노만

 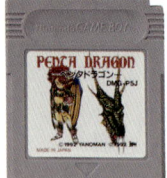

용인(龍人) 여자아이가 주인공인 액션 슈팅 게임. 아이템으로 3종류의 샷을 교체하거나 파워업 할 수 있으며 용으로 변신도 가능하다.

대공의 겐상 고스트 빌딩 컴퍼니

- 발매일 / 1992년 7월 31일
- 가격 / 3,800엔
- 퍼블리셔 / 아이렘

GB『대공의 겐상』시리즈의 첫 번째 작품. 액션 파트에서는 나무망치를 이용해서 공격하며 슈팅 파트도 존재한다.

 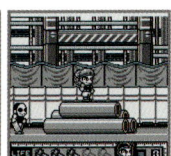 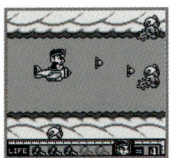

퀴즈 세계는 SHOW BY 쇼바이!!

- 발매일 / 1992년 8월 7일
- 가격 / 3,980엔
- 퍼블리셔 / 타카라

한때 시대를 풍미했던 퀴즈 방송을 게임화 한 작품. 플레이어는 일반 참가자로 방송에 출연하고, 다른 출연자와 상금을 놓고 경쟁하게 된다.

  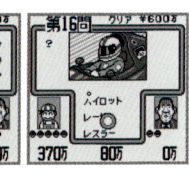

시저스 퍼레스

- 발매일 / 1992년 8월 7일
- 가격 / 3,980엔
- 퍼블리셔 / 코코너츠 재팬 엔터테인먼트

카지노에 있는 다양한 갬블을 게임화 한 것. 블랙잭이나 슬롯으로 돈을 벌어서 새 차를 구입할 수 있다.

  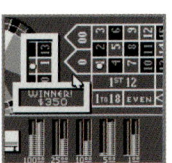

치비 마루코짱4 이게 일본이야! 왕자님

- 발매일 / 1992년 8월 7일
- 가격 / 3,800엔
- 퍼블리셔 / 타카라

GB의『치비 마루코』시리즈로는 마지막 넘버링 타이틀이다. 이 작품도 마루코가 다양한 미니 게임에 도전한다.

 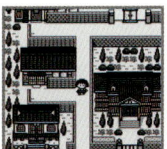 

게임보이 전자수첩 나노 노트

- 발매일 / 1992년 8월 7일
- 가격 / 4,500엔
- 퍼블리셔 / 코나미

게임보이를 전자수첩화 해서 스케줄이나 주소 등을 관리하는 데 사용되는 소프트.

 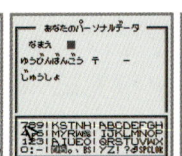 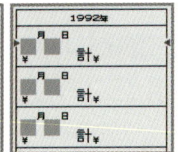

버서스 히어로 격투왕이 되는 길

- 발매일 / 1992년 8월 7일
- 가격 / 3,980엔
- 퍼블리셔 / 반프레스토

반프레스토의『콘파치 히어로』시리즈 중의 하나. 울트라맨과 건담, 가면 라이더가 일대일로 싸우는 대전 격투 게임이다.

 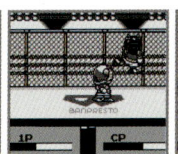 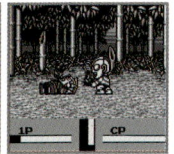

GAME BOY 1992

마사카리 전설 킨타로 액션편
- 발매일 / 1992년 8월 7일
- 가격 / 3,980엔
- 퍼블리셔 / 톤킨 하우스

주인공인 킨타로가 도끼와 장작으로 공격하는 횡스크롤 액션 게임. 스테이지 도중에 만나는 동물과는 스모로 승부한다.

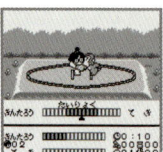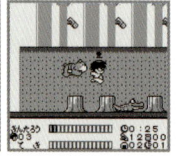

나카지마 사토루 감수 F-1 HERO GB'92 THE GRADED DRIVER
- 발매일 / 1992년 8월 11일
- 가격 / 3,980엔
- 퍼블리셔 / 바리에

시리즈로는 GB에서 두 번째 작품. 유사 3D 레이스 게임으로, 코스에 대한 나카지마 사토루의 어드바이스가 계속된다.

하이퍼 블랙 배스
- 발매일 / 1992년 8월 28일
- 가격 / 4,500엔
- 퍼블리셔 / 핫・비

핫・비의 『슈퍼 블랙 배스』 시리즈로, GB에서는 첫 번째 작품. 리얼한 블랙 배스 낚시를 즐길 수 있다.

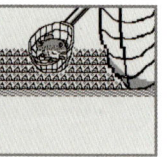

SD건담 SD전국전3 신SD전국전 지상 최강편
- 발매일 / 1992년 9월 4일
- 가격 / 4,800엔
- 퍼블리셔 / 반다이

『SD전국전』의 세 번째 작품. 턴제로 맵상의 유닛을 움직이며 전투는 탑뷰로 진행되는 액션 게임이다.

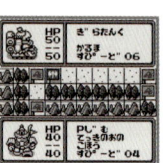

근육맨 더☆드림 매치
- 발매일 / 1992년 9월 12일
- 가격 / 3,500엔
- 퍼블리셔 / 유타카

근육맨 캐릭터를 사용한 프로레슬링 게임. 사이드뷰를 채택했지만 안쪽으로 움직일 수 있는 것이 특징. 큰 기술을 사용할 때는 컷신도 등장.

코나믹 바스켓
- 발매일 / 1992년 9월 25일
- 가격 / 3,500엔
- 퍼블리셔 / 코나미

간단한 조작이 기분 좋은 농구 게임. 5 vs 5의 본격적인 농구로, 덩크슛을 넣을 때는 아름다운 컷신을 감상할 수 있다.

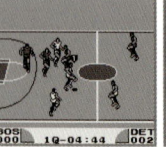

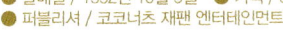

메르헨 클럽

- 발매일 / 1992년 9월 25일
- 가격 / 3,800엔
- 퍼블리셔 / 나그자트

성능이나 이동 범위가 다른 말을 교대로 움직이는 체스나 장기 같은 게임. 단 전투는 카드 배틀이라 어느 정도 운이 필요하다.

파친코 카구야 공주

- 발매일 / 1992년 10월 9일
- 가격 / 3,864엔
- 퍼블리셔 / 코코너츠 재팬 엔터테인먼트

『오니가시마』『서유기』에 이은 파친코 게임. 스토리에 따라 가공의 파친코 기기를 멈추게 만드는 시스템은 동일하다.

  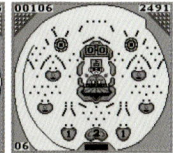

3분 예상 마번구락부

- 발매일 / 1992년 10월 16일
- 가격 / 5,800엔
- 퍼블리셔 / 헥터

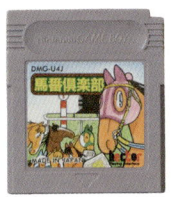

게임보이의 휴대성을 살린 경마 예상 소프트. 다양한 데이터를 입력하면 예상 내용이 표시되어 마권 구입에 도움을 준다.

 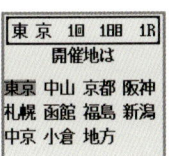

SPOT

- 발매일 / 1992년 10월 16일
- 가격 / 3,500엔
- 퍼블리셔 / BPS

오델로와 비슷한 대전형 보드 게임으로 자신의 말을 움직이거나 복사해서 인접한 말의 색을 바꾼다는 룰로 진행된다.

 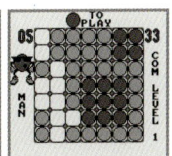 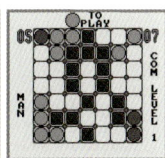

배틀 돗지볼

- 발매일 / 1992년 10월 16일
- 가격 / 4,980엔
- 퍼블리셔 / 반프레스토

『콘파치 히어로』 시리즈 중의 하나. 피구가 인기가 있었기 때문인지 이 작품 외에 슈퍼패미컴으로도 두 작품이 발매되었다.

  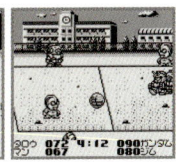

아담스 패밀리

- 발매일 / 1992년 10월 23일
- 가격 / 3,900엔
- 퍼블리셔 / 미사와 엔터테인먼트

유령 가족이 주인공인 영화를 게임화 한 작품. 가장인 고메즈를 조작해서 점프와 나이프를 이용한 공격으로 가족을 구한다.

쿄로짱 랜드

- 발매일 / 1992년 10월 30일
- 가격 / 3,980엔
- 퍼블리셔 / 히로

쿄로짱을 주인공으로 한 사이드뷰 액션 게임. 점프와 공격을 구사해서 탑을 오르고, 적과 부딪치면 나하친다.

판타즘

- 발매일 / 1992년 11월 6일
- 가격 / 3,900엔
- 퍼블리셔 / 자레코

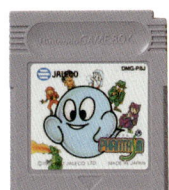

아케이드용 사이드뷰 액션 게임을 이식. 주인공은 적 캐릭터에게 빙의할 수 있으며 적 캐릭터의 다양한 능력을 구사해서 진행해 나간다.

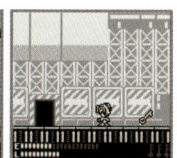

세인트 파라다이스 최강의 전사들

- 발매일 / 1992년 11월 13일일
- 가격 / 4,800엔
- 퍼블리셔 / 반다이

만화 『세인트 세이야』의 캐릭터가 등장하는 RPG. 스토리는 챕터 구조로 이루어져 있으며 수수께끼 난이도가 높은 것이 특징이다.

페라리

- 발매일 / 1992년 11월 13일
- 가격 / 4,300엔
- 퍼블리셔 / 코코너츠 재팬 엔터테인먼트

페라리를 피처링한 유사 3D 레이스 게임. 사용할 수 있는 차량은 페라리뿐이며, 자동과 수동을 선택할 수 있다.

텀블 팝

- 발매일 / 1992년 11월 20일
- 가격 / 3,800엔
- 퍼블리셔 / 데이터 이스트

아케이드로부터 이식된 액션 게임. 적을 청소기 같은 기계로 빨아들인 다음 내뿜어서 공격한다.

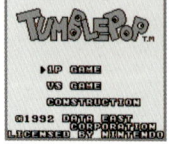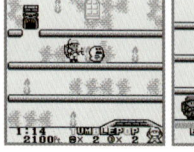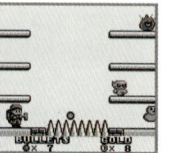

금붕어 주의보!2 교피짱을 찾아라

- 발매일 / 1992년 11월 27일
- 가격 / 4,980엔
- 퍼블리셔 / 비아이

전작은 91년에 발매. 주인공인 와피코를 조종해서 교내를 돌아다니고, 다양한 미니 게임을 클리어해야 한다.

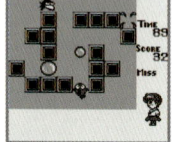

코나믹 아이스하키

- 발매일 / 1992년 11월 27일
- 가격 / 3,500엔
- 퍼블리셔 / 코나미

코나미에서 제작한 아이스하키 게임. 비스듬히 위에서 내려다보는 화면을 채용했지만 난투 장면에서는 복싱 게임처럼 싸운다.

트립 월드

- 발매일 / 1992년 11월 27일
- 가격 / 3,500엔
- 퍼블리셔 / 선 소프트

GB 오리지널 사이드뷰 액션 게임. 주인공은 육상, 수중, 공중 3가지 형태로 변신할 수 있으며, 각각의 능력을 활용해서 진행하게 된다.

원기폭발 간바루가

- 발매일 / 1992년 11월 27일
- 가격 / 3,800엔
- 퍼블리셔 / 토미

애니메이션 원작의 사이드뷰 액션 게임. 공격 방법이 다른 3종류의 기체가 존재하며 일부 기체는 변형도 가능하다.

 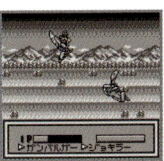 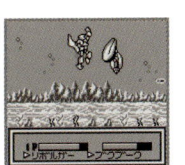

슈퍼 빅쿠리맨 전설의 석판

- 발매일 / 1992년 12월 11일
- 가격 / 3,800엔
- 퍼블리셔 / 유타카

빅쿠리맨의 캐릭터를 조작해서 진행하는 게임. 중간부터 캐릭터를 변경할 수 있으며 화려한 필살기도 사용할 수 있다.

던전 랜드

- 발매일 / 1992년 12월 15일
- 가격 / 4,600엔
- 퍼블리셔 / 에닉스

에닉스의 게임보이 첫 번째 작품으로 캐릭터 디자인에는 사쿠라 타마키치를 기용했다. 장르는 대전형 보드 게임이며 에디트 모드도 존재한다.

퀴즈 일본 옛날이야기 아테나의 물음표?

- 발매일 / 1992년 12월 18일
- 가격 / 3,980엔
- 퍼블리셔 / 아테나

일본의 옛날이야기가 모티브이지만 문제 자체는 옛날이야기와 관련된 것이 아니다. 맵을 진행하다 멈춘 칸에서 나오는 퀴즈에 응답해야 한다.

 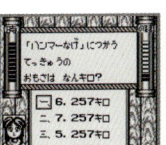 

닥터 프랑켄

- 발매일 / 1992년 12월 18일　● 가격 / 3,900엔
- 퍼블리셔 / 켐코

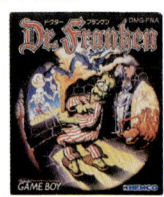 

해외 제작사의 작품으로, 주인공은 프랑켄슈타인. 꽤 넓은 맵을 탐색하게 되며 수수께끼 요소도 강한 게임이다.

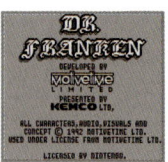  

톰과 제리

- 발매일 / 1992년 12월 18일　● 가격 / 4,500엔
- 퍼블리셔 / 알트론

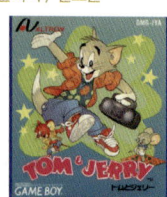 

인기 애니메이션을 게임화 한 작품으로 주인공은 제리, 톰을 방해하는 캐릭터가 되어 등장한다. 이 작품은 이후 게임보이 컬러 버전도 발매되었다.

  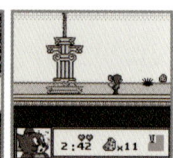

혼자서도 잘해요! 쿠킹 전설

- 발매일 / 1992년 12월 18일　● 가격 / 3,900엔
- 퍼블리셔 / 밥

요리 방송을 원작으로 한 작품. 내용은 RPG풍 퀴즈라 꽤 특이하지만, 요리 지식을 얻을 수 있는 것이 장점.

미키즈 체이스

- 발매일 / 1992년 12월 18일　● 가격 / 3,800엔
- 퍼블리셔 / 켐코

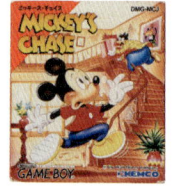 

90년대에 많이 발매된 디즈니계 게임 중 하나로, 미키 마우스를 주인공으로 삼은 사이드뷰 액션 게임이다.

우주의 기사 테카맨 블레이드

- 발매일 / 1992년 12월 18일　● 가격 / 3,500엔
- 퍼블리셔 / 유타카

애니메이션 원작의 와이어 액션 게임. 공격 및 와이어를 이용한 이동으로 스테이지를 공략해 나간다.

 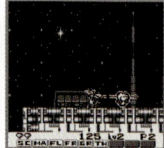 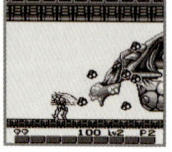

지구해방군 ZAS

- 발매일 / 1992년 12월 18일　● 가격 / 3,500엔
- 퍼블리셔 / T&E 소프트

GB 오리지널 종스크롤 슈팅 게임. 플레이어의 기체에는 2가지 옵션이 존재해서 버튼으로 포메이션을 변경할 수 있다.

 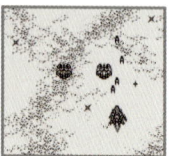 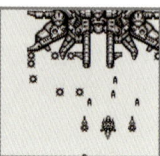

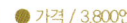

GAME BOY 1992

미소녀전사 세일러문
- 발매일 / 1992년 12월 18일　● 가격 / 3,500엔
- 퍼블리셔 / 엔젤

 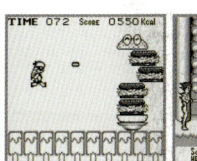

인기 만화, 애니메이션 원작을 게임화 한 작품으로 커맨드 선택식의 어드벤처 & 액션 게임으로 구성되어 있다.

나무망치다 퀴즈다 겐상이다!
- 발매일 / 1992년 12월 18일　● 가격 / 3,800엔
- 퍼블리셔 / 아이렘

아이렘의 인기 캐릭터인 '대공의 겐상'을 사용한 퀴즈 게임이다. 캡을 나아가며 퀴즈나 미니 게임을 클리어하게 된다.

도라에몽2 애니멀 혹성 전설
- 발매일 / 1992년 12월 19일　● 가격 / 3,900엔
- 퍼블리셔 / 에폭사

도라에몽이 등장하는 액션 게임으로 동료를 찾아내는 것이 목표이다. 다양한 비밀 도구를 아이템으로 사용하게 된다.

4 IN 1 FUN PACK
- 발매일 / 1992년 12월 22일　● 가격 / 3,800엔
- 퍼블리셔 / 이머지니어

 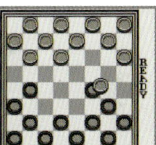

해외 제작사가 개발한 테이블 게임 모음집. 오델로(리버시), 체스, 체커, 백개먼이라는 4종류의 게임을 플레이할 수 있다.

루니 • 툰즈 벅스 버니와 유쾌한 친구들
- 발매일 / 1992년 12월 22일　● 가격 / 3,600엔
- 퍼블리셔 / 선 전자

루니 • 툰즈에 등장하는 캐릭터가 주인공인 사이드뷰 액션 게임. 다채로운 스테이지가 매력적인 작품이다.

제논2 메가 블래스트
- 발매일 / 1992년 12월 25일　● 가격 / 3,864엔
- 퍼블리셔 / PCM 컴플리트

오리지널은 PC-98판. 종스크롤 슈팅 게임이지만 강제 스크롤이 아니라 뒤로 돌아갈 수 있는 것이 특징이다.

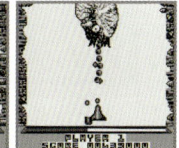

097

GAME BOY 1992

바코드 보이 배틀 스페이스

- 발매일 / 1992년 12월 25일 ● 가격 / 8,300엔
- 퍼블리셔 / 남코

바코드를 읽어서 게임에 활용하는 주변기기 『바코드 보이』 전용 소프트로 몬스터를 불러내서 싸우게 한다.

 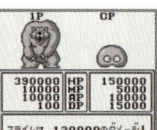 

여신전생 외전 라스트 바이블

- 발매일 / 1992년 12월 25일 ● 가격 / 5,300엔
- 퍼블리셔 / 아틀라스

아틀라스의 인기 RPG인 『여신전생』 시리즈의 외전작. 악마와 교섭해서 아군으로 영입하고 합성으로 강화시켜 나가는 시스템은 건재하다.

  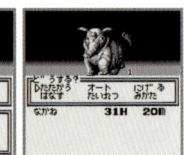

J리그 파이팅 사커

- 발매일 / 1992년 12월 27일 ● 가격 / 4,800엔
- 퍼블리셔 / 아이·지·에스

J리그 개막 1년 전에 발매된 축구 게임으로 첫 번째 공인 소프트였으며 패미컴 버전은 다음해에 발매되었다.

 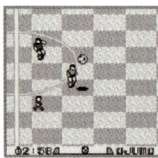 

라이트 보이

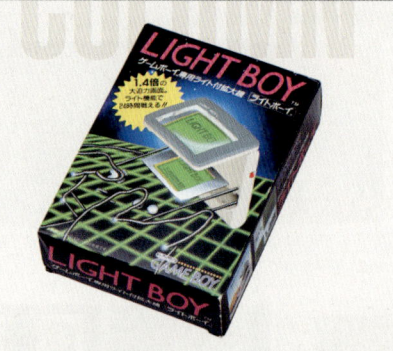

닌텐도에서 라이선스를 받은 주변기기로 빅 토카이에서 발매된 라이트가 부착된 확대경. 비슷한 상품으로는 『와이드 보이(선 소프트)』, 『하이퍼 보이(코나미)』 등이 있다.

광고 갤러리

『틴에이지 뮤턴트 닌자 터틀스』

『트윈비다!!』

GAME BOY

1993년

GAME BOY COMPLETE GUIDE

젤다의 전설 꿈꾸는 섬

● 발매일 / 1993년 6월 6일 ● 가격 / 3,900엔
● 퍼블리셔 / 닌텐도

다소 기세가 꺾였던 휴대용 게임기 시장에 활력을 불어넣으며 수많은 팬들을 즐겁게 해준 명작. 시리즈 네 번째 작품이며 슈퍼패미컴으로 발매되었던 세 번째 작품(신들의 트라이포스-역주) 이후 1년 반 만에 출시되었다. 탑뷰 액션 RPG인데 화면은 전환식이라 시리즈 첫 작품에 가까우며, 기본 장비인 검 외에도 활이나 폭탄을 활용할 수 있다. 그 밖에도 다수 아이템을 활용할 수 있는데, 아이템을 얻기 위한 수수께끼도 게임의 즐거움 중 하나다. 이후 게임보이 컬러 버전도 발매되었다.

악마성 스페셜 나는 드라큘라군

● 발매일 / 1993년 1월 3일 ● 가격 / 3,800엔
● 퍼블리셔 / 코나미

『악마성 드라큘라』 시리즈의 스핀오프 작품으로 드라큘라군이 주인공인 사이드뷰 액션 게임. 코믹해 보이지만 섬세한 구성을 취하고 있으며 게임성도 우수하다. 스토리는 FC 버전의 후일담을 담고 있다.

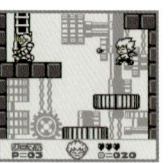

신일본 프로레슬링 투혼 삼총사

● 발매일 / 1993년 1월 29일 ● 가격 / 3,980엔
● 퍼블리셔 / 바리에

실존하는 일본 프로레슬링 단체의 이름을 내건 최초의 공인 게임. 후지나미, 하시모토, 하세 등 당시의 인기 레슬러 9명이 등장해서 헤비급 챔피언에 도전한다.

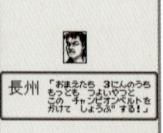

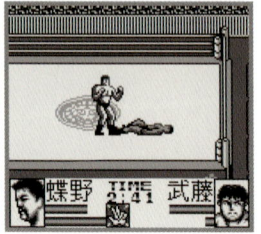

자드의 전설 2 가짜 신의 영역

- 발매일 / 1993년 2월 19일 ● 가격 / 4,900엔
- 퍼블리셔 / 빅 토카이

 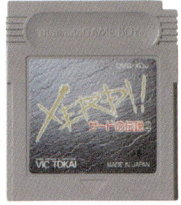

91년에 발매된 전작과는 시스템이 달라졌다. 주인공을 직접 조작하는 게 아니라 가고 싶은 장소를 지정하면 이동이 시작된다. 전투에서는 십자키에 대응한 커맨드를 선택한다.

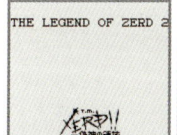  

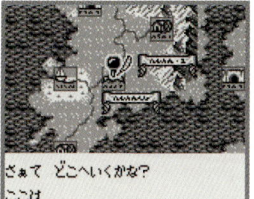 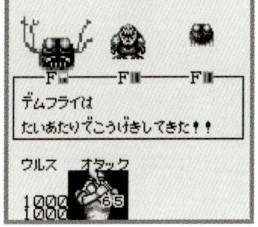

ONI III 검은 파괴신

- 발매일 / 1993년 2월 26일 ● 가격 / 4,980엔
- 퍼블리셔 / 반프레스토

 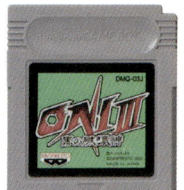

전작이 나오고 1년 만에 발매. 초기작에는 존재했다가 전작에서는 제거되었던 변신 시스템이 부활해서 도깨비 모습으로 변신할 수 있다. 시나리오는 4개 장이 준비되어 있으며 최종 장에서 각 장의 주인공들이 모이는 구성이다.

 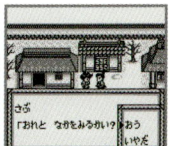 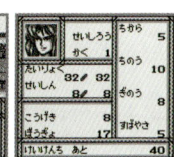

미론의 미궁조곡

- 발매일 / 1993년 3월 26일 ● 가격 / 3,800엔
- 퍼블리셔 / 허드슨

패미컴 버전으로 호평 받은 『미궁조곡』의 GB 버전 이식 작품. 사이드뷰 액션 게임이며 문제 풀이 요소나 숨겨진 아이템도 풍부하다. 주인공은 거품으로 공격하고 샵에서 아이템을 구입할 수 있다.

마계촌 외전 THE DEMON DARKNESS

- 발매일 / 1993년 4월 16일 ● 가격 / 3,500엔
- 퍼블리셔 / 캡콤

패미컴판 『레드 아리마 II』의 GB 이식판이다. 장르는 액션 RPG이며, 전작 『레드 아리마 마계촌 외전』처럼 호버링이나 매달리기가 액션의 중심이다.

GAME BOY 1993

미키 마우스 IV 마법의 라비린스
- 발매일 / 1993년 4월 23일
- 가격 / 3,900엔
- 퍼블리셔 / 켐코

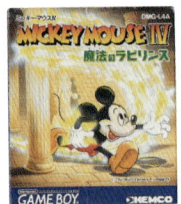 

『III』가 패미컴으로 발매되었기 때문에 GB에서는 시리즈 세 번째 작품. 스테이지 내의 지팡이를 전부 얻으면 클리어되는 방식인데 이번 작품에서는 특정 블록을 부술 수 있게 되어서 퍼즐 요소가 늘었다.

버블보블 Jr
- 발매일 / 1993년 5월 28일
- 가격 / 3,600엔
- 퍼블리셔 / 타이토

고정 화면식 액션 게임의 명작 『버블보블』의 속편을 GB로 이식한 버전. GB 버전에서는 화면 표시 범위가 좁아서 상하좌우로 스크롤된다. 적을 거품으로 감싼 다음 터뜨려서 공격하는 시스템은 건재하다.

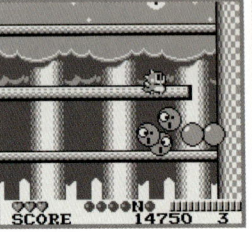 

갓 메디슨 판타지 세계의 탄생
- 발매일 / 1993년 7월 20일
- 가격 / 4,500엔
- 퍼블리셔 / 코나미

GB 오리지널 RPG. 낙뢰 사고로 게임 세계가 실체화 되고 용사가 된 주인공이 마왕과 싸운다는 내용을 다루고 있다. 전형적인 시스템을 채용했지만 성의가 엿보이는 높은 완성도 덕에 훗날 복각판이 발매되기도 했다.

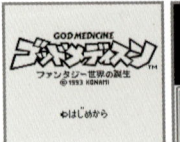  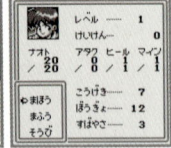

유☆유☆백서
- 발매일 / 1993년 7월 23일
- 가격 / 3,980엔
- 퍼블리셔 / 토미

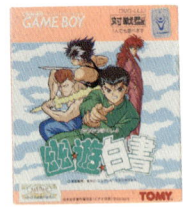 

주간 소년 점프에 연재되던 인기 만화 『유☆유☆백서』를 게임화 한 첫 번째 작품. 장르는 대전 격투 게임으로, 게이지를 모아서 사용할 수 있는 필살기와 심플한 조작 방법으로 호평 받았다.

GAME BOY 1993

주역전대 아이렘 파이터

- 발매일 / 1993년 7월 30일
- 가격 / 3,800엔
- 퍼블리셔 / 아이렘

『대공의 겐상』과 『R-TYPE』의 기체 등, 아이렘의 캐릭터가 다수 등장하는 턴제 시뮬레이션 게임. 자신과 상대가 뒤집는 카드에 따라 전투를 실행한다.

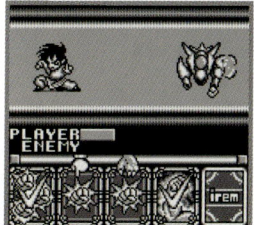 

위저드리·외전Ⅲ 어둠의 성전

- 발매일 / 1993년 9월 25일
- 가격 / 5,150엔
- 퍼블리셔 / 아스키

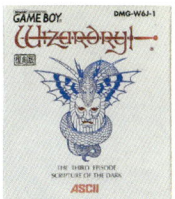 

시리즈 세 번째 작품으로 『외전』으로서는 GB 마지막 작품이다. 이 작품에서는 『6』에서 채용 되었던 새로운 종족, 직업, 주문이 도입되었다. 클리어 후에 들어갈 수 있는 비밀 던전은 적이 엄청나게 강하다.

 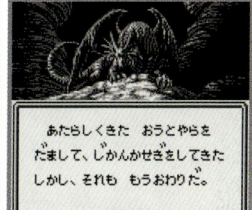

록맨 월드4

- 발매일 / 1993년 10월 29일
- 가격 / 3,500엔
- 퍼블리셔 / 캡콤

시리즈 네 번째 작품으로 패미컴판 『4』와 『5』를 토대로 제작했다. 게임보이 버전의 오리지널 요소도 존재해서 패미컴 버전을 클리어한 사람도 얼마든지 즐길 수 있으며 '이어하기'는 패스워드 방식이었다.

  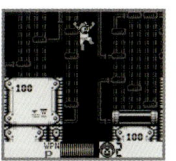

 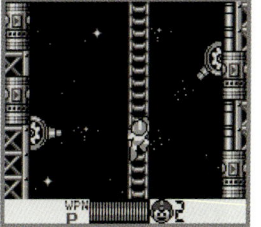

울티마 ~잃어버린 룬2~

- 발매일 / 1993년 11월 19일
- 가격 / 4,900엔
- 퍼블리셔 / 포니 캐니언

GB 오리지널 『울티마』의 두 번째 작품. 장르는 액션 RPG이며 4명의 캐릭터 중 주인공을 선택할 수 있다. 모든 룬을 수집하는 것이 게임의 목적이며 퍼즐 수준이 높아서 즐기는 맛이 꽤 있는 작품이다.

GB 파치오군

- 발매일 / 1993년 11월 19일 ● 가격 / 3,980엔
- 퍼블리셔 / 코코너츠 재팬 엔터테인먼트

지금까지 많은 파친코 게임을 발매했던 코코너츠 재팬 엔터테인먼트이지만, 『파치오군』 시리즈로는 이 작품이 GB 최초다. 파친코 기기는 가공의 것으로, 고정타법 등의 기술도 쓸 수 있다.

  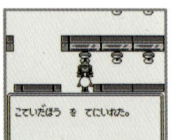

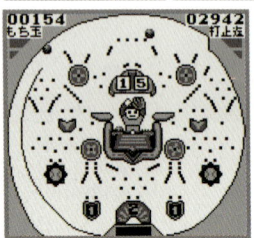 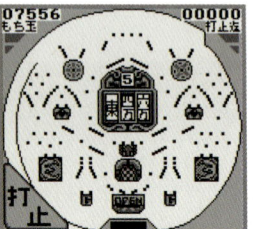

여신전생 외전 라스트 바이블 II

- 발매일 / 1993년 11월 19일 ● 가격 / 5,300엔
- 퍼블리셔 / 아틀러스

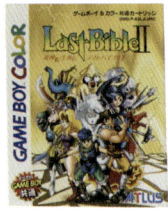 

약 1년 만에 발매된 시리즈 두 번째 작품. 마수를 동료로 만들어서 합성으로 강화시키는 시스템은 건재하지만, 전투 중의 대화가 리얼 타임제가 되어서 커맨드 입력까지 걸리는 시간이 결과에 반영된다.

커비의 핀볼

- 발매일 / 1993년 11월 27일 ● 가격 / 2,900엔
- 퍼블리셔 / 닌텐도

동글동글한 커비의 특징을 살린 핀볼 게임. 보스가 등장하는 등 스토리성도 가지고 있으며, '흔들기' 등의 테크닉도 사용할 수 있다.

 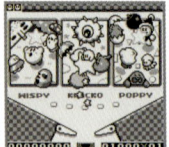 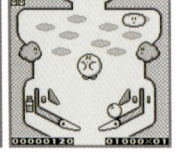

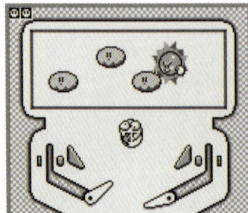 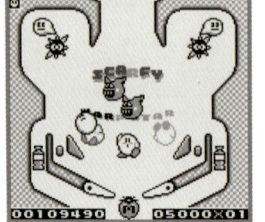

최후의 인도

- 발매일 / 1993년 12월 18일 ● 가격 / 3,800엔
- 퍼블리셔 / 아이렘

아케이드로 가동 중이던 고난이도 사이드뷰 액션 게임을 게임보이로 이식. 잔기제에서 라이프제로 시스템이 변경되었지만 게임보이의 하드웨어 성능을 생각하면 이식도가 아주 훌륭하다.

  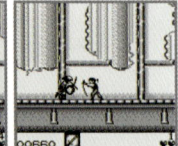

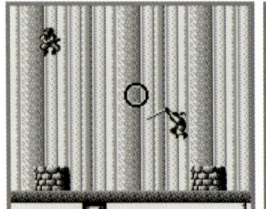 

GAME BOY 1993

다운타운 스페셜 쿠니오군의 시대극이다 전원 집합!

- 발매일 / 1993년 12월 22일　● 가격 / 4,800엔
- 퍼블리셔 / 테크노스 재팬

패미컴으로 발매된 액션 RPG를 GB로 이식. 시대극 설정으로 쿠니오군(쿠니마사) 일행이 맹활약한다. 꽤 다채로운 액션이 가능하고 상점에서 구매한 필살기도 장비할 수 있다.

 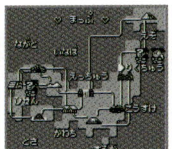 

모탈 컴뱃 신권강림전설

- 발매일 / 1993년 12월 24일　● 가격 / 4,300엔
- 퍼블리셔 / 어클레임 재팬

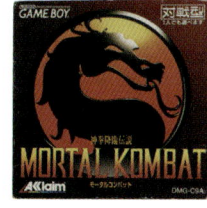 

미국에서 대인기인 대전 격투 게임을 이식. 이 작품 최대의 볼거리는 대전 상대를 쓰러뜨린 다음에, FINISH HIM(HER)이라 표시될 때 특정 커맨드를 입력하면 '페이탈리티'가 발동된다.

게임보이 소프트의 부속품 & 동봉판②

『실바니아 패밀리3 ~별 내리는 밤의 모래시계 스페셜 한정판』

어린이뿐 아니라 성인 여성에게도 대인기인 실바니아 패밀리. 이 소프트의 스페셜 한정판이 존재해서, 올드 패션 타입의 「시마네코 여자아이」가 딸려 있다. 매우 귀여운 상품.

『바코드 대전 바디건 라이트 버전 한정 스페셜 BOX!!』

남코에서 발매한 『바코드 보이』와의 호환성은 없고, 이 작품 전용 바코드 리더기가 부속되어 있다. 라이트 버전은 리더기가 없어도 플레이할 수 있다. 상세한 내용은 밝혀지지 않았지만, 리더기의 인식률이 좋지 못해서 그랬던 것으로 추측된다.

『오싹오싹 히어로즈』

이 소프트는 부속된 변신용 아이템인 '풀 체인저'를 사용해서 플레이하게 되는데, 풀 체인저는 게임보이 컬러의 적외선 통신과 연동된다. 게임 내에서 버튼 입력을 마친 다음 풀 체인저를 흔들어 특수한 조작을 하면 히어로 변신이 가능해서 아이들이 좋아할 만한 상품이었다.

『비룡의 권 열전 GB 발매 캠페인 BOX』

이름 그대로 FC 소프트인 『비룡의 권Ⅲ』가 부속된 전대미문의 통 큰 초회 한정 BOX. 통상판과 같은 가격이라 꽤 이득이라 할 수 있다.

더티·레이싱

- 발매일 / 1993년 1월 8일 ● 가격 / 3,900엔
- 퍼블리셔 / 자레코

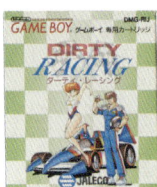 

탑뷰 레이싱 게임. 코스가 좁은 반면 차량은 커서, 적의 차량과의 접촉을 얼마나 줄이는지가 플레이의 포인트가 된다.

 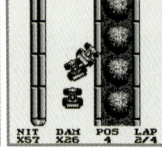 

링 레이지

- 발매일 / 1993년 1월 29일 ● 가격 / 3,900엔
- 퍼블리셔 / 타이토

아케이드로부터 이식된 프로레슬링 게임. 리얼한 캐릭터가 특징이며, 십자 키와 버튼을 조합해서 다채로운 조작이 가능하다.

썬더버드

- 발매일 / 1993년 2월 12일 ● 가격 / 3,980엔
- 퍼블리셔 / 비아이

일본에서도 방영되었던 특촬 인형극이 원작이다. 인명 구조를 위해 다양한 미니 게임에 도전한다는 내용을 담고 있다.

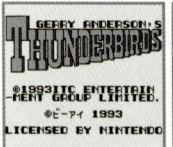  

바트의 서바이벌 캠프

- 발매일 / 1993년 2월 26일 ● 가격 / 3,980엔
- 퍼블리셔 / 어클레임 재팬

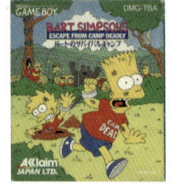 

『더·심슨즈』의 장남 바트가 주인공인 한 횡스크롤 액션 게임. 부메랑과 침, 음식을 투척해서 공격할 수 있다.

  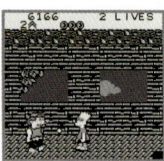

버닝 페이퍼

- 발매일 / 1993년 2월 26일 ● 가격 / 3,200엔
- 퍼블리셔 / 로직

주인공을 조작해서 벌레를 퇴치하는 게임. 벌레를 직접 공격할 수는 없고, 벽의 포스터를 레이저로 불태워서 그 종잇조각으로 공격해야 한다.

타카하시 명인의 모험도 III

- 발매일 / 1993년 2월 26일 ● 가격 / 3,800엔
- 퍼블리셔 / 허드슨

GB로 이식된 모험도 시리즈로서는 마지막 작품이다. 전작보다 아이템이 늘었고 공룡의 역할이 커진 것이 특징이다.

CLUT MASTER 울트라맨에게 이끌려서

- 발매일 / 1993년 3월 12일
- 가격 / 3,800엔
- 퍼블리셔 / 반다이

울트라맨과 관련된 컬트 퀴즈 게임이다. 문제의 난이도가 상당히 높아서 어지간한 지식으로는 절대 클리어할 수가 없다.

GB 바스켓볼

- 발매일 / 1993년 3월 19일
- 가격 / 3,900엔
- 퍼블리셔 / 이머지니어

조작이 심플한 농구 게임으로 메인 모드인 대회 모드 외에도 자유투 모드나 연습 모드가 준비되어 있다.

  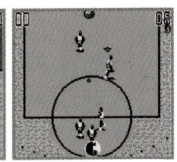

킬러 토마토

- 발매일 / 1993년 3월 19일
- 가격 / 4,500엔
- 퍼블리셔 / 알트론

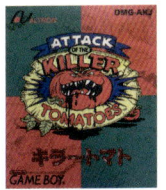 

일부 관광객에게 컬트적인 인기를 얻은 영화 『어택 오브 더 킬러 토마토』를 게임화 한 작품. 스테이지 내의 토마토 캔을 찾아내는 것이 목적이다.

 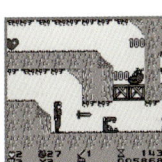 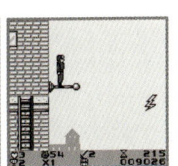

더・킥복싱

- 발매일 / 1993년 3월 19일
- 가격 / 4,200엔
- 퍼블리셔 / 마이크로 월드

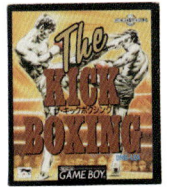 

많은 하드웨어로 이식된 격투 게임. 십자 키에 기술을 배분해서 간단한 조작으로 다양한 기술을 사용할 수 있다.

산리오 카니발2

- 발매일 / 1993년 3월 19일
- 가격 / 3,296엔
- 퍼블리셔 / 캐릭터 소프트

산리오의 캐릭터를 사용한 퍼즐 게임. 낙하형 퍼즐과 15퍼즐, 2가지 종류의 게임을 플레이할 수 있다.

더블 역만

- 발매일 / 1993년 3월 19일
- 가격 / 4,500엔
- 퍼블리셔 / 밥

괴수나 역사적인 인물이 대전 선수로 나오는 마작 게임. 2인 마작으로, 플레이어끼리의 대전도 가능하다.

 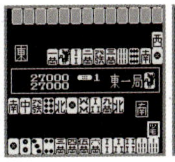 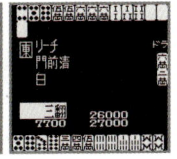

몬스터 메이커2 우르의 비검

- 발매일 / 1993년 3월 19일 ● 가격 / 4,980엔
- 퍼블리셔 / 소펠

3년 만에 선보이는 속편이며, 중간에 패미컴 버전이 발매되기도 했다. 전작과는 달라진 점이 많으며 유저 친화적으로 변모해 플레이가 편해졌다.

G1 킹! 3필의 예상옥

- 발매일 / 1993년 3월 26일 ● 가격 / 5,900엔
- 퍼블리셔 / 빅 토카이

경마 예상 소프트로 3명의 예상꾼이 존재하며 플레이어의 취향에 맞는 예상치를 얻을 수 있다. 이런 캐릭터는 이 장르에서 최초로 도입되었다.

 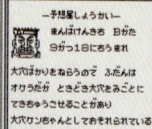 

아웃 버스트

- 발매일 / 1993년 3월 26일 ● 가격 / 4,000엔
- 퍼블리셔 / 코나미

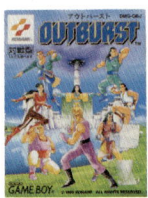 

2D 대전 격투 게임이다. 『스파Ⅱ』처럼 커맨드 입력으로 필살기를 사용할 수 있으며 그래픽도 전반적으로 매우 아름답다.

크레용 신짱 나랑 시로는 친구야

- 발매일 / 1993년 4월 9일 ● 가격 / 3,500엔
- 퍼블리셔 / 반다이

게임으로 발매된 크레용 신짱의 첫 번째 작품이다. 내용은 사이드뷰 점프 액션으로 게임 중간에 미니 게임이 몇 가지 삽입되었다.

NBA 올스타 챌린지2

- 발매일 / 1993년 4월 16일 ● 가격 / 3,900엔
- 퍼블리셔 / 어클레임 재팬

1 on 1 농구 게임으로 NBA 공인 작품이기 때문에 모든 선수가 실명으로 등장한다. 게임 모드 역시 다양해서 여러가지 덩크슛을 넣을 수 있다.

WWF 슈퍼 스타즈2

- 발매일 / 1993년 5월 21일 ● 가격 / 3,900엔
- 퍼블리셔 / 어클레임 재팬

미국의 프로레슬링 단체 『WWF』에서 공인한 프로레슬링 게임 제2탄으로 실존하는 레슬러가 등장하며 철망 데스 매치 등을 플레이할 수 있다.

요정 이야기 로드·랜드

- 발매일 / 1993년 5월 21일　● 가격 / 3,900엔
- 퍼블리셔 / 자레코

아케이드용 고정 스크롤 액션 게임을 GB로 이식한 버전. 마법 지팡이로 적을 붙잡아서 공격하게 되는데, 원하는 장소에 사다리를 출현시킬 수도 있다.

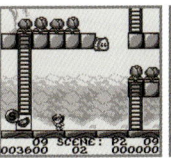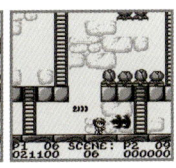

파퓰러스 외전

- 발매일 / 1993년 5월 28일　● 가격 / 4,900엔
- 퍼블리셔 / 이머지니어

외전이지만 초기 『파퓰러스』와 거의 같은 내용을 담고 있다. 토지를 정리해서 인구를 늘리고 다양한 기적을 일으키는 갓(god) 게임이다.

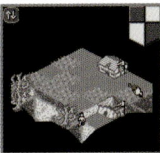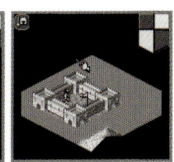

스즈키 아구리의 F-1 슈퍼 드라이빙

- 발매일 / 1993년 5월 28일　● 가격 / 3,900엔
- 퍼블리셔 / 로직

스즈키 아구리의 이름을 걸고 출시된 레이싱 게임. 카트 모드는 탑뷰이며 F-1 모드는 유사 3D 화면을 채용하고 있다.

파치슬로 키즈

- 발매일 / 1993년 6월 18일　● 가격 / 3,980엔
- 퍼블리셔 / 코코너츠 재팬 엔터테인먼트

소년이 쓰레기장에서 주운 파친코 슬롯 덕분에 눈을 뜬다. 실존하는 기기를 게임 내에서 모방한 것이 재밌다.

스플리츠 초상화 15게임

- 발매일 / 1993년 6월 25일　● 가격 / 3,900엔
- 퍼블리셔 / 이머지니어

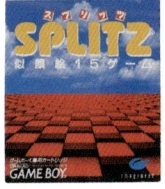

패널을 이동시켜서 그림을 완성해야 하는 15개의 퍼즐을 플레이할 수 있다. 단 더미 패널이 존재하는 등 어레인지가 가해져 있다.

부비 보이즈

- 발매일 / 1993년 6월 25일　● 가격 / 3,800엔
- 퍼블리셔 / 일본 물산

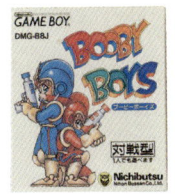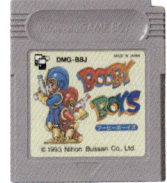

패미컴으로 출시되었던 『부비 키즈』의 GB 이식 버전. 구멍을 파서 적을 떨어뜨리고 묻을 수 있으며, 열쇠를 찾아내서 탈출하면 클리어가 되는 방식이다.

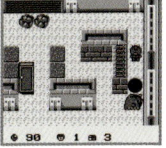

에일리언³

- 발매일 / 1993년 7월 9일　● 가격 / 3,980엔
- 퍼블리셔 / 어클레임 재팬

해외 제작사에서 개발한 영화 원작 게임으로 넓은 필드를 돌아다니며 아이템을 찾아내 에일리언을 쓰러뜨리는 것이 목적이다.

 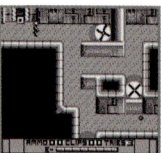 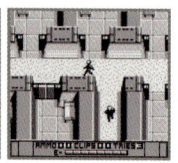

깜짝 열혈 신기록! 어디서든 금메달

- 발매일 / 1993년 7월 16일　● 가격 / 3,800엔
- 퍼블리셔 / 테크노스 재팬

쿠니오군 일행이 금메달을 위해 다양한 경기에 도전한다. 다섯 종류의 경기가 존재하는데 대부분은 상대방에게 방해 행위를 할 수 있다.

  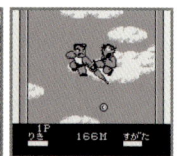

마이클 조던 ONE ON ONE

- 발매일 / 1993년 7월 16일　● 가격 / 3,900엔
- 퍼블리셔 / EA 빅터

농구의 신 '마이클 조던'의 이름을 내건 해외 제작 게임이다. 코트를 절반만 사용하는 1 on 1 게임이며 모드가 풍성하게 준비되어 있다.

자레코 J컵 사커

- 발매일 / 1993년 7월 23일　● 가격 / 3,900엔
- 퍼블리셔 / 자레코

비스듬하게 내려다보이는 화면이 특징인 축구 게임. 총 16개국의 국가 대표 팀을 사용할 수 있으며 포메이션 변경도 가능하다.

 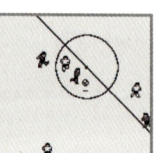 

미스테리움

- 발매일 / 1993년 7월 23일　● 가격 / 4,500엔
- 퍼블리셔 / 밥

플레이어가 연금술사가 되어 유사 3D 던전에 도전하게 되는 RPG이다. 적과의 전투는 화면 전환이 없으며 그 자리에서 리얼 타임으로 진행된다.

 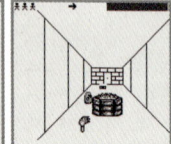 

아아 하리마나다

- 발매일 / 1993년 7월 23일　● 가격 / 4,500엔
- 퍼블리셔 / 애스크 코단샤

주간 모닝에 연재되었던 원작 만화를 게임화 한 스모 게임. 플레이어는 하리마나다로서 승리를 이어 나가야 한다.

 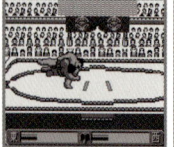 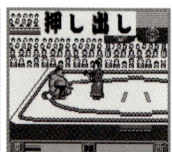

GAME BOY 1993

지미 코너스의 프로 테니스 투어

- 발매일 / 1993년 7월 23일　● 가격 / 3,900엔
- 퍼블리셔 / 미사와 엔터테인먼트

왕년에 유명했던 선수 지미 코너스가 감수한 해외 제작 테니스 게임이다. 투어를 하면서 CPU와 상금을 놓고 경쟁하게 된다.

  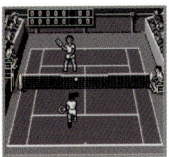

적중 러시

- 발매일 / 1993년 7월 30일　● 가격 / 6,900엔
- 퍼블리셔 / 일본 클라리 비즈니스

게임보이로 경마 예상 소프트를 발매한 세 번째 회사의 작품이다. 이런 종류의 게임은 일반적인 소프트 가격보다 비싼 경우가 대부분이다.

철구 파이트! 더・그레이트 배틀 외전

- 발매일 / 1993년 7월 30일　● 가격 / 3,980엔
- 퍼블리셔 / 반프레스토

『콤파치 히어로즈』 시리즈이며 GB로 출시된 세 번째 작품이다. 사이드 뷰 액션 게임으로 철구를 무기로 삼는 히어로가 싸운다.

 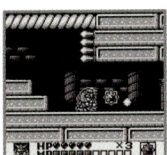 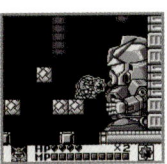

솔담

- 발매일 / 1993년 8월 6일　● 가격 / 3,900엔
- 퍼블리셔 / 자레코

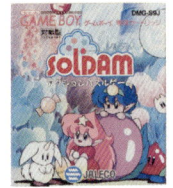 

아케이드 원작을 GB로 이식. 4개가 한 세트인 구슬을 떨어뜨리고 쌓인 구슬의 색상은 변경이 가능. 가로줄 전체가 같은 색이 되면 라인이 지워진다.

 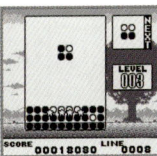 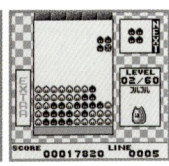

란마 1/2 격극문답!!

- 발매일 / 1993년 8월 6일　● 가격 / 3,980엔
- 퍼블리셔 / 반프레스토

『란마 1/2』 게임으로서는 GB에서 세 번째 작품이다. 퀴즈의 정답을 맞춰서 포인트를 쌓고 적 캐릭터와 전투를 치르는 구성을 보여주고 있다.

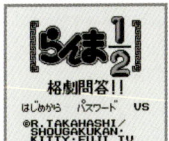  

모모타로 전극

- 발매일 / 1993년 8월 8일　● 가격 / 4,500엔
- 퍼블리셔 / 허드슨

복숭아로 적을 공격하면 적은 커다란 복숭아가 되고 그것을 다시 무기로 사용한다거나 혹은 발판으로 이용할 수 있는 게임이다.

몬스터 메이커 바코드 사가

- 발매일 / 1993년 8월 10일　● 가격 / 3,800엔
- 퍼블리셔 / 남코

바코드 보이용 소프트 2번째 타이틀이자 마지막 전용 게임이다. 장르는 시뮬레이션이며 바코드로 캐릭터를 불러서 싸우게 된다.

더블 역만 Jr.

- 발매일 / 1993년 8월 19일　● 가격 / 4,800엔
- 퍼블리셔 / 밥

『더블 역만』 시리즈 2번째 작품으로 2인 마작 게임이다. 1인 플레이는 토너먼트 모드가 메인이며 2P와 대전도 가능하다.

 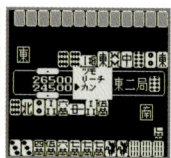 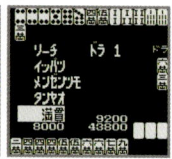

가면 라이더 SD 달려라! 마이티 라이더즈

- 발매일 / 1993년 8월 20일　● 가격 / 3,599엔
- 퍼블리셔 / 유타카

가면 라이더 시리즈의 캐릭터를 활용한 레이싱 게임으로 메인 모드인 배틀 레이스에서는 5명의 적 캐릭터와 1위를 겨루게 된다.

 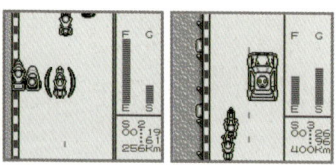

MVP 베이스볼

- 발매일 / 1993년 8월 27일　● 가격 / 4,500엔
- 퍼블리셔 / 어클레임 재팬

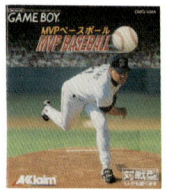 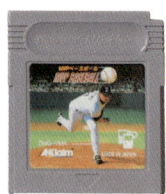

미국 메이저 리그가 무대인 야구 게임이며 유명 선수인 로저 · 클레멘스의 어드바이스를 들을 수 있다. 게임의 목표는 월드 시리즈 제패!

패밀리 자키2 명마의 혈통

- 발매일 / 1993년 8월 27일　● 가격 / 4,500엔
- 퍼블리셔 / 남코

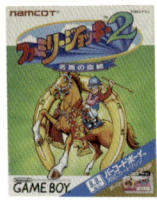 

『패밀리 자키』의 속편으로 GB로만 발매되었다. 바코드 보이에도 대응하기 때문에 새로운 말을 만들어낼 수 있다.

 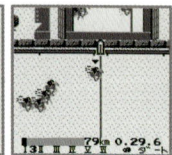 

승리마 예상 경마귀족

- 발매일 / 1993년 8월 27일　● 가격 / 5,900엔
- 퍼블리셔 / 킹 레코드

경마 예상 소프트이다. 단순하게 순위만 예상할 뿐 아니라 생년월일로부터 바이오 리듬까지 확인할 수 있어서 결과 예상에 활용할 수 있다.

 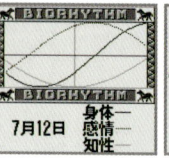 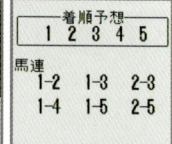

컬트 점프

- 발매일 / 1993년 9월 10일 ● 가격 / 3,800엔
- 퍼블리셔 / 반다이

주간 소년 점프에 연재되었던 만화에 관한 컬트 퀴즈를 다룬다. 매니악한 문제도 다수 다루고 있기 때문에 어중간한 지식은 통하지 않는다.

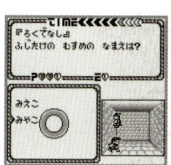

더블 역만Ⅱ

- 발매일 / 1993년 9월 17일 ● 가격 / 4,800엔
- 퍼블리셔 / 밥

『더블 역만 Jr.』 이후 약 1년 만에 발매된 세 번째 작품이다. 이 작품은 4인 마작이며 자신이 좋아하는 캐릭터와 대전이 가능하다.

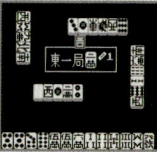

레밍스

- 발매일 / 1993년 9월 23일 ● 가격 / 3,900엔
- 퍼블리셔 / 이머지니어

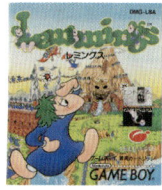

해외 제작 퍼즐 게임을 게임보이로 이식했다. 일정 규칙으로 계속 이동하는 레밍(여행 쥐)에게 명령을 내려서 출구까지 유도해야 하는 게임이다.

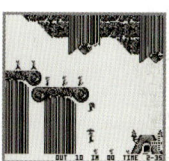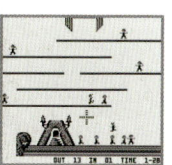

에일리언 VS 프레데터

- 발매일 / 1993년 9월 24일 ● 가격 / 4,500엔
- 퍼블리셔 / 애스크 코단샤

프레데터가 되어서 에일리언을 사냥한다. 탐색 요소를 갖춘 액션 게임으로 화면 상단에는 다녀간 장소를 한정으로 맵이 표시되기도 한다.

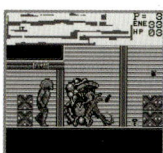

캇토비 로드

- 발매일 / 1993년 10월 8일 ● 가격 / 4,800엔
- 퍼블리셔 / 남코

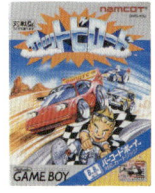

바코드 보이에 대응하는 탑뷰 레이싱 게임으로 성능이 다른 10종의 차량 중 하나를 선택해서 레이스를 진행한다.

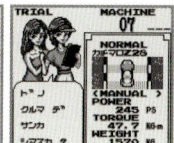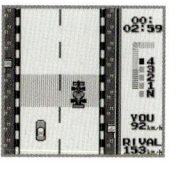

크레용 신짱2 나와 개구쟁이 놀이하자

- 발매일 / 1993년 10월 22일 ● 가격 / 3,500엔
- 퍼블리셔 / 바나렉스

전작으로부터 약 반년이 지나서 발매된 속편이다. 사이드뷰 액션 게임으로 미니 게임에서 승리하면 보상을 받을 수 있다.

아메리카 횡단 울트라 퀴즈 PART4

- 발매일 / 1993년 10월 29일
- 가격 / 3,980엔
- 퍼블리셔 / 토미

게임보이를 통해 발매된 마지막 시리즈. 차기작은 플레이 스테이션과 세가 새턴으로 발매되었다.

 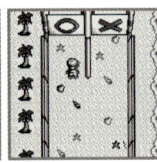 

패미스타3

- 발매일 / 1993년 10월 29일
- 가격 / 4,900엔
- 퍼블리셔 / 남코

바코드 보이 마지막 대응 소프트로 바코드를 사용한 오리지널 선수를 등록할 수 있다.

틴에이지 뮤턴트 닌자 터틀스3 터틀스 위기일발

- 발매일 / 1993년 11월 26일
- 가격 / 3,500엔
- 퍼블리셔 / 코나미

시리즈 마지막 작품이다. 미켈란젤로를 제외한 나머지 멤버는 모두 숙적인 슈레더 군단에게 붙잡힌 상태이며 구출할 경우 사용할 수 있게 된다.

  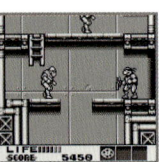

UNO 스몰 월드

- 발매일 / 1993년 11월 26일
- 가격 / 3,980엔
- 퍼블리셔 / 토미

일본을 통일하는 국가 찬탈 모드와 저연령층을 위한 스몰 UNO를 플레이할 수 있다. 물론 대인전도 준비되어 있다.

덕 테일즈2

- 발매일 / 1993년 12월 3일
- 가격 / 3,500엔
- 퍼블리셔 / 캡콤

 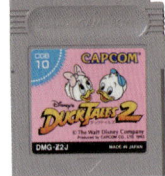

도널드 덕의 외삼촌인 스크루지 맥덕이 주인공인 사이드뷰 액션 시리즈 두 번째 작품이다. 패미컴 버전을 이식했으며 시스템은 전작을 답습했다.

언더 커버 캅스 파괴신 가루마

- 발매일 / 1993년 12월 10일
- 가격 / 3,800엔
- 퍼블리셔 / 아이렘

아이렘에서 개발한 벨트 스크롤 액션 게임 『언더 커버 캅스』의 캐릭터를 활용한 카드 배틀 게임이다.

  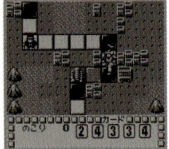

핑구 세계에서 제일 건강한 펭귄

- 발매일 / 1993년 12월 10일
- 가격 / 4,200엔
- 퍼블리셔 / 비아이

스위스에서 제작한 클레이 애니메이션 『핑구』를 주인공으로 삼은 미니 게임 모음집이다. 눈싸움·아이스하키·낚시 등을 즐길 수 있다.

  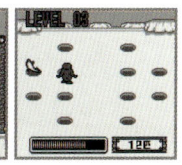

유☆유☆백서 제2탄 암흑무술회편

- 발매일 / 1993년 12월 10일
- 가격 / 3,980엔
- 퍼블리셔 / 토미

인기 만화 『유☆유☆백서』의 캐릭터를 활용한 대전 격투 게임 제2탄이다. 커맨드 입력으로 필살기를 사용할 수 있다.

괴수왕 고질라

- 발매일 / 1993년 12월 17일
- 가격 / 3,800엔
- 퍼블리셔 / 반다이

플레이어는 고질라를 조작해서 적 괴수나 자위대와 싸우게 되는데 '무적 시간'이 있는 꼬리의 공격이 게임 공략의 열쇠가 된다.

마권왕 V3

- 발매일 / 1993년 12월 17일
- 가격 / 6,500엔
- 퍼블리셔 / 아스믹

아스믹의 경마 예상 소프트로는 세 번째 작품이다. 예상 결과를 좁히는 경우와 좁히지 않는 경우가 다른 예상치로 나올 수도 있다.

타이니·툰 어드벤처즈2 버스터 버니의 폭주 대모험

- 발매일 / 1993년 12월 22일
- 가격 / 3,600엔
- 퍼블리셔 / 코나미

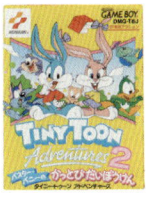 

시리즈 두 번째 작품이며 장르는 사이드뷰 액션 게임. 영화 필름을 의식한 듯한 연출을 각 장소에서 볼 수 있는 양질의 작품이다.

 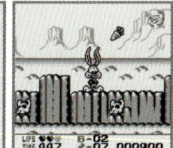 

미키 마우스 V 마법의 스틱

- 발매일 / 1993년 12월 22일
- 가격 / 3,900엔
- 퍼블리셔 / 켐코

『Ⅲ』가 패미컴으로 발매되었기 때문에 이 작품이 GB로 출시된 네 번째 작품. 미키가 미니를 구하기 위해 마녀의 성에 도전하는 내용이다.

주변기기 소개

독특한 취향의 포켓 카메라는 지금도 애용하는 사람이 있을 만큼 오랜 사랑을 받았다. 포켓 카메라 본체는 투명 보라색 외에도 녹색•노란색•빨간색이 존재하며 전용 프린트 스티커 역시 노란색과 파란색이 판매되었다.

포켓 카메라 투명 보라색

발매일: 1998년 2월 21일 가격: 5,500엔

GB 포켓용으로 출시된 카메라. 자신이 찍은 사진에 낙서를 한다거나 스탬프를 찍어서 친구와 교환할 수 있다. 얼굴 사진으로 플레이할 수 있는 게임 3종류 및 음악 추가가 가능하다.

포켓 프린터

발매일: 1998년 2월 21일 가격: 5,800엔

GB 영상을 인쇄해서 붙일 수 있는 프린터. 『포켓 카메라』와 함께 사용하면 자신만의 오리지널 스티커를 제작할 수도 있다. 롤 형태의 전용 프린트 스티커를 사용해야 하며 작동하는 데는 AA건전지 6개가 필요하다.

포켓 프린터 전용 프린트 스티커 흰색

발매일: 1998년 2월 21일 가격: 500엔

『포켓 프린터』 전용으로 출시된 롤 형태의 스티커. 감열지 타입이며 세피아 색으로 인쇄된다. 스티커 사진처럼 잘라서 다양한 곳에 붙일 수 있다.

게임보이 시리즈 전용 배터리 팩

발매일: 1998년 가격: 1,900엔

초기형 GB를 제외한 나머지(GB포켓, GB라이트, GB컬러)에서 사용할 수 있는 배터리 팩이다. 충전기가 없으면 충전할 수 없으며 본체는 GB 포켓판을 재사용했다. ('GAME BOY Pocket' 표시 있음).

게임보이 시리즈 전용 변환 커넥터

발매일: 1999년 가격: 800엔

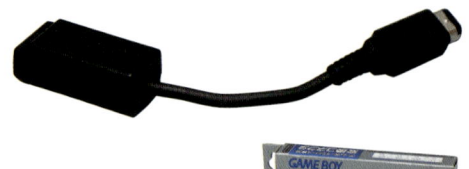

초기형 GB의 통신 케이블을 GB포켓, GB라이트, GB컬러에 접속하게 해주는 변환 커넥터. 내용물은 먼저 발매되었던 『게임보이 포켓 전용 변환 커넥터』와 동일하다. ('GAME BOY Pocket' 표시 있음).

모바일 어댑터 GB 디지털 휴대전화 PDC 전용

발매일: 2001년 1월 27일 가격: 5,800엔

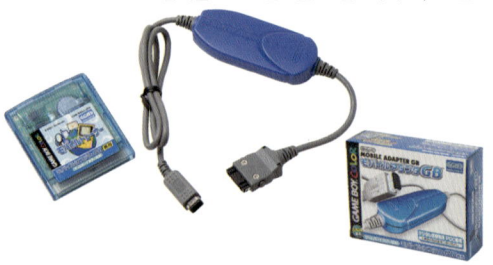

GB컬러 대응 소프트와 휴대전화를 접속해서 데이터를 주고받을 수 있다. NTT도코모의 mova에 대응. cdmaOne 전용, DDI포켓 전화기 전용도 존재한다. 또한 3종류가 있는 본체에는 전용 카세트 『모바일 트레이너』가 부속되었다.

GAME BOY
1994년
GAME BOY COMPLETE GUIDE

배틀 토드

- 발매일 / 1994년 1월 7일 ● 가격 / 4,200엔
- 퍼블리셔 / 메사이어

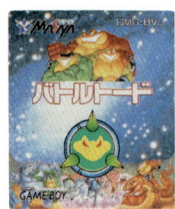 

『슈퍼 동키콩』 시리즈로 유명한 레어사에서 개발한 작품. 간단한 조작으로 다양한 공격이 가능하며 스테이지에 따라 대폭 변하는 액션이 매력적이다.

슈퍼마리오 랜드3 와리오 랜드

- 발매일 / 1994년 1월 21일 ● 가격 / 3,900엔
- 퍼블리셔 / 닌텐도

『마리오 랜드』 시리즈의 세 번째 작품이자 『와리오 랜드』 시리즈의 첫 번째 작품. 횡스크롤 액션으로 와리오는 마늘로 파워업을 하게 되고 세 종류의 모습으로 변신이 가능하다.

  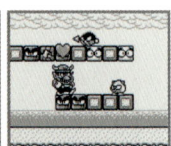

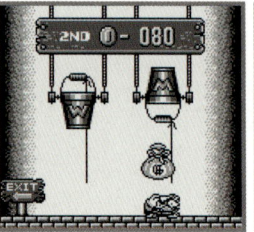 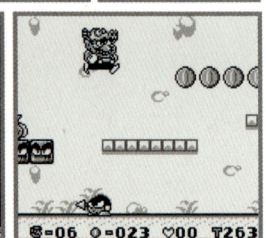

슈퍼 모모타로 전철 II

- 발매일 / 1994년 2월 18일 ● 가격 / 4,500엔
- 퍼블리셔 / 허드슨

기본적인 규칙은 기존 그대로이지만 킹 봄비가 처음 등장하고 목적지에 해외가 추가되는 등 스케일이 커졌다. 통신 대전이 폐지되어서 다인 플레이는 본체 한 대로 플레이해야 한다.

  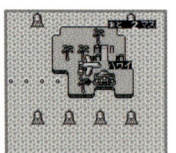

호이호이 게임보이판

- 발매일 / 1994년 2월 18일 ● 가격 / 4,800엔
- 퍼블리셔 / 코에이

코에이에서 1983년에 발매했던 PC용 게임을 퍼즐 게임으로 리메이크한 버전. 묘충풀이 같은 내용을 담고 있으며 정해진 행동 횟수 이내에 바퀴벌레를 쓰러뜨리면 스테이지가 클리어 된다.

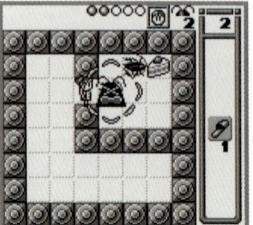 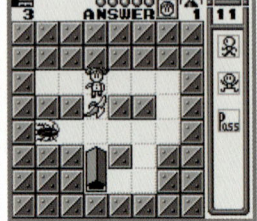

T2 더·아케이드 게임

- 발매일 / 1994년 2월 25일 ● 가격 / 3,890엔
- 퍼블리셔 / 어클레임 재팬

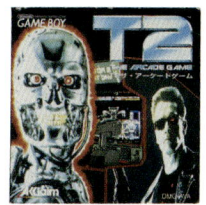 

유명 영화의 아케이드용 건 슈팅 게임을 게임보이로 이식한 버전. 게임보이용인 십자키로 커서를 움직이며 적을 공격하는데, 무기는 탄수가 무제한인 머신건과 제한이 있는 로켓 런처가 준비되어 있다.

 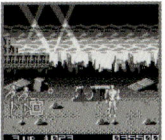 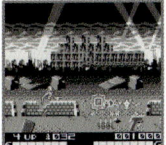

ONI IV 귀신의 혈족

- 발매일 / 1994년 3월 11일 ● 가격 / 4,980엔
- 퍼블리셔 / 반프레스토

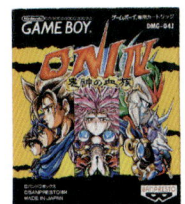 

전작이 나오고 약 1년 만에 발매된 네 번째 작품으로 같은 해 슈퍼패미컴으로도 같은 시리즈의 작품이 발매되었다. 스토리는 『II』의 속편이며 『II』에 등장했던 캐릭터도 동료에 포함된다.

 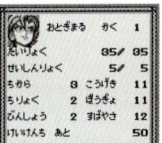 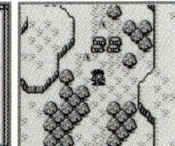

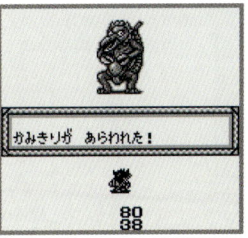 

검용전설 야이바

- 발매일 / 1994년 3월 25일 ● 가격 / 3,980엔
- 퍼블리셔 / 반프레스토

주간 소년 선데이에 연재되었던 동명 만화를 게임화 한 작품. 장르는 횡스크롤 액션이며 메인 무기는 검이지만 아이템을 입수하면 변경할 수 있다.

대공의 겐상 로봇 제국의 야망

- 발매일 / 1994년 3월 25일 ● 가격 / 3,800엔
- 퍼블리셔 / 아이렘

GB 내에서 시리즈 두 번째 작품이며 전작 마지막에 미사일에 붙잡혔다가 탈출한 겐상이 이번에는 우주선 안에서 대난동을 부린다. 장르는 횡스크롤 액션으로 나무망치와 철퇴로 적을 공격한다.

 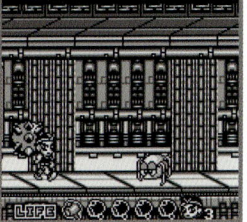

GB원인 랜드 비바! 칙군 왕국

- 발매일 / 1994년 4월 22일 ● 가격 / 3,800엔
- 퍼블리셔 / 허드슨

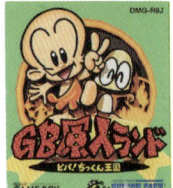 

『원인』 시리즈의 GB 두 번째 작품이지만 넘버링 타이틀이 아닌 외전작이다. 두더지 잡기나 블록 깨기 등의 미니 게임을 클리어하고 얻는 『미소 칩』으로 새로운 게임을 개방하게 된다.

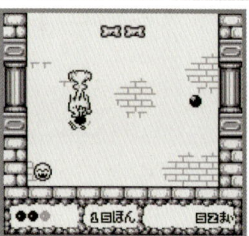

천지를 먹다

- 발매일 / 1994년 4월 22일 ● 가격 / 4,600엔
- 퍼블리셔 / 캡콤

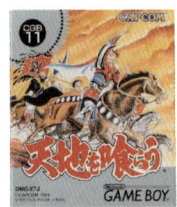 

삼국지를 소재로 삼은 만화 원작을 기반으로 제작된 작품. 패미컴판, 아케이드판과는 다른 내용을 담고 있으며, 장르는 RPG이지만 후반은 시뮬레이션 타입으로 변경된다. 전국 통일을 목적으로 삼게 된다.

 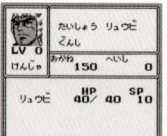 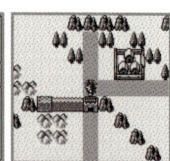

미소녀 전사 세일러문 R

- 발매일 / 1994년 4월 22일 ● 가격 / 3,800엔
- 퍼블리셔 / 엔젤

 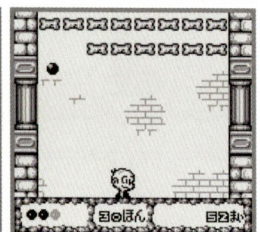

다수의 장르가 융합한 작품으로 어드벤처 파트에선 문제를 풀고 액션 파트에선 적과 싸우게 된다. 미니 게임도 준비되어 있으며 스토리는 애니메이션판과 원작판이 모두 사용되었다.

테트리스 플래시

- 발매일 / 1994년 6월 14일 ● 가격 / 2,900엔
- 퍼블리셔 / 닌텐도

『테트리스』를 토대로 개발된 퍼즐 게임으로 패미컴용의 이식 버전이다. 오리지널과 다르게 블록 색깔이 상당히 중요해지는 등 규칙상의 변화가 있다.

 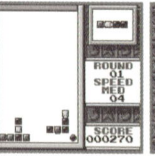 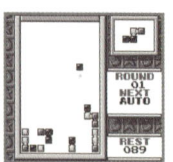

 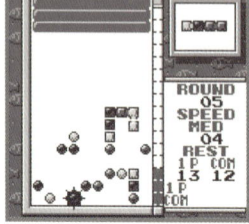

동키콩

- 발매일 / 1994년 6월 14일
- 가격 / 3,900엔
- 퍼블리셔 / 닌텐도

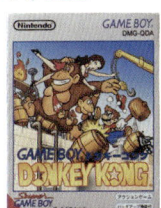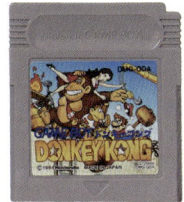

오리지널 버전과 퍼즐성이 강해진 어레인지 버전을 모두 즐길 수 있다. 스테이지 수는 100개 이상에 새로운 액션과 아이템이 추가되어서 마치 신작을 즐기는 기분으로 플레이에 임할 수 있는 명작.

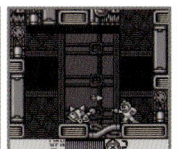
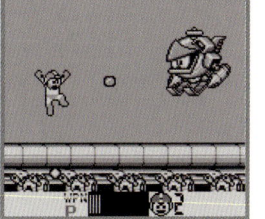

열투 사무라이 스피리츠

- 발매일 / 1994년 6월 30일
- 가격 / 4,660엔
- 퍼블리셔 / 타카라

아케이드용으로 큰 인기를 끌었던 대전 격투 게임의 GB 이식 버전으로, 『열투』 시리즈 첫 번째 작품이다. 원작은 모든 캐릭터가 무기로 싸우는 작품으로 화제가 되었는데 이 작품 역시 그 설정을 잘 살린 명작이다.

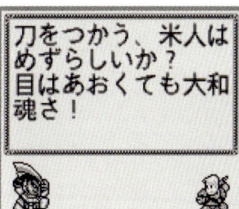

록맨 월드5

- 발매일 / 1994년 7월 22일
- 가격 / 3,800엔
- 퍼블리셔 / 캡콤

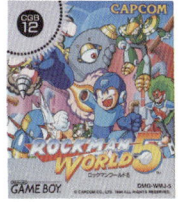

시리즈 다섯 번째 작품이자 GB 첫 오리지널작, 아울러 GB 시리즈의 마지막이 된 작품이다. 차지 샷 대신 로켓 펀치를 사용할 수 있으며 록맨을 서포트하는 고양이형 로봇 '탱고'가 등장하는 것이 특징이다.

열투 아랑전설 2 새로운 결투

- 발매일 / 1994년 7월 29일
- 가격 / 4,660엔
- 퍼블리셔 / 타카라

『열투』 시리즈 두 번째 작품이며 SNK의 인기 대전 격투 게임으로부터 이식되었다. 단 라인 이동 개념이 사라졌으며 필살기를 사용하면 캐릭터가 말풍선으로 대사를 표시한다.

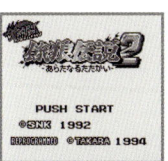

GAME BOY 1994

뿌요뿌요
- 발매일 / 1994년 7월 31일
- 가격 / 3,980엔
- 퍼블리셔 / 반프레스토

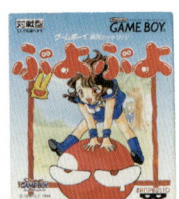 

컴파일이 개발한 낙하형 퍼즐 게임을 이식. 모노크롬으로 이식되어 뿌요를 판별하기 어렵고 버튼의 반응 속도도 좋지 못했으나 GB에서 뿌요를 플레이할 수 있다는 사실만으로 기뻤던 타이틀.

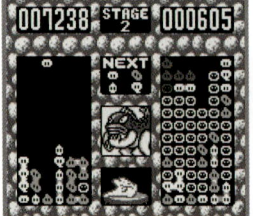 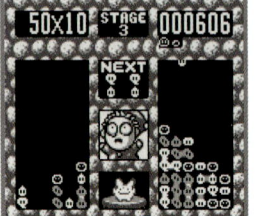

봄버맨 GB
- 발매일 / 1994년 8월 10일
- 가격 / 4,300엔
- 퍼블리셔 / 허드슨

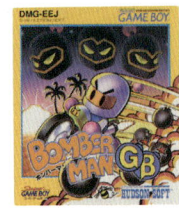 

게임보이에서는 90년에 발매된 『봄버보이』 이후 처음 출시된 시리즈이다. 각 스테이지의 보스를 쓰러뜨리면 이동 속도가 올라가는 대시나 적을 날려버리는 태클 등 다음 스테이지부터 새로운 기술을 사용할 수 있다.

  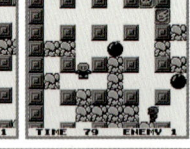
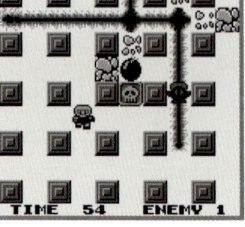 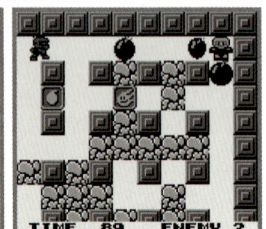

울트라맨 초투사격전
- 발매일 / 1994년 8월 26일
- 가격 / 3,800엔
- 퍼블리셔 / 엔젤

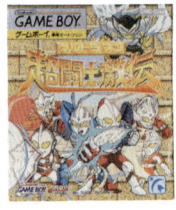 

횡스크롤 액션·대전 격투·횡스크롤 슈팅의 3개 장르가 융합된 게임. 조작은 비교적 간단한 편이고 게이지가 쌓이면 스페시움 광선 등 원거리 무기를 사용할 수 있다.

  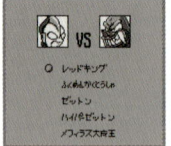

신SD건담 외전 나이트 건담 이야기
- 발매일 / 1994년 9월 9일
- 가격 / 3,980엔
- 퍼블리셔 / 반다이

나이트 시리즈의 캐릭터를 사용한 액션 RPG로 동일 콘텐츠 게임으로는 GB 두 번째 작품이다. 아이템이 카드다스(Carddass: 반다이의 트레이딩 카드-역주)인 부분 등 원작을 살린 연출도 준비되어 있다.

콘트라 스피리츠

- 발매일 / 1994년 9월 23일　● 가격 / 3,800엔
- 퍼블리셔 / 코나미

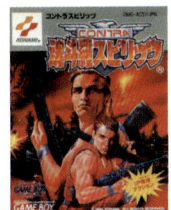 

90년에 발매된 『콘트라』는 GB 오리지널 게임이었지만 이번 작품은 슈퍼패미컴용의 이식작이다. 게임 내용은 전작보다 화려하지만 이식도가 낮은 편이고 액션의 상쾌함도 줄어들었다.

  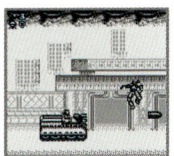

TV 챔피언

- 발매일 / 1994년 10월 28일　● 가격 / 3,980엔
- 퍼블리셔 / 유타카

 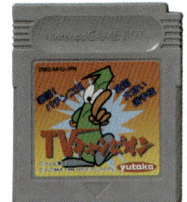

TV 도쿄의 간판 방송이었던 『TV 챔피언』을 게임화 한 것으로, 원조는 다양한 분야의 챔피언을 정하는 방송이었지만 이 작품에선 그중 인기가 많았던 많이 먹기와 파친코에 특화되어 있다.

모탈 컴뱃II 궁극신권

- 발매일 / 1994년 11월 11일　● 가격 / 4,200엔
- 퍼블리셔 / 어클레임 재팬

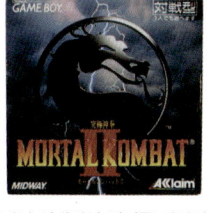 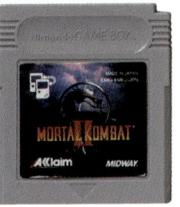

미국에서 절대적인 인기를 자랑하는 대전 격투 게임의 두 번째 작품을 이식한 버전. 이 게임 최대의 볼거리인 페이탈리티는 GB용에서도 건재해서 특정 커맨드를 입력하면 상대를 참살할 수 있다.

드래곤볼Z 오공비상전

- 발매일 / 1994년 11월 25일　● 가격 / 3,800엔
- 퍼블리셔 / 반다이

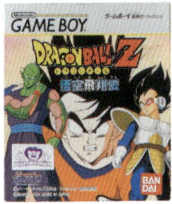 

GB의 첫 번째 드래곤볼 게임. 내용은 커맨드 선택식 어드벤처이지만 횡스크롤 액션도 삽입되어 있다. 적과의 전투는 아이콘을 선택해서 행동하는 방식으로 구성되어 있다.

 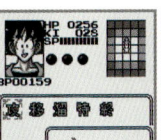 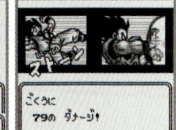

GAME BOY 1994

톰과 제리 PART2
- 발매일 / 1994년 1월 14일
- 가격 / 4,500엔
- 퍼블리셔 / 알트론

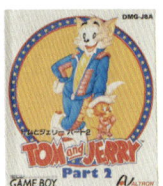

시리즈 두 번째 작품이며, 전작에서는 제리가 주인공이었지만 이번엔 톰이 주인공인 횡스크롤 액션이 되었다.

스팟 쿨 어드벤처
- 발매일 / 1994년 2월 11일
- 가격 / 4,200엔
- 퍼블리셔 / 버진

『7UP』의 캐릭터를 사용한 게임으로 대전형 보드 게임이었던 전작과 달리 횡스크롤 액션 게임이란 점이 특징.

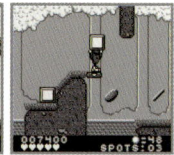

버추얼 워즈
- 발매일 / 1994년 2월 11일
- 가격 / 4,900엔
- 퍼블리셔 / 코코너츠 재팬 엔터테인먼트

해외 제작사에서 개발한 액션 슈팅 게임이다. 게이트에 들어가면 1인칭 시점의 3D 스테이지로 돌입하게 된다.

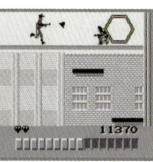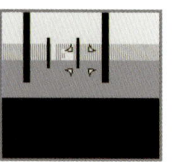

다케다 노부히로의 에이스 스트라이커
- 발매일 / 1994년 2월 18일
- 가격 / 4,900엔
- 퍼블리셔 / 자레코

현재는 탤런트로 활약 중인 전 인기 축구 선수가 등장하는 축구 게임이다. J리그가 아닌 국가대표 팀으로 경기에 임하게 된다.

웰컴 나카요시 파크
- 발매일 / 1994년 3월 3일
- 가격 / 3,800엔
- 퍼블리셔 / 반다이

순정만화 잡지 나카요시에 연재되었던 만화 캐릭터가 다수 등장하는 작품으로, 게임 내용은 미니 게임 모음집이다.

질풍! 아이언 리거
- 발매일 / 1994년 3월 11일
- 가격 / 3,500엔
- 퍼블리셔 / 반다이

애니메이션 원작의 사이드뷰 액션 게임으로 복수의 캐릭터를 변경할 수 있고 각각의 공격 방법도 다르다.

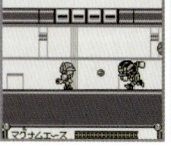

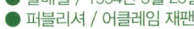

잔시로 2

- 발매일 / 1994년 3월 18일
- 가격 / 4,200엔
- 퍼블리셔 / 새미 공업

맞은편 상대의 패밖에 안 보이는 방식이지만 제대로 구성된 4인 마작이다. 마작뿐 아니라 업다운 등의 미니 게임도 플레이할 수 있다.

 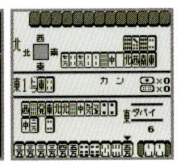 

WWF 킹 오브 더 링

- 발매일 / 1994년 3월 25일
- 가격 / 4,200엔
- 퍼블리셔 / 어클레임 재팬

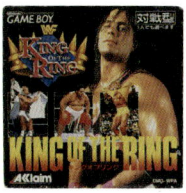 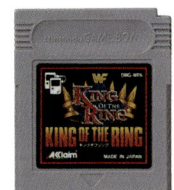

WWF 공인 프로레슬링 게임으로는 GB에서 세 번째 작품인데 이 작품은 앞서 발매된 작품들과 개발사가 다르다. 레슬러는 실명으로 등장한다.

루클

- 발매일 / 1994년 3월 25일
- 가격 / 4,800엔
- 퍼블리셔 / 빅 토카이

어느 방향으로든 회전하는 주인공의 기체를 조작해서 골로 유도해야 하는 액션 퍼즐 게임이다. 다양한 효과를 가진 아이템도 존재한다.

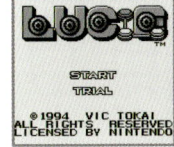  

로로의 대모험

- 발매일 / 1994년 3월 25일
- 가격 / 3,900엔
- 퍼블리셔 / 이머지니어

HAL 연구소에서 개발한 액션 퍼즐 게임 『에거 랜드』를 게임보이용으로 제작한 것으로 50 스테이지를 수록하고 있다.

 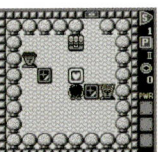 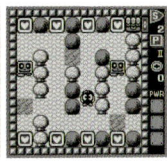

남국 소년 파푸와군 감마단의 야망

- 발매일 / 1994년 3월 25일
- 가격 / 3,900엔
- 퍼블리셔 / 에닉스

에닉스에서 발행한 『월간 소년 간간』에 연재되었던 만화를 게임화 한 것으로 장르는 액션 퍼즐. 블록을 모두 부수면 클리어가 되는 방식이다.

  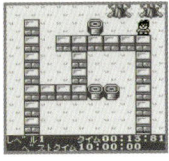

크레용 신짱 3 나의 기분 좋은 애슬레틱

- 발매일 / 1994년 3월 26일
- 가격 / 3,500엔
- 퍼블리셔 / 반다이

시리즈 세 번째 작품으로, 맵 화면을 이동해서 미니 게임을 클리어하고 아이템을 얻은 다음 애슬레틱 대회에서 이기는 것을 목적으로 삼는다.

 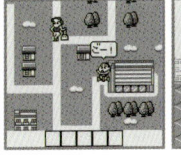 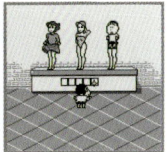

GAME BOY 1994

Mr. GO의 마권적중술
- 발매일 / 1994년 4월 1일　● 가격 / 5,900엔
- 퍼블리셔 / 타이토

레이스 전개까지 예측하는 경마 예상 소프트로 어디까지나 보조적으로 사용하는 것이 좋다.

  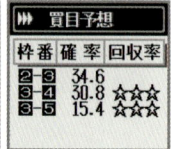

J리그 위닝 골
- 발매일 / 1994년 4월 2일　● 가격 / 5,980엔
- 퍼블리셔 / EAV

J리그 축구 게임으로는 GB에서 두 번째 작품이다. 오리지널 10팀에 추가로 '주빌로 이와타'와 '쇼난 벨마레'를 사용할 수 있다.

  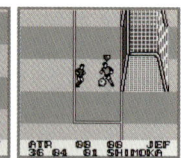

박보장기 백번승부
- 발매일 / 1994년 4월 8일　● 가격 / 4,700엔
- 퍼블리셔 / 이머지니어

대국은 할 수 없고 묘수풀이에 특화된 장기 게임이다. 전부 110개의 묘수풀이를 풀고 패스워드로 이어서 즐길 수 있다.

 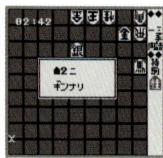 

두더지로 퐁!
- 발매일 / 1994년 4월 15일　● 가격 / 3,900엔
- 퍼블리셔 / 아테나

흔히들 알고 있는 「두더지 잡기」 게임을 휴대용 게임기로 구현했다. 십자키로 장소를 지정하고 B키로 때리는 심플한 구성이다.

 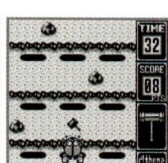 

박보장기 문제 제공「장기 세계」
- 발매일 / 1994년 4월 15일　● 가격 / 4,700엔
- 퍼블리셔 / 아이맥스

일본 장기 연맹이 출간한 월간지「장기 세계」로부터 문제를 제공받은 묘수풀이 게임이다. 준비된 문제는 총 230개로 꽤 많은 편이다.

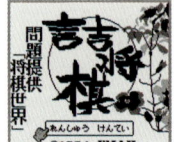  

파치오군 캐슬
- 발매일 / 1994년 4월 22일　● 가격 / 3,980엔
- 퍼블리셔 / 코코너츠 재팬 엔터테인먼트

「파치오군」 캐릭터를 활용한 낙하형 퍼즐 게임. 동일한 캐릭터를 4개 모아서 블록을 지우는 방식으로 블록 사이에 끼우면 같은 캐릭터로 변경 가능.

 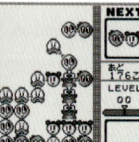 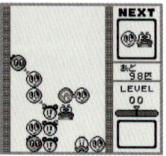

GAME BOY 1994

피제츠

- 발매일 / 1994년 4월 22일 ● 가격 / 4,300엔
- 퍼블리셔 / 코코너츠 재팬 엔터테인먼트

키다리와 뚱뚱한 두 마리의 쥐를 조작하는 사이드뷰 액션 게임으로 캐릭터나 아이템을 들어 올리는 동작을 구사해서 골을 노리게 된다.

  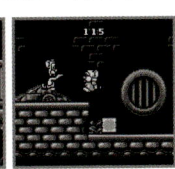

논땅과 함께 빙글빙글 퍼즐

- 발매일 / 1994년 4월 28일 ● 가격 / 3,900엔
- 퍼블리셔 / 빅터 엔터테인먼트

그림책 캐릭터를 활용한 낙하형 퍼즐 게임. 캐릭터를 둘 이상 인접시키면 블록을 지울 수 있으며 무한 모드와 스테이지 클리어 모드가 있다.

 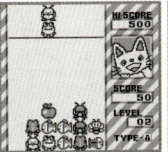 

루니·툰즈 시리즈 가라! 스피디·곤잘레스

- 발매일 / 1994년 4월 29일 ● 가격 / 3,900엔
- 퍼블리셔 / 선 소프트

전작의 벅스 버니를 대신해 스피디·곤잘레스가 주인공이 된 사이드뷰 액션 게임이다.

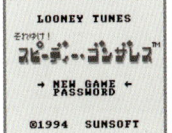  

태양의 천사 마로 꽃밭은 대 패닉!

- 발매일 / 1994년 5월 27일 ● 가격 / 3,900엔
- 퍼블리셔 / 테크노스 재팬

GB 오리지널 액션 게임으로 주인공을 조종해서 식물에 햇빛을 비추며 성장시켜 나가게 된다. 적에게 닿으면 실패~

유☆유☆백서 제3탄 마계의 비편

- 발매일 / 1994년 6월 3일 ● 가격 / 3,980엔
- 퍼블리셔 / 토미

전작으로부터 6개월 후 발매된 세 번째 작품으로 장르는 액션 RPG이다. 이동 화면은 탑뷰, 전투 장면은 사이드뷰로 진행된다.

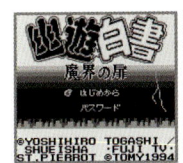  

더·심리 게임

- 발매일 / 1994년 6월 10일 ● 가격 / 4,500엔
- 퍼블리셔 / 비지트

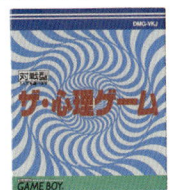 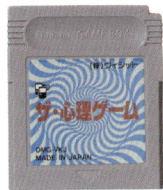

마음 카운슬링 게임으로 2명의 상성 분석, 바이오 리듬 진단 등이 가능하다. 이 게임이 출시되던 당시는 심리 분석 붐이 한창이었다.

파치슬로 키즈2

- 발매일 / 1994년 6월 10일
- 가격 / 4,500엔
- 퍼블리셔 / 코코너츠 재팬 엔터테인먼트

코코너츠 재팬의 파친코 슬롯 게임 제2탄. 스토리가 준비되어 있지만 파친코를 이용해서 코인을 늘려가는 방식은 기존과 동일하다.

월드컵 스트라이커

- 발매일 / 1994년 6월 17일
- 가격 / 4,500엔
- 퍼블리셔 / 코코너츠 재팬 엔터테인먼트

 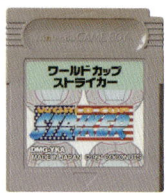

미국에서 개최된 월드컵에 맞춰 발매된 축구 게임으로 PK전과 대인전 등의 모드가 준비되어 있다.

 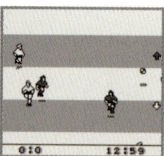 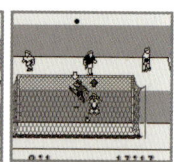

로큰! 몬스터!!

- 발매일 / 1994년 7월 1일
- 가격 / 3,900엔
- 퍼블리셔 / 홀리 전기

게임보이 오리지널의 낙하형 퍼즐 게임으로 동일한 블록을 4개 인접시키면 지울 수 있다. 모드는 스토리 모드와 대전 모드가 준비되어 있다.

키테레츠 대백과 모험 오오에도 쥬라기

- 발매일 / 1994년 7월 15일
- 가격 / 3,900엔
- 퍼블리셔 / 비디오 시스템

코로스케가 주인공인 사이드뷰 액션 게임이다. 사라진 동료를 구하기 위해 다양한 시대와 장소를 모험하게 된다.

전 일본 프로레슬링 제트

- 발매일 / 1994년 7월 15일
- 가격 / 4,880엔
- 퍼블리셔 / 메사이어

슈퍼패미컴으로 발매된 『전 일본 프로레슬링』의 GB 버전으로 등장 레슬러의 수가 줄어든 것 외 몇 가지 변경점이 존재한다.

  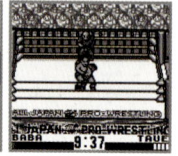

GB 파치슬로 필승법! Jr.

- 발매일 / 1994년 7월 29일
- 가격 / 4,777엔
- 퍼블리셔 / 새미 공업

파치슬로의 메이커인 새미 공업에서 개발한 파친코 게임으로 자사의 기기는 물론이고 라이벌 회사의 기기까지 수록한 것이 특징이다.

  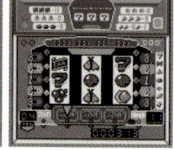

크리스티 월드

- 발매일 / 1994년 7월 29일
- 가격 / 3,980엔
- 퍼블리셔 / 어클레임 재팬

심슨 가족의 캐릭터가 주인공인 액션 퍼즐 게임으로 쥐를 유도해서 전부 퇴치하면 스테이지가 클리어되는 방식이다.

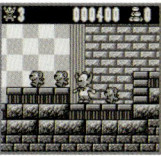

정글의 왕자 타짱

- 발매일 / 1994년 7월 29일
- 가격 / 3,980엔
- 퍼블리셔 / 반다이

「주간 소년 점프」에 연재되었던 동명 만화 원작의 첫 번째 게임화 작품으로 「동물 파워」를 이용해 다양한 능력을 사용할 수 있다.

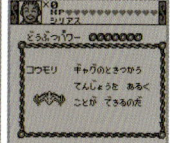

파치슬로 월드컵'94

- 발매일 / 1994년 7월 29일
- 가격 / 4,500엔
- 퍼블리셔 / 아이맥스

파친코 슬롯 월드컵의 우승을 목표로 한다. 게임 속에 등장하는 기기는 모두 가공의 기기로 먼저 1,000개를 달성하면 승리하는 방식.

월드컵 USA'94

- 발매일 / 1994년 7월 29일
- 가격 / 4,800엔
- 퍼블리셔 / 선 소프트

해외에서 제작한 축구 게임으로 월드컵 우승을 목표로 삼는다. 반칙을 하면 카드가 나오기도 하는 등 본격적인 구성을 갖춘 것을 알 수 있다.

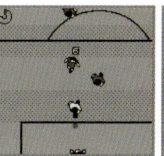

승리마 예상 경마귀족 EX'94

- 발매일 / 1994년 7월 29일
- 가격 / 6,900엔
- 퍼블리셔 / 킹 레코드

「경마귀족」 시리즈의 두 번째 작품으로 전작 데이터가 갱신되어 있고 바이오리듬 진단 기능 또한 건재하다.

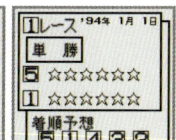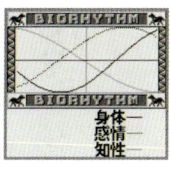

열혈! 비치발리볼이다♥ 쿠니오군

- 발매일 / 1994년 7월 29일
- 가격 / 3,800엔
- 퍼블리셔 / 테크노스 재팬

쿠니오군이 2vs2 비치발리볼에 도전하게 되는데, 필살 어택이 준비되어 있으며 토스는 CPU가 자동으로 해주게 된다.

GAME BOY 1994

3번가의 타마 타마 & 프렌즈 3번가 유령 패닉!!
- 발매일 / 1994년 8월 5일　● 가격 / 3,980엔
- 퍼블리셔 / 비아이

팬시 문구부터 애니메이션까지 대단한 인기를 누렸던 캐릭터를 활용한 작품으로, 장르는 미니 게임 모음집이다.

포코냥! 꿈의 대모험
- 발매일 / 1994년 8월 5일　● 가격 / 4,300엔
- 퍼블리셔 / 토호・쇼가쿠칸 프로덕션

포코냥을 주인공으로 삼은 사이드뷰 액션 게임으로 초능력을 사용해 적을 블록 등으로 바꿔 이용하게 된다.

From TV animation 슬램덩크 벼랑 끝의 결승 리그
- 발매일 / 1994년 8월 11일　● 가격 / 3,980엔
- 퍼블리셔 / 반다이

 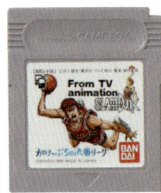

대인기 만화가 원작인 농구게임으로 커맨드 입력방식으로 진행. GB 스펙을 고려했을 때 그래픽이 매우 우수하며 컷신 또한 박력 넘친다.

크레용 신짱4 나의 장난 대변신
- 발매일 / 1994년 8월 26일　● 가격 / 3,800엔
- 퍼블리셔 / 반다이

시리즈 네 번째 작품으로 그동안 출시된 작품들과 마찬가지로 사이드뷰 액션에 미니 게임이 삽입되어 있다.

  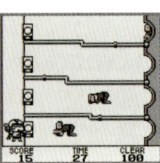

슈퍼 스트리트 바스켓볼2
- 발매일 / 1994년 9월 16일　● 가격 / 4,800엔
- 퍼블리셔 / 밥

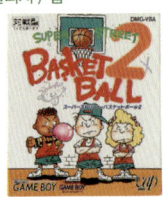 

코트를 절반만 사용하는 스트리트 농구 게임으로 첫 작품은 92년에 발매되었다. 게임 모드는 1 on 1과 3 on 3이 준비되어 있다.

  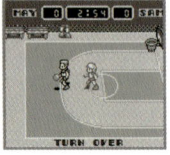

연대왕
- 발매일 / 1994년 9월 16일　● 가격 / 5,500엔
- 퍼블리셔 / 비젯

꾸준히 발매되어온 경마 예상 소프트로, 데이터를 입력해서 예상 결과를 보게 된다는 구조는 유사 소프트와 동일하다.

 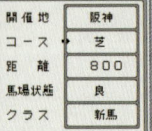 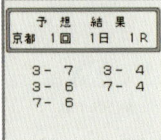

떴다! 럭키맨

- 발매일 / 1994년 9월 22일 ● 가격 / 3,980엔
- 퍼블리셔 / 반다이

「주간 소년 점프」 연재 만화를 게임화 한 작품으로 주사위 게임과 유사한 보드 게임으로 제작되었다. 이벤트가 풍부하게 준비되어 있는 것이 특징.

오델로 월드

- 발매일 / 1994년 9월 30일 ● 가격 / 3,900엔
- 퍼블리셔 / 츠쿠다 오리지날

90년에 발매되었던 『오델로』 이후 참 오랜만에 출시된 GB 버전 오델로 게임이다. 실력이 다른 CPU 캐릭터를 선택해서 대전하는 구성이다.

 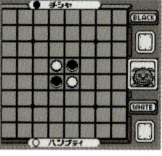 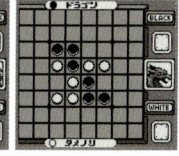

바트의 잭과 콩나무

- 발매일 / 1994년 9월 30일 ● 가격 / 3,900엔
- 퍼블리셔 / 어클레임 재팬

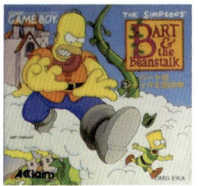 

심슨 가족의 바트를 주인공으로 삼은 라이프제 액션 게임이다. 구슬로 적을 쓰러뜨리며 콩나무를 올라가게 된다.

루니·툰즈 더피·덕

- 발매일 / 1994년 9월 30일 ● 가격 / 4,300엔
- 퍼블리셔 / 선 소프트

시리즈 세 번째 작품으로 이 작품의 주인공은 오리 더피·덕이다. 장르는 사이드뷰 액션 슈팅.

본명 보이

- 발매일 / 1994년 10월 7일 ● 가격 / 6,700엔
- 퍼블리셔 / 일본 물산

해당 년도에 세 번째로 출시된 경마 예상 소프트로 기존의 경마 예상 소프트와 비교했을 때 외관상으로는 매우 심플한 편이다.

  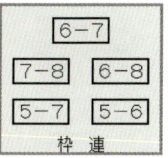

더·심리 게임2 오사카편

- 발매일 / 1994년 10월 14일 ● 가격 / 4,500엔
- 퍼블리셔 / 비젯

해당 년도 두 번째 타이틀이 된 『심리 게임』 시리즈로 오사카편이라 이름 붙여 오사카 수치 체크 같은 모드나 슬롯 등의 미니 게임을 포함하고 있다.

 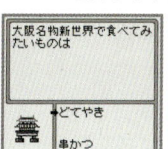 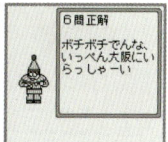

박보장기 칸키 5단

- 발매일 / 1994년 10월 19일 ● 가격 / 4,900엔
- 퍼블리셔 / 마호

프로 기사 「칸키 히로미츠」가 등장하는 장기 묘수풀이 게임. 다양한 문제가 준비되어 있고 이를 해결해 나가면 칸키 5단에게 사인지를 받을 수 있다.

바둑 묘수풀이 시리즈1 후지사와 히데유키 명예 기성

- 발매일 / 1994년 10월 19일 ● 가격 / 4,900엔
- 퍼블리셔 / 마호

박보장기 칸키 5단과 같은 날 발매된 바둑 묘수풀이 게임. 이 작품에는 후지사와 히데유키 명예 기성이 등장한다. 문제를 풀면 갑옷 파츠를 받는다.

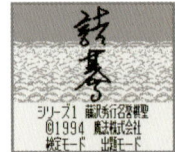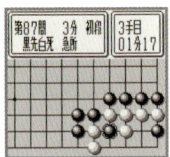

GB원인2

- 발매일 / 1994년 10월 21일 ● 가격 / 3,980엔
- 퍼블리셔 / 허드슨

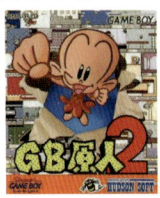

『GB원인』 시리즈의 두 번째 작품. 장르는 전작과 같은 사이드뷰 액션이며 원인은 식인 · 달인 · 도인으로 변신할 수 있다.

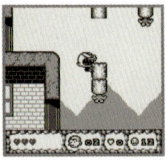

체스 마스터

- 발매일 / 1994년 10월 28일 ● 가격 / 4,500엔
- 퍼블리셔 / 알트론

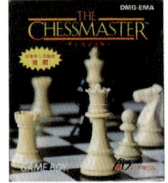

게임보이 최초의 체스 게임으로 불필요한 연출이 없는 심플한 체스이다. CPU는 꽤 강한 편.

마사카리 전설 킨타로 RPG편

- 발매일 / 1994년 10월 28일 ● 가격 / 4,660엔
- 퍼블리셔 / 톤킹 하우스

마사카리 전설 킨타로 액션편의 속편으로 이번 작품은 RPG가 되었다. 스토리는 전작과 연관성이 있으며 전작에서 무사가 된 킨토키가 주인공.

마권왕 TV'94

- 발매일 / 1994년 10월 28일 ● 가격 / 6,500엔
- 퍼블리셔 / 아스믹

해당 년도에 네 번째로 출시된 경마 예상 소프트이자 시리즈 내에서도 네 번째 작품이다. 게임적인 요소가 전무한 오직 경마팬을 위한 소프트.

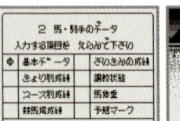

니치부츠 마작 요시모토 극장

- 발매일 / 1994년 11월 18일 ● 가격 / 4,800엔
- 퍼블리셔 / 일본 물산

아케이드용 탈의 마작을 다수 개발했던 일본 물산의 작품으로 요시모토 흥업 소속의 연예인과 대전할 수 있는 2인 마작이다.

  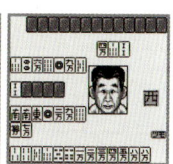

휴대 경마 에이트 스페셜

- 발매일 / 1994년 11월 18일 ● 가격 / 6,900엔
- 퍼블리셔 / 이머지니어

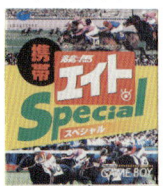 

경마 예상 소프트에 새로운 회사가 참여했다. 이 작품은 경마 전문지 '경마 에이트'가 감수했다.

 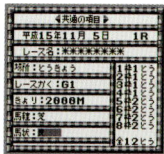 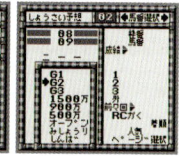

타이니·툰 어드벤처즈3 두근두근 스포츠 페스티벌

- 발매일 / 1994년 11월 25일 ● 가격 / 3,800엔
- 퍼블리셔 / 코나미

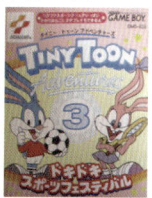 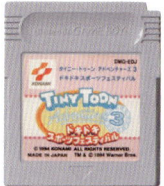

애니메이션 캐릭터를 활용한 시리즈 세 번째 작품으로 여섯 종류의 스포츠 게임과 두 종류의 액션 게임이 준비되어 있다.

GB 파치오군2

- 발매일 / 1994년 11월 25일 ● 가격 / 4,500엔
- 퍼블리셔 / 코코너츠 재팬 엔터테인먼트

GB에서 두 번째로 출시된 『파치오군』 시리즈로 일단 스토리는 존재하지만 전체적으로 파친코 위주란 점은 전작과 동일하다.

 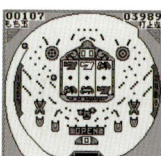 

본장기

- 발매일 / 1994년 11월 25일 ● 가격 / 4,980엔
- 퍼블리셔 / 이머지니어

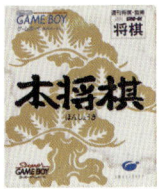 

이 이상 없을 만큼 쓸데없는 부분을 없앤 순수 장기 게임이다. CPU, 2P와의 대국 이외에도 2국 분량의 기보를 보존하는 기능이 준비되어 있다.

팩 패닉

- 발매일 / 1994년 12월 9일 ● 가격 / 3,500엔
- 퍼블리셔 / 남코

『코즈모갱·더·퍼즐』의 해외판을 이식한 낙하형 퍼즐로 테트리스와 유사하다. 몬스터는 모여도 지워지지 않으며 팩맨이 통과하면 지워진다.

  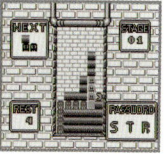

유☆유☆백서 제4탄 마계통일편

- 발매일 / 1994년 12월 9일
- 가격 / 3,980엔
- 퍼블리셔 / 토미

빠르게 시리즈 네 번째로 출시된 이 작품은 대전 격투 게임이다. 10명의 캐릭터를 사용할 수 있으며 여성 캐릭터의 미니 게임이 준비되어 있다.

모모타로 전극2

- 발매일 / 1994년 12월 16일
- 가격 / 4,500엔
- 퍼블리셔 / 허드슨

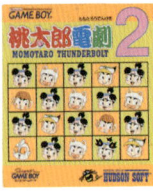 

기본적인 시스템은 전작을 답습했으며 의장(衣裝) 체인지를 이용한 특수 능력의 종류는 전작보다 늘어났다.

슈퍼 스네이키

- 발매일 / 1994년 12월 20일
- 가격 / 3,800엔
- 퍼블리셔 / 요지겐

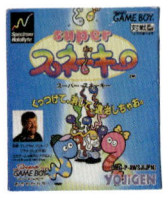 

『테트리스』의 개발자인 알렉세이・파지노프 씨가 감수한 낙하형 퍼즐 게임으로 같은 색의 뱀끼리 접촉시키면 라인을 지울 수 있다.

울트라맨 볼

- 발매일 / 1994년 12월 22일
- 가격 / 3,800엔
- 퍼블리셔 / 벡

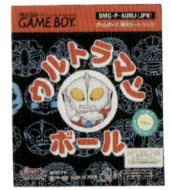 

울트라맨으로 볼 형태와 인간 형태를 바꾸면서 진행하는 것이 포인트인 액션 게임. 볼 형태일 때 적을 공격할 수 있지만 그만큼 조작은 난해하다.

  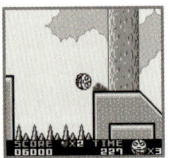

토코로'S 마작 Jr.

- 발매일 / 1994년 12월 22일
- 가격 / 4,800엔
- 퍼블리셔 / 빅 토카이

토코로 조지가 그린 캐릭터를 사용한 4인 마작 게임. 좋아하는 캐릭터와 대국할 수 있으며 미니 게임도 준비되어 있다.

  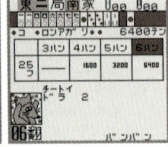

인디아나 존스 [최후의 성전]

- 발매일 / 1994년 12월 23일
- 가격 / 4,300엔
- 퍼블리셔 / 코코너츠 재팬 엔터테인먼트

유명 영화를 원작으로 삼은 사이드뷰 액션 게임으로 GB용 타이틀치고는 캐릭터가 큼직한 것이 특징. 적은 편리로 공격하게 된다.

GAME BOY 1994

프로 마작 극 GB
- 발매일 / 1994년 12월 23일
- 가격 / 4,900엔
- 퍼블리셔 / 아테나

다양한 하드웨어로 출시된 마작 게임의 GB 버전으로 초일류 프로 작사(雀士)와 대국할 수 있다는 것이 이 소프트의 가장 큰 세일즈 포인트였다.

  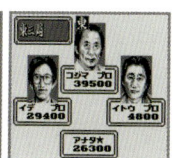

장기최강
- 발매일 / 1994년 12월 23일
- 가격 / 4,980엔
- 퍼블리셔 / 마호

스토리 모드가 준비된 장기 게임으로 말을 떼고 두는 대국도 존재하며, CPU인 대국 상대의 실력 또한 플레이어가 선택할 수 있다.

 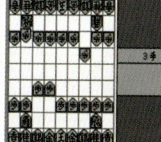 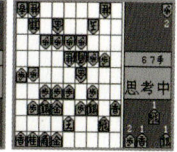

나다 마사타로의 파워풀 마작 ~다음 한 수 100제~
- 발매일 / 1994년 12월 23일
- 가격 / 4,800엔
- 퍼블리셔 / 요지겐

프로 작사인 나다 마사타로가 출제하는 문제를 맞추다보면 단을 인정받을 수 있다. 대국도 가능하지만 4인이 아닌 2인 마작이다.

  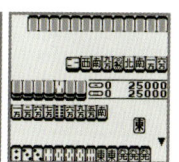

광고 갤러리

『마계탑사 사가』

광고 갤러리

『고스트 버스터즈2』

『그렘린2 & PRIPRI』

게임보이 전문지 『게임보이 Magazine』①

『패밀리 컴퓨터 Magazine(패미매거)』의 자매지. 다수의 소프트 소개와 공략 기사는 물론이고 패미매거를 이은 「초 울트라 기술(울테크)」 코너 등 농밀하게 구성된 지면으로 많은 GB 팬들로부터 사랑받은 최강의 전문지다.

『패밀리 컴퓨터 Magazine』 증간
1월 30일호 (1989년 토쿠마 서점)

『패밀리 컴퓨터 Magazine』 증간
4월 5일호 (1990년 토쿠마 서점 인터미디어)

『패밀리 컴퓨터 Magazine』 증간
7월 18일호 (1990년 토쿠마 서점 인터미디어)

『패밀리 컴퓨터 Magazine』 증간
9월 20일호 (1990년 토쿠마 서점 인터미디어)

『패밀리 컴퓨터 Magazine』 증간
10월 30일호 (1990년 토쿠마 서점 인터미디어)

『패밀리 컴퓨터 Magazine』 증간
12월 13일호 (1990년 토쿠마 서점 인터미디어)

『패밀리 컴퓨터 Magazine』 증간
2월 28일호 (1991년 토쿠마 서점 인터미디어)

『패밀리 컴퓨터 Magazine』 증간
4월 30일호 (1991년 토쿠마 서점 인터미디어)

『패밀리 컴퓨터 Magazine』 증간
7월 18일호 (1991년 토쿠마 서점 인터미디어)

GAME BOY

1995년

GAME BOY COMPLETE GUIDE

팩 인 타임

- 발매일 / 1995년 1월 3일 ● 가격 / 3,800엔
- 퍼블리셔 / 남코

『팩맨』이 주인공이 횡스크롤 액션으로 슈퍼패미컴 버전도 동시 발매되었지만 구성은 조금 다르다. 로프나 해머를 사용한 다채로운 액션이 매력적이라 할 맛이 나는 작품.

  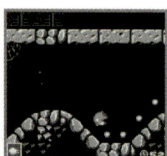

파치슬로 필승 가이드 GB

- 발매일 / 1995년 1월 27일 ● 가격 / 4,500엔
- 퍼블리셔 / 마지팩트

파친코 슬롯 공략지가 감수한 파친코 슬롯 게임으로 스토리 모드와 기기별 공략 모드가 준비되어 있다. 실존하는 기기도 등장하지만 기본적으로 대부분 가공의 기기이다.

 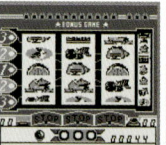 

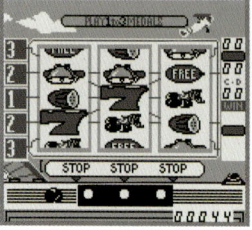 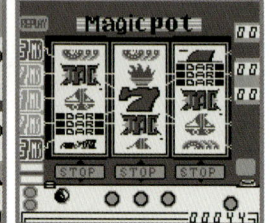

열투 월드 히어로즈2 JET

- 발매일 / 1995년 2월 24일 ● 가격 / 4,660엔
- 퍼블리셔 / 타카라

ADK에서 개발한 대전 격투 게임 시리즈의 세 번째 작품을 이식한 버전으로 버튼을 누르는 시간에 따라 공격의 강약을 조절할 수 있다. 캐릭터 사이즈는 변경되었지만 원작의 분위기는 잘 유지하고 있다.

  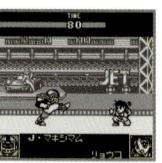

어나더·바이블

- 발매일 / 1995년 3월 3일 ● 가격 / 5,500엔
- 퍼블리셔 / 아틀라스

『여신전생』 시리즈의 외전작인 『라스트 바이블』 시리즈 중 하나. 장르는 시뮬레이션 RPG이며 마수와 머신을 합체시켜서 강화하는 '바이오 합체'를 사용할 수 있다.

마리오의 피크로스

- 발매일 / 1995년 3월 14일　● 가격 / 3,900엔
- 퍼블리셔 / 닌텐도

종이와 연필로 즐겨야 했던 퍼즐 게임(네모네모 로직-역주)을 디지털화 했다. 언제 어디서든 플레이할 수 있는 휴대형 게임기와의 상성이 매우 좋다.

 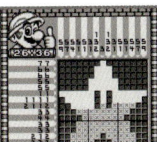 

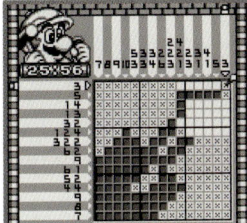 

슈퍼 봄블리스

- 발매일 / 1995년 3월 17일　● 가격 / 4,500엔
- 퍼블리셔 / BPS

『테트리스』를 어레인지한 낙하형 퍼즐 게임으로 피스 중 보이는 폭탄 블록을 연결해서 커다란 폭탄을 만들고 그것을 지울 때 폭풍이 발생하며 대량의 블록을 단숨에 지울 수 있다.

 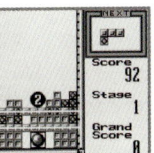 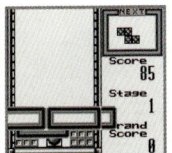

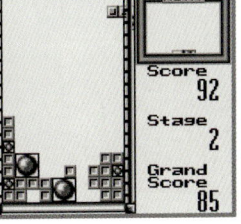 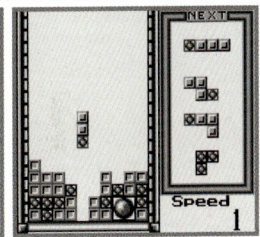

별의 커비2

- 발매일 / 1995년 3월 21일　● 가격 / 3,900엔
- 퍼블리셔 / 닌텐도

GB에서는 두 번째 작품이지만 그 사이 패미컴 버전이 발매되었기 때문에 시리즈로서는 세 번째 작품인 셈. 빨아들인 적의 능력을 복사하는 특성은 패미컴 버전으로부터 계승되었다.

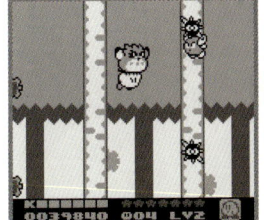 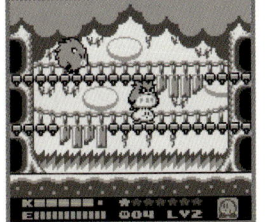

ONI V 닌자를 계승하는 자

- 발매일 / 1995년 3월 24일　● 가격 / 4,980엔
- 퍼블리셔 / 반프레스토

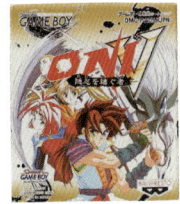 

『ONI』 시리즈의 다섯 번째 작품으로 GB에서는 마지막 작품이다. 그동안 출시된 작품의 집대성이라 할 수 있을 만큼 플레이가 쉬워졌을 뿐 아니라 분량도 시리즈 최고라서 만족스러운 완성도를 보여준다.

SD 비룡의 권 외전

- 발매일 / 1995년 4월 14일
- 가격 / 4,700엔
- 퍼블리셔 / 컬처 브레인

슈퍼패미컴으로 전년도에 발매된 『SD 비룡의 권』을 GB로 이식한 버전으로 장르는 대전 격투 게임. 커맨드 입력으로 필살기와 대시, 두 종류의 특수한 방어를 사용할 수 있다.

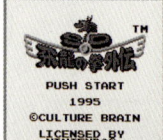

제2차 슈퍼로봇대전G

- 발매일 / 1995년 6월 30일
- 가격 / 5,980엔
- 퍼블리셔 / 반프레스토

GB로 출시된 『슈퍼로봇대전』 시리즈의 두 번째 작품으로 패미컴 버전의 이식판이다. 이후 시리즈에서 채용된 시스템이 여기에서 이미 확립되었기 때문에 지금 플레이해도 충분한 완성도를 보여준다.

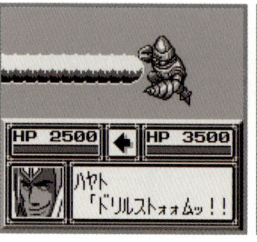

갤러가 & 갤럭시안

- 발매일 / 1995년 7월 14일
- 가격 / 3,800엔
- 퍼블리셔 / 남코

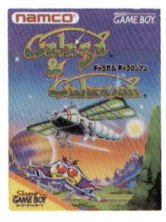

남코의 고정 화면 슈팅 게임 2종을 묶은 타이틀이다. 양쪽 모두 고전 명작이며 게임성이 심플하지만 오랫동안 플레이할 수 있어 올드팬에게는 고마운 작품이라 할 수 있다.

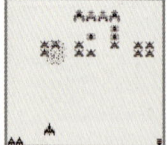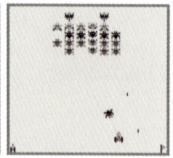
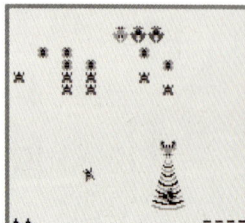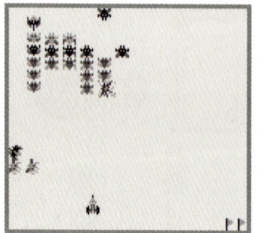

슈퍼 동키콩 GB

- 발매일 / 1995년 7월 27일
- 가격 / 3,900엔
- 퍼블리셔 / 닌텐도

슈퍼패미컴에서 대히트했던 사이드뷰 액션 게임을 어레인지 이식한 버전. 세세한 부분까지 그려 넣은 그래픽이 훌륭하며 조작성과 BGM에서 빈틈없는 완성도를 보여준다.

옛날이야기 대전

- 발매일 / 1995년 8월 4일 ● 가격 / 4,900엔
- 퍼블리셔 / 요지겐

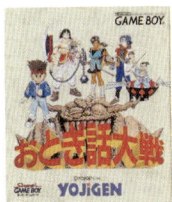 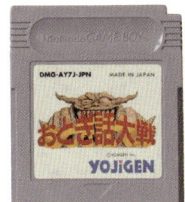

주인공이 옛날이야기 세계에서 모험하는 시나리오를 담은 작품으로 장르는 2D RPG이다. 전투는 커맨드 선택 방식이며 경험치로 인한 레벨업 등의 전형적인 시스템이 채용되었다.

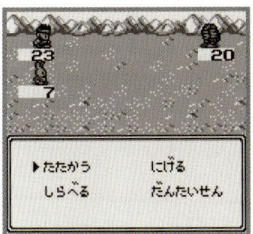 

봄버맨 GB2

- 발매일 / 1995년 8월 10일 ● 가격 / 4,800엔
- 퍼블리셔 / 허드슨

약 1년 만에 발매된 게임보이용 봄버맨 시리즈의 세 번째 작품. 스토리 모드에서는 주인공 인디 봄버가 클리어 조건이 다른 8개의 에어리어를 공략해 나간다.

 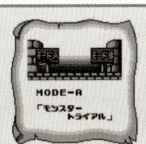 

 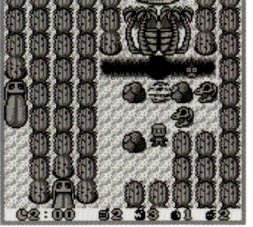

스트리트 파이터 II

- 발매일 / 1995년 8월 11일 ● 가격 / 4,800엔
- 퍼블리셔 / 캡콤

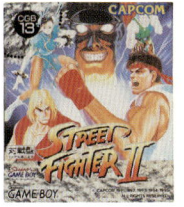 

대전 격투 게임 붐의 불씨가 되었던 대히트 아케이드 게임을 게임보이로 이식한 버전. 버튼을 누르는 시간으로 기술의 강약이 조절되며 커맨드 입력으로 필살기를 사용한다. 선택 가능한 캐릭터는 9명.

드래곤볼Z 오공격투전

- 발매일 / 1995년 8월 25일 ● 가격 / 5,800엔
- 퍼블리셔 / 반다이

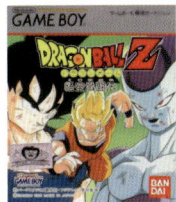 

드래곤볼 게임으로는 GB 두 번째 작품이며 개발사 공식 장르는 액션 비주얼 RPG이다. 주인공 세 명을 바꿔가면서 이동하게 되고 전투는 커맨드 입력을 통해 이루어진다.

 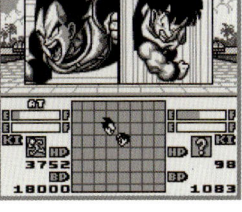

캡틴 츠바사J 완전 제패를 향한 도전

- 발매일 / 1995년 9월 14일 ● 가격 / 4,200엔
- 퍼블리셔 / 반다이

테크모에서 발매한 시리즈가 아니라 반다이에서 발매한 새로운 시리즈이다. 시합에서는 평범하게 선수를 조작하게 되는데 도중에 감상할 수 있는 컷신은 퀄리티가 상당히 높은 편이다.

 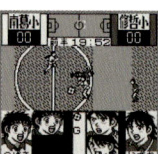 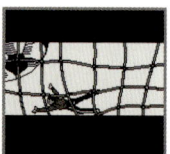

 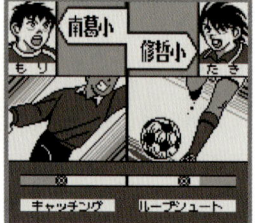

배트맨 포에버

- 발매일 / 1995년 10월 27일 ● 가격 / 4,200엔
- 퍼블리셔 / 어클레임 재팬

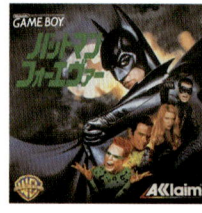 

선 소프트가 아닌 어클레임 재팬에서 발매한 배트맨 게임. 장르는 사이드뷰 액션이며 무기 종류가 다양하고 커맨드 입력을 통해 다채로운 공격이 가능하다.

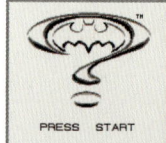 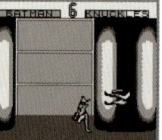 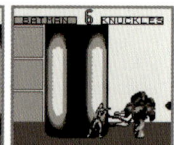

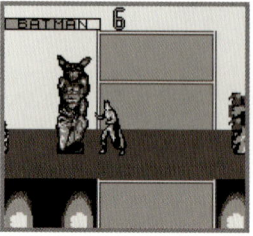 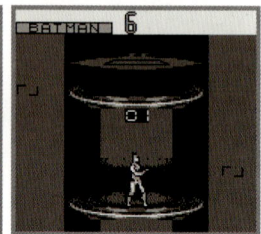

커비의 블록 볼

- 발매일 / 1995년 12월 14일 ● 가격 / 3,900엔
- 퍼블리셔 / 닌텐도

커비를 공으로 만든 '블록 깨기' 게임. 라켓으로 공을 되받아치면서 블록과 적을 파괴한다. 원작의 복사 시스템도 건재해서 특정 적을 쓰러뜨리면 특수 능력을 얻을 수 있다.

 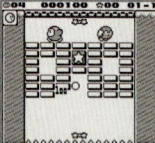 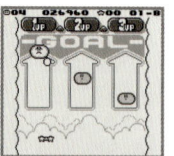

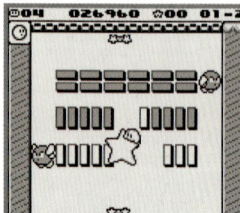 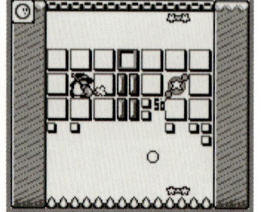

도쿄 디즈니랜드
미키의 신데렐라성 미스테리 투어

- 발매일 / 1995년 12월 22일 ● 가격 / 4,200엔
- 퍼블리셔 / 토미

도쿄 디즈니랜드의 이름을 걸고 출시된 디즈니 게임이다. 미키 마우스가 주인공인 사이드뷰 액션으로 풍선을 타고 하늘을 날거나 물풍선으로 장치를 작동시켜 나간다.

슈퍼 차이니즈 랜드3

- 발매일 / 1995년 1월 13일 ● 가격 / 4,200엔
- 퍼블리셔 / 컬처 브레인

시리즈 세 번째 작품이며 장르는 액션 RPG이다. 탑뷰로 구성된 맵을 이동하다 적과 조우하면 사이드뷰 액션으로 전환되는 방식.

배틀 크러셔

- 발매일 / 1995년 1월 27일 ● 가격 / 3,980엔
- 퍼블리셔 / 반프레스토

『콘파치 히어로』 시리즈 중 하나로 가면 라이더, 울트라맨, 건담 캐릭터를 사용할 수 있는 대전 격투 게임이다.

  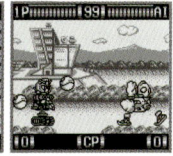

마멀레이드·보이

- 발매일 / 1995년 1월 27일 ● 가격 / 3,980엔
- 퍼블리셔 / 반다이

시작할 때 성격 진단이 나오고 게임 중간에도 곳곳에 성격 진단 테스트가 삽입되어 있다. 이 타이틀은 여성 유저를 의식한 내용을 담고 있다.

UNO2 스몰 월드

- 발매일 / 1995년 3월 3일 ● 가격 / 3,800엔
- 퍼블리셔 / 토미

『UNO』의 두 번째 작품. 기본 규칙은 오리지널 카드 게임을 따르고 있으며 전작보다 대전 가능한 캐릭터가 늘어났다.

가메라 대괴수 공중 결전

- 발매일 / 1995년 3월 3일 ● 가격 / 3,980엔
- 퍼블리셔 / 엔젤

가메라의 괴수끼리 싸우게 하는 배틀 게임으로 전투는 커맨드 배틀 방식이다. 자신의 HP가 1/2 이하라면 초필살기를 사용할 수 있다.

NFL 쿼터백 클럽'95

- 발매일 / 1995년 3월 17일 ● 가격 / 3,900엔
- 퍼블리셔 / 어클레임 재팬

NFL 공인 미식 축구 게임으로 패스나 런과 같은 능력이 다른 28개의 팀을 사용할 수 있고, 선수를 O나 X같은 기호로도 표시할 수 있다.

  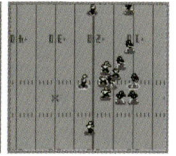

From TV animation
슬램덩크 2 전국으로 가는 TIP OFF

- 발매일 / 1995년 3월 17일 ● 가격 / 4,200엔
- 퍼블리셔 / 반다이

시합 중 선수는 숫자로 표시되며 플레이어의 지시에 따라 패스나 슛을 한다. 삽입된 컷신은 박력이 넘친다.

파치슬로 키즈3

- 발매일 / 1995년 3월 24일 ● 가격 / 4,500엔
- 퍼블리셔 / 코코너츠 재팬 엔터테인먼트

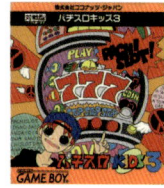 

시리즈 마지막 작품이며 역시나 어린이가 주인공이다. 가공의 파친코 슬롯 기기를 사용해서 구슬 수를 겨루게 되며 대회에서 승리해 나간다.

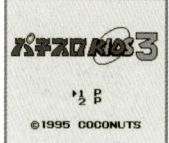  

원인 콧츠

- 발매일 / 1995년 3월 24일 ● 가격 / 4,500엔
- 퍼블리셔 / 비아이

동명의 완구를 게임화 했다. 여섯 개의 전설의 악기를 수집해나가는 액션 게임으로 보스전은 리듬 게임이란 것이 특징.

푸른 전설 슛!

- 발매일 / 1995년 4월 7일 ● 가격 / 3,980엔
- 퍼블리셔 / 반프레스토

만화 원작 축구 게임으로 시합은 커맨드 입력 방식으로 이루어진다. 컷신이 풍부하고 고품질이란 것이 장점.

 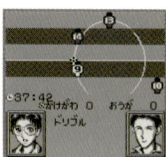 

승리마 예상 경마귀족 EX'95

- 발매일 / 1995년 4월 14일 ● 가격 / 6,900엔
- 퍼블리셔 / 킹 레코드

킹 레코드에서 개발한 경마 예상 소프트로는 마지막 작품이다. 데이터가 최신으로 갱신되었다는 것을 제외하면 기본적으로 지난 작품들과 동일하다.

 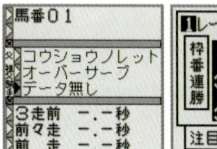 

J 리그 LIVE'95

- 발매일 / 1995년 4월 21일 ● 가격 / 5,980엔
- 퍼블리셔 / EAV

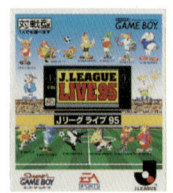 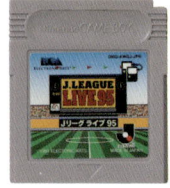

J리그의 팀을 사용할 수 있는 축구 게임으로 선수가 모두 실명으로 등장하는 등 축구 팬에게는 기분 좋은 타이틀이었다.

 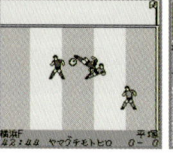 

치키치키 천국

- 발매일 / 1995년 4월 28일   ● 가격 / 3,900엔
- 퍼블리셔 / J윙

같은 종류의 패널을 모아서 지우면 별 패널로 변하는데, 이를 가로 일직선으로 모으면 요정이 탄생한다. 이 행위를 반복하며 모든 패널을 지워야 하는 게임.

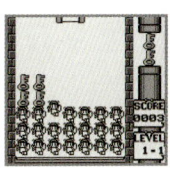

GB 파치오군3

- 발매일 / 1995년 4월 28일   ● 가격 / 4,800엔
- 퍼블리셔 / 코코너츠 재팬 엔터테인먼트

게임보이 『파치오군』 시리즈의 최종작. 하네모노 4종류, 디지파치 2종, 켄리모노 3종을 플레이할 수 있다.

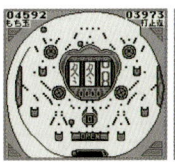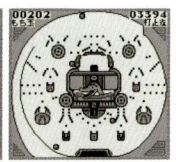

공상 과학 세계 걸리버 보이
공상 과학 퍼즐 탱글하고 퐁

- 발매일 / 1995년 4월 28일   ● 가격 / 3,980엔
- 퍼블리셔 / 반다이

RPG와 애니메이션을 원작으로 삼은 낙하형 퍼즐 게임이다. 스토리 모드 외 타임 어택 모드나 퍼즐 모드도 준비되어 있다.

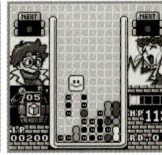

빨간 망토 차차

- 발매일 / 1995년 4월 28일   ● 가격 / 3,900엔
- 퍼블리셔 / 토미

만화 원작 애니메이션을 게임화 했다. 랜덤으로 선택되는 파트너와 아이템을 가지러 가게 되며 전투는 커맨드 입력 방식으로 진행된다.

마법진 구루구루 용사와 쿠쿠리의 대모험

- 발매일 / 1995년 4월 28일   ● 가격 / 3,980엔
- 퍼블리셔 / 타카라

「월간 소년 간간」에 연재되었던 만화 원작 RPG이며 미니 게임이 메인이라는 특이한 게임성을 가지고 있다.

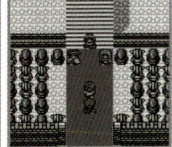

치비 마루코짱 마루코 디럭스 극장

- 발매일 / 1995년 5월 26일   ● 가격 / 3,980엔
- 퍼블리셔 / 타카라

넘버링은 없지만 시리즈 다섯 번째 작품에 해당된다. 기본적으로 기존 작품들과 동일 시스템을 채용했으며 메인이 미니 게임이기 때문에 가볍게 즐길 수 있다.

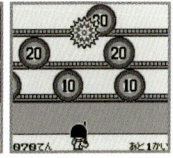

마법기사 레이어스

- 발매일 / 1995년 6월 2일
- 가격 / 4,500엔
- 퍼블리셔 / 토미

만화 원작 RPG로 시나리오는 옴니버스 형식을 채용했다. 세 명의 캐릭터별 스토리가 전개되며 전투는 커맨드 선택 방식.

모그모그 GOMBO 머나먼 초 요리 전설

- 발매일 / 1995년 6월 16일
- 가격 / 4,800엔
- 퍼블리셔 / 반다이

일본 TV에서 방영된 요리 방송을 게임화한 RPG이지만 시나리오는 방송과 거의 관계가 없다.

파친코 이야기 외전

- 발매일 / 1995년 6월 23일
- 가격 / 5,980엔
- 퍼블리셔 / 케이에스에스

파친코를 즐길 수도 있지만 이 게임의 메인은 파친코 가게 운영이며 장르는 시뮬레이션이다. 라이벌 가게와 이익을 두고 경쟁하게 된다.

  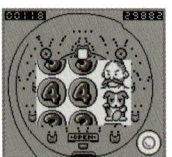

인생게임

- 발매일 / 1995년 6월 23일
- 가격 / 4,660엔
- 퍼블리셔 / 타카라

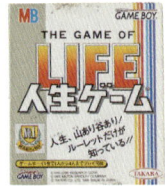 

대표적인 보드 게임을 디지털화 했다. 룰렛으로 나온 숫자만큼 자신의 말을 진행시키게 되며 멈춘 칸에 따라 이벤트가 발생한다.

슈퍼 파친코 대전

- 발매일 / 1995년 6월 30일
- 가격 / 3,980엔
- 퍼블리셔 / 반프레스토

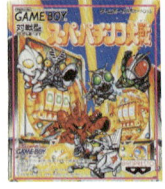 

파친코를 모티브로 삼은 신기한 대전 게임으로, 파친코를 통해 화면 중앙의 룰렛이 맞춰지면 적을 공격하게 된다.

NINKU -忍空-

- 발매일 / 1995년 7월 14일
- 가격 / 4,200엔
- 퍼블리셔 / 토미

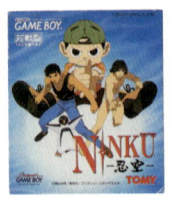 

만화 원작의 대전 격투 게임으로 스토리 모드가 존재한다. 커맨드 입력으로 필살기를 구사하며 게이지가 채워지면 닌쿠 기술도 사용할 수 있다.

프리스키 톰

- 발매일 / 1995년 7월 14일
- 가격 / 3,980엔
- 퍼블리셔 / 일본 물산

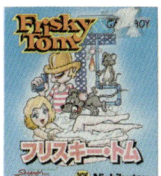

고전 액션 퍼즐 게임을 이식한 타이틀로 파이프를 이어 욕조에 물을 받는 것이 목적이다. 하지만 세 종류의 쥐가 플레이어를 방해한다.

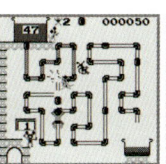

알프레드 치킨

- 발매일 / 1995년 7월 28일
- 가격 / 4,300엔
- 퍼블리셔 / 선 소프트

해외 제작사에서 개발한 사이드뷰 액션 게임으로 즐길 만한 가치는 충분하다. 다양한 장치를 이용하면서 진행하는 방식.

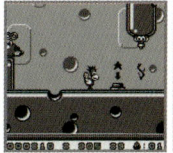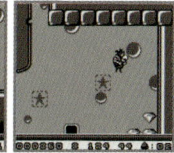

GO GO 아크맨

- 발매일 / 1995년 8월 25일
- 가격 / 3,980엔
- 퍼블리셔 / 반프레스토

토리야마 아키라의 만화가 원작인 액션 게임으로 필드에 흩어진 영혼을 수집하는 것이 게임의 목적. 이 영혼은 동시에 파워업의 역할도 한다.

하이퍼 블랙 배스 '95

- 발매일 / 1995년 10월 20일
- 가격 / 4,500엔
- 퍼블리셔 / BLACK LABEL

『하이퍼 블랙 배스』 시리즈의 첫 번째 작품으로 루어를 이용한 블랙 배스 낚시를 시뮬레이션하고 있다.

NBA JAM 토너먼트 에디션

- 발매일 / 1995년 10월 27일
- 가격 / 4,800엔
- 퍼블리셔 / 어클레임 재팬

NBA 공인 2 on 2 농구 게임으로 수많은 하드웨어로 발매되었다. 코트는 양쪽을 모두 사용하며 선수는 실명으로 등장한다.

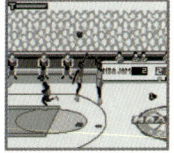

저지 · 드레드

- 발매일 / 1995년 10월 27일
- 가격 / 4,500엔
- 퍼블리셔 / 어클레임 재팬

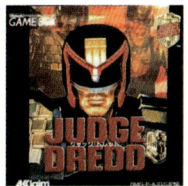

영화 원작의 해외 제작 사이드뷰 액션 게임이다. 게임은 조금 밋밋하지만 캐릭터 모션은 상당히 매끄럽다.

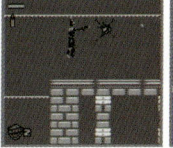

포어맨 포 리얼

- 발매일 / 1995년 10월 27일 ● 가격 / 4,200엔
- 퍼블리셔 / 어클레임 재팬

전설의 복서인 죠지·포어맨을 피처링한 복싱 게임이다. 로컬라이즈(일본어화-역주)가 된 것은 아니지만 조작은 단순한 편.

마법기사 레이어스 2nd 미싱 컬러즈

- 발매일 / 1995년 10월 27일 ● 가격 / 4,500엔
- 퍼블리셔 / 토미

전작 발매로부터 불과 4개월이 지나서 발매된 속편이다. 시나리오가 전작으로부터 이어지기 때문에 처음부터 3인 파티로 행동하게 된다.

 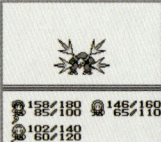 

J리그 빅 웨이브 사커

- 발매일 / 1995년 11월 24일 ● 가격 / 4,800엔
- 퍼블리셔 / 토미

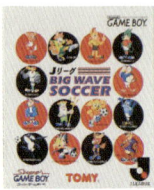 

J리그의 14개 팀을 사용할 수 있는 축구 게임으로 멤버를 트레이드해서 교체하는 기능도 준비되어 있다.

NINKU -忍空- 닌쿠 전쟁편

- 발매일 / 1995년 11월 24일 ● 가격 / 4,800엔
- 퍼블리셔 / 토미

닌쿠를 게임화한 같은 해의 두 번째 작품. 주사위를 굴려 나온 수만큼 나아가는 보드 게임이며 전투에서도 주사위가 사용된다.

웨딩피치 쟈마피 패닉

- 발매일 / 1995년 12월 8일 ● 가격 / 4,980엔
- 퍼블리셔 / 케이에스에스

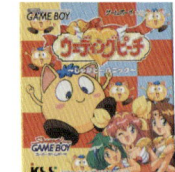 

애니메이션『사랑의 천사전설 웨딩피치』의 캐릭터를 활용한 액션 게임이다. 주인공으로부터 뻗어 나온 줄로 바닥을 칠해 나가는 방식.

  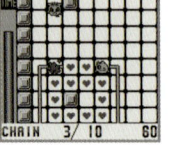

P-맨 GB

- 발매일 / 1995년 12월 22일 ● 가격 / 4,200엔
- 퍼블리셔 / 켐코

커다란 캐릭터가 꾸물거리며 움직이는 액션 게임으로 곳곳에서 보이는 다중 스크롤과 펀치의 사운드 등 엄청난 기술력이 빛나는 숨겨진 명작이다.

GAME BOY 1995

닌타마 란타로 GB

- 발매일 / 1995년 12월 27일
- 가격 / 4,800엔
- 퍼블리셔 / 컬처 브레인

NHK에서 방영된 애니메이션 원작의 액션 RPG로 전투는 사이드뷰 화면을 채용했다.

 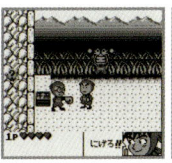 

블록 깨기 GB

- 발매일 / 1995년 12월 29일
- 가격 / 3,980엔
- 퍼블리셔 / POW

패들로 공을 되받아쳐서 블록을 지워 나가는 게임이다. 특정 블록을 파괴하면 아이템이 낙하하고 그것을 먹으면 파워업이 된다.

게임보이 전문지 「월간 GB 프레스」

GB 전문지로 출발했지만 나중엔 GB・SFC 전문지가 되었다. 미국의 게임 사정을 비롯한 여러가지 파고드는 기사로 읽을 맛이 있다. 그 밖에 취미용품・CD・비디오・굿즈 등을 소개하면서 타 잡지와 차별화를 노렸다.

「월간 GB 프레스」1990년 7월호

부슈쇼보 간행 (1990년 7월 1일 발행)

「월간 GB 프레스」1990년 11월호

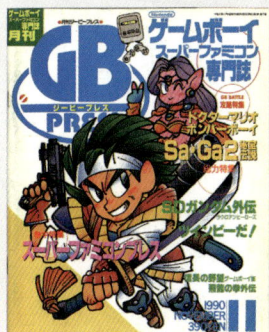

부슈쇼보 간행 (1990년 11월 1일 발행)

「월간 GB 프레스」1990년 12월호

부슈쇼보 간행 (1990년 12월 1일 발행)

「월간 GB 프레스」1991년 4월호

부슈쇼보 간행 (1991년 4월 1일 발행)

환상의 미발매 소프트 「표류소년 키스」

 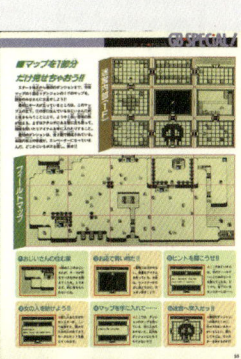

2페이지에 걸쳐 대대적으로 소개된 『표류소년 키스』의 기사. 개발 중인 게임 화면을 살펴보면 『젤다의 전설』 같은 액션 RPG로 예상되며 꽤 재밌어 보인다. 어느 순간 개발이 중지되어버린 환상의 미발매 소프트이다.

게임보이 전문지 「게임보이 Magazine」 ②

처음에는 매달 발행되었지만 속도가 서서히 줄어들었다. Vol.17 이후에는 「패미매거64」의 증간이라는 형태로 포켓몬 & 드래곤 퀘스트 스페셜호가 발행되기도 했다.

「패밀리 컴퓨터 Magazine」 증간
10월 17일호 (1991년 토쿠마 서점 인터미디어)

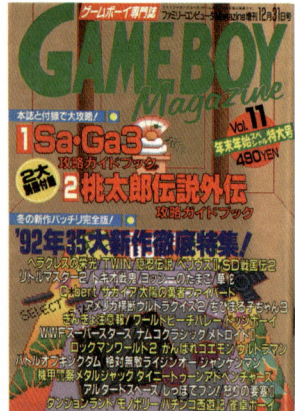
「패밀리 컴퓨터 Magazine」 증간
12월 31일호 (1991년 토쿠마 서점 인터미디어)

「패밀리 컴퓨터 Magazine」 증간
3월 19일호 (1992년 토쿠마 서점 인터미디어)

「패밀리 컴퓨터 Magazine」 증간
5월 14일호 (1992년 토쿠마 서점 인터미디어)

「패밀리 컴퓨터 Magazine」 증간
8월 6일호 (1992년 토쿠마 서점 인터미디어)

「패밀리 컴퓨터 Magazine」 증간
12월 10일호 (1992년 토쿠마 서점 인터미디어)

「패밀리 컴퓨터 Magazine」 증간
4월 15일호 (1993년 토쿠마 서점 인터미디어)

「패밀리 컴퓨터 Magazine」 증간
6월 24일호 (1993년 토쿠마 서점 인터미디어)

「패미매거64」 1월호 증간 (1997년 토쿠마 서점)

GAME BOY
1996년
GAME BOY COMPLETE GUIDE

포켓몬스터 레드

- 발매일 / 1996년 2월 27일　● 가격 / 3,980엔
- 퍼블리셔 / 닌텐도

게임 역사에 이름을 남긴 전설적인 시리즈의 첫 번째 작품으로 『그린』과 동시 발매되었다. 주인공이 직접 싸우는 것이 아니라 동료가 된 포켓몬이 전투를 담당하며 해당 포켓몬을 「몬스터볼」로 포획한다는 시스템이 큰 인기를 끌었다. 포획한 몬스터를 키워서 진화시킨다는 육성 요소가 채용되어 세계 각국의 팬들을 열광시켰는데, 특히 육성시킨 몬스터를 활용한 대전이 인기를 얻으면서 RPG는 혼자 플레이하는 장르라는 상식을 뒤집는 데 성공했다. 이후에 출시된 모든 시리즈가 대히트를 기록하면서 현재로 이어지고 있다.

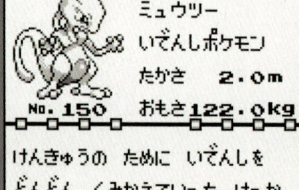

포켓몬스터 그린

- 발매일 / 1996년 2월 27일　● 가격 / 3,980엔
- 퍼블리셔 / 닌텐도

『레드』의 자매 소프트로 게임성이나 시스템은 완전히 동일하지만 특정 포켓몬의 출현 확률이나 등장하는 포켓몬의 종류가 다르다. 도감을 채우기 위해서 두 타이틀을 모두 보유하고 있었던 유저도 많을 것이다.

남코 갤러리 VOL.1

- 발매일 / 1996년 7월 21일　● 가격 / 3,980엔
- 퍼블리셔 / 남코

앞서 출시된 남코의 게임보이 이식작 네 가지를 플레이할 수 있어서 상당히 알찬 소프트인데, 본 타이틀에는 『배틀 시티』『갤러가』『머피』『남코 클래식』이 수록되어 있다.

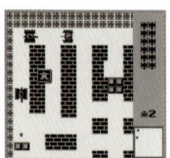

GAME BOY 1996

봄버맨 컬렉션
- 발매일 / 1996년 7월 21일
- 가격 / 3,980엔
- 퍼블리셔 / 허드슨

게임보이로 발매된 『봄버보이』, 『봄버맨 GB』, 『봄버맨 GB2』를 모두 플레이할 수 있으며, 96년은 이 타이틀과 비슷한 컬렉션이 몇 종류나 발매되었다.

 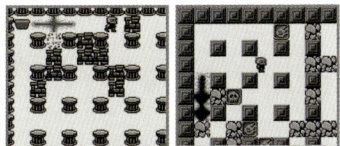

모모타로 컬렉션
- 발매일 / 1996년 8월 9일
- 가격 / 3,980엔
- 퍼블리셔 / 허드슨

왼쪽의 『봄버맨 컬렉션』과 마찬가지로 『게임 캔』이라는 캔 패키지로 발매되었다. 『모모타로 전극』과 『모모타로 전철II』를 플레이할 수 있는 합본 소프트이다.

슈퍼 차이니즈 랜드 1·2·3
- 발매일 / 1996년 9월 13일
- 가격 / 3,980엔
- 퍼블리셔 / 컬처 브레인

본 작품 또한 합본 소프트이며 앞서 게임보이로 발매된 『슈퍼 차이니즈 랜드』의 세 가지 작품을 플레이할 수 있다. 단 『3』만 리뉴얼판인 『』 형태로 되어 있다.

 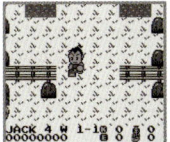 

포켓몬스터 블루
- 발매일 / 1996년 10월 15일
- 가격 / 3,000엔
- 퍼블리셔 / 닌텐도

포켓몬의 종류나 출현 확률이 『레드』, 『그린』과 다르며 일부 이벤트는 변경되었다. 처음에는 잡지 통신 판매 전용이었지만 팬들의 요청이 쇄도해서 결국 일반 판매로 변경되었다.

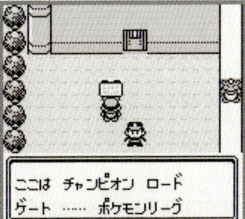 

GAME BOY 1996

요시의 파네퐁
- 발매일 / 1996년 10월 26일
- 가격 / 3,000엔
- 퍼블리셔 / 닌텐도

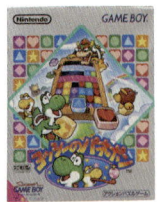

슈퍼패미컴으로 발매된 『패널로 퐁』을 GB로 이식한 버전. 패널을 좌우로 변경하며 가로・세로 3장 이상 모으면 지울 수 있으며, 연쇄나 다수 삭제로 대전 상대방에게 방해 패널을 보낼 수도 있다.

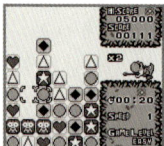
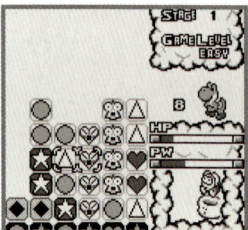

이상한 던전 풍래의 시렌 GB ~ 츠키카게 마을의 괴물 ~
- 발매일 / 1996년 11월 22일
- 가격 / 3,900엔
- 퍼블리셔 / 춘 소프트

춘 소프트의 로그라이크 RPG 『이상한 던전』 시리즈 중 하나로, 자동 생성되는 랜덤 던전에 도전해야 하는 게임성은 그야말로 1,000번을 플레이할 수 있을 만큼 심오하다.

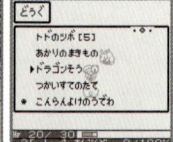
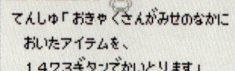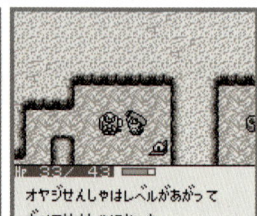

동키콩 랜드
- 발매일 / 1996년 11월 23일
- 가격 / 3,000엔
- 퍼블리셔 / 닌텐도

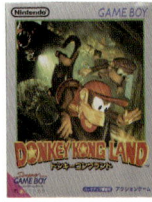

슈퍼패미컴의 『슈퍼 동키콩2』를 GB로 이식한 버전. 하드웨어 성능차 때문에 오리지널과 비교하면 변경된 요소가 많지만 재미만큼은 검증되었다.

남코 갤러리 VOL.2
- 발매일 / 1996년 11월 29일
- 가격 / 3,980엔
- 퍼블리셔 / 남코

본 작품에는 『갤럭시안』, 『디그더그』, 『드루아가의 탑』, 『패미스타4』가 수록되어 있다. 이중에서 『디그더그』는 이번이 신규 이식이며 어레인지 버전까지 플레이가 가능하다.

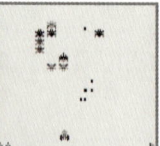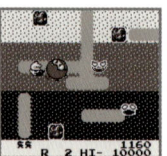

GAME BOY 1996

모모타로 컬렉션2
- 발매일 / 1996년 12월 6일
- 가격 / 3,980엔
- 퍼블리셔 / 허드슨

 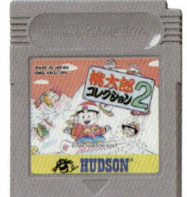

게임 캔 시리즈 중의 하나로 『모모타로 전극2』와 『모모타로 전설 외전』을 플레이할 수 있다. 전자는 사이드뷰 액션이고 후자는 RPG인데, 둘 중 어느 쪽이든 먼저 플레이할 수 있다.

포켓 뿌요뿌요 통
- 발매일 / 1996년 12월 13일
- 가격 / 3,900엔
- 퍼블리셔 / 컴파일

『뿌요뿌요』의 아케이드판 2탄을 이식했다. 이 작품부터 채용된 상쇄 시스템으로 대전이 더욱 가열차게 변했으며 GB용은 『뿌요』의 시각성도 상승했다.

미니4보이
- 발매일 / 1996년 12월 27일
- 가격 / 4,980엔
- 퍼블리셔 / J윙

제2차 붐이 한창이던 미니사구를 모방한 『미니4보이』를 활용한 레이싱 게임이다. 차량을 튜닝해서 라이벌들과 기록을 경쟁하게 되는데 게임 화면이 1인칭 시점이라 플레이어의 차량은 보이지 않는다.

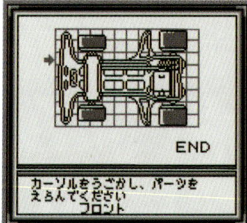 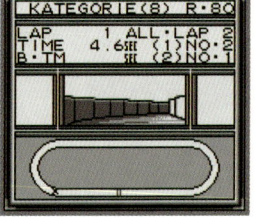

도라에몽의 스터디 보이 시리즈

쇼가쿠칸에서 발매된 GB용 학습 소프트 『도라에몽의 스터디 보이 시리즈』(총 6작품)는 학습 잡지 등에 광고가 게재되어 통신 판매로 구입할 수 있었다는 것이 확인되었지만 오프라인에서도 유통되었는지는 확실치 않은 관계로(바코드도 없음) 소프트 소개에서는 제외했다. 후에 발매된 GB 컬러판은 일반 루트로 유통되었다.

『도라에몽의 스터디 보이1 초1 국어·한자』

『도라에몽의 스터디 보이6 학습 한자 마스터 1006』

GAME BOY 1996

쿠마의 푸타로 보물찾기다 흥행 게임 배틀
- 발매일 / 1996년 2월 29일
- 가격 / 3,980엔
- 퍼블리셔 / 타카라

빅 코믹 스피리츠에 연재되었던 만화 캐릭터를 활용한 미니 게임 모음집. 힘을 뺀 그래픽이 특징.

  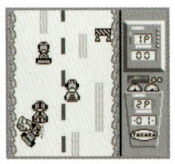

열투 투신전
- 발매일 / 1996년 3월 22일
- 가격 / 4,660엔
- 퍼블리셔 / 타카라

플레이 스테이션용 3D 대전 격투 게임을 게임보이로 이식했다. GB에 맞춰 2D로 변경되었지만 캐릭터나 기술은 온전하게 수록되어 있다.

열투 더 킹 오브 파이터즈'95
- 발매일 / 1996년 4월 26일
- 가격 / 4,500엔
- 퍼블리셔 / 타카라

SNK의 캐릭터가 총집합한 축제 분위기의 대전 격투 게임을 게임보이로 이식했다. 물론 팀전도 가능하기 때문에 3 vs 3 배틀을 즐길 수 있다.

연주 클럽 오목
- 발매일 / 1996년 5월 17일
- 가격 / 2,480엔
- 퍼블리셔 / 헥터

오목을 휴대용 게임화 했다. CPU의 실력은 3단계 중에서 선택할 수 있으며 오목 묘수풀이도 수록되어 있는 것이 특징.

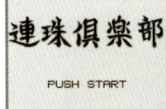 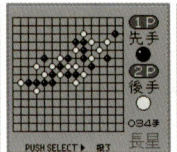 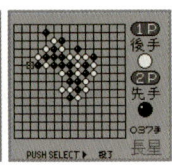

배스 피싱 달인 수첩
- 발매일 / 1996년 6월 21일
- 가격 / 9,800엔
- 퍼블리셔 / 스타 피시

배스 낚시를 할 때 공략 어드바이스를 확인할 수 있는 데이터집이다. 키타우라, 아시노 호수, 카와구치 호수, 비와 호수의 데이터를 수록했다.

 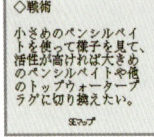 

두더지냐
- 발매일 / 1996년 7월 21일
- 가격 / 3,900엔
- 퍼블리셔 / 닌텐도

닌텐도에서 발매한 액션 퍼즐 게임으로 구멍을 파서 상하 2개 화면을 왕래할 수 있다. 적을 밀어버릴 때는 검은 구슬을 사용해야 한다.

  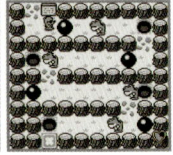

열투 사무라이 스피리츠 잔쿠로 무쌍검

- 발매일 / 1996년 8월 23일
- 가격 / 4,500엔
- 퍼블리셔 / 타카라

SNK의 『사무라이 스피리츠』 시리즈 세 번째 작품을 『열투』 시리즈로 이식한 버전. 캐릭터의 타입 선택까지 재현되었다.

SD 비룡의 권 외전2

- 발매일 / 1996년 9월 27일
- 가격 / 4,200엔
- 퍼블리셔 / 컬처 브레인

시리즈로는 GB에서 세 번째 작품이며 장르는 대전 격투 게임. 전작에서 캐릭터가 추가된 버전업 판이다.

  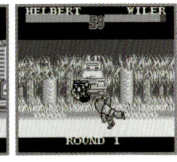

스트리트 레이서

- 발매일 / 1996년 9월 27일
- 가격 / 4,980엔
- 퍼블리셔 / UBI 소프트

프랑스에 본사를 둔 유비 소프트가 개발한 유사 3D 레이싱 게임으로 성능이 각각 다른 차량에 머리가 큰 드라이버가 탑승하고 있는 것이 특징이다.

  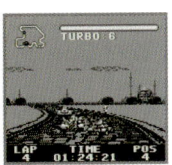

스포츠 컬렉션

- 발매일 / 1996년 9월 27일
- 가격 / 3,980엔
- 퍼블리셔 / 톤킹 하우스

동사에서 앞서 발매한 『씨사이드 발리』, 『복싱』, 『로드스터』, 『사커』, 『돗지보이』를 플레이할 수 있다.

  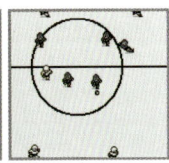

피크로스2

- 발매일 / 1996년 10월 19일
- 가격 / 3,000엔
- 퍼블리셔 / 닌텐도

『피크로스』의 게임보이 버전 두 번째 작품으로 상급자용 『와리오의 피크로스』와 훨씬 간단한 룰의 『쉬운 피크로스』도 플레이할 수 있게 되었다.

 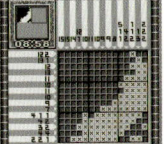 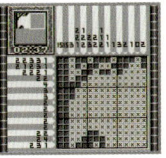

퍼즐 닌타마 란타로

- 발매일 / 1996년 11월 1일
- 가격 / 3,980엔
- 퍼블리셔 / 컬처 브레인

시리즈 두 번째 작품이며 장르는 낙하형 퍼즐이다. 제한 시간 내에 득점을 경쟁하는 모드 및 대전 모드가 준비되어 있다.

 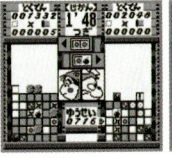 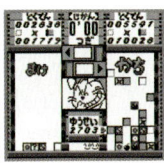

원인 컬렉션

- 발매일 / 1996년 11월 22일
- 가격 / 3,980엔
- 퍼블리셔 / 허드슨

허드슨의 『게임 캔』 시리즈 중의 하나로 『GB원인』, 『GB원인2』, 『GB원인 랜드 비바! 칙군 왕국』이 수록되어 있다.

파치오군 게임 갤러리

- 발매일 / 1996년 11월 29일
- 가격 / 4,300엔
- 퍼블리셔 / 코코너츠 재팬 엔터테인먼트

코코너츠 재팬의 합본 소프트로 『파치오군』, 『파치오군2』, 『파치오군3』, 『파치오군 캐슬』의 4종류 게임이 수록되어 있다.

 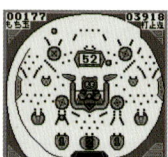 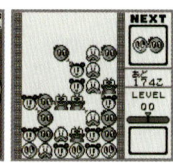

크레용 신짱 나의 기분 좋은 컬렉션

- 발매일 / 1996년 12월 2일
- 가격 / 3,980엔
- 퍼블리셔 / 반다이

게임보이의 『크레용 신짱』 시리즈 다섯 번째 작품이자 마지막 작품이다. 장르는 기존 작품들과 마찬가지로 미니 게임 모음집이며 어린이용 소프트이다.

봄버맨 GB3

- 발매일 / 1996년 12월 2일
- 가격 / 3,980엔
- 퍼블리셔 / 허드슨

게임보이용 『봄버맨』 시리즈로서는 네 번째 작품. 4종류로 늘어난 『모터 봄버』는 각각 성격이 다르다.

 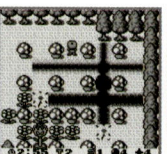 

게게게의 키타로 괴이 창조주 나타나다!

- 발매일 / 1996년 12월 13일
- 가격 / 4,500엔
- 퍼블리셔 / 반다이

『게게게의 키타로』를 모티브로 삼은 RPG로 요괴를 동료로 만들 수 있다는 『포켓몬』과 흡사한 시스템을 채용했다.

합격 보이 시리즈 영단어 타겟 1900

- 발매일 / 1996년 12월 13일
- 가격 / 2,050엔
- 퍼블리셔 / 이머니지어

GB에서 31개씩이나 발매된 『합격 보이』 시리즈의 첫 번째 작품으로, 대학 수험용 영어 단어를 암기하기 위한 교육용 소프트이다.

 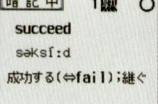 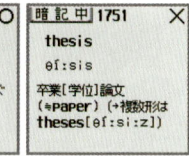

스누피의 첫 심부름

- 발매일 / 1996년 12월 21일
- 가격 / 3,980엔
- 퍼블리셔 / 켐코

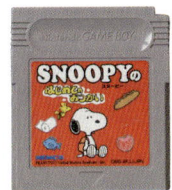

스누피를 주인공으로 삼은 액션 퍼즐 게임으로 스누피가 마음대로 이동할 수 있기 때문에 이를 유도해서 골로 이끌게 된다.

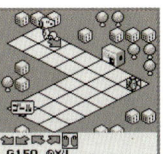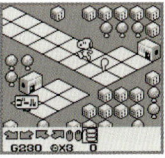

녹색의 마키바오

- 발매일 / 1996년 12월 21일
- 가격 / 3,900엔
- 퍼블리셔 / 토미

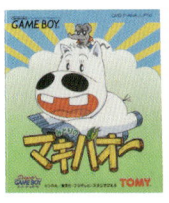

만화 원작 경마 게임이며 마키바오를 조작해서 레이스에 임하게 된다. 카드를 이용해 레이스 전개를 유리하게 이끌 수 있다.

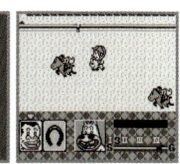

테트리스 플러스

- 발매일 / 1996년 12월 27일
- 가격 / 3,980엔
- 퍼블리셔 / 자레코

낙하형 퍼즐 게임의 대표작 『테트리스』 및 관련 게임을 플레이할 수 있다. 관련 게임은 떨어지는 천장에서 교수를 구하는 퍼즐로 구성되어 있다.

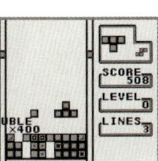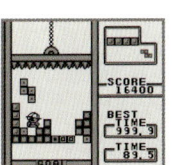

명탐정 코난 지하 유원지 살인 사건

- 발매일 / 1996년 12월 27일
- 가격 / 3,980엔
- 퍼블리셔 / 반다이

게임보이에 처음으로 출시된 『명탐정 코난』 게임이다. 장르는 커맨드 선택 방식의 어드벤처이며 총 3개의 시나리오가 수록되어 있다.

슈퍼 차이니즈 파이터 GB

- 발매일 / 1996년 12월 28일
- 가격 / 3,980엔
- 퍼블리셔 / 컬처 브레인

게임보이의 『슈퍼 차이니즈』 시리즈 마지막 작품으로 장르는 대전 격투 게임이다. 추후 게임보이 컬러 대응 버전이 발매되기도 했다.

슈퍼 블랙 배스 포켓

- 발매일 / 1996년 12월 28일
- 가격 / 4,980엔
- 퍼블리셔 / 스타 피시

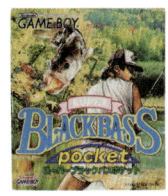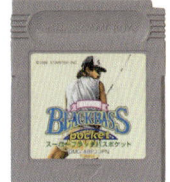

『하이퍼 블랙 배스』로부터 이어지는 시리즈 작품이며 루어를 이용한 블랙 배스 낚시로 토너먼트에서 승리하는 것이 목적.

광고 갤러리

『젤다의 전설 꿈꾸는 섬』

『별의 커비』

『와리오 랜드2』

『레이더 미션 & F★1 레이스』

『레드 아리마』

『대국연주』

『북두의 권』

『하이퍼 로드 러너』

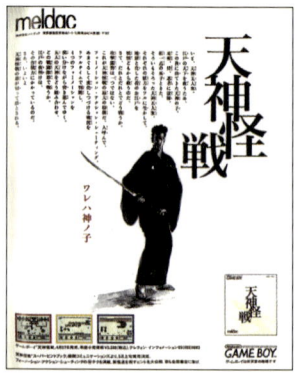

『천신괴전』

GAME BOY
1997년
GAME BOY COMPLETE GUIDE

커비의 반짝반짝 키즈

● 발매일 / 1997년 1월 25일 ● 가격 / 3,000엔
● 퍼블리셔 / 닌텐도

『별의 커비』 캐릭터를 활용한 낙하형 퍼즐 게임으로 같은 블록을 인접시키면 지울 수 있지만 사이사이에 별, 암석, 폭탄을 끼워서도 지울 수 있다. 물론 대전에서는 연쇄가 중요하다.

게임보이 갤러리

● 발매일 / 1997년 2월 1일 ● 가격 / 3,000엔
● 퍼블리셔 / 닌텐도

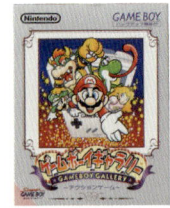 

게임 & 워치를 재현한 게임과 해당 게임의 어레인지 모드를 플레이할 수 있다. 수록된 게임은 『맨홀』 『옥토버스』 『파이어』 『오일 패닉』으로 총 4종류이다.

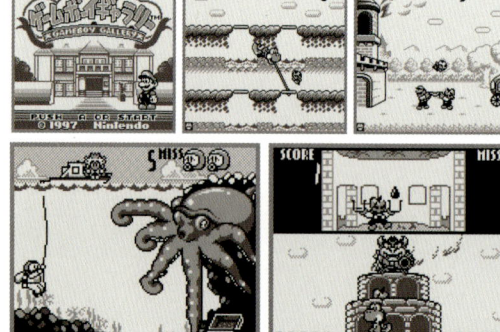

타이토 버라이어티 팩

● 발매일 / 1997년 2월 28일 ● 가격 / 3,800엔
● 퍼블리셔 / 타이토

타이토의 기존 게임을 플레이할 수 있는 합본 소프트로 『버블보블』, 『엘리베이터 액션』, 『타이토 체이스 H.Q.』, 『사가이아』까지 총 4개 타이틀이 수록되었다.

미니사구 GB Let's & Go!!

● 발매일 / 1997년 5월 23일 ● 가격 / 4,900엔
● 퍼블리셔 / 아스키

만화 원작의 미니사구(미니카-역주)를 소재로 삼은 레이싱 게임이며 플레이어가 차량을 조작할 수는 없다. 어떻게 머신을 튜닝하는지가 게임 진행의 열쇠가 된다.

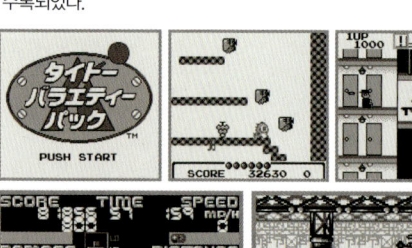

 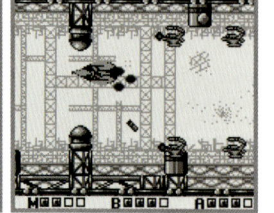

게임으로 발견!! 타마고치

- 발매일 / 1997년 6월 27일 ● 가격 / 4,500엔
- 퍼블리셔 / 반다이

사회적 현상을 빚기도 했던 휴대용 게임을 GB로 이식했다. 장르는 동일하게 육성 게임이며 「타마고치」를 키우는 것이 핵심이다. 붐이 유지되던 때 발매된 영향으로 대히트를 기록했다.

 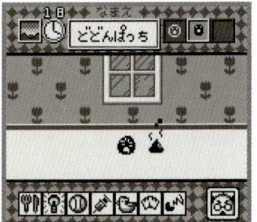

게임보이 워즈 TURBO

- 발매일 / 1997년 6월 27일 ● 가격 / 4,200엔
- 퍼블리셔 / 허드슨

게임보이에서 발매된 두 번째 작품이며 이번 작품부터는 허드슨을 통해 발매되었다. 게임성은 여전히 턴제 전략 시뮬레이션이지만 CPU의 사고 시간이 대폭 단축되었다.

 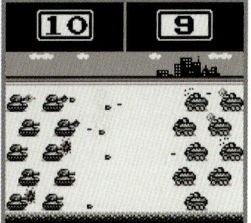

슈퍼 비다맨 파이팅 피닉스

- 발매일 / 1997년 7월 11일 ● 가격 / 3,980엔
- 퍼블리셔 / 허드슨

코로코로 코믹에 연재되었던 만화를 원작으로 삼은 작품. 퍼즐 게임과 대전 액션, 두 종류의 게임을 즐길 수 있으며 비다 구슬을 수집해서 다양한 효과를 발휘할 수 있다.

  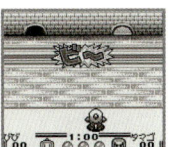

포켓 러브

- 발매일 / 1997년 7월 18일 ● 가격 / 4,800엔
- 퍼블리셔 / 키드

게임보이에서는 보기 드문 연애 시뮬레이션으로 저연령층을 겨냥했다. 커맨드 선택으로 캐릭터를 육성하게 되며 마음에 드는 여성 캐릭터와 사귀는 것이 목적이다.

 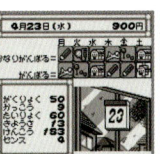 

남코 갤러리 VOL.3

- 발매일 / 1997년 7월 25일 ● 가격 / 3,980엔
- 퍼블리셔 / 남코

신규 이식된 『스카이 키드』『바벨의 탑』『패밀리 테니스』세 작품에 92년에 출시된 『마작판 보이』를 더해서 총 네 작품을 플레이할 수 있다. 1개 작품 당 1,000엔 꼴이라 가성비가 뛰어나다.

 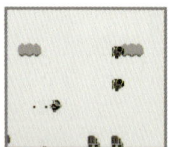 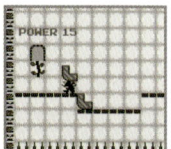

디노 브리더

- 발매일 / 1997년 8월 22일 ● 가격 / 4,800엔
- 퍼블리셔 / J윙

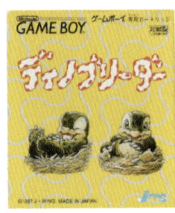 

게임보이 오리지널 RPG 시리즈 첫 번째 작품으로 공룡을 육성해서 적과 싸우게 되는 육성 요소가 강한 게임이다. 하지만 전투는 오토로 진행되기 때문에 전략성이 높지는 않다.

코나미 GB 컬렉션 VOL.1

- 발매일 / 1997년 9월 25일 ● 가격 / 3,980엔
- 퍼블리셔 / 코나미

코나미 역시 합본 소프트를 발매했다. 『그라디우스』『드라큘라 전설』『콘트라』『코나미 레이싱』이 수록되었으며 일부는 제목이 변경되기도 했다.

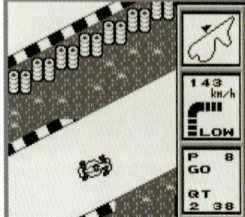

게임보이 갤러리2

- 발매일 / 1997년 9월 27일 ● 가격 / 3,000엔
- 퍼블리셔 / 닌텐도

게임&워치 작품과 해당 게임의 어레인지판을 즐길 수 있는 합본 소프트 제2탄이다. 『패러슈트』『헬멧』『셰프』『버민』『동키콩』『볼』까지 총 6개 작품이 수록되었다.

 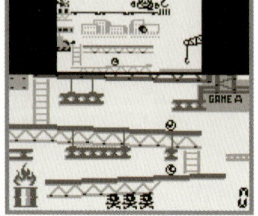

프리쿠라 포켓 불완전 여고생 매뉴얼

- 발매일 / 1997년 10월 17일　● 가격 / 3,980엔
- 퍼블리셔 / 아틀라스

코갸루 전성기에 발매된 여고생이 주인공인 게임으로 스티커 사진을 수집하는 것이 목적이다. 장르는 커맨드 선택 방식의 어드벤처로 미니 게임의 클리어가 필요한 것이 특징.

 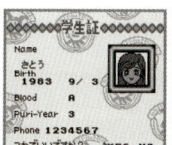 

악마성 드라큘라 ～칠흑의 전주곡～

- 발매일 / 1997년 11월 27일　● 가격 / 3,980엔
- 퍼블리셔 / 코나미

게임보이에 출시된 『악마성 드라큘라』 시리즈의 세 번째 작품이다. 주인공은 여성이고 버닝 모드와 소울 웨폰 같은 새로운 시스템이 채용되었다.

메다로트 카부토 버전

- 발매일 / 1997년 11월 28일　● 가격 / 3,980엔
- 퍼블리셔 / 이머지니어

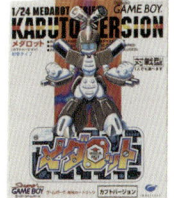 

게임보이에 다수 발매된 『메다로트』 시리즈의 첫 번째 작품이며 『쿠와가타 버전』과 동시 발매되었다. 장르는 RPG이며 이 작품의 묘미는 메다로트 커스텀이라 할 수 있다.

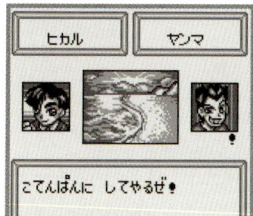 

힘내라 고에몽 ～흑선당의 비밀～

- 발매일 / 1997년 12월 4일　● 가격 / 3,980엔
- 퍼블리셔 / 코나미

전작이 출시된 91년부터 기대를 모았던 게임보이의 두 번째 작품. 플레이어의 캐릭터는 3명 중 한 명을 선택하게 되며 가게에서 금화로 쇼핑이 가능하다. 보스전은 미니 게임으로 구성되어 있는 것이 특징.

코나미 GB 컬렉션 VOL.2

- 발매일 / 1997년 12월 11일　● 가격 / 3,980엔
- 퍼블리셔 / 코나미

수록 타이틀은 『트윈비다』, 『힘내라 고에몽 납치된 에비스마루』, 『모토크로스 매니악스』, 『덜컹덜컹』까지 총 4개로, 그 중 『덜컹덜컹』은 신규 이식된 작품이다.

  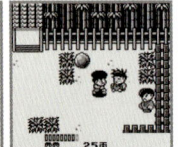

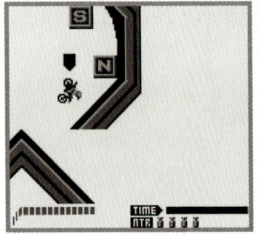

카라무쵸의 대사건

- 발매일 / 1997년 12월 19일　● 가격 / 3,800엔
- 퍼블리셔 / 스타 피시

코이케야의 스낵인 『카라무쵸』의 캐릭터를 활용한 액션 퍼즐 게임이다. 주인공인 히~ 할머니 외에도 폴린키, 슷파무쵸 같은 동일 회사의 과자가 등장한다.

 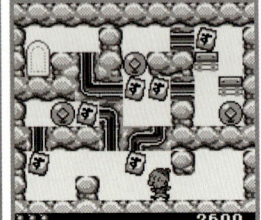

벅스 버니 컬렉션

- 발매일 / 1997년 12월 19일　● 가격 / 3,480엔
- 퍼블리셔 / 켐코

동사에서 개발한 『미키 마우스』와 『미키 마우스II』의 캐릭터를 벅스 버니로 변경해서 발매한 버전. 게임 내용에 변경점은 없지만 두 타이틀을 하나의 가격으로 구매할 수 있어서 이득.

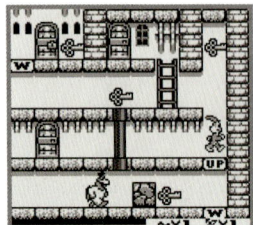

목장 이야기 GB

- 발매일 / 1997년 12월 19일　● 가격 / 3,980엔
- 퍼블리셔 / 팩・인・소프트

슈퍼패미컴으로 발매된 『목장 이야기』의 게임보이 버전. 장르는 목장 경영 시뮬레이션으로 작물이나 축산물을 키워서 판매하고 수익을 얻게 된다.

 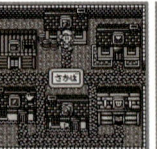 

합격 보이 시리즈
세트로 외우는 일본사 타겟 201

- 발매일 / 1997년 1월 24일
- 가격 / 2,050엔
- 퍼블리셔 / 이머지니어

『합격 보이』 시리즈의 두 번째 작품으로 일본 역사를 암기할 때 도움이 된다. 테스트를 통해 결과 판정도 가능하다.

 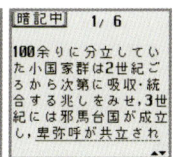 

ZOOP

- 발매일 / 1997년 1월 31일
- 가격 / 2,800엔
- 퍼블리셔 / 야노만 게임즈

4방향에서 다가오는 블록에 플레이어의 기체를 부딪쳐 지워야 하는 퍼즐 게임으로 룰이 심플하지만 상당히 높은 집중력을 요구한다.

 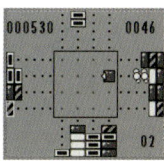 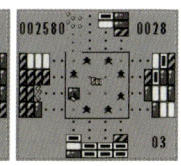

챠르보55 SUPER PUZZLE ACTION

- 발매일 / 1997년 2월 21일
- 가격 / 3,800엔
- 퍼블리셔 / 일본 시스템 서플라이

주인공 로봇을 인간형, 또는 구슬형으로 변경하면서 진행하는 퍼즐 요소가 산재된 사이드뷰 액션 게임이다.

  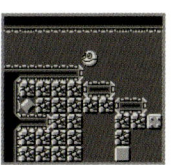

합격 보이 시리즈
대학 입시에 나오는 순서 영숙어 타겟 1000

- 발매일 / 1997년 3월 28일
- 가격 / 2,480엔
- 퍼블리셔 / 이머지니어

 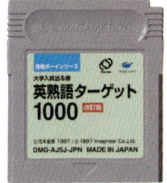

세 번째 『합격 보이』 시리즈는 영어 숙어를 다루고 있다. 대학 입시에 자주 나오는 숙어를 1000문제 수록했다.

  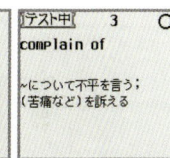

세임 게임

- 발매일 / 1997년 4월 25일
- 가격 / 3,480엔
- 퍼블리셔 / 허드슨

『사메가메』로도 불리는 퍼즐 게임을 게임보이로 이식. 두 개 이상 접촉된 같은 아이콘을 지워 나가는 것이 게임의 룰이며 단순하지만 깊이가 있다.

슈퍼 블랙 배스 포켓2

- 발매일 / 1997년 6월 20일
- 가격 / 3,980엔
- 퍼블리셔 / 스타 피시

전작의 데이터를 가지고 올 수 있는 데다 토너먼트를 제패하는 모드와 자유롭게 즐길 수 있는 모드가 준비되어 배스 낚시 애호가들에게 환영받은 게임이다.

GAME BOY 1997

합격 보이 시리즈
고교 입시에 나오는 순서 중학 영단어 1700
- 발매일 / 1997년 6월 27일 ● 가격 / 2,480엔
- 퍼블리셔 / 이머지니어

고교 수험에도 진출한 『합격 보이』 시리즈. 본 작품에는 영어 단어 1700개가 수록되어 있다.

 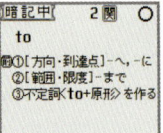 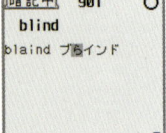

Z회 합격 보이 시리즈
Z회 궁극의 영단어 1500
- 발매일 / 1997년 7월 11일 ● 가격 / 2,000엔
- 퍼블리셔 / 이머지니어

 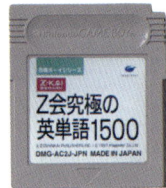

대학 입시로 유명한 Z회가 감수한 『합격 보이』 시리즈이며 엄선된 영단어 1500 문제를 학습할 수 있다.

 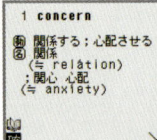 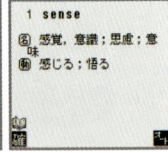

가자!! 키드 GO! GO! KID
- 발매일 / 1997년 7월 18일 ● 가격 / 3,980엔
- 퍼블리셔 / 켐코

사이드뷰 액션 게임으로 스테이지에 있는 열쇠를 모두 회수해서 골인하면 클리어 된다. 무게 추를 떨어뜨려 적을 쓰러뜨려야 하는 것이 포인트.

포켓 마작
- 발매일 / 1997년 7월 25일 ● 가격 / 3,980엔
- 퍼블리셔 / 보톰 업

보톰 업의 『포켓』 시리즈로 발매된 마작 게임. 일반적인 4인 마작 외 역만 승부도 플레이할 수 있다.

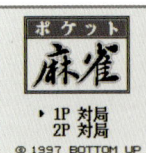  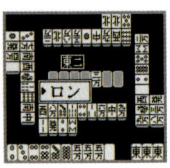

합격 보이 시리즈
고교 입시에 나오는 순서 중학 영숙어 350
- 발매일 / 1997년 7월 25일 ● 가격 / 2,480엔
- 퍼블리셔 / 이머지니어

고교 입시용 『합격 보이』로는 두 번째 작품이며 시험에 자주 나오는 영숙어 350 문제를 암기할 수 있도록 구성되어 있다.

 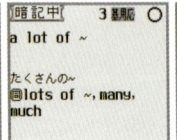 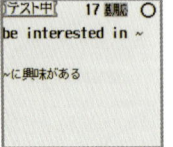

열투 더 킹 오브 파이터즈 '96
- 발매일 / 1997년 8월 8일 ● 가격 / 3,980엔
- 퍼블리셔 / 타카라

『열투』 시리즈의 『더 킹 오브 파이터즈』로는 두 번째 작품. 사용할 수 있는 캐릭터가 17명에 달하는 것이 특징.

  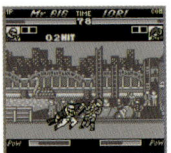

마하 GoGoGo

- 발매일 / 1997년 8월 12일
- 가격 / 4,800엔
- 퍼블리셔 / 토미

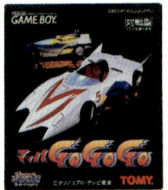 

애니메이션 원작의 레이싱 게임인데 차량 조종이 자동으로 이루어져 결국 상금을 활용한 튜닝을 메인으로 삼고 있는 셈.

 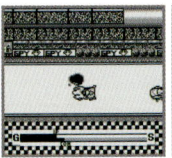 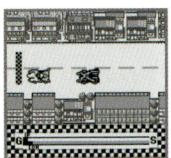

머니 아이돌 익스체인저

- 발매일 / 1997년 8월 29일
- 가격 / 3,980엔
- 퍼블리셔 / 아테나

아케이드용 퍼즐 게임을 게임보이로 이식. 코인을 빨아들여서 날리고 같은 종류의 코인을 2개 혹은 5개를 붙였을 때 역으로 환전된다.

 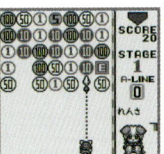 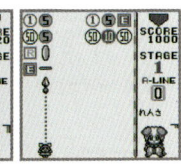

합격 보이 시리즈
고교 입시에 "나오는 순서" 한자 문제 정복

- 발매일 / 1997년 8월 29일
- 가격 / 2,480엔
- 퍼블리셔 / 이머지니어

고교 입시에 자주 나오는 한자를 암기할 수 있다. 암기 모드와 시험 모드를 반복해서 효율적인 학습이 가능하다.

 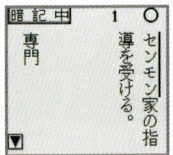 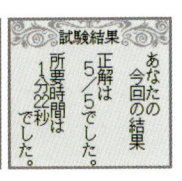

강의 낚시꾼3

- 발매일 / 1997년 9월 19일
- 가격 / 3,600엔
- 퍼블리셔 / 팩・인・소프트

장르는 낚시 RPG이며 GB로는 처음 발매된 시리즈이다. 낚시를 하는 것 이외에도 조우하는 벌레나 동물과 싸워야 하는 요소가 준비되어 있다.

  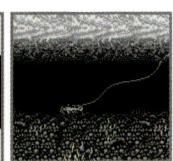

합격 보이 시리즈
「해체 영숙어」 완전 준거 Z회 궁극의 영숙어 1017

- 발매일 / 1997년 9월 26일
- 가격 / 2,000엔
- 퍼블리셔 / 이머지니어

Z회에서 감수한 수험에 자주 나오는 영숙어 1017 문제를 수록했다. 참고로 「합격 보이」 시리즈는 기본적으로 가격이 낮은 편이다.

 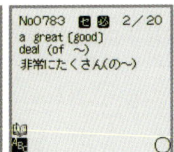 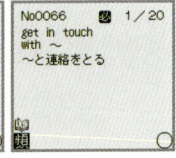

간식 퀴즈 우물우물 Q THE QUIZ GAME

- 발매일 / 1997년 9월 26일
- 가격 / 3,500엔
- 퍼블리셔 / 스타 피시

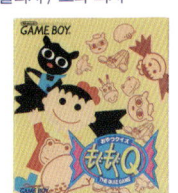 

과자에 관한 퀴즈를 모아둔 게임으로 기본은 4지 선다형이지만 아이템으로 3지 선다형이 되기도 한다.

미니4보이II 파이널 에볼루션

- 발매일 / 1997년 9월 26일　● 가격 / 4,800엔
- 퍼블리셔 / J윙

『미니4보이』의 두 번째 작품. 이번 작품에선 시점이 탑뷰로 변경되었기 때문에 플레이어의 차량이 보이게 되었다.

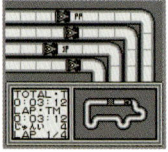

합격 보이 시리즈 고교 입시 역사 연대 암기 포인트 240

- 발매일 / 1997년 9월 26일　● 가격 / 2,480엔
- 퍼블리셔 / 이머지니어

차례차례 발매되는 『합격 보이』 시리즈. 본 작품은 역사 연대에 중점을 둔 작품으로 언어유희를 이용한 연대 암기법을 수록했다.

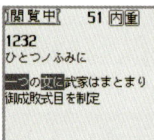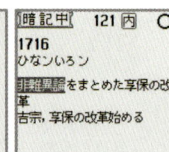

합격 보이 시리즈 고교 입시 이과 암기 포인트 250

- 발매일 / 1997년 10월 1일　● 가격 / 2,480엔
- 퍼블리셔 / 이머지니어

『합격 보이』 시리즈에서는 처음으로 등장한 과목인 이과, 그중에서도 암기로 풀 수 있는 문제 250개를 수록했다.

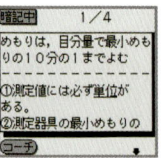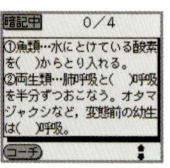

애니멀 브리더

- 발매일 / 1997년 10월 17일　● 가격 / 4,800엔
- 퍼블리셔 / J윙

동물 육성 게임으로 네 가지 동물 중 하나를 선택해서 돌보게 된다. 육성은 미니 게임을 통해서 진행하는 방식.

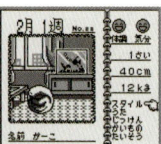

게임으로 발견!! 타마고치2

- 발매일 / 1997년 10월 17일　● 가격 / 4,286엔
- 퍼블리셔 / 반다이

게임보이의 『타마고치』 시리즈 두 번째 작품이며 본 작품 하나로 「무시치」와 「사카나치」를 키울 수 있다.

합격 보이 시리즈 자주 쓰이는 영어 검정 2급 레벨 회화 표현 333

- 발매일 / 1997년 10월 31일　● 가격 / 2,480엔
- 퍼블리셔 / 이머지니어

드디어 영어 검정용 공부까지 진출한 『합격 보이』 시리즈. 영어 회화 표현이 333 문제 수록되어 있다.

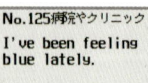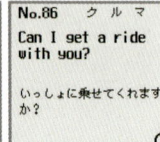

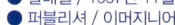

컬렉션 포켓

- 발매일 / 1997년 11월 21일　● 가격 / 3,980엔
- 퍼블리셔 / 나그자트

레이싱 게임·슈팅 게임·트럼프 게임 등 10종류의 게임을 플레이할 수 있는 합본 소프트이다.

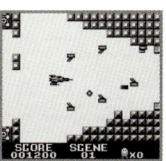

합격 보이 시리즈 「해체 영어 구문」 완전 준거 Z회 궁극의 영어 구문 285

- 발매일 / 1997년 11월 28일　● 가격 / 2,480엔
- 퍼블리셔 / 이머지니어

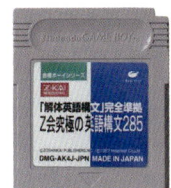

영어 학습의 지름길은 구문 암기! 그래서 본 작품에서는 Z회가 감수한 영어 구문 285 문제가 수록되어 있다.

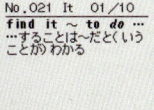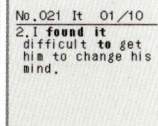

트럼프 컬렉션 GB

- 발매일 / 1997년 11월 28일　● 가격 / 3,980엔
- 퍼블리셔 / 보톰 업

대부호, 7정렬, 포커, 스피드, 신경쇠약까지 총 5개의 트럼프 게임을 플레이할 수 있다. 모두 CPU 혹은 2P 대전을 선택할 수 있다.

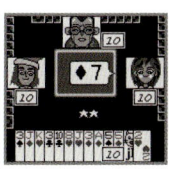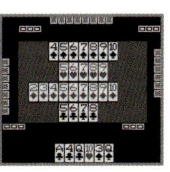

메다로트 쿠와가타 버전

- 발매일 / 1997년 11월 28일　● 가격 / 3,980엔
- 퍼블리셔 / 이머지니어

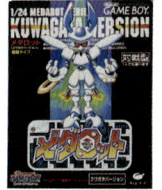

『카부토 버전』과 동시 발매되었으며 플레이어의 기체가 다른 것 외에도 입수 가능한 메달과 파츠의 종류에서 차이가 있다.

프리쿠라 포켓2 남친 개조 대작전

- 발매일 / 1997년 11월 29일　● 가격 / 3,980엔
- 퍼블리셔 / 아틀라스

전작과 달리 이번 작품은 여고생을 주인공으로 한 연애 시뮬레이션 게임이다. 남자 친구를 육성해서 본인의 취향으로 만드는 것이 게임의 목적이다.

산리오 운세 파티

- 발매일 / 1997년 12월 5일　● 가격 / 2,980엔
- 퍼블리셔 / 이머지니어

산리오 캐릭터가 등장하는 운세 소프트로 2명의 상성 진단이나 금전운, 연애운, 건강, 전체운을 볼 수 있다.

GAME BOY 1997

포켓 봄버맨
- 발매일 / 1997년 12월 12일 ● 가격 / 3,980엔
- 퍼블리셔 / 허드슨

봄버맨 시리즈 중 희소한 사이드뷰 액션 게임 스타일. 플레이어의 봄버맨은 점프가 가능하고 공중에서도 폭탄 설치를 할 수 있다(발판도 된다).

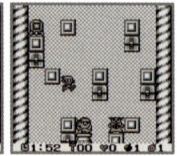

초마신영웅전 와타루 뒤죽박죽 몬스터
- 발매일 / 1997년 12월 12일 ● 가격 / 3,800엔
- 퍼블리셔 / 반프레스토

애니메이션 캐릭터가 등장하는 육성 게임으로 '몬펫'을 키워서 합체시켜야 하고 특정 '몬펫'을 만들어내면 클리어하게 된다.

스타 스윕
- 발매일 / 1997년 12월 19일 ● 가격 / 3,800엔
- 퍼블리셔 / 액셀러

자유롭게 움직이는 기체가 특징인 퍼즐 게임. 플레이어의 기체는 발사하는 봉과 설치돼 있는 봉의 마크가 일치했을 때 양쪽 봉을 지울 수 있다.

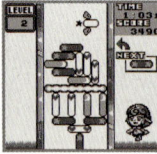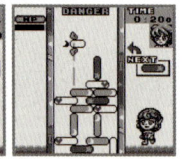

COLUMN — 해외판 게임보이 소프트

「Kid Icarus : Of Myths and Monsters」

「Kirby's Dream Land」

해외판은 작품명이 다르다거나 패키지와 카트리지의 일러스트가 일부 다르다. 또한 일본 미발매 소프트도 다수 존재한다. 위의 「Kid~」는 일본에서 발매된 「파르테나의 거울」의 해외판인데 버추얼 콘솔을 통해 일본에서도 그대로 유통되었다.

광고 갤러리

「Q-burt」

「피트맨」

「열혈경파 쿠니오군 번외난투편」

GAME BOY
GAME BOY COLOR
1998년

GAME BOY COMPLETE GUIDE

GAME BOY 1998

드래곤 퀘스트 몬스터즈 테리의 원더랜드

- 발매일 / 1998년 9월 25일 ● 가격 / 4,900엔
- 퍼블리셔 / 에닉스

게임보이와 게임보이 컬러에 동시 호환되는 최초의 게임이며, 게임보이로 출시된 첫 번째 『드래곤 퀘스트』 시리즈. 주인공은 『DQ VI』에 등장했던 테리이며 커맨드 선택 방식으로 전투가 진행된다. 장르는 RPG+육성 게임이며 동료 몬스터를 싸우게 해서 레벨을 올리고 수컷과 암컷 몬스터를 배합해서 몬스터를 만들어 낸다. 또한 통신 케이블을 이용해서 다른 플레이어의 몬스터와 미팅도 가능하고 친구끼리 협력해서 게임을 보다 유리하게 진행할 수도 있다.

유☆희☆왕 듀얼 몬스터즈

- 발매일 / 1998년 12월 17일 ● 가격 / 4,300엔
- 퍼블리셔 / 코나미

주간 소년 점프에 연재되었던 『유☆희☆왕』을 토대로 제작되었던 카드 게임을 콘솔 게임화 하였다. 카드 게임의 성가신 부분은 모두 CPU가 담당하는 데다 늘어난 카드도 카트리지에 데이터로 저장되기 때문에 게임으로서의 진입 장벽이 대폭 낮아졌다. 대전뿐 아니라 다른 플레이어와의 트레이드를 이용한 통신 융합도 가능해서 플레이어들은 최강 카드를 얻기 위해 함께 모여서 본 작품을 플레이했다. 따라서 이 작품은 대히트 했으며 일본 내 출하량은 160만 개 이상을 기록했다.

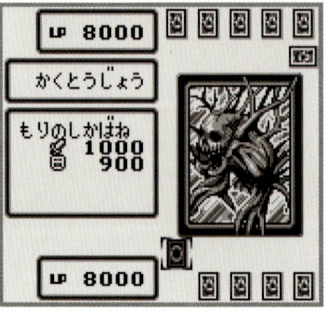

넥타리스 GB

- 발매일 / 1998년 2월 27일　● 가격 / 4,200엔
- 퍼블리셔 / 허드슨

PC엔진에서 호평받은 턴제 시뮬레이션 『넥타리스』의 게임보이 버전으로, 미리 배치되어 있는 유닛을 사용하는 전투 방식엔 묘수풀이의 성격이 내포되어 있어 전략성이 높다.

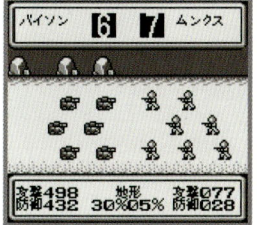

대패수 이야기 더·미라클·오브·더·존

- 발매일 / 1998년 3월 5일　● 가격 / 3,980엔
- 퍼블리셔 / 허드슨

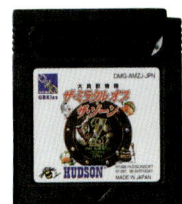

남코에서 발매했던 RPG가 카드 게임화 되었는데 본 작품은 그것을 다시 디지털 게임화 한 것이다. 데크를 구축해서 몬스터를 소환하고 대전 상대와 싸워야 한다.

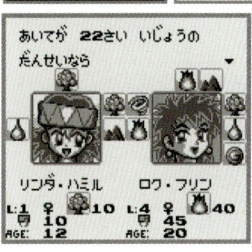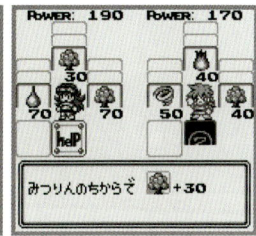

파워 프로 GB

- 발매일 / 1998년 3월 26일　● 가격 / 3,980엔
- 퍼블리셔 / 코나미

코나미의 야구 게임인 『파워풀 프로야구』 시리즈의 게임보이 버전. NPB의 12개 구단을 사용할 수 있으며 선수는 실명으로 등장한다. 모드는 CPU 혹은 2P와의 단판 시합뿐이다.

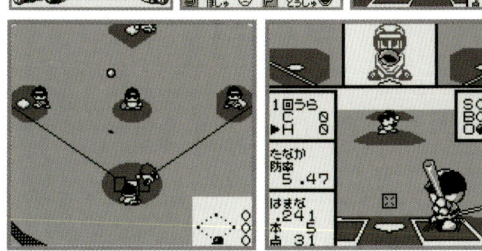

퍼즐보블 GB

- 발매일 / 1998년 4월 10일　● 가격 / 3,500엔
- 퍼블리셔 / 타이토

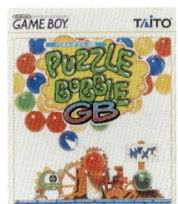

아케이드에서 인기를 끌었던 슈팅 퍼즐 게임을 GB로 이식. 화면 하단의 포대에서 화살표 방향으로 거품을 쏘고 같은 색 거품을 3개 이상 연결하면 지울 수 있다. 스테이지 클리어 형식의 모드와 대전이 가능하다.

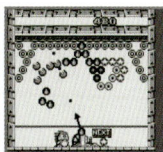
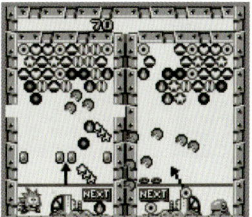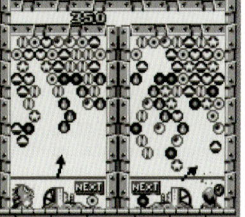

GAME BOY 1998

바다의 낚시꾼2
- 발매일 / 1998년 7월 10일 ● 가격 / 3,600엔
- 퍼블리셔 / 팩 · 인 · 소프트

『낚시꾼』 시리즈 중에서도 바다낚시에 특화된 시리즈 두 번째 작품으로 GB로 출시된 첫 번째 『바다의 낚시꾼』 작품이다. 스토리성이 강한 게임으로 낚시 가능한 물고기는 상당히 풍부하다.

  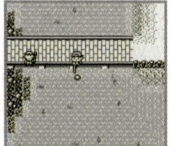

화석창세 리본
- 발매일 / 1998년 7월 17일 ● 가격 / 3,980엔
- 퍼블리셔 / 스타 피시

발굴해 낸 화석으로 공룡을 복원시키고 그것을 육성하는 RPG이다. 화석을 발굴하는 던전은 랜덤 생성이며 로그라이크 요소가 도입되어 있다.

그랜더 무사시 RV
- 발매일 / 1998년 7월 24일 ● 가격 / 5,800엔
- 퍼블리셔 / 반다이

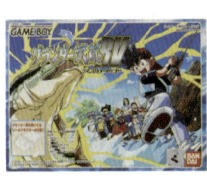 

낚시 릴을 모방한 주변기기 『릴 어댑터』가 동봉되어 판매되었던 낚시 게임. 원작은 코로코로 코믹에서 연재된 만화이며 당시 배스 낚시 붐을 반영한 내용을 담고 있다.

  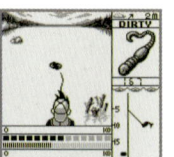

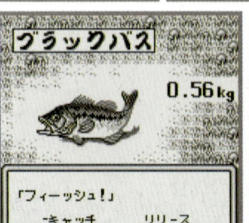 

모모타로 전철 jr. 전국 라멘 순회 여행
- 발매일 / 1998년 7월 31일 ● 가격 / 3,980엔
- 퍼블리셔 / 허드슨

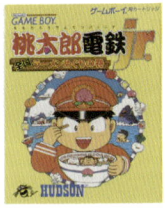 

게임보이 오리지널 작품이며 『모모타로 전철』 시리즈 여덟 번째 작품이다. 라멘과 관련된 도시를 찾아가는 '라멘 여행'을 플레이하게 된다.

  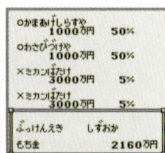

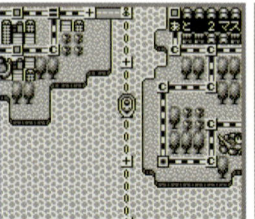 

상하이 Pocket

- 발매일 / 1998년 8월 6일 ● 가격 / 3,980엔
- 퍼블리셔 / 선 소프트

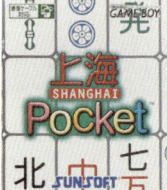 

세계적으로 사랑받는 퍼즐 게임 『상하이』의 게임보이 버전이지만 89년에 발매된 『상하이』와는 제작사가 다르다. 하지만 기본 규칙은 동일하며 제작사의 장벽을 넘어서 즐길 수 있다.

 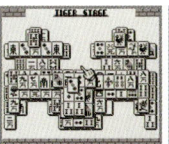 

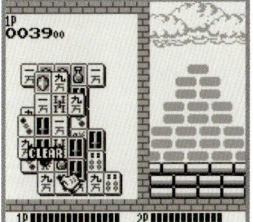 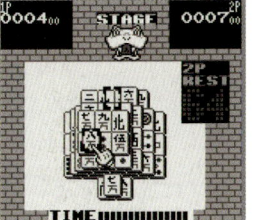

명탐정 코난 의혹의 호화열차

- 발매일 / 1998년 8월 7일 ● 가격 / 3,980엔
- 퍼블리셔 / 반다이

인기 만화를 원작으로 삼은 시리즈의 두 번째 작품으로 게임보이에서는 보기 드문 커맨드 선택 방식의 어드벤처 게임이다. 주인공 코난이 살인사건을 해결해 나가는 내용.

 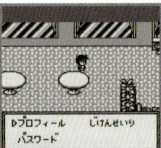 

곤충박사

- 발매일 / 1998년 8월 28일 ● 가격 / 4,800엔
- 퍼블리셔 / J윙

벌레를 좋아하는 사람을 위한 게임이다. 주인공은 다양한 필드에서 다양한 벌레를 잡을 수 있으며 붙잡은 벌레를 육성해서 콘테스트에서 이기는 것을 목표로 삼는다.

포켓몬스터 피카츄

- 발매일 / 1998년 9월 12일 ● 가격 / 3,000엔
- 퍼블리셔 / 닌텐도

『포켓몬』 극장판 애니메이션 개봉을 기념해서 발매된 마이너 체인지 버전이다. 플레이어가 처음 받는 포켓몬이 피카츄로 변경되었고 필드에서도 피카츄가 플레이어를 따라온다.

GAME BOY 1998

초속 스피너

- 발매일 / 1998년 9월 18일 ● 가격 / 4,500엔
- 퍼블리셔 / 허드슨

코로코로 코믹에서 연재되었던 만화를 원작으로 삼은 게임. '하이퍼 요요'를 소재로 한 배틀 게임이며 커맨드 입력으로 트릭 기술을 겨루게 된다.

테트리스 디럭스

- 발매일 / 1998년 10월 21일 ● 가격 / 3,500엔
- 퍼블리셔 / 닌텐도

GAME BOY COLOR / 호환

게임보이 컬러에 최적화 된 『테트리스』이다. 컬러로 변경되면서 테트리미노가 잘 보이게 되었으며 모드는 무제한, 타임 어택 외 CPU·2P와의 대전이 준비되어 있다.

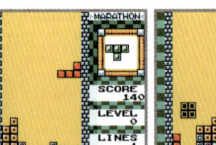

와리오 랜드2 도둑맞은 재보

- 발매일 / 1998년 10월 21일 ● 가격 / 3,500엔
- 퍼블리셔 / 닌텐도

GAME BOY COLOR / 호환

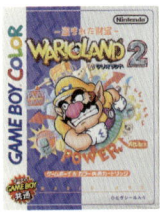

『와리오 랜드』시리즈의 두 번째 작품으로 장르는 사이드뷰 액션이다. 주인공 와리오는 불사신이며 적의 공격으로 모습이 변하게 되고 이를 이용해서 스테이지를 진행해 나간다.

게임보이 워즈2

- 발매일 / 1998년 11월 20일 ● 가격 / 4,200엔
- 퍼블리셔 / 허드슨

GAME BOY COLOR / 호환

시리즈 세 번째 작품이며 컬러 호환이다. CPU의 사고 시간이 개선되어서 스트레스 없이 게임을 플레이할 수 있게 되었으며 2P와의 대전이나 맵 에디터 등 모드도 풍부하다.

도라에몽의 GAMEBOY로 놀자 디럭스10

- 발매일 / 1998년 11월 27일 ● 가격 / 3,800엔
- 퍼블리셔 / 에폭사

도라에몽이 주인공인 미니 게임 모음집. 아동용 마작풍 게임인 '자라퐁'과 그 패를 사용한 게임, 미로 게임, 깃발 게임, 하프파이프 게임 등 11개 게임을 플레이할 수 있다.

 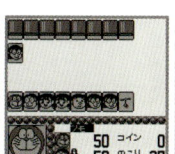 

격투 파워 모델러

- 발매일 / 1998년 11월 27일 ● 가격 / 3,980엔
- 퍼블리셔 / 캡콤

로봇이 싸우는 대전 격투 게임으로 스토리 모드에 육성 요소가 있다. 대전 격투 게임의 대가인 캡콤에서 개발한 만큼 캐릭터의 움직임이 매끄럽고 다양한 콤보도 넣을 수 있다.

  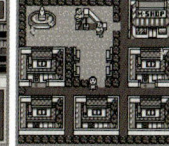

포켓 뿌요뿌요 SUN

- 발매일 / 1998년 11월 27일 ● 가격 / 3,980엔
- 퍼블리셔 / 컴파일

아케이드용 『뿌요뿌요』 세 번째 작품의 이식작. 전작까지는 화면이 흑백이라 『뿌요』의 색을 구분하기 힘들었지만 컬러화가 되면서 타 기종과 비교해도 손색없는 플레이가 가능하다.

로봇 폰코츠 별 버전

- 발매일 / 1998년 12월 4일 ● 가격 / 3,980엔
- 퍼블리셔 / 허드슨

『태양 버전』과 동시 발매되었으며 야생의 로보폰을 포획해서 육성하고 다른 로보폰과 싸우게 된다. 내장 시계를 이용해서 로보폰을 파견하면 경험치와 아이템을 얻을 수도 있다.

GAME BOY 1998

로도스도 전기 -영웅 기사전- GB

- 발매일 / 1998년 12월 11일 ● 가격 / 3,980엔
- 퍼블리셔 / 토미

GAME BOY COLOR 호환

TV 애니메이션을 원작으로 삼은 보드 게임으로 선택한 카드의 걸음 수만큼 맵을 이동하고 멈춘 칸에서 이벤트가 발생하게 된다. 전투는 카드 배틀이며 패배하면 페널티가 있다.

젤다의 전설 꿈꾸는 섬 DX

- 발매일 / 1998년 12월 12일 ● 가격 / 3,500엔
- 퍼블리셔 / 닌텐도

GAME BOY COLOR 전용

93년에 발매되었던 『젤다의 전설 꿈꾸는 섬』을 게임보이 컬러와 호환되게 만든 리메이크작이다. 기본적으로 원조와 동일한 내용을 수록하고 있지만 숨겨진 던전 등의 새로운 요소도 준비되어 있다.

포켓몬 카드 GB

- 발매일 / 1998년 12월 18일 ● 가격 / 3,500엔
- 퍼블리셔 / 닌텐도

GAME BOY COLOR 호환

현재까지도 시리즈가 이어져 오고 있는 『포켓몬 카드 게임』을 게임보이로 재현한 작품. 카트리지 자체에 적외선 통신 기능이 내장되어 있어서 구형 게임보이와의 대전 및 교환도 가능하다.

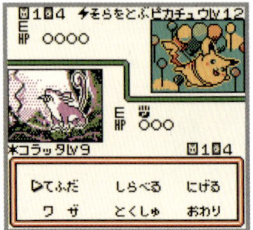 

봄버맨 퀘스트

- 발매일 / 1998년 12월 24일 ● 가격 / 3,800엔
- 퍼블리셔 / 허드슨

GAME BOY COLOR 호환

『봄버맨』 시리즈 최초의 액션 RPG로 적과 조우하면 전투로 돌입해 폭탄으로 적을 공격하게 된다. 아이템이 풍부해서 폭탄의 속성이 바뀌기도 하고 소재 합성도 가능하다.

포켓 칸지로

- 발매일 / 1998년 1월 10일
- 가격 / 3,800엔
- 퍼블리셔 / 신가쿠샤

한자 학습 소프트이다. 한자를 읽고 쓰는 공부를 할 수 있으며 획수와 쓰는 순서, 부수에 관련된 지식을 얻을 수 있다.

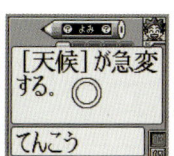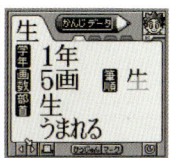

뉴 체스 마스터

- 발매일 / 1998년 1월 30일
- 가격 / 4,500엔
- 퍼블리셔 / 알트론

94년에 발매된 『체스 마스터』의 새로운 버전으로 가장 큰 변경점은 일본어가 표시된 것.

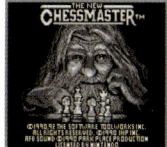

합격 보이 시리즈 학연 초등학교 고학년 레벨 입시에 나온 요점 랭크 순서 사자성어 288

- 발매일 / 1998년 1월 30일
- 가격 / 1,990엔
- 퍼블리셔 / 이머지니어

학연이 감수한 중학교 수험용 『합격 보이』로 사자성어를 중심으로 대의어 등을 학습할 수 있다.

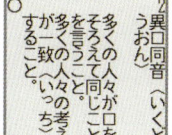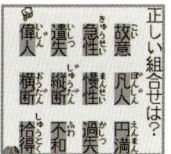

GAME BOY 1998

게임으로 발견!! 타마고치 오스치와 메스치

- 발매일 / 1998년 1월 15일
- 가격 / 4,286엔
- 퍼블리셔 / 반다이

게임보이용 『타마고치』의 세 번째 작품으로 카트리지에 시계와 알람 기능이 내장되어 있다.

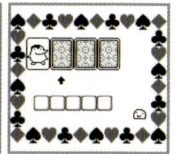

합격 보이 시리즈 학연 초등학교 고학년 레벨 입시에 나온 요점 랭크 순서 관용구·속담 210

- 발매일 / 1998년 1월 30일
- 가격 / 1,990엔
- 퍼블리셔 / 이머지니어

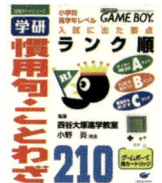

초등학생용 『합격 보이』 시리즈 제1탄으로 관용구나 속담을 수록했지만 성인이 접해도 도움이 될 만한 내용으로 구성되어 있다.

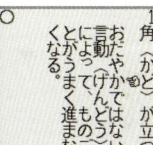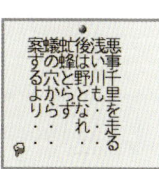

코나미 GB 컬렉션 VOL.3

- 발매일 / 1998년 2월 19일
- 가격 / 3,980엔
- 퍼블리셔 / 코나미

『그라디우스II』『드라큘라 전설II』『이얼 쿵푸』『결국 남극대모험』까지, 총 4작품이 수록되었다.

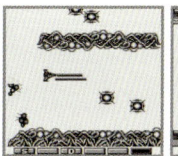

GAME BOY 1998

네이비 블루 98
- 발매일 / 1998년 2월 20일 ● 가격 / 3,980엔
- 퍼블리셔 / 쇼우에이 시스템

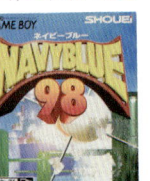 

90년에 발매된 『네이비 블루』의 속편 격 작품이다. 흔히 말하는 『해전 게임』을 진화시킨 듯한 게임.

포켓 쿄로짱
- 발매일 / 1998년 2월 27일 ● 가격 / 3,980엔
- 퍼블리셔 / 토미

 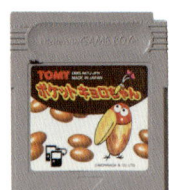

쿄로짱이 주인공인 어드벤처 게임으로 육성 요소가 준비되어 있다. 배가 고파지면 초코볼이 나설 차례!

  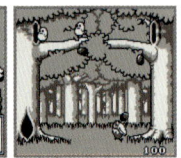

몬스터★레이스
- 발매일 / 1998년 3월 6일 ● 가격 / 3,980엔
- 퍼블리셔 / 코에이

인카운트 시 레이스가 진행되고, 승리하면 사용한 몬스터에게 경험치가 들어가서 동료가 된다는 특이한 시스템을 갖추고 있다.

 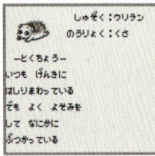 

이니셜D 외전
- 발매일 / 1998년 3월 6일 ● 가격 / 3,980엔
- 퍼블리셔 / 코단샤

만화 원작 레이싱 게임으로 시나리오를 클리어할 때마다 주인공이 바뀐다. 총 4명 분량의 시나리오가 수록되어 있다.

파친코 CR 대공의 겐상 GB
- 발매일 / 1998년 3월 13일 ● 가격 / 3,980엔
- 퍼블리셔 / 일본 텔레넷

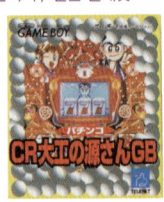 

당시 파친코 업소에서 엄청난 인기를 모았던 『CR 대공의 겐상』에 특화된 파친코 게임이다. 리치 시에는 화면이 확대되는 것이 특징.

포켓 러브2
- 발매일 / 1998년 3월 13일 ● 가격 / 4,800엔
- 퍼블리셔 / 키드

연애 시뮬레이션 시리즈 두 번째 작품으로 CD 동봉판도 발매되었다. 등장 히로인은 10명으로 늘어났다.

코나미 GB 컬렉션 VOL.4

- 발매일 / 1998년 3월 19일 ● 가격 / 3,980엔
- 퍼블리셔 / 코나미

『파로디우스다!』, 『퀴스』, 『코나미 스포츠』, 『프로거』까지, 총 4개 작품이 수록되었다. 이중 『프로거』는 신규 이식작이다.

 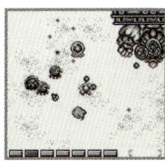 

합격 보이 시리즈 Z회 〈예문으로 외우는〉 중학 영단어 1132

- 발매일 / 1998년 3월 20일 ● 가격 / 2,000엔
- 퍼블리셔 / 이머지니어

Z회가 감수한 중학생용 영어 단어 학습 소프트로 1,132개 단어를 수록했고 예문도 표시된다.

 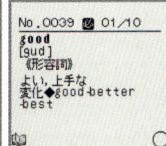 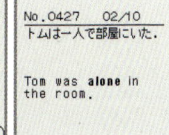

통조림 몬스터

- 발매일 / 1998년 3월 20일 ● 가격 / 4,500엔
- 퍼블리셔 / 아이맥스

리얼 타임제 육성 게임이다. 내장 시계가 탑재되어 게임을 플레이하지 않는 상태에서도 몬스터의 포만감이 줄어들게 된다.

도라에몽 카트

- 발매일 / 1998년 3월 20일 ● 가격 / 3,980엔
- 퍼블리셔 / 에폭사

『도라에몽』의 캐릭터들이 '트랙 카트'에 도전한다. 화면은 유사 3D 형태이며 캐릭터는 5명 중 한 명을 선택할 수 있다.

메다로트 파츠 컬렉션

- 발매일 / 1998년 3월 20일 ● 가격 / 3,980엔
- 퍼블리셔 / 이머지니어

한정 판매된 물건으로 메다로트에서 사용하는 파츠를 모두 얻을 수 있고 파츠를 본편에 전송시킬 수도 있다.

합격 보이 시리즈 야마카와 일문일답 세계사 B 용어 문제집

- 발매일 / 1998년 3월 20일 ● 가격 / 2,480엔
- 퍼블리셔 / 이머지니어

 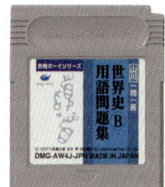

역사 교과서에서 압도적인 점유율을 자랑하는 야마카와 출판사에서 감수한 세계사 문제집이다. 암기와 테스트를 반복 학습할 수 있다.

 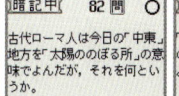 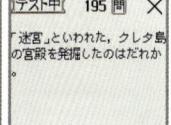

열투 리얼 바우트 아랑전설 스페셜

- 발매일 / 1998년 3월 27일 ● 가격 / 3,980엔
- 퍼블리셔 / 타카라

『아랑전설』시리즈 여섯 번째 작품을 『열투』시리즈로 이식한 버전. 원작에 비해 캐릭터 수는 적지만 나름대로 라인 이동까지는 재현이 되었다.

합격 보이 시리즈 키리하라 서점 빈출 영문법·어법 문제 1000

- 발매일 / 1998년 4월 22일 ● 가격 / 2,480엔
- 퍼블리셔 / 이머지니어

수많은 참고서를 출판하고 있는 키리하라 서점에서 감수했다. 영문법과 어법이 1,000 문제 수록되어 있으며 예문도 풍부하다.

 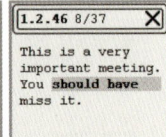

합격 보이 시리즈 야마카와 일문일답 신 과정 일본사 B 용어 문제집

- 발매일 / 1998년 4월 22일 ● 가격 / 2,480엔
- 퍼블리셔 / 이머지니어

세계사판과 동일하게 야마카와 출판사에서 감수했다. 일본 역사의 주요 용어와 그에 대한 설명을 테스트 형식으로 외울 수 있다.

포켓 배스 피싱

- 발매일 / 1998년 4월 24일 ● 가격 / 3,980엔
- 퍼블리셔 / 보톰 업

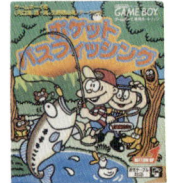 

대전 모드가 독특한 배스 낚시 게임이다. 대전 상대로는 인간뿐 아니라 개구리·두더지·곰·오리 등이 준비되어 있다.

  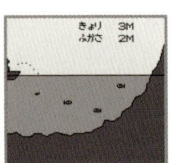

셀렉션 I & II 선택받은 자 & 암흑의 봉인

- 발매일 / 1998년 5월 1일 ● 가격 / 3,980엔
- 퍼블리셔 / 켐코

기존에 발매된 커맨드 선택 방식의 RPG 『셀렉션』 두 작품을 묶은 타이틀. 「I」과 「II」 어느 쪽이든 먼저 시작할 수 있다.

 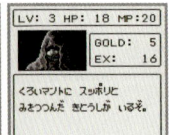 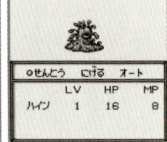

애니멀 브리더2

- 발매일 / 1998년 5월 15일 ● 가격 / 4,800엔
- 퍼블리셔 / J윙

동물 육성 게임 두 번째 작품으로, 육성한 동물로 콘테스트에서 우승하는 것이 목적이다. 각종 커맨드로 능력치를 올리게 된다.

  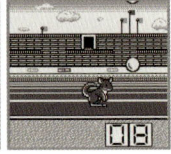

일본 대표팀 영광의 일레븐

- 발매일 / 1998년 5월 22일 ● 가격 / 3,580엔
- 퍼블리셔 / 토미

일본 대표팀을 이끌고 싸우는 축구 게임이다. 예선부터 결승 리그, 우승 토너먼트까지 수많은 시합에서 승리해 나가야 한다.

 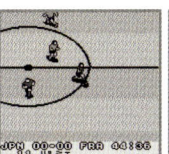 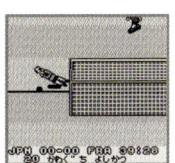

메다로트 파츠 컬렉션2

- 발매일 / 1998년 5월 29일 ● 가격 / 3,980엔
- 퍼블리셔 / 이머지니어

한정 판매되었던 『파츠 컬렉션』의 일반 판매 버전이다. 주인공은 조금 특이하지만 내용물은 기존과 거의 동일하다.

합격 보이 시리즈 학연 초등학교 고학년 레벨 입시에 나온 요점 랭크 순서 역사 512

- 발매일 / 1998년 5월 29일 ● 가격 / 1,990엔
- 퍼블리셔 / 이머지니어

초등학교 고학년용 역사 문제집으로 카마쿠라 막부 시작이 1192년이라는 등 현재의 교과서와는 일부 해석이 다른 것이 특징.

 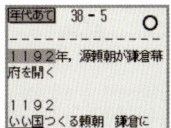 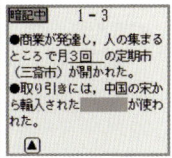

월드 사커 GB

- 발매일 / 1998년 6월 4일 ● 가격 / 3,980엔
- 퍼블리셔 / 코나미

각국의 대표팀을 사용할 수 있는 축구 게임으로 포메이션 설정 및 선수 교체가 가능하다.

디노 브리더2

- 발매일 / 1998년 6월 5일 ● 가격 / 4,800엔
- 퍼블리셔 / J윙

게임 내 대부분의 시스템을 첫 작품으로부터 이어받았지만 퓨전 장치에 DNA를 추가할 수 있게 되어서 파고들기 요소가 늘어났다.

 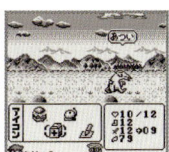 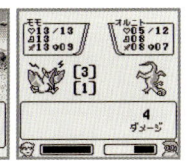

미니사구 GB Let's & Go!! 올스타 배틀 MAX

- 발매일 / 1998년 6월 19일 ● 가격 / 4,800엔
- 퍼블리셔 / 아스키

코스의 수가 늘어난 것은 물론이고 애니메이션 버전에 등장했던 GP팀과 배틀 레이스가 추가되는 등 전작에 비해 대폭적으로 파워업 한 타이틀이다.

  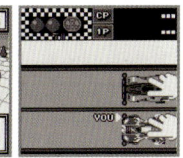

GAME BOY 1998

닌타마 란타로 GB 그림 맞추기 챌린지 퍼즐

- 발매일 / 1998년 6월 19일
- 가격 / 3,980엔
- 퍼블리셔 / 컬처 브레인

조각난 그림을 완성시키는 것이 게임의 목표. 블록을 부수거나 당겨서 하나의 그림을 만들어 나가게 된다.

 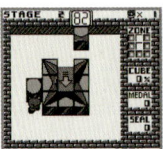 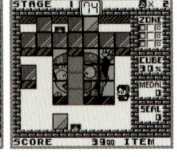

합격 보이 시리즈 ■난 머리를 ●게 한다. 숫자로 놀자 산수편

- 발매일 / 1998년 6월 26일
- 가격 / 2,480엔
- 퍼블리셔 / 이머지니어

『합격 보이』의 새로운 시리즈인 『■난 머리를 ●게 한다』 제1탄으로 산수 문제가 60개 수록되었다.

 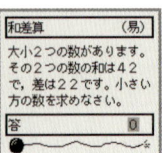 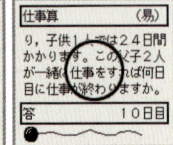

언제든지! 냥하고 원더풀

- 발매일 / 1998년 6월 26일
- 가격 / 3,980엔
- 퍼블리셔 / 반프레스토

개와 고양이를 육성하는 게임으로 플레이 스테이션에서 이식되었다. 돌본다거나, 미니 게임으로 성장시킨다거나, 교배를 시킬 수 있다.

  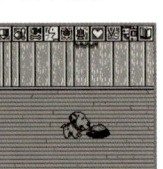

일간 베루토모 클럽

- 발매일 / 1998년 6월 26일
- 가격 / 4,500엔
- 퍼블리셔 / 아이맥스

삐삐에 초점을 맞춘 연애 시뮬레이션 게임으로 등장 캐릭터는 초등학생부터 대학생까지 다양하다. 그래픽과 폰트에 개성이 넘친다.

J리그 서포터 사커

- 발매일 / 1998년 6월 26일
- 가격 / 5,500엔
- 퍼블리셔 / J윙

프랑스 월드컵에 맞춰서 발매된 축구 게임이다. 팀 멤버를 선택하고 커맨드 선택 방식으로 경기를 진행하게 된다.

고기압 보이

- 발매일 / 1998년 7월 2일
- 가격 / 3,980엔
- 퍼블리셔 / 코나미

HP가 헥토파스칼로 표시되는 카드 배틀 게임이다. 플레이어는 고기압 세력에서 저기압의 왕과 싸우게 된다.

합격 보이 시리즈
99년도판 영단어 센터 1500

- 발매일 / 1998년 7월 10일 ● 가격 / 2,480엔
- 퍼블리셔 / 이머지니어

대학 입시용 영어 단어를 1,500 문제 수록. 전부 외운다면 시험이나 실생활에서 확실하게 도움이 되는 수준이다.

 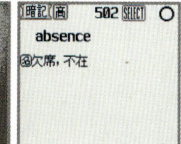 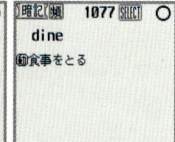

GO! GO! 히치하이크

- 발매일 / 1998년 7월 10일 ● 가격 / 4,800엔
- 퍼블리셔 / J윙

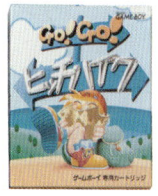 

히치하이크 여행을 모티브로 한 보드 게임이다. 히치하이크에 성공해야 룰렛으로 나온 수만큼 앞으로 나아갈 수 있는 구조.

도쿄 디즈니랜드 판타지 투어

- 발매일 / 1998년 7월 24일 ● 가격 / 4,200엔
- 퍼블리셔 / 토미

『신데렐라 성 미스터리 투어』의 속편이다. 어트랙션을 이용한 종류가 다른 미니 게임을 클리어해 나가게 된다.

폭조열전 쇼우 ~하이퍼·피싱~

- 발매일 / 1998년 7월 24일 ● 가격 / 3,980엔
- 퍼블리셔 / 스타 피시

독특한 낚시 게임으로 라이벌과 교대로 맵을 이동한다. 동료가 되는 캐릭터는 다수가 되었으며 특수한 스킬을 사용할 수 있다.

  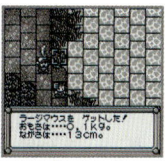

브레인 드레인

- 발매일 / 1998년 7월 31일 ● 가격 / 3,500엔
- 퍼블리셔 / 어클레임 재팬

화면 중앙의 그림을 4개 1세트로 회전시켜 왼쪽 상단의 그림과 동일하게 만들어야 한다. 룰과 조작 방식이 심플하지만 스테이지 수는 250개나 된다.

  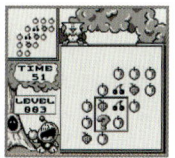

하야오시 퀴즈 ~왕좌 결정전~

- 발매일 / 1998년 7월 31일 ● 가격 / 3,980엔
- 퍼블리셔 / 자레코

스피드 퀴즈에 주안점을 둔 퀴즈 게임이다. 단순히 정답을 맞히기만 하는 것이 아니라 라이벌 캐릭터를 이길 스피드가 필요한 것이 핵심.

  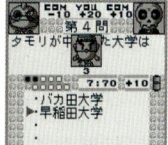

튜록 ~바이오노 사우르스의 싸움~

- 발매일 / 1998년 8월 7일 ● 가격 / 3,980엔
- 퍼블리셔 / 스타 피시

해외 제작사에서 개발한 사이드뷰 액션 게임으로 스테이지는 변화가 넘치고 무기는 상대에 따라 바꿔가며 사용해야 한다.

초마신영웅전 와타루 뒤죽박죽 몬스터2

- 발매일 / 1998년 8월 7일 ● 가격 / 3,980엔
- 퍼블리셔 / 반프레스토

「몬펫」을 진화시키는 게임으로 최종 목표는 다섯 종류의 드래곤 타입의 몬펫을 수집하는 것이다. 이번 작품에서는 먹이를 직접 제작할 수 있다.

 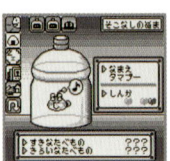 

포켓 패밀리 GB

- 발매일 / 1998년 8월 9일 ● 가격 / 3,980엔
- 퍼블리셔 / 허드슨

집 주인이 되어 이사 온 가족을 돌봐야 한다. 커맨드가 존재하고 정원에 구멍을 팔 수도 있는데 기본적으로는 가족을 지켜보는 게임이다.

포켓 장기

- 발매일 / 1998년 9월 11일 ● 가격 / 3,980엔
- 퍼블리셔 / 보톰 업

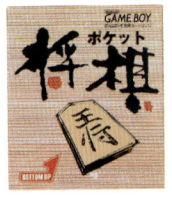 

심플한 장기 게임으로 CPU의 난이도는 3단계이다. 맞장기부터 비차와 각 빼기, 말 빼기 대국을 즐길 수 있다.

모탈 컴뱃 & 모탈 컴뱃 II

- 발매일 / 1998년 9월 11일 ● 가격 / 3,980엔
- 퍼블리셔 / 어클레임 재팬

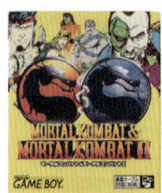 

『모탈 컴뱃』 두 작품을 플레이할 수 있다. 내용물은 과거에 발매되었던 것과 동일하며 볼거리는 역시 페이탈리티이다.

낚시 선생

- 발매일 / 1998년 9월 11일 ● 가격 / 4,800엔
- 퍼블리셔 / J윙

루어뿐 아니라 먹이 낚시도 가능한 낚시 게임이다. 대회에서 이기는 것이 목표이며 얼마나 희귀한 물고기를 낚느냐에 따라 승패가 결정된다.

포켓 골프

- 발매일 / 1998년 9월 25일 ● 가격 / 3,980엔
- 퍼블리셔 / 보톰 업

게임보이 진영에 참 오랜만에 발매된 골프 게임. 승자 진출식 매치 플레이와 토너먼트식 스트로크 플레이가 준비되어 있다.

 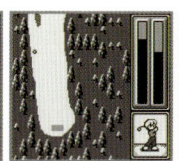 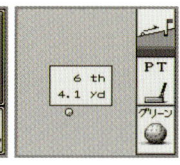

몬스터★레이스 한 그릇 더

- 발매일 / 1998년 10월 2일 ● 가격 / 3,980엔
- 퍼블리셔 / 코에이

같은 해에 발매되었던 『몬스터★레이스』의 또 다른 버전으로 라이벌과 플레이어의 입장이 바뀐 것이 특징이다. 몬스터의 수는 총 103종이다.

  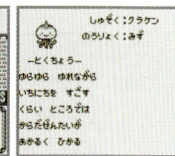

폭조 리트리브 마스터

- 발매일 / 1998년 10월 15일 ● 가격 / 3,980엔
- 퍼블리셔 / 코나미

RPG의 게임성을 갖춘 낚시 게임으로 레벨 개념이 존재하고 필살기도 사용할 수 있다. 전체적으로 루어 낚시를 다루는데 총 80가지의 루어가 등장한다.

 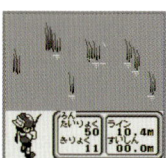 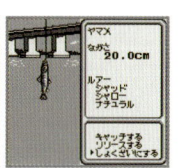

신경마귀족 포켓 자키

- 발매일 / 1998년 10월 16일 ● 가격 / 5,800엔
- 퍼블리셔 / 킹 레코드

『경마귀족』 시리즈가 새롭게 등장했다. 경마 예상뿐 아니라 말의 육성 게임도 수록되어 있는 것이 이 시대에 출시된 게임답다.

글로컬 헥사이트

- 발매일 / 1998년 10월 21일 ● 가격 / 3,980엔
- 퍼블리셔 / NEC 인터 채널

보드 게임을 콘솔 게임화 했다. 일반 대전 외에도 묘수풀이 문제가 50개 수록되어 있다.

 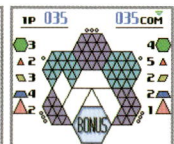 

포켓 볼링 GB

- 발매일 / 1998년 10월 23일 ● 가격 / 3,800엔
- 퍼블리셔 / 아테나

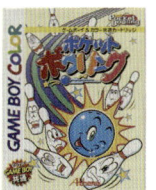 

90년에 발매된 『월드 볼링』의 속편격 작품이다. 캐릭터마다 성능이 다르며 일정 이상 스코어를 얻으면 클리어할 수 있다.

  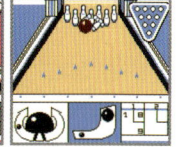

포켓 전차

- 발매일 / 1998년 10월 30일 ● 가격 / 3,980엔
- 퍼블리셔 / 코코넛츠 재팬 엔터테인먼트

어디선가 본 것 같은 전차 운전 게임으로 야마노테선, 오사카 환상선을 클리어하면 특급 전차에 도전할 수 있다.

  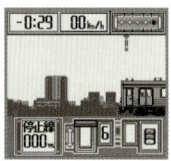

본격 장기 장기왕

- 발매일 / 1998년 11월 13일 ● 가격 / 3,980엔 — GAME BOY COLOR 호환
- 퍼블리셔 / 와라시

게임보이 컬러에 최초로 대응된 장기 게임이다. 대국에서는 CPU의 난이도를 비롯해서 말 빼기 대국이 선택 가능하며 장기 묘수풀이도 수록되어 있다.

산리오 타임넷 과거편

- 발매일 / 1998년 11월 27일 ● 가격 / 3,500엔 — GAME BOY COLOR 호환
- 퍼블리셔 / 이머지니어

산리오 캐릭터를 사용한 캐릭터 육성 RPG이며 흔히들 얘기하는 『포켓몬』 계열의 게임이다. 몬스터의 수가 많은 편이고 진화도 할 수 있다.

산리오 타임넷 미래편

- 발매일 / 1998년 11월 27일 ● 가격 / 3,500엔 — GAME BOY COLOR 호환
- 퍼블리셔 / 이머지니어

『과거편』의 다른 버전이다. 『포켓몬』의 대성공 덕분에 당시 이런 게임 방식이 크게 유행했다.

슈퍼 블랙 배스 포켓3

- 발매일 / 1998년 11월 27일 ● 가격 / 3,980엔 — GAME BOY COLOR 호환
- 퍼블리셔 / 스타 피시

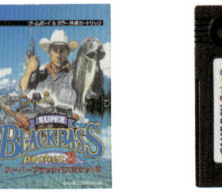

GB에서는 시리즈 세 번째 작품이며 처음으로 컬러에 호환되었다. 장르는 친숙한 낚시 게임이지만 이번 작품의 특징은 바다낚시라는 점이다.

로봇 폰코츠 태양 버전

- 발매일 / 1998년 12월 4일 ● 가격 / 3,980엔 — GAME BOY COLOR 호환
- 퍼블리셔 / 허드슨

『별 버전』과 같은 날에 발매되었으며 등장하는 로보폰의 종류와 출현 확률이 다르다. 그 밖의 내용은 기본적으로 동일하다.

카라무쵸는 대소동! ~폴린키즈와 이상한 친구들~

- 발매일 / 1998년 12월 11일 ● 가격 / 3,980엔
- 퍼블리셔 / 스타 피시

GAME BOY COLOR 호환 / 전용

전년도에 발매되었던 『카라무쵸의 대사건』의 속편이다. 이번 작품 역시 코이케야의 과자가 다수 등장하는 액션 퍼즐이다.

게임보이 모노폴리

- 발매일 / 1998년 12월 11일 ● 가격 / 3,980엔
- 퍼블리셔 / 해즈브로 재팬

GAME BOY COLOR 호환 / 전용

게임보이로 선보이는 두 번째 『모노폴리』이며, 컬러화 되었다. 고전 명작 보드게임을 즐길 수 있는 작품이다.

 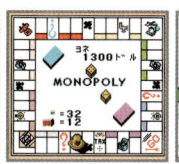 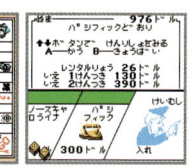

바코드 대전 바디건

- 발매일 / 1998년 12월 11일 ● 가격 / 5,500엔
- 퍼블리셔 / 탐

GAME BOY COLOR 호환 / 전용

바코드 데이터를 읽어서 알을 입수하고 그것을 키워서 싸우게 되는 육성형 RPG이다. 바코드 리더기가 동봉되어서 발매된 것이 특징.

페어리 키티의 개운 사전 ~요정 나라의 점술 수행~

- 발매일 / 1998년 12월 12일 ● 가격 / 3,980엔
- 퍼블리셔 / 이머지니어

GAME BOY COLOR 호환 / 전용

키티가 주인공인 운세 소프트로 다양한 운세 외에도 미니 게임을 플레이할 수 있다.

프리쿠라 포켓3 ~탤런트 데뷔 대작전

- 발매일 / 1998년 12월 18일 ● 가격 / 3,980엔
- 퍼블리셔 / 아틀라스

시리즈 세 번째 작품인데 작품마다 장르가 다르다는 것이 재미있다. 본 작품은 어드벤처 게임의 구성을 취하고 있는 미니 게임 모음집이다.

포켓 컬러 블록

- 발매일 / 1998년 12월 18일 ● 가격 / 3,980엔
- 퍼블리셔 / 보톰 업

GAME BOY COLOR 호환 / 전용

흔히 말하는 '블록 깨기' 게임이지만 드래곤 이미지의 패들이 차이점이다. 키 조작을 통해 늘어나거나 줄어들기도 한다.

  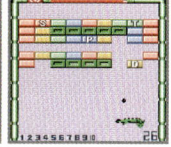

GAME BOY 1998

더·수도고 레이싱
- 발매일 / 1998년 12월 18일 ● 가격 / 3,980엔 **GAME BOY COLOR** 호환
- 퍼블리셔 / 포니 캐니언

탑뷰 레이싱 게임으로 상금을 사용해서 머신을 튜닝하고 레이스에서 계속 승리해 나가는 내용을 담고 있다.

마작 퀘스트
- 발매일 / 1998년 12월 23일 ● 가격 / 3,980엔 **GAME BOY COLOR** 호환
- 퍼블리셔 / J윙

100 게임을 이겨야 하는 방대한 모드의 마작 게임. 캐릭터 디자인이 개성 만점이며 레벨업 되면 필살기를 사용할 수 있는 것이 재밌다.

합격 보이 시리즈 「읽고 푸는 고문 단어」 준거 Z회 〈예문으로 외운다〉 궁극의 고문 단어 ~고문 지식·문법 기초 다지기~
- 발매일 / 1998년 12월 25일 ● 가격 / 2,000엔
- 퍼블리셔 / 이머지니어

『합격 보이』 시리즈에서 처음으로 고문을 다룬 작품이다. 시험에 많이 나오는 고문 단어를 예문을 활용해서 해설해준다.

 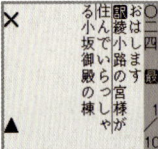 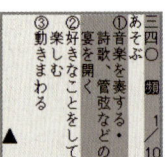

코지마 타케오·나다 마사타로의 실전 마작 교실
- 발매일 / 1998년 12월 25일 ● 가격 / 3,800엔
- 퍼블리셔 / 갭스

유명 마작 프로 두 명의 이름을 내건 마작 게임으로 '무엇을 버릴까'와 같은 마작 퀴즈 외에도 2인 마작 대국을 즐길 수 있다.

  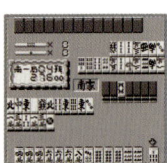

COLUMN

게임보이 공략본 소개②

『슈퍼 힌트북 BATMAN』

토쿠마 커뮤니케이션즈 간행

『슈퍼 힌트북 네메시스』

토쿠마 커뮤니케이션즈 간행

『슈퍼 힌트북 아야카시의 성』

토쿠마 커뮤니케이션즈 간행

『슈퍼 힌트북 하이퍼 로드 런너』

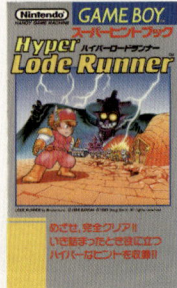

토쿠마 커뮤니케이션즈 간행

GAME BOY
GAME BOY COLOR
1999년

GAME BOY COMPLETE GUIDE

포켓몬스터 골드

- 발매일 / 1999년 11월 21일 ● 가격 / 3,800엔
- 퍼블리셔 / 닌텐도

GAME BOY COLOR 호환

『포켓몬』 시리즈 두 번째 작품으로 게임보이 컬러에 호환된다. 『포켓몬스터 실버』와 같은 날에 출시되었으며 기본적인 시스템은 전작과 동일하다. 몬스터볼로 포켓몬을 포획하고 육성해나가는 육성형 RPG인데, 등장하는 포켓몬의 종류가 250종이 넘으며 이는 전작 대비 100종이 늘어난 양이다. 내장 시계를 이용한 리얼 타임제라는 새로운 시스템을 도입함으로써 현실 시간과 게임 내 시간이 링크되어 있다. 또한 포켓몬에게 성별이 생겨서 암수 포켓몬을 맡기면 알을 얻을 수 있는 새로운 요소가 존재한다.

힘내라 고에몽 ~텐구당의 역습~

- 발매일 / 1999년 1월 14일 ● 가격 / 4,300엔
- 퍼블리셔 / 코나미

GAME BOY COLOR 호환

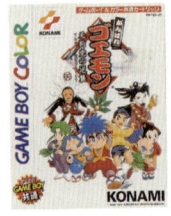

게임보이에서 출시된 세 번째 타이틀이자 컬러에 호환되는 첫 번째 작품이다. 장르는 전형적인 커맨드 선택 방식의 RPG이며 주인공은 평범한 소년, 스토리는 타임 슬립물이다.

B 비다맨 폭외전 ~빅토리로 가는 길~

- 발매일 / 1999년 1월 29일 ● 가격 / 3,980엔
- 퍼블리셔 / 미디어 팩토리

GAME BOY COLOR 호환

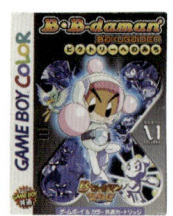

『비다맨』은 비 구슬 등을 발사하는 완구이며 본 작품은 그 캐릭터를 활용한 『봄버맨』의 파생 작품이자 RPG이다. 전투는 카드 배틀 요소의 턴제로 구성되어 있다.

두근두근 메모리얼 Pocket 컬처편
~나무잎 사이로 비치는 햇빛의 멜로디~

- 발매일 / 1999년 2월 11일 ● 가격 / 4,300엔
- 퍼블리셔 / 코나미

GAME BOY COLOR 호환

코나미의 인기 연애 시뮬레이션을 GB로 이식. 본 작품은 컬처편으로 문과 계열의 부활동이나 귀가부(부활동이 없음을 의미–역주) 등의 여성 캐릭터가 등장한다. 그래픽이 고품질이고 이식도가 매우 높다.

두근두근 메모리얼 Pocket
스포츠편 ~ 교정의 포토그래프 ~

- 발매일 / 1999년 2월 12일 ● 가격 / 4,300엔
- 퍼블리셔 / 코나미

GAME BOY COLOR 호환

스포츠편은 주로 운동 쪽 부활동에 소속된 캐릭터가 등장한다. 풀 보이스는 아니지만 음성이 들어간 장면도 존재하며 후지사키 시오리, 이주인 레이, 타테바야시 미하루, 사오토메 요시오는 두 작품에 모두 등장한다.

화석창세 리본 II ~몬스터 디거~

- 발매일 / 1999년 2월 19일 ● 가격 / 3,980엔
- 퍼블리셔 / 스타 피시

GAME BOY COLOR 호환

전년도에 발매되었던 『화석창세 리본』의 속편으로 장르는 로그계 RPG. 던전에서 화석을 찾아내고 이를 통해 복원한 몬스터를 육성한다는 내용을 담고 있다.

포용의 던전 룸 –대패수 이야기–

- 발매일 / 1999년 3월 5일 ● 가격 / 3,980엔
- 퍼블리셔 / 허드슨

GAME BOY COLOR 호환

88년에 패미컴으로 발매된 『패수 이야기』의 파생작으로 전년도에 발매된 『대패수 이야기 더・미라클 오브 더・존』과는 다르게 땅을 파서 던전을 탐사해나가는 RPG이다.

비트매니아 GB

- 발매일 / 1999년 3월 12일 ● 가격 / 4,300엔
- 퍼블리셔 / 코나미

GAME BOY COLOR 호환

아케이드로 큰 인기를 얻었던 리듬 게임을 이식했다. 게임보이 사양에 맞춰 AB 버튼, 십자 키, 여기에 스타트 버튼까지 동원해서 조작하게 된다.

격투 비스트 워즈 비스트 전사 최강 결정전

- 발매일 / 1999년 3월 19일 ● 가격 / 3,680엔
- 퍼블리셔 / 타카라

GAME BOY COLOR 호환

애니메이션을 원작으로 삼은 2D 대전 격투 게임으로 등장 캐릭터가 많고 각각 변형 능력을 갖추고 있다. 커맨드 입력으로 필살기를 사용할 수 있는데 특정 조건을 만족시키면 초필살기와 격렬 필살기도 사용할 수 있다.

파워 프로군 포켓

- 발매일 / 1999년 4월 1일 ● 가격 / 4,500엔
- 퍼블리셔 / 코나미

GAME BOY COLOR 호환

전년도에 출시된 『파워 프로 GB』를 이은 작품으로, 본 작품부터 『파워 프로군 포켓』이라는 명칭이 사용되었다. 인기 있는 석세스 모드가 탑재되었고 시리즈의 인기 역시 정착되어 갔다.

 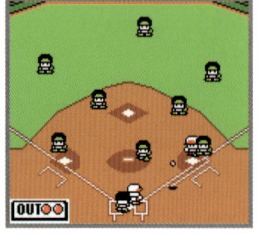

카토 히후미 9단의 장기 교실

- 발매일 / 1999년 4월 9일 ● 가격 / 3,200엔
- 퍼블리셔 / 컬처 브레인

GAME BOY COLOR 호환

기사 은퇴 후 현재는 탤런트로 활약 중인 카토 히후미 9단이 감수한 장기 게임이다. 일반 대국 외에도 묘수풀이나 과거 기보가 수록되어서 실력 향상에 도움이 된다.

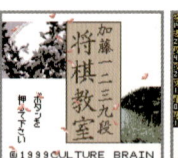 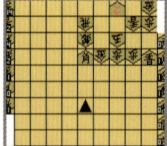 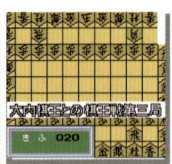

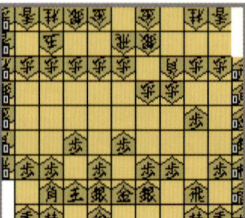 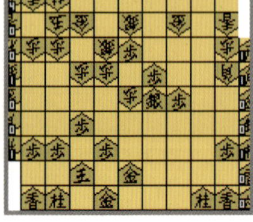

노부나가의 야망 게임보이판2

- 발매일 / 1999년 4월 9일　● 가격 / 4,800엔
- 퍼블리셔 / 코에이

GAME BOY COLOR 호환

PC와 아케이드용 기기로 발매된 『전국군웅전』을 이식하였다. 내정으로 자국을 부강하게 하고 병사를 키워 인근 국가를 공격하는 방식의 게임성은 이때 완성되었다고 봐도 무방하다.

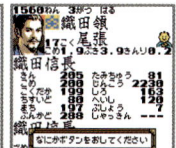

포켓몬 핀볼

- 발매일 / 1999년 4월 14일　● 가격 / 3,800엔
- 퍼블리셔 / 닌텐도

GAME BOY COLOR 호환

『포켓몬』 캐릭터를 활용한 핀볼 게임으로 필드에는 다양한 캐릭터가 흩어져 있다. 기믹이나 보너스 스테이지도 『포켓몬』에서 따왔기 때문에 팬이라면 원할 수밖에 없는 작품이다.

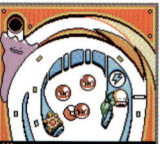

골프 DE 오하스타

- 발매일 / 1999년 4월 23일　● 가격 / 3,980엔
- 퍼블리셔 / 에폭사

GAME BOY COLOR 호환

현재도 TV 도쿄 계열에서 방송되고 있는 「오하스타」의 야마짱과 레이몬드가 등장하는 골프 게임이다. 스트로크 플레이와 투어 모드를 플레이할 수 있고 3가지 코스가 준비되어 있다.

푸치캐럿

- 발매일 / 1999년 4월 23일　● 가격 / 3,800엔
- 퍼블리셔 / 타이토

GAME BOY COLOR 호환

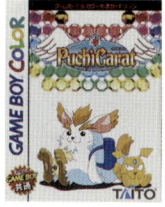

아케이드용 대전형 블록 깨기를 이식한 것으로, 블록을 조각내서 떨어뜨리며 상대를 공격하게 된다. 이야기 모드로 CPU 캐릭터와 대전할 수 있으며 타임 어택 모드도 존재한다.

GAME BOY 1999

탑기어 · 포켓

- 발매일 / 1999년 4월 23일 ● 가격 / 4,500엔
- 퍼블리셔 / KEMCO

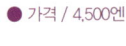

최초의 게임보이 컬러 "전용" 소프트. 장르는 유사 3D 레이싱 게임으로 랠리카로 사막길이나 눈길 코스를 달리게 된다. 카트리지에는 진동 기능이 갖춰져 있다.

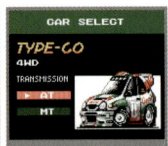

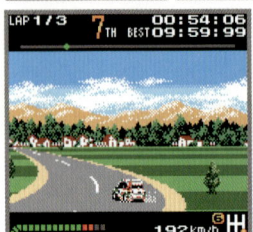

It's a 월드 랠리

- 발매일 / 1999년 5월 13일 ● 가격 / 4,300엔
- 퍼블리셔 / 코나미

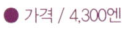
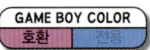

코나미에서 발매한 유사 3D 랠리 레이싱 게임이다. 플레이어는 특정 클럽에 소속되어 세계 각국의 코스를 주파하게 되는데 최종 목표는 월드 랠리에서 우승하는 것!

포켓 GI 스테이블

- 발매일 / 1999년 4월 28일 ● 가격 / 4,500엔
- 퍼블리셔 / 코나미

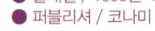

슈퍼패미컴으로 발매된 『스테이블 스타』의 게임보이 버전이다. 경주마 육성 & 마굿간 경영으로 구성된 시뮬레이션이며 G1 레이스 제패를 노리는 것이 목표이다.

카드 캡터 사쿠라 ~늘 사쿠라와 함께~

- 발매일 / 1999년 5월 15일 ● 가격 / 3,980엔
- 퍼블리셔 / 엠 · 티 · 오

애니메이션을 원작으로 삼은 어드벤처 게임. 내장 시계 덕분에 게임 내 시간 개념이 존재하며 커맨드 아이콘을 선택해서 게임을 진행하게 된다. 전투는 카드 배틀 방식.

피트폴 GB

- 발매일 / 1999년 5월 28일
- 가격 / 3,980엔
- 퍼블리셔 / 포니 캐니언

GAME BOY COLOR 호환

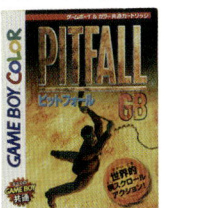 

1982년 액티비전에서 개발한 점프 액션 게임과 연결되는 내용으로 주인공의 무기는 줄사다리. 신중한 조작이 요구되며 스테이지가 다채로운 것이 매력적이다.

학급왕 야마자키 게임보이판

- 발매일 / 1999년 5월 29일
- 가격 / 3,980엔
- 퍼블리셔 / 코에이

GAME BOY COLOR 호환

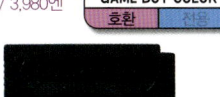 

개그 만화를 원작으로 삼은 게임으로 대변을 육성한다는 엄청난 내용의 작품이다. 미니 게임과 배틀로 대변을 키우며 학급왕을 목표로 하게 된다.

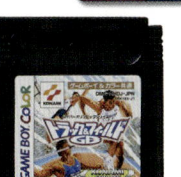

하이퍼 올림픽 시리즈 트랙 & 필드 GB

- 발매일 / 1999년 7월 1일
- 가격 / 4,300엔
- 퍼블리셔 / 코나미

GAME BOY COLOR 호환

코나미가 잘 만드는 올림픽 게임으로 본작에선 10종 경기를 다룬다. 2일 동안 10종 경기를 치른 다음 종합 점수로 순위를 겨루는데, 캐릭터를 육성하는 트레이닝 모드도 준비되어 있다.

유☆희☆왕 듀얼 몬스터즈 II 암계 결투기

- 발매일 / 1999년 7월 8일
- 가격 / 4,500엔
- 퍼블리셔 / 코나미

GAME BOY COLOR 호환

시리즈 두 번째 작품이며 게임보이 컬러에 호환되었다. 전작과 비교해서 카드 수가 대폭 늘어났으며 시스템에도 변화가 존재한다. 애니메이션의 인기에 힘입어 100만 개 이상이 출하!

GAME BOY 1999

도라에몽 걸어라 걸어라 라비린스

- 발매일 / 1999년 7월 23일
- 가격 / 3,980엔
- 퍼블리셔 / 에폭사

GAME BOY COLOR 호환 / 전용

도라에몽 캐릭터를 활용한 액션 퍼즐 게임. 마음대로 나아가는 노비타(진구)를 골까지 유도해야 하는데 스테이지에는 다양한 기믹이 존재하며 이를 이용하는 것이 중요하다.

메다로트2 카부토 버전

- 발매일 / 1999년 7월 23일
- 가격 / 3,980엔
- 퍼블리셔 / 이머지니어

GAME BOY COLOR 호환 / 전용

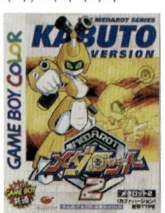 

만화 원작 육성 RPG의 제2탄으로 전작처럼 쿠와가타 버전과 동시 발매되었다. 파츠를 바꾸면 다양한 전략을 짤 수 있어서 전투가 훨씬 심오해지는 것이 특징.

차세대 베이고마 배틀 베이블레이드

- 발매일 / 1999년 7월 23일
- 가격 / 3,980엔
- 퍼블리셔 / 허드슨

GAME BOY COLOR 호환 / 전용

베이고마의 발전형인 베이블레이드 장난감과 같은 시기에 발매된 RPG로 게임 내에서도 베이블레이드를 싸우게 한다. 이 당시에 출시된 게임답게 수집과 육성 요소를 갖추고 있다.

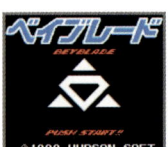  

스파이 앤드 스파이

- 발매일 / 1999년 7월 23일
- 가격 / 3,980엔
- 퍼블리셔 / KEMCO

GAME BOY COLOR 호환 / 전용

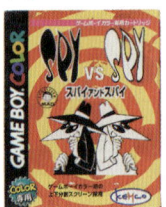 

다양한 하드웨어로 출시된 동명 게임을 이식했다. 상하로 2분할 된 화면에서 두 명의 스파이가 방을 탐색하는데, 특정 아이템을 소지해서 탈출하면 승리. 덫이나 직접 공격을 통해 상대를 방해할 수 있다.

GAME BOY 1999

삼국지 게임보이판2

- 발매일 / 1999년 7월 30일 ● 가격 / 4,800엔
- 퍼블리셔 / 코에이

GAME BOY COLOR 호환

『삼국지Ⅱ』의 이식작이자 게임보이에서는 시리즈 두 번째 작품이다. 전쟁에는 일기토가 탑재되었으며 무장의 성능이 특히 중요해졌다. 하지만 일부 커맨드는 생략.

 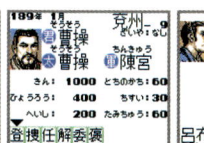 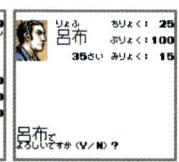

쵸로Q 하이퍼 커스터머블 GB

- 발매일 / 1999년 7월 30일 ● 가격 / 3,980엔
- 퍼블리셔 / 타카라

GAME BOY COLOR 호환

쵸로Q 레이스를 게임화. 커맨드 선택 방식의 어드벤처 모드로 스토리를 진행하면서 당구처럼 벽에 쵸로Q를 튕겨서 레이스를 진행하게 된다. 차량을 커스터마이즈하는 것도 중요!

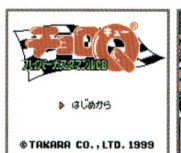  

 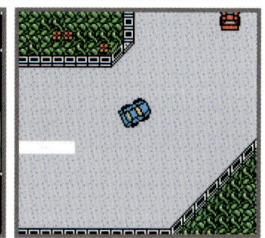

아더 라이프 애저 드림스 GB

- 발매일 / 1999년 8월 5일 ● 가격 / 4,300엔
- 퍼블리셔 / 코나미

GAME BOY COLOR 전용

플레이 스테이션으로 발매되었던 로그라이크 RPG의 이식 버전. 던전 탐색을 주축으로 사역마 합성과 육성 요소가 준비되어 있으며 실질적인 결말이 존재하지 않아서 오랫동안 플레이할 수 있다.

목장 이야기 GB2

- 발매일 / 1999년 8월 6일 ● 가격 / 3,980엔
- 퍼블리셔 / 팩·인·소프트

GAME BOY COLOR 호환

게임보이로 출시된 두 번째 작품으로 기본적인 게임성은 전작과 동일하다. 작물, 동물을 육성해서 판매하며 목장을 운영하게 되는데 식물·벌레·물고기를 도감에 싣는 수집 요소도 준비되어 있다.

GAME BOY 1999

마리오 골프 GB

● 발매일 / 1999년 8월 10일 ● 가격 / 3,800엔
● 퍼블리셔 / 닌텐도

GAME BOY COLOR 전용

닌텐도의 첫 번째 게임보이 컬러 전용 게임이다. 이 시기에 출시된 게임답게 육성 요소가 존재하는 것이 특징. 골프로 경험치를 얻고 레벨업 해서 능력을 향상시킨다.

Get 충 구락부 : 모두의 곤충대도감

● 발매일 / 1999년 8월 13일 ● 가격 / 4,400엔
● 퍼블리셔 / 자레코

GAME BOY COLOR 전용

이세계로 날아간 주인공이 곤충을 수집해야 하는 게임이다. 곤충은 종류에 따라 다양한 장소에 서식 중이며 총 200종을 수집하는 것이 게임의 목적. 등장하는 곤충이 모두 실존하는 종이라 학습용으로도 좋다.

섀도우 게이트 리턴

● 발매일 / 1999년 8월 13일 ● 가격 / 3,980엔
● 퍼블리셔 / KEMCO

GAME BOY COLOR 호환

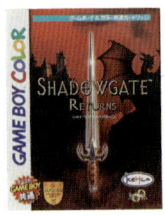

즉사 커맨드가 많기로 유명한 커맨드 선택 방식의 어드벤처 게임의 이식작이다. 셀프 커맨드로 아이템을 자신에게 사용하면 자살도 가능하며 이때 표시되는 대사를 보는 것도 즐거움 중 하나이다.

뿌요뿌요 외전 뿌요 워즈

● 발매일 / 1999년 8월 27일 ● 가격 / 3,980엔
● 퍼블리셔 / 컴파일

GAME BOY COLOR 호환

'뿌요'가 기체의 파일럿이 되어서 싸우는 시뮬레이션 RPG로 『마도물어』의 캐릭터는 등장하지 않는다. 이동과 공격에 포인트를 소비하는 포인트제 시스템을 갖추고 있다.

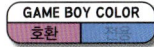

키세카에 모노가타리

- 발매일 / 1999년 9월 3일 ● 가격 / 3,800엔
- 퍼블리셔 / 팩·인·소프트

GAME BOY COLOR 호환

마법의 나라에서 온 마법소녀가 주인공이며 장르는 육성 시뮬레이션이다. 패션을 모티브로 삼고 의상 디자인을 입수한 다음 코디네이트하는 것이 이 게임의 핵심.

귀여운 펫샵 이야기

- 발매일 / 1999년 9월 23일 ● 가격 / 3,980엔
- 퍼블리셔 / 타이토

GAME BOY COLOR 호환

애완동물로 삼을 동물을 포획하고 키우면서 펫샵을 운영하게 된다. 펫에게는 영리함, 귀여움 등의 능력치가 존재하며 이를 통해 대회 입상도 목표로 삼게 된다.

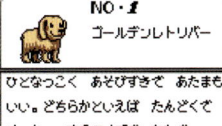
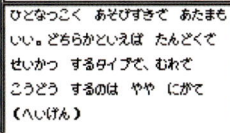

드래곤 퀘스트 I·II

- 발매일 / 1999년 9월 23일 ● 가격 / 4,900엔
- 퍼블리셔 / 에닉스

GAME BOY COLOR 호환

일본의 국민 RPG 첫 번째 작품과 두 번째 작품의 합본 이식작이다. 원조 패미컴 버전과 비교하면 게임 밸런스가 조정되었는데, 특히 지금도 난이도가 문제시 되는 「II」의 경우 클리어가 상당히 수월하다.

슈퍼로봇대전 링크 배틀러

- 발매일 / 1999년 10월 1일 ● 가격 / 4,500엔
- 퍼블리셔 / 반프레스토

GAME BOY COLOR 호환

기존 『슈퍼로봇대전』 시리즈와는 게임성이 크게 다르다. 팀전 배틀 게임이지만 전투는 1대 1로 진행되며 커맨드를 5회 선행 입력하는 미래 예측형 배틀을 지향하고 있다.

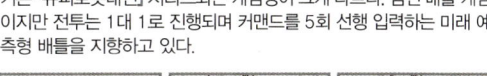

격투요리전설 비스트로 레시피
~ 격투★푸드 배틀편 ~

● 발매일 / 1999년 10월 8일　● 가격 / 3,980엔
● 퍼블리셔 / 반프레스토

GAME BOY COLOR 호환

요리를 모티브로 삼은 육성 RPG로 당시 유행이었던 『포켓몬』 계열 게임 중 하나. 요리를 기본으로 하면서 몬스터를 만들고 전투로 키워나가는 내용을 담고 있다.

데자뷰 I&II

● 발매일 / 1999년 10월 15일　● 가격 / 3,980엔
● 퍼블리셔 / KEMCO

GAME BOY COLOR 전용

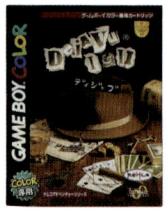 

해외 제작사에서 개발한 커맨드 선택 방식의 어드벤처 게임으로 『II』의 경우 본 타이틀이 유일한 일본어판이다. 어느 쪽이든 먼저 플레이할 수 있으며 즉사가 많은 것은 여전하다.

총강 전기 바렛 배틀러

● 발매일 / 1999년 10월 21일　● 가격 / 4,500엔
● 퍼블리셔 / 코나미

GAME BOY COLOR 호환

코나미에서 발매한 육성 게임으로 장르는 RPG이다. 로봇(배틀러)을 실체화시켜 싸우게 하는 게임으로 로봇은 포획할 수 있는 데다 진화・합체로 육성도 가능하다.

야광충 GB

● 발매일 / 1999년 10월 22일　● 가격 / 3,800엔
● 퍼블리셔 / 아테나

GAME BOY COLOR 전용

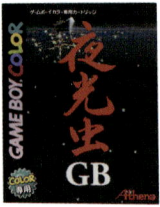 

게임보이로 처음 출시된 사운드 노벨이며 슈퍼패미컴 버전을 이식했다. 게임은 글을 읽으면서 진행하는 방식이며 분기점의 선택지를 통해 시나리오가 분기되기도 한다.

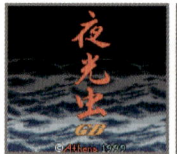  

메다로트2 파츠 컬렉션

● 발매일 / 1999년 10월 29일　● 가격 / 3,980엔
● 퍼블리셔 / 이머지니어

『메다로트2』의 파츠를 모두 수집할 수 있게 해주는 타이틀로, 본작만으로도 플레이는 가능하다. 전작처럼 본 타이틀을 통해 얻은 파츠를 본편에 전송할 수 있는데, 이 시스템이 이 게임의 존재 의의이기도 하다.

위저드리 엠파이어

● 발매일 / 1999년 10월 29일　● 가격 / 3,980엔
● 퍼블리셔 / 스타 피시

고전 RPG『위저드리』시리즈의 파생작이며『외전』으로부터 이어지는 일본제『위즈』이다. 기본은 3D 던전 RPG이며 오리지널 시리즈로부터 어레인지가 되었다.

  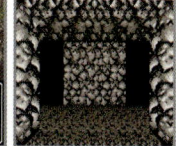

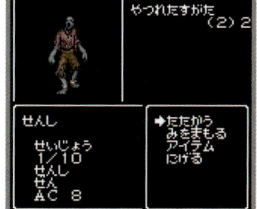 

컬럼스 GB 테즈카 오사무 캐릭터즈

● 발매일 / 1999년 11월 5일　● 가격 / 3,800엔
● 퍼블리셔 / 미디어 팩토리

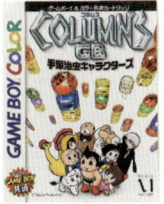 

테즈카 오사무의 만화 캐릭터가 등장하는『컬럼스』로 장르는 낙하형 퍼즐이다. 같은 보석을 가로, 세로, 대각선으로 3개 이상 모으면 지울 수 있는데, 본 작품은 보석의 형태를 선택할 수 있다는 특징이 있다.

 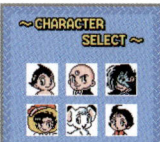 

R-TYPE DX

● 발매일 / 1999년 11월 12일　● 가격 / 3,980엔
● 퍼블리셔 / 아이렘

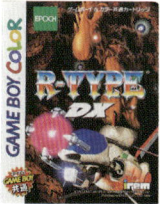 

1987년에 개발되었던 아케이드용 횡스크롤 슈팅을 GB로 이식했다. 스테이지 수는 줄었지만 원작의 분위기와 게임성만큼은 고스란히 재현된 심혈을 기울인 이식작이다.

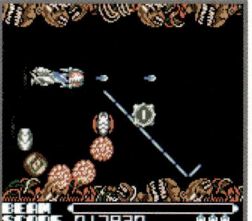 

테트리스 어드벤처 가자, 미키와 친구들

- 발매일 / 1999년 11월 12일 ● 가격 / 3,800엔
- 퍼블리셔 / 캡콤

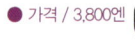

캡콤의 아케이드용 『매지컬 테트리스 챌린지』처럼 디즈니 캐릭터에 테트리스가 결합된 작품으로, 다양한 모드와 규칙의 『테트리스』를 플레이할 수 있다.

포켓몬스터 실버

- 발매일 / 1999년 11월 21일 ● 가격 / 3,800엔
- 퍼블리셔 / 닌텐도

『골드』와 동시 발매되었다. 『레드』와 『그린』처럼 『골드』와는 등장 포켓몬과 출현 확률이 다르며 나머지는 모두 『골드』와 동일하다. 전 세계에서 2,000만 개 이상의 매출을 기록했다.

근육 기록표 GB ~도전자는 너다!~

- 발매일 / 1999년 11월 25일 ● 가격 / 4,500엔
- 퍼블리셔 / 코나미

TBS 계열에서 방영된 『근육 기록표』를 게임화한 작품. 케인·코스기와 오사루가 도전자로 등장하며 다양한 경기를 치르게 되는데, 전체적으로는 미니 게임 모음집의 구성을 띠고 있다.

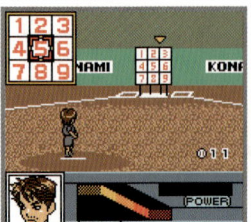

비트매니아 GB2 가챠 믹스

- 발매일 / 1999년 11월 25일 ● 가격 / 4,300엔
- 퍼블리셔 / 코나미

『비트매니아』의 게임보이 두 번째 작품. 기본적으로 전작과 게임성이 같지만 수록곡이 다른데 『밤하늘의 저편』 『내가 할머니가 되더라도』 『날아라! 건담』 등 25곡이 수록되었다.

더·그레이트 배틀 POCKET

- 발매일 / 1999년 12월 3일 ● 가격 / 3,980엔 **GAME BOY COLOR** 호환
- 퍼블리셔 / 반프레스토

『콘파치 히어로』 시리즈 중 하나이며 건담·가면 라이더·울트라맨의 캐릭터가 등장한다. 장르는 카드 배틀 중심의 RPG이며 육성과 수집 요소가 존재한다.

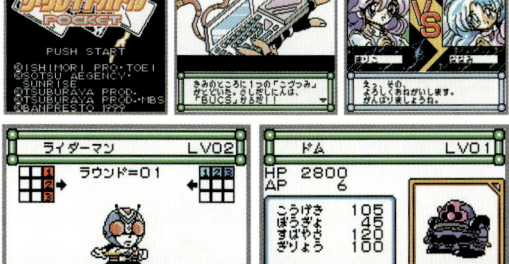

힘내라 고에몽 ~원령 여행길 뛰쳐나가라 나베부교!~

- 발매일 / 1999년 12월 16일 ● 가격 / 4,500엔 **GAME BOY COLOR** 호환
- 퍼블리셔 / 코나미

게임보이로 출시된 『힘내라 고에몽』 시리즈의 네 번째 작품으로 장르는 탑뷰 RPG. 전투는 캐릭터를 변경하면서 진행하게 되는데 적을 포획해서 파트너로 삼을 수 있는 것이 특징이다.

전차로 GO!

- 발매일 / 1999년 12월 10일 ● 가격 / 4,200엔 **GAME BOY COLOR** 전용
- 퍼블리셔 / 사이버 프론트

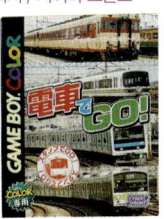 

아케이드용으로 대히트했던 작품을 GBC로 이식했다. 전용 컨트롤러가 출시된 적은 없지만 원작의 게임성을 잘 재현했고 산인 본선, 쿄헤이 토호쿠선, 야마노테선, 토카이도 본선의 총 4개 선로를 플레이할 수 있다.

봄버맨 MAX ~빛의 용자~

- 발매일 / 1999년 12월 17일 ● 가격 / 3,980엔 **GAME BOY COLOR** 전용
- 퍼블리셔 / 허드슨

『어둠의 전사』와 같은 날 발매되었다. 폭탄으로 적을 쓰러뜨리는 시스템만 놓고 보면 평범한 『봄버맨』이지만 구조해낸 '캐릭터 봉'을 데리고 다니며 성장시키는 육성 요소가 가미되어 있다.

춤추는 천재 펫! 댄싱 퍼비

- 발매일 / 1999년 12월 24일 ● 가격 / 3,980엔
- 퍼블리셔 / 토미

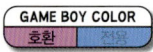

 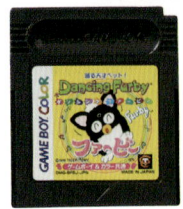

당시 미국과 일본에서 붐이었던 전자 펫 '퍼비'를 주인공으로 한 게임이다. 장르는 리듬 게임이며 리듬에 맞춰서 버튼을 누르면 화면 중앙의 퍼비가 춤을 춘다.

폭주 전기 메탈워커 GB ~강철 같은 우정~

- 발매일 / 1999년 12월 24일 ● 가격 / 4,300엔
- 퍼블리셔 / 캡콤

원래는 만보계를 이용한 육성 게임인데 이를 RPG화 한 것이 본작이다. 메탈워커라는 로봇을 충돌시켜 적에게 피해를 주는 전투 시스템이 특징이다.

몬스터 팜 배틀 카드 GB

- 발매일 / 1999년 12월 24일 ● 가격 / 3,980엔
- 퍼블리셔 / 테크모

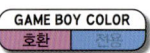

플레이 스테이션으로 히트했던 육성 게임 『몬스터 팜』을 토대로 한 카드 게임을 다시 콘솔 게임화 한 작품이다. 게임의 메인은 몬스터의 3대 3 카드 배틀!

기동전함 나데시코 루리루리 마작

- 발매일 / 1999년 12월 24일 ● 가격 / 3,980엔
- 퍼블리셔 / 킹 레코드

애니메이션 캐릭터가 등장하는 2인 마작 게임으로 스토리 모드와 프리 대전이 준비되어 있다. 상대를 이겨서 각 캐릭터의 트레이딩 카드를 수집해야 한다.

  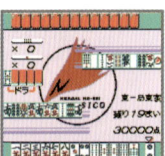

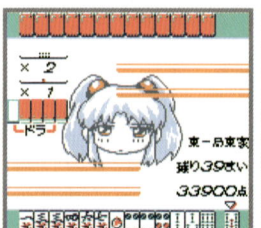 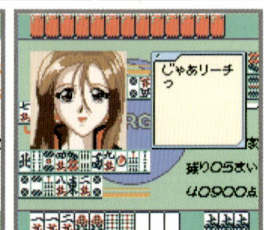

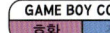
GAME BOY 1999

Pachinko Data Card 초 ~ 아타루군

- 발매일 / 1999년 1월 28일   ● 가격 / 4,980엔
- 퍼블리셔 / BOSS 커뮤니케이션즈

파친코 기기의 확률을 확인할 수 있는 데이터베이스를 비롯해서 자신의 성적도 기록할 수 있는 소프트이다.

 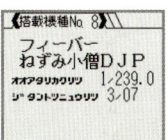 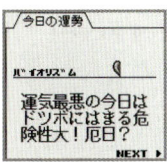

벅스 버니 크레이지 캐슬3

- 발매일 / 1999년 1월 29일   ● 가격 / 3,980엔
- 퍼블리셔 / KEMCO

GAME BOY COLOR 호환

벅스 버니가 주인공인 사이드뷰 액션 게임. 열쇠를 전부 수집한 다음 문을 열고 들어가면 스테이지를 클리어할 수 있다.

본격 4인 마작 마작왕

- 발매일 / 1999년 2월 26일   ● 가격 / 2,980엔
- 퍼블리셔 / 와라시

GAME BOY COLOR 호환

 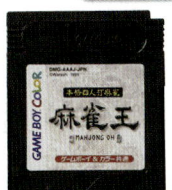

4인 마작 게임으로 수행여행 모드에서 마작 왕위전 우승을 목표로 삼고 전국 각지의 실력자들과 대국할 수 있다.

 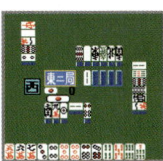 

햄스터 파라다이스

- 발매일 / 1999년 2월 26일   ● 가격 / 3,980엔
- 퍼블리셔 / 아틀라스

GAME BOY COLOR 호환

햄스터 육성 게임이다. 햄스터를 열심히 돌보고 성장시킨 다음 이를 교배시켜 다시 새끼 때부터 키우게 된다. 목표는 전설의 햄스터~!

ROX - 록스 -

- 발매일 / 1999년 3월 11일   ● 가격 / 3,980엔
- 퍼블리셔 / 알트론

GAME BOY COLOR 호환

주사위를 사용한 낙하형 퍼즐 게임으로 원조는 세가 새턴 버전 같은 눈의 주사위 2개 사이에 그 눈만큼의 주사위 개수를 끼워 넣으면 지워지는 구조이다.

합격 보이 시리즈
■난 머리를 ●게 한다. 산수 배틀편

- 발매일 / 1999년 3월 12일   ● 가격 / 2,480엔
- 퍼블리셔 / 이머지니어

『합격 보이』 시리즈에서 보기 드문 산수를 다룬 소프트로 계산 문제를 풀면서 산 정상을 목표로 삼는다.

 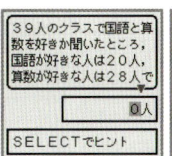 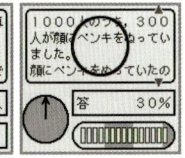

209

왕도둑 JING 엔젤 버전

- 발매일 / 1999년 3월 12일 ● 가격 / 3,980엔
- 퍼블리셔 / 메사이어

만화 원작 RPG로 전투는 몬스터를 걸고 진행되는데 승리하면 몬스터를 동료로 만들 수 있다. 동료 몬스터는 육성시킬 수 있으며 합체도 가능하다.

왕도둑 JING 데빌 버전

- 발매일 / 1999년 3월 12일 ● 가격 / 3,980엔
- 퍼블리셔 / 메사이어

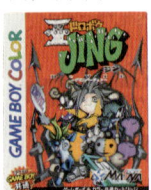 

『엔젤 버전』과 같은 날에 발매되었다. 시스템과 게임성은 동일하지만 몬스터의 종류와 출현 확률, 그리고 일부 이벤트가 다르다.

오하스타 야마짱 & 레이몬드

- 발매일 / 1999년 3월 12일 ● 가격 / 3,800엔
- 퍼블리셔 / 에폭사

90년에 발매되었던 『폭렬전사 워리어』의 캐릭터를 바꿔 넣은 타이틀이다. 장르는 액션 퍼즐이며 덤으로 운세도 볼 수 있다.

코시엔 포켓

- 발매일 / 1999년 3월 12일 ● 가격 / 3,980엔
- 퍼블리셔 / 마호

4,000개 이상의 실존 고교가 이름을 반전시켜서 등장한다. 목표는 당연히 코시엔 우승이며 시합 자체는 전형적인 야구 게임이다.

도라에몽 카트2

- 발매일 / 1999년 3월 12일 ● 가격 / 3,980엔
- 퍼블리셔 / 에폭사

1년 만에 발매된 속편이다. 전작으로부터의 변경점이라면 컬러 호환과 더불어 시나리오 모드의 추가가 있으며, 게임의 목표는 비밀 도구를 수집하는 것.

몬스터★레이스2

- 발매일 / 1999년 3월 19일 ● 가격 / 3,980엔
- 퍼블리셔 / 코에이

시리즈로는 『한 그릇 더』에 이은 세 번째 작품이다. 육성 레이싱 게임으로, 플레이어가 포획한 몬스터를 성장시켜서 싸우게 하는 방식.

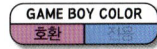

장기2

- 발매일 / 1999년 3월 19일
- 가격 / 3,480엔
- 퍼블리셔 / 포니 캐니언

GAME BOY COLOR 호환

89년에 발매되었던 『장기』를 컬러화 한 버전이다. 묘수풀이는 물론이고 상대의 말이 보이지 않는 상황의 이색적인 장기도 플레이할 수 있다.

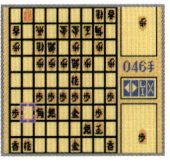

대패수 이야기 더·미라클 오브 더·존 II

- 발매일 / 1999년 3월 19일
- 가격 / 3,980엔
- 퍼블리셔 / 허드슨

GAME BOY COLOR 호환

1년 만에 발매된 두 번째 작품이며 컬러 호환용이다. 장르는 데크를 토대로 적과 배틀을 벌이는 카드 게임이다.

프로 마작 극 GBII

- 발매일 / 1999년 3월 19일
- 가격 / 4,200엔
- 퍼블리셔 / 아테나

GAME BOY COLOR 호환

실존하는 마작 프로와 대국이 가능하고 타이틀전을 비롯해 『무엇을 버릴까』『점수 계산』 등의 문제도 수록되어 있다.

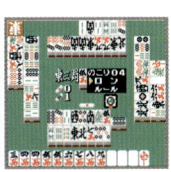

여신전생 외전 라스트 바이블

- 발매일 / 1999년 3월 19일
- 가격 / 3,980엔
- 퍼블리셔 / 아틀라스

GAME BOY COLOR 호환

92년에 발매되었던 동일 타이틀의 작품을 컬러화 한 버전이다. 게임 시스템과 시나리오는 앞 버전과 동일하지만 게임상 밸런스가 조정되었다.

QUI QUI

- 발매일 / 1999년 3월 26일
- 가격 / 3,980엔
- 퍼블리셔 / 마호

GAME BOY COLOR 호환

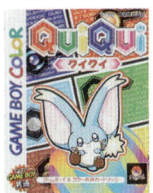

당시 유행했던 육성 게임 중 하나로 '쿠이쿠이'라 불리는 생물을 포획해서 육성한 다음 대회에서 승리해 나가는 게임이다.

버거버거 포켓

- 발매일 / 1999년 3월 26일
- 가격 / 3,800엔
- 퍼블리셔 / 갭스

GAME BOY COLOR 호환

햄버거 샵 경영을 토대로 만든 보드 게임이다. 룰렛을 돌려서 나온 숫자만큼 전진하고 식재료를 입수해서 햄버거를 만들게 된다.

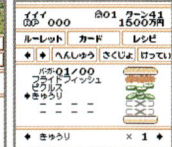

GAME BOY 1999

포켓 전차2
- 발매일 / 1999년 4월 2일 ● 가격 / 3,980엔
- 퍼블리셔 / 코코너츠 재팬

GAME BOY COLOR 호환

전차 운전 시뮬레이터의 두 번째 작품. 이번 작품에서는 오다큐선, 난카이선 외에도 유럽의 고속열차도 운전이 가능하다.

게임보이 갤러리3
- 발매일 / 1999년 4월 8일 ● 가격 / 3,500엔
- 퍼블리셔 / 닌텐도

GAME BOY COLOR 호환

게임 & 워치의 작품을 플레이할 수 있는 시리즈 세 번째 작품으로 『그린하우스』『동키콩』 등의 5개 작품과 그 어레인지 버전을 플레이할 수 있다.

체크메이트
- 발매일 / 1999년 4월 16일 ● 가격 / 4,500엔
- 퍼블리셔 / 알트론

GAME BOY COLOR 호환

게임보이에서는 희소한 체스 게임으로 대국 상대의 실력을 선택할 수 있지만 가장 약한 캐릭터도 상대해보면 실력이 좋다.

여신전생 외전 라스트 바이블II
- 발매일 / 1999년 4월 16일 ● 가격 / 3,980엔
- 퍼블리셔 / 아틀라스

GAME BOY COLOR 호환

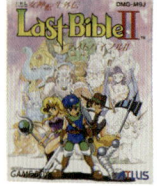 

93년에 발매된 시리즈 두 번째 작품의 컬러 호환 버전으로 내용은 예전 작품과 동일하다.

인생게임 친구를 많이 만들자!
- 발매일 / 1999년 4월 23일 ● 가격 / 3,980엔
- 퍼블리셔 / 타카라

GAME BOY COLOR 호환

유명 보드 게임을 콘솔 게임화 한 것으로 플레이어의 캐릭터를 만들고 적외선 통신으로 캐릭터를 교환할 수 있다.

리얼 프로야구! 센트럴리그편
- 발매일 / 1999년 4월 23일 ● 가격 / 3,980엔
- 퍼블리셔 / 나츠메

GAME BOY COLOR 호환

실존하는 팀과 선수가 등장하는 야구 게임이다. 페넌트레이스를 승리해 나가면 일본 시리즈에 진출할 수 있고 여기에서도 승리하면 엔딩에 도달한다.

리얼 프로야구! 퍼시픽리그편

- 발매일 / 1999년 4월 23일 ● 가격 / 3,980엔
- 퍼블리셔 / 나츠메

퍼시픽리그편은 페넌트레이스 외 2P와 대전이 가능하며 선수 육성 요소까지 준비되어 있다는 차이점이 있다.

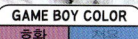

헬로 키티의 매지컬 뮤지엄

- 발매일 / 1999년 4월 28일 ● 가격 / 3,980엔
- 퍼블리셔 / 이머지니어

마음대로 움직이는 키티를 골로 이끌어야 하는 퍼즐 게임. 스테이지를 클리어하면 CG를 입수할 수 있는데 이 CG의 종류가 다양하다.

  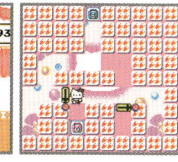

디노 브리더3 가이아 부활

- 발매일 / 1999년 4월 28일 ● 가격 / 4,800엔
- 퍼블리셔 / J·윙

시리즈 세 번째 작품인 공룡 육성 게임이다. 기본적인 부분은 전작과 동일하지만 시스템상 몇 가지 변경점이 생기면서 좀 더 심오한 게임이 되었다.

파치파치파치슬로 ~뉴 펄서편~

- 발매일 / 1999년 4월 28일 ● 가격 / 3,980엔
- 퍼블리셔 / 스타 피시

파친코 슬롯 개발사인 야마사의 허가를 받고 당시 대히트 기종인 '뉴 펄서'를 사용한 파친코 슬롯 게임이다. 가공의 기기도 등장함.

꽃 피는 천사 텐텐군의 비트 브레이커

- 발매일 / 1999년 4월 28일 ● 가격 / 4,300엔
- 퍼블리셔 / 코나미

개그 만화를 원작으로 삼은 낙하형 퍼즐 게임이다. 코나미의 주특기 분야인 리듬 게임의 요소를 도입한 것이 흥미로운 부분.

SD 비룡의 권 EX

- 발매일 / 1999년 4월 30일 ● 가격 / 3,900엔
- 퍼블리셔 / 컬처 브레인

96년에 발매되었던 『SD 비룡의 권 외전2』의 컬러 호환판이다. EX에서는 적을 공중에 띄운 다음 연속기를 넣을 수 있다.

GAME BOY 1999

한자 BOY

- 발매일 / 1999년 6월 3일
- 가격 / 4,800엔
- 퍼블리셔 / J·윙

GAME BOY COLOR 호환

GB로 많은 게임을 발매한 J·윙의 학습 소프트로서 한자 검정에 중점을 두어 과거의 문제를 수록하고 있다.

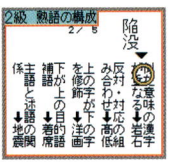

통조림 몬스터 파르페

- 발매일 / 1999년 6월 4일
- 가격 / 3,980엔
- 퍼블리셔 / 스타 피시

GAME BOY COLOR 호환

아이맥스에서 발매된 『통조림 몬스터』의 컬러 호환판으로 원작의 극단적인 리얼 타임 시스템이 제법 개선되었다.

파친코 CR 맹렬 원시인T

- 발매일 / 1999년 6월 4일
- 가격 / 3,980엔
- 퍼블리셔 / 헥터

GAME BOY COLOR 호환

토요마루 산업의 인기 파친코 기기인 'CR 맹렬 원시인T'를 만끽할 수 있다. 물론 리치 액션 등도 완벽하게 재현되어 있다.

루카의 퍼즐로 대모험!

- 발매일 / 1999년 6월 11일
- 가격 / 3,800엔
- 퍼블리셔 / 휴먼

GAME BOY COLOR 호환

스도쿠 퍼즐 게임으로 돌고래 루카가 주인공이다. 총 100문제를 수록했으며 게임 중간 중간에 미니 게임도 수록되었다.

포켓 화투

- 발매일 / 1999년 6월 11일
- 가격 / 4,500엔
- 퍼블리셔 / 보톰 업

GAME BOY COLOR 전용

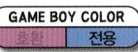

보톰 업의 『포켓』 시리즈 중 하나로 전형적인 화투 게임이며 '꽃 맞추기'・'코이코이'를 플레이할 수 있다.

서바이벌 키즈 고도의 모험가

- 발매일 / 1999년 6월 17일
- 가격 / 4,300엔
- 퍼블리셔 / 코나미

GAME BOY COLOR 호환

서바이벌 어드벤처 RPG 시리즈의 첫 작품으로 도구나 물, 식재료 등을 수집해서 무인도에서 탈출하는 것을 목표로 삼는 게임이다.

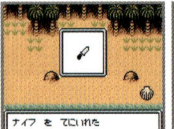

애니멀 브리더3

- 발매일 / 1999년 6월 24일
- 가격 / 4,800엔
- 퍼블리셔 / J·윙

GAME BOY COLOR 호환

동물 육성 게임 제3탄. 코끼리나 여우 등의 동물을 성장시켜서 콘테스트에서 우승하는 것이 게임의 목표.

월드 사커 GB2

- 발매일 / 1999년 6월 24일
- 가격 / 4,300엔
- 퍼블리셔 / 코나미

GAME BOY COLOR 호환

『위닝』이 아닌 코나미의 축구 게임 시리즈 두 번째 작품이다. 선수는 실명으로 등장하며 인터내셔널컵 우승을 목표로 삼는다.

사카타 고로 9단의 연주 교실

- 발매일 / 1999년 6월 25일
- 가격 / 3,200엔
- 퍼블리셔 / 컬처 브레인

GAME BOY COLOR 호환

오목계에서 저명한 사카타 고로가 감수한 오목 게임이다. 일반 대국 외에도 묘수풀이가 110문제 수록되어 있는 것이 이 소프트의 장점.

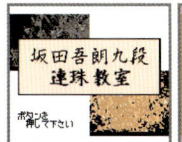 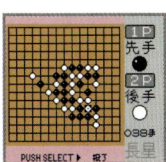 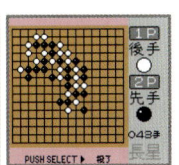

프로 마작 강자 GB

- 발매일 / 1999년 7월 9일
- 가격 / 3,900엔
- 퍼블리셔 / 컬처 브레인

GAME BOY COLOR 호환

일본 프로 마작 연맹에 소속된 작사(雀士)가 실명으로 등장하는 게임이다. 프리 대국 외에도 대회 모드가 준비되어 있으며 경기 방법을 지도받을 수도 있다.

  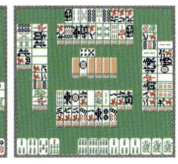

합격 보이 시리즈
■난 머리를 ●게 한다. 사회 배틀편

- 발매일 / 1999년 7월 16일
- 가격 / 2,480엔
- 퍼블리셔 / 이머지니어

 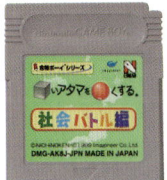

사회과 문제를 모아둔 학습 소프트로 일본 각 지방과 관련된 문제에 답을 하면 해당 지방의 특산품을 받을 수 있는 게임성이 가미되었다.

 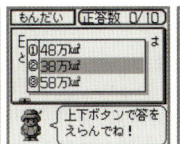 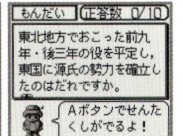

강의 낚시꾼4

- 발매일 / 1999년 7월 16일
- 가격 / 4,200엔
- 퍼블리셔 / 팩·인·소프트

GAME BOY COLOR 호환

낚시뿐 아니라 동물과도 싸우게 되는 RPG의 구성을 갖춘 낚시 게임이다. 친숙한 작품이지만 본작에서는 바다낚시도 가능하다는 차이점이 있다.

GAME BOY 1999

골프왕

- 발매일 / 1999년 7월 16일 ● 가격 / 3,980엔
- 퍼블리셔 / 디지털 키즈

유사 3D 골프 게임으로 스트로크 플레이나 매치 플레이, 토너먼트 모드 등을 즐길 수 있다.

헬로 키티의 비즈 공방

- 발매일 / 1999년 7월 17일 ● 가격 / 3,980엔
- 퍼블리셔 / 이머지니어

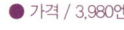

닌텐도의 허가를 받고 제작된 『요시의 쿠키』어레인지 게임이다. 플레이어가 키티의 비즈 수집을 돕는 형태로 진행된다.

곤충박사2

- 발매일 / 1999년 7월 23일 ● 가격 / 3,980엔
- 퍼블리셔 / J・윙

곤충 채집 게임의 두 번째 작품으로 육성 요소를 갖추고 있다. 곤충은 모두 250종류가 준비되어 있으며 포획할 때마다 도감이 하나둘 채워진다.

낚시 선생2

- 발매일 / 1999년 7월 23일 ● 가격 / 3,980엔
- 퍼블리셔 / J・윙

레벨이 오르면 새로운 기술을 배울 수 있는 RPG 요소가 더해진 낚시 게임이다. 스토리도 갖추고 있으며 전작의 캐릭터가 재등장하는 것도 포인트.

메다로트2 쿠와가타 버전

- 발매일 / 1999년 7월 23일 ● 가격 / 3,980엔
- 퍼블리셔 / 이머지니어

『카부토 버전』과 동시 발매되었는데 해당 작품과는 초기 메다로트가 다르고 입수할 수 있는 파츠 종류도 상이하다.

포켓 루어 보이

- 발매일 / 1999년 7월 23일 ● 가격 / 3,980엔
- 퍼블리셔 / 킹 레코드

라이벌과의 대결을 메인으로 삼고 있는 낚시 게임이다. 이기면 특수한 루어나 기술을 얻게 되어 승부가 보다 유리해진다.

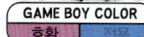
GAME BOY 1999

부라이 파이터 컬러
- 발매일 / 1999년 7월 23일
- 가격 / 3,980엔
- 퍼블리셔 / 키드

GAME BOY COLOR 호환 / 전용

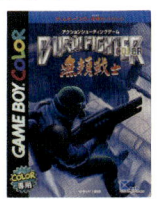 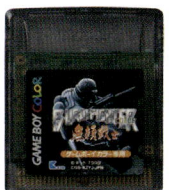

90년에 발매되었던 『부라이 파이터 디럭스』의 컬러 전용 버전이자 버그 수정판이다. 경쾌한 게임성은 그대로에 원작보다 박력이 향상되었다.

젬젬 몬스터
- 발매일 / 1999년 7월 30일
- 가격 / 3,980엔
- 퍼블리셔 / 키드

GAME BOY COLOR 호환 / 전용

통조림에서 태어난 몬스터를 키워야 하는 육성 게임이다. 『통조림 몬스터 파르페』와 동일한 게임성을 가진 작품.

포켓 패밀리 GB2
- 발매일 / 1999년 8월 6일
- 가격 / 3,980엔
- 퍼블리셔 / 허드슨

GAME BOY COLOR 호환 / 전용

시리즈 두 번째 작품으로 GBC 전용이다. 플레이어가 집주인이 되어서 입주한 가족들을 돌본다는 내용을 담고 있다.

J리그 익사이트 스테이지 GB
- 발매일 / 1999년 8월 13일
- 가격 / 3,980엔
- 퍼블리셔 / 에폭사

GAME BOY COLOR 호환 / 전용

J리그 팀을 사용할 수 있는 축구 게임으로 선수는 실명으로 등장하며 멤버 변경도 가능하다.

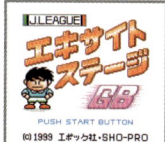  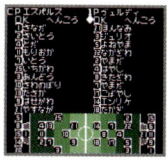

백개먼
- 발매일 / 1999년 8월 27일
- 가격 / 3,980엔
- 퍼블리셔 / 알트론

GAME BOY COLOR 호환 / 전용

 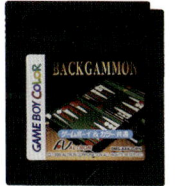

서양 주사위 놀이로 불리는 보드 게임 '백개먼'을 콘솔 게임화 한 작품이다. 일본 백개먼협회가 감수했다.

  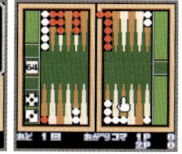

구루구루 가라쿠타즈
- 발매일 / 1999년 9월 10일
- 가격 / 4,300엔
- 퍼블리셔 / 아틀러스

GAME BOY COLOR 호환 / 전용

인간계에서는 고물인 도구들을 이세계로 가지고 가서 무기 또는 방어구, 동료로 변화시킨다는 특이한 설정을 가진 RPG.

GAME BOY 1999

튜록2 ~시공 전사~
- 발매일 / 1999년 9월 10일
- 가격 / 3,980엔
- 퍼블리셔 / 스타 피시

GAME BOY COLOR : 호환

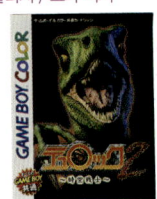

해외 제작사에서 개발한 액션 게임으로 스테이지에 따라 유사 3D 슈팅이 되기도 하는 등, 다채로운 게임성이 당시의 세일즈 포인트였다.

합격 보이 시리즈 ■난 머리를 ●게 한다. 국어 배틀편
- 발매일 / 1999년 9월 24일
- 가격 / 2,680엔
- 퍼블리셔 / 이머지니어

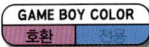

한자나 관용구 등의 문제를 풀어 나가게 되는데, 이전 시리즈와 비교하면 게임성이 가미되어서 즐겁게 공부할 수 있는 타이틀이다.

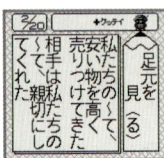

프론트 로우
- 발매일 / 1999년 10월 1일
- 가격 / 3,980엔
- 퍼블리셔 / 키드

GAME BOY COLOR : 호환 / 전용

탑뷰 레이싱 게임으로 가공의 F-1 팀에 소속되어 레이스를 펼치게 된다. 당연히 머신 세팅도 가능하다.

오델로 밀레니엄
- 발매일 / 1999년 10월 8일
- 가격 / 3,980엔
- 퍼블리셔 / 츠쿠다 오리지널

GAME BOY COLOR : 호환 / 전용

게임보이에 세 번째로 발매된 오델로 게임이다. 단순하게 대국하는 것이 아니라 스토리가 가미된 것이 특징인데, 여기에 오델로 퀴즈까지 수록되었다.

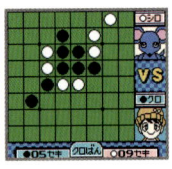

슈퍼 리얼 피싱
- 발매일 / 1999년 10월 8일
- 가격 / 4,500엔
- 퍼블리셔 / 보톰 업

GAME BOY COLOR : 호환 / 전용

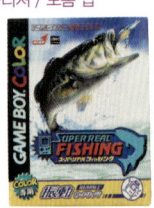

제목 그대로 리얼한 그래픽과 진동이 세일즈 포인트인 낚시 게임이다. 낚시 게임으론 드물게 타임 어택 모드 등이 준비되어 있다.

V 랠리 챔피언십 에디션
- 발매일 / 1999년 10월 14일
- 가격 / 3,980엔
- 퍼블리셔 / 스파이크

GAME BOY COLOR : 호환 / 전용

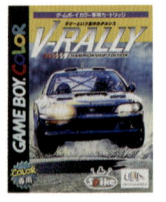
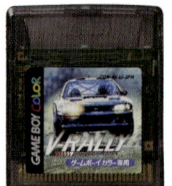

플레이 스테이션으로 발매되었던 3D 랠리 레이싱을 이식한 버전이다. 세계 각국에 존재하는 코스의 아름다운 풍경을 감상하는 재미가 있는 작품.

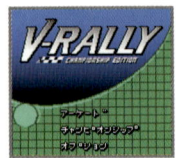

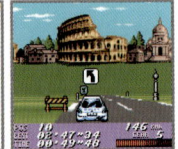

GAME BOY 1999

실바니아 패밀리 ~동화 나라의 펜던트~
- 발매일 / 1999년 10월 15일
- 가격 / 3,980엔
- 퍼블리셔 / 에폭사

GAME BOY COLOR 호환

실바니아 패밀리의 캐릭터가 게임의 주인공이며 꽃을 키우고 '꿈의 조각'을 수집하게 된다. 미니 게임이 다수 수록되어 있는 것이 특징.

포켓 GT
- 발매일 / 1999년 10월 15일
- 가격 / 3,980엔
- 퍼블리셔 / 엠·티·오

GAME BOY COLOR 전용

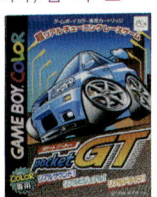 

유사 3D 레이싱 게임으로 다수의 차량이 등장한다. 플레이를 하다 보면 선택 가능한 차종이 늘어나는 구성이며 코스도 24종류가 준비되어서 만족스런 볼륨을 보여준다.

아쿠아 라이프
- 발매일 / 1999년 10월 22일
- 가격 / 3,980엔
- 퍼블리셔 / 탐 소프트

GAME BOY COLOR 호환

열대어를 키우는 육성 시뮬레이터로 전투나 합성 같은 요소는 일절 없으며 순수하게 물고기를 키우고자 하는 유저를 위한 작품이다.

퀵스 어드벤처
- 발매일 / 1999년 10월 22일
- 가격 / 3,980엔
- 퍼블리셔 / 타이토

GAME BOY COLOR 전용

아케이드로 히트했던 『퀵스』에 스토리를 더한 작품이다. 땅따먹기 게임으로서 갖추고 있는 규칙은 오리지널 버전과 동일하다.

웨트릭스 GB
- 발매일 / 1999년 10월 29일
- 가격 / 3,980엔
- 퍼블리셔 / 이머지니어

GAME BOY COLOR 호환

상당히 특이한 쿼터뷰의 입체형 퍼즐 게임이다. 블록으로 벽을 만들어서 물을 받게 되는데 때때로 폭탄이 출현해서 블록을 부수기도 한다.

  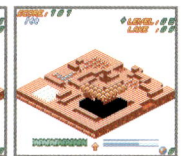

골프 너무 좋아!
- 발매일 / 1999년 10월 29일
- 가격 / 3,980엔
- 퍼블리셔 / 키드

GAME BOY COLOR 호환

유사 3D 골프 게임으로 플레이를 계속하다 보면 사용 가능한 캐릭터와 골프 클럽이 늘어나는 구성이다.

GAME BOY 1999

햄스터 구락부
- 발매일 / 1999년 10월 29일 ● 가격 / 3,980엔
- 퍼블리셔 / 죠르단

GAME BOY COLOR 호환

애니메이션으로도 제작된 적이 있던 만화 원작 육성 게임으로 햄스터를 키우고 대회에서 승리해 나간다는 내용을 담고 있다.

합격 보이 시리즈
■난 머리를 ●게 한다. 이과 배틀편
- 발매일 / 1999년 11월 5일 ● 가격 / 2,680엔
- 퍼블리셔 / 이머지니어

GAME BOY COLOR 호환

꾸준하게 발매되었던 『합격 보이』 시리즈로 이번 작품은 이과 문제를 수록했다. 여전히 컬러에 호환되지는 않는 것이 아쉬운 부분.

리틀 매직
- 발매일 / 1999년 11월 26일 ● 가격 / 3,980엔
- 퍼블리셔 / 알트론

GAME BOY COLOR 전용

슈퍼패미컴으로 발매되었던 퍼즐 게임의 이식작. 마법석을 특정 위치로 옮기고 문으로 들어가면 클리어가 되는 방식으로 총 50스테이지를 수록하고 있다.

날아라! 호빵맨 신비한 싱글벙글 앨범
- 발매일 / 1999년 12월 3일 ● 가격 / 4,300엔
- 퍼블리셔 / 탐 소프트

GAME BOY COLOR 호환

인기 만화 캐릭터 호빵맨이 주인공인 RPG로, 등장 캐릭터의 사진을 수집하는 것이 게임의 목적이다. 세균맨과 조우하면 미니 게임을 즐길 수 있다.

격투요리전설 비스트로 레시피
~ 결투★비스트 가룸편 ~
- 발매일 / 1999년 12월 10일 ● 가격 / 3,980엔
- 퍼블리셔 / 반프레스토

GAME BOY COLOR 호환

요리를 소재로 삼은 육성형 RPG로 레시피를 통해 몬스터(푸돈)를 만들어내고 이들끼리 싸우게 하는 게임이다.

슈퍼 봄블리스 디럭스
- 발매일 / 1999년 12월 10일 ● 가격 / 3,980엔
- 퍼블리셔 / BPS

GAME BOY COLOR 호환

95년에 발매되었던 『슈퍼 봄블리스』의 컬러 호환판이다. 새롭게 퍼즐 모드가 추가되어서 오랫동안 플레이할 수 있는 작품.

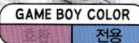

모두의 장기 – 초급편

- 발매일 / 1999년 12월 10일 ● 가격 / 3,980엔
- 퍼블리셔 / 엠・티・오

GAME BOY COLOR
호환 전용

묘수풀이 문제를 푼 다음 대국에서 이기고 승급해 나가는 구성인데, 최종적으로는 요네나가 영세 기성으로부터 초단을 인정받게 된다.

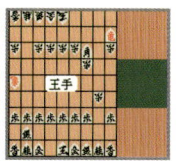

그랑듀얼 ~깊은 던전의 비보~

- 발매일 / 1999년 12월 10일 ● 가격 / 4,500엔
- 퍼블리셔 / 보톰 업

GAME BOY COLOR
호환 전용

카드 배틀 타입 RPG로 덱을 짜서 상대방과 싸우게 된다. 속성 간의 상성이 중요하며 조합의 종류는 무수히 준비되어 있다.

슈퍼 블랙 배스 리얼 파이트

- 발매일 / 1999년 12월 10일 ● 가격 / 4,500엔
- 퍼블리셔 / 스타 피시

GAME BOY COLOR
호환 전용

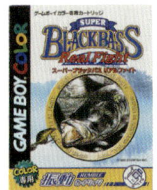

게임보이를 통해 출시된 『슈퍼 블랙 배스』 시리즈 최종작이다. 시스템은 전작과 대부분 동일하지만 그래픽의 향상이 돋보이는 것이 장점.

여류 작사에게 도전 GB ~우리에게 도전해줘!~

- 발매일 / 1999년 12월 17일 ● 가격 / 3,980엔
- 퍼블리셔 / 컬처 브레인

GAME BOY COLOR
호환 전용

여류 프로 작사와 대국할 수 있는 마작 게임으로 규칙이 처음부터 정해져 있는 '우리의 방에 도전'과 '프리 대국'을 플레이할 수 있다.

스위트 엔젤

- 발매일 / 1999년 12월 17일 ● 가격 / 3,980엔
- 퍼블리셔 / 코에이

GAME BOY COLOR
호환 전용

코에이의 연애 시뮬레이션 게임인 『엔젤릭』의 캐릭터를 활용한 보드 게임이다. 내용은 열심히 소재를 수집해서 요리를 완성하는 것.

탑기어・포켓2

- 발매일 / 1999년 12월 17일 ● 가격 / 4,200엔
- 퍼블리셔 / KEMCO

GAME BOY COLOR
호환 전용

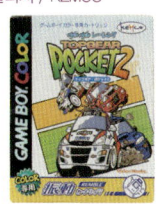

유사 3D 랠리 레이싱 게임의 제2탄으로 상금을 획득해 차량 튜업이 가능하다. 배경이 아름다운 것은 여전한 장점.

봄버맨 MAX ～어둠의 전사～

● 발매일 / 1999년 12월 17일 ● 가격 / 3,980엔
● 퍼블리셔 / 허드슨

GAME BOY COLOR 호환 전용

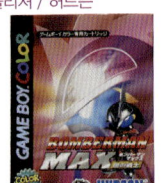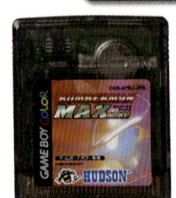

『～빛의 용자～』와 같은 날에 발매된 소프트로 시스템은 동일하지만 본 작에서는 주인공이 '맥스'이고 캐릭터 봉, 에어리어가 다르다.

파친코 필승 가이드 데이터의 왕

● 발매일 / 1999년 12월 22일 ● 가격 / 4,980엔
● 퍼블리셔 / BOSS 커뮤니케이션

GAME BOY COLOR 호환 전용

공략지 『파친코 필승 가이드』에서 감수한 파친코 소프트로 파친코 가게 경영 시뮬레이션을 플레이할 수 있고 데이터베이스 역할도 겸한다.

포켓 컬러 트럼프

● 발매일 / 1999년 12월 22일 ● 가격 / 3,980엔
● 퍼블리셔 / 보톰 업

GAME BOY COLOR 호환 전용

『포켓』 시리즈의 트럼프 편이다. 대부호・블랙잭・원카드・스피드・도봉의 다섯 종류 게임을 플레이할 수 있다.

포켓 컬러 마작

● 발매일 / 1999년 12월 22일 ● 가격 / 3,980엔
● 퍼블리셔 / 보톰 업

GAME BOY COLOR 호환 전용

97년에 발매되었던 『포켓 마작』의 컬러 호환판이다. 승자 진출 모드의 경우 2위 이내에 들면 다음 대국으로 나아갈 수 있다.

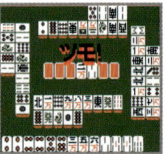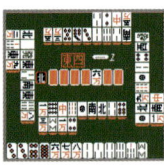

헐리우드 핀볼

● 발매일 / 1999년 12월 23일 ● 가격 / 3,980엔
● 퍼블리셔 / 스타 피시

GAME BOY COLOR 호환 전용

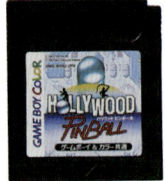

헐리우드 영화를 모티브로 삼은 핀볼 게임. 7대의 기기를 플레이할 수 있기 때문에 오랫동안 즐길 수 있다는 장점을 가지고 있다.

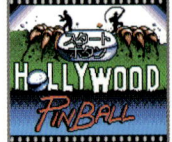

로봇 폰코츠 달 버전

● 발매일 / 1999년 12월 24일 ● 가격 / 3,980엔
● 퍼블리셔 / 허드슨

GAME BOY COLOR 호환 전용

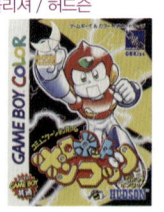

앞서 『태양』과 『별』 버전이 발매되었는데 게임상 이벤트가 변경되었기 때문에 이전 두 작품을 클리어했더라도 얼마든지 즐길 수 있다.

슈퍼 차이니즈 파이터 EX

- 발매일 / 1999년 12월 24일
- 가격 / 3,900엔
- 퍼블리셔 / 컬처 브레인

GAME BOY COLOR 전용

97년에 발매되었던 『슈퍼 차이니즈 파이터 GB』의 컬러 버전이다. 대전 도중에 돈을 쓸 수 있는 시스템이 추가되었다.

포켓 컬러 빌리어드

- 발매일 / 1999년 12월 24일
- 가격 / 3,900엔
- 퍼블리셔 / 보톰 업

GAME BOY COLOR 전용

『포켓』 시리즈의 당구 게임으로 나인 볼・에이트 볼・로테이션의 총 3가지 경기를 플레이할 수 있다.

만담 요이코의 게임도 ~아빠 찾아 3번가~

- 발매일 / 1999년 12월 25일
- 가격 / 4,500엔
- 퍼블리셔 / 코나미

GAME BOY COLOR 호환

개그 콤비 '요이코'가 프로듀스한 작품으로 장르는 미니 게임 모음집이다. 미니 게임을 클리어할 때마다 시나리오가 진행된다.

소코반 전설 빛과 어둠의 나라

- 발매일 / 1999년 12월 25일
- 가격 / 4,300엔
- 퍼블리셔 / J・윙

GAME BOY COLOR 호환

오리지널 모드는 우리가 잘 아는 『소코반』 그대로이며 본편은 제법 많이 어레인지가 되었다. 필드에 적까지 출현하는 것이 특징.

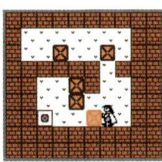

게임보이 공략본③

『게임보이 대작전』
토쿠마 서점 간행

『마계탑사 SaGa 필승 공략본』
토쿠마 서점 간행

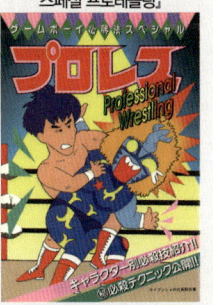

『게임보이 필승법 스페셜 프로레슬링』
케이분샤 간행

『97년 최신판 게임보이 대백과』
지츠교노니혼샤 간행

한정판 본체 소개 ①

본 페이지 및 284 페이지에서 소개하는 것 외에도 한정판 및 비매품 본체가 존재한다. 해당 제품들은 『닌텐도 컴플리트 가이드 −컴퓨터 게임 편−』에서 자세하게 설명된다. ※자료 협력: 타케노스케 씨

게임보이 포켓
토이저러스 한정 모델 에메랄드그린

발매일 / 1998년 12월   가격 / 3,799엔

토이저러스 한정으로 발매된 GB 포켓 한정 컬러. 버튼이 빨간색으로 되어 있는 것이 특징이다.

게임보이 포켓
세이부 라이온즈 블루

발매일 / 1997년   가격 / 6,800엔

세이부 라이언즈 굿즈 판매장과 세이부 백화점에서만 판매된 오리지널 GB 포켓. 본체에는 세이부 라이언즈의 로고가 인쇄되어 있으며 부록으로 오리지널 보관 주머니가 부속되었다.

게임보이 포켓
헬로 키티 핑크

발매일 / 불명   가격 / 6,800엔

키티가 프린팅 된 핑크색 GB 포켓. 본체는 GB 소프트 『산리오 운세 파티』 동봉판과 동일하다.

게임보이 라이트
포켓몬 극장판 기념 버전
피카츄 옐로우

발매일 / 1998년 4월 25일   가격 / 6,980엔

포켓몬 극장판 애니메이션을 기념해서 제작된 포켓몬 센터 한정 GB 라이트. 본체는 피카츄 색깔에 피카츄 일러스트가 새겨져 있으며 전원 램프는 피카츄의 볼이다. 오리지널 파우치가 부록으로 부속되었다.

GAME BOY
GAME BOY COLOR

2000년

GAME BOY COMPLETE GUIDE

마리의 아틀리에 GB

- 발매일 / 2000년 1월 8일　● 가격 / 4,500엔
- 퍼블리셔 / 이머지니어

GAME BOY COLOR 호환

연금술사 마리가 주인공인 RPG로 플레이 스테이션을 통해 인기를 얻은 작품이 원조이지만 본 작품은 이식작이 아닌 오리지널작이다. 다양한 소재를 연금술을 이용해 조합하게 된다.

  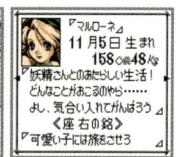

에리의 아틀리에 GB

- 발매일 / 2000년 1월 8일　● 가격 / 4,500엔
- 퍼블리셔 / 이머지니어

GAME BOY COLOR 호환

원래 『마리』의 속편이지만 GBC용은 양쪽이 같은 날 출시되었다. 주인공과 이벤트는 다르지만 기본적인 게임성을 비롯해서 시나리오의 대부분이 『마리』와 동일하다.

하이퍼 올림픽 윈터 2000

- 발매일 / 2000년 1월 27일　● 가격 / 4,500엔
- 퍼블리셔 / 코나미

GAME BOY COLOR 전용

『하이퍼 올림픽』 시리즈 중에서도 동계 올림픽이 중심인 작품으로 점프 라지 힐·스피드 스케이트·하프파이프·봅슬레이 등의 8경기를 플레이할 수 있다. 역시나 버튼 연타가 중요하다.

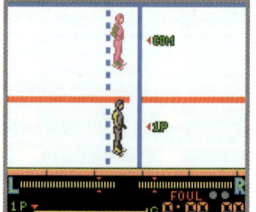

동키콩 GB 딩키콩 & 딕시콩

- 발매일 / 2000년 1월 28일　● 가격 / 3,800엔
- 퍼블리셔 / 닌텐도

GAME BOY COLOR 전용

게임보이로 발매된 시리즈 세 번째 작품이며, 슈퍼패미컴용 『슈퍼 동키콩3』를 기반으로 삼았다. GBC 전용 게임이라 그래픽이 특히 예쁘고 알아보기도 쉬워졌다.

GAME BOY 2000

B 비다맨 폭외전 V 파이널·메가튠

- 발매일 / 2000년 2월 4일　● 가격 / 3,980엔
- 퍼블리셔 / 미디어 팩토리

GAME BOY COLOR 호환/전용

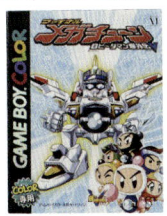 

게임보이의 『비다맨』 시리즈 세 번째 작품이다. 시나리오는 TV 애니메이션을 토대로 삼았으며 장르는 RPG, 전작과 적외선 통신이 가능한 것이 특징이다.

포켓 빌리어드 펑크·더·9볼

- 발매일 / 2000년 2월 19일　● 가격 / 3,980엔
- 퍼블리셔 / 탐

GAME BOY COLOR 호환/전용

펑키한 캐릭터가 특징인 대전형 당구 게임으로 공을 포켓에 넣었을 때 아이템을 얻을 수 있고 특수한 효과도 발휘된다.

명탐정 코난 카라쿠리 사원 살인 사건

- 발매일 / 2000년 2월 24일　● 가격 / 4,500엔
- 퍼블리셔 / 반프레스토

GAME BOY COLOR 호환/전용

게임보이용 『명탐정 코난』 시리즈의 세 번째 작품이다. 장르는 커맨드 선택 방식의 어드벤처이며 시나리오는 오리지널, 캐릭터를 변경하면서 사건을 해결해 나가는 구성을 갖추고 있다.

F1 월드 그랑프리 II for 게임보이 컬러

- 발매일 / 2000년 2월 24일　● 가격 / 4,300엔
- 퍼블리셔 / 비디오 시스템

GAME BOY COLOR 호환/전용

유사 3D 레이싱 게임으로 F-1 레이스에 특화된 내용을 다루고 있다. 그랑프리 모드에서는 실존하는 팀에 소속되어 레이스를 통해 드라이버즈 포인트로 경쟁해 나간다.

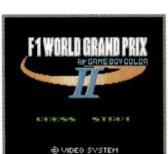  

메타파이트 EX

- 발매일 / 2000년 2월 24일 ● 가격 / 3,980엔
- 퍼블리셔 / 선 소프트

GAME BOY COLOR 호환

패미컴으로 발매된 『초혹성전기 메타파이트』의 속편. 장르는 탐색형 액션 슈팅이며 플레이어의 기체는 차량형에 중력이 존재한다. 플레이어가 기체에서 내려 탐색하는 것도 가능.

도라에몽 메모리즈 노비타의 추억 대모험

- 발매일 / 2000년 3월 10일 ● 가격 / 3,980엔
- 퍼블리셔 / 에폭사

GAME BOY COLOR 전용

도라에몽 30주년 기념작. 원작의 한 장면인 메모리얼 샷을 수집하는 것이 게임의 목적이며, 그러기 위해 특정 조건을 만족하며 클리어할 필요가 있다. 메모리얼 샷의 프린트가 가능하다.

메다로트 카드 로보틀 카부토 버전

- 발매일 / 2000년 3월 10일 ● 가격 / 3,980엔
- 퍼블리셔 / 이머지니어

GAME BOY COLOR 호환

당시 발매되었던 메다로트의 카드 게임을 토대로 한 작품이다. 『메다로트』에 카드 배틀을 가미했기에 카드를 수집하고 덱을 구성하며 대전에 임한다.

퍼즈 루프

- 발매일 / 2000년 3월 17일 ● 가격 / 3,800엔
- 퍼블리셔 / 캡콤

GAME BOY COLOR 호환

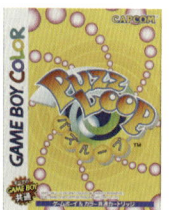 

아케이드용 퍼즐 게임을 이식한 버전으로 중앙에서 구슬을 발사해 나선형으로 이동하는 구슬을 지우게 된다. 같은 색 구슬이 3개 이상 연속되면 지울 수 있는데, 만약 구슬이 최종 라인을 넘긴다면 게임 오버~

RPG 쯔쿠르 GB

● 발매일 / 2000년 3월 17일 ● 가격 / 4,800엔
● 퍼블리셔 / 아스키

GAME BOY COLOR 전용

탑뷰 RPG를 만들 수 있는 게임 제작 툴. 샘플 게임이 수록되어 있지만 어디까지나 보너스에 불과하며, 밸런스 좋은 게임을 만들기 위해선 센스가 필요해서 꽤 어렵다는 평가를 받았다.

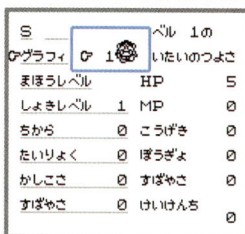 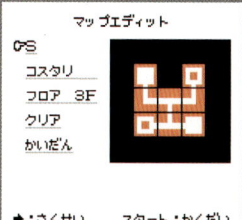

마크로스7 은하의 하트를 뒤흔들어라!!

● 발매일 / 2000년 3월 17일 ● 가격 / 3,980엔
● 퍼블리셔 / 에폭사

GAME BOY COLOR 전용

애니메이션 원작의 횡스크롤 슈팅으로 시스템이 특이하다. 원작 재현을 위해 리듬 게임의 요소가 내포되어 있는데 타이밍을 맞춰 버튼을 누르지 못한다면 상대에게 피해를 줄 수 없다.

와리오 랜드3 신비한 오르골

● 발매일 / 2000년 3월 21일 ● 가격 / 3,980엔
● 퍼블리셔 / 닌텐도

GAME BOY COLOR 전용

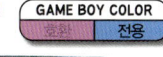

게임보이의 『와리오 랜드』 시리즈 세 번째 작품. 기본적으로 와리오는 무적이며 특정 적을 공격하면 변신할 수 있다. 구슬을 얻으면 탐험 가능한 스테이지가 늘어나는 구성.

Disney's Tarzan

● 발매일 / 2000년 3월 24일 ● 가격 / 4,300엔
● 퍼블리셔 / 시스컴 엔터테인먼트

GAME BOY COLOR 전용

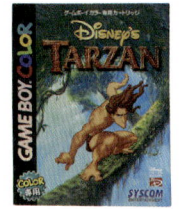 

타잔이 주인공인 사이드뷰 액션으로 스테이지 상에 흩어져 있는 바나나를 수집하는 것이 게임의 목적이다. 신기할 만큼 매끄러운 캐릭터의 움직임이 특징으로 한 번쯤 해볼 만한 가치가 있는 작품.

파워 프로군 포켓2

● 발매일 / 2000년 3월 30일 ● 가격 / 4,500엔
● 퍼블리셔 / 코나미

GAME BOY COLOR 호환

시리즈 두 번째 작품으로 메인은 석세스 모드이다. 프로야구팀에 입단한 주인공을 육성해서 약소 구단을 구원하는 선수로 만드는 것이 목적인데, 선수 데이터는 다른 하드웨어의 작품으로 전송도 가능하다.

팝픈 뮤직 GB

● 발매일 / 2000년 3월 30일 ● 가격 / 4,300엔
● 퍼블리셔 / 코나미

GAME BOY COLOR 전용

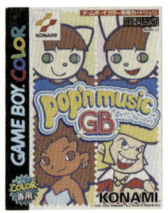

게임 센터에서 운영되었던 리듬 게임의 이식판. 원래 9개의 버튼을 사용하지만 하드웨어 특성상 5개 버튼으로 간략화가 되었다. 총 25곡을 수록했으며 그중 10곡이 오리지널 곡이다.

VS 레밍스

● 발매일 / 2000년 4월 7일 ● 가격 / 4,500엔
● 퍼블리셔 / J·윙

GAME BOY COLOR 전용

여행 쥐를 골까지 유도하는 퍼즐 게임이며 컬러 전용으로 출시되었다. 대전 모드에서는 정해진 수의 레밍을 빠르게 골 쪽으로 유도하는 쪽이 승리하게 된다.

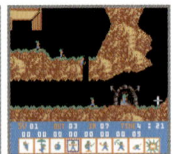

유☆희☆왕 몬스터 캡슐 GB

● 발매일 / 2000년 4월 13일 ● 가격 / 4,500엔
● 퍼블리셔 / 코나미

GAME BOY COLOR 호환

『유☆희☆왕』의 캐릭터를 활용한 작품이지만 기존의 친숙한 카드 게임은 아니다. 장르는 RPG이며 전투는 6×6 사이즈의 필드에서 이루어지는 택티컬 컴뱃이다.

메탈기어 고스트 바벨

- 발매일 / 2000년 4월 27일 ● 가격 / 4,500엔
- 퍼블리셔 / 코나미

GAME BOY COLOR 전용

휴대용 게임기로 처음 발매된 『메탈기어』 시리즈로 시나리오는 외전이지만 시스템적인 면에선 MSX2판 『메탈기어2 솔리드 스네이크』를 기준으로 삼았다. 트레이닝, 대전 모드도 수록~!

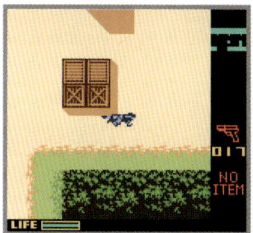 

퍼즐보블4

- 발매일 / 2000년 4월 28일 ● 가격 / 3,800엔
- 퍼블리셔 / 알트론

GAME BOY COLOR 호환

인기 슈팅 퍼즐 게임 네 번째 작품의 이식판. 포대에서 버블을 발사하고 같은 색깔의 버블이 3개 이상 모이면 지워진다. 대전 모드에선 버블을 뭉텅이로 떨어뜨려 상대를 공격할 수 있다.

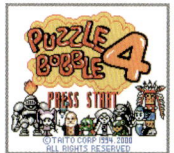 
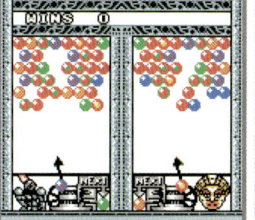 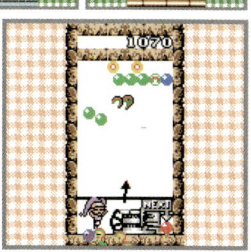

로드 런너 덤덤단의 야망

- 발매일 / 2000년 4월 28일 ● 가격 / 3,980엔
- 퍼블리셔 / 엑싱 · 엔터테인먼트

GAME BOY COLOR 호환

스토리에 육성 요소가 가미된 『로드 런너』이다. 액션 퍼즐 게임으로서의 룰은 기존과 다를 게 없지만 스테이지 클리어로 획득하는 상금을 동물 육성에 사용할 수 있는 것이 특징.

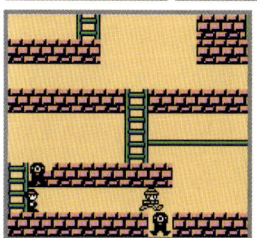 

도라에몽의 퀴즈 보이

- 발매일 / 2000년 4월 28일 ● 가격 / 3,800엔
- 퍼블리셔 / 에폭사

GAME BOY COLOR 전용

도라에몽 캐릭터를 활용한 퀴즈 게임으로 업다운 · 타임 트라이 · 패널 어택의 세 종류 퀴즈 모드가 준비되어 있다. 퀴즈 문제는 실제 학습에 도움이 되는 내용.

GAME BOY 2000

대패수 이야기 포용의 던전 룸2

- 발매일 / 2000년 6월 2일 ● 가격 / 3,980엔
- 퍼블리셔 / 허드슨

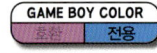

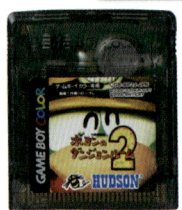

전년도에 발매되었던 『포용의 던전 룸』의 속편으로 구멍을 파서 던전을 탐색하는 RPG이다. 적과의 전투는 커맨드 선택 방식이며 직업 변경으로 플레이어의 능력을 변경할 수 있다.

HUNTER×HUNTER 헌터의 계보

- 발매일 / 2000년 6월 15일 ● 가격 / 4,500엔
- 퍼블리셔 / 코나미

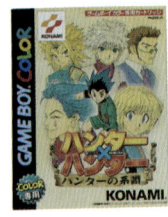

대인기 만화 『HUNTER×HUNTER』를 원작으로 삼은 RPG로 플레이어는 헌터 시험을 받게 된다. 4차 시험까지 돌파하면 마지막은 1대1 대결이 준비되어 있다.

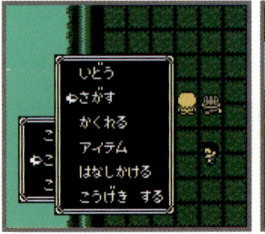

미스터 드릴러

- 발매일 / 2000년 6월 29일 ● 가격 / 3,800엔
- 퍼블리셔 / 남코

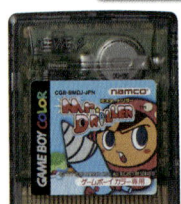

아케이드용 액션 퍼즐 게임을 GB로 이식. 주인공 호리 스스무를 조작해서 지면을 파 내려가는데 시간이 흐르면 줄어드는 산소를 캡슐로 보충해야 한다. 낙하하는 블록에 깔리면 패배.

유☆희☆왕 듀얼 몬스터즈Ⅲ 삼성전신강림

- 발매일 / 2000년 7월 13일 ● 가격 / 4,500엔
- 퍼블리셔 / 코나미

대박 히트한 시리즈의 세 번째 작품이며 게임보이 컬러 전용으로 출시되었다. 장르는 대전형 카드 게임으로 CPU, 2P와 싸우게 되는데, 준비된 카드의 수량은 총 800장이며 전부 수집하는 재미가 있다.

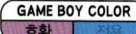

도카폰?! 밀레니엄 퀘스트

- 발매일 / 2000년 7월 14일 ● 가격 / 3,980엔
- 퍼블리셔 / 아스믹・에이스 엔터테인먼트

GAME BOY COLOR 호환

보드 게임이었던 『도카폰』 시리즈의 파생작으로 장르는 로그라이크 RPG. 적과의 전투는 커맨드 선택 방식이지만 상성이 존재해서 적마다 피해의 정도가 달라진다.

헬로 키티의 스위트 어드벤처 ～ 다니엘군과 만나고 싶어 ～

- 발매일 / 2000년 7월 19일 ● 가격 / 3,980엔
- 퍼블리셔 / 이머지니어

GAME BOY COLOR 전용

키티가 주인공인 사이드뷰 액션 게임으로 다니엘군과 만나는 것이 게임의 목적이다. 미니 게임을 클리어하면 코스튬을 얻을 수 있고 갈아입는다면 파워업을 할 수 있다.

디어 다니엘의 스위트 어드벤처 ～ 키티짱을 찾아서 ～

- 발매일 / 2000년 7월 19일 ● 가격 / 3,980엔
- 퍼블리셔 / 이머지니어

GAME BOY COLOR 호환

키티의 파트너인 다니엘이 주인공인 버전이다. 게임성은 키티 버전과 동일하지만 그래픽이 다른 데다 키티 버전과 통신이 가능하다. 멀티 엔딩이 채용된 것이 특징.

폭주 데코토라 전설 GB 스페셜 남자 배짱의 천하통일

- 발매일 / 2000년 7월 21일 ● 가격 / 3,980엔
- 퍼블리셔 / 키드

GAME BOY COLOR 전용

『폭주 데코토라 전설』의 게임보이 버전이다. 스토리 모드에서는 각지의 트럭과 레이스를 펼치며 트럭을 취향대로 꾸밀 수 있는데, 파츠는 직접 구입하거나 배틀에서 이겨 상대로부터 탈취하게 된다.

GAME BOY 2000

메다로트3 카부토 버전

- 발매일 / 2000년 7월 23일 ● 가격 / 4,300엔
- 퍼블리셔 / 이머지니어

시리즈 세 번째 작품이자 게임보이 컬러 전용이며 장르는 RPG. 메다로트의 파츠를 커스터마이즈할 수 있다. 배틀에서는 메다로트를 3체까지 참여시킬 수 있다.

사쿠라 대전 GB 격·하나구미 입대!

- 발매일 / 2000년 7월 28일 ● 가격 / 4,800엔
- 퍼블리셔 / 미디어 팩토리

세가 새턴으로 발매된 『사쿠라 대전』의 스핀오프 작품으로 플레이어가 제국 화격단에 체험상 입학한다는 내용을 담고 있다. 미니 게임을 클리어해서 능력치를 올려가는 방식.

댄스 댄스 레볼루션 GB

- 발매일 / 2000년 8월 3일 ● 가격 / 4,800엔
- 퍼블리셔 / 코나미

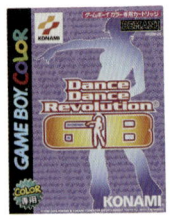

아케이드용 리듬 게임의 게임보이 버전이다. 원래는 발로 패널을 밟아야 하지만 본작에선 십자키로 조작하게 되며 동봉된 유비콘을 사용하면 상하좌우 동시 입력이 가능해진다.

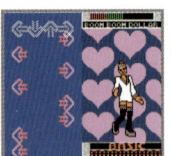

조이드 사신 부활! ~제노브레이커편~

- 발매일 / 2000년 8월 4일 ● 가격 / 4,500엔
- 퍼블리셔 / 토미

조이드의 메카가 등장하는 RPG로 시나리오는 애니메이션 버전을 따르고 있다. 랜덤 생성되는 던전을 탐색하는 것이 게임의 주목적이며 이벤트로 조이드를 동료로 만들 수 있다.

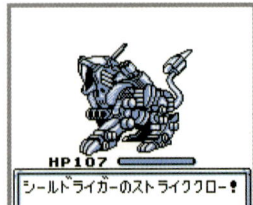

GAME BOY 2000

소울 겟타 ~방과 후 모험 RPG~

- 발매일 / 2000년 8월 4일 ● 가격 / 3,980엔
- 퍼블리셔 / 마이크로 캐빈

GAME BOY COLOR
호환 / 전용

정교한 완성도를 보여주는 플레이어 친화적인 탑뷰 RPG이다. 전투 장면에서 쿼터뷰로 변경되고 A버튼을 연타하면 필살기를 사용할 수 있다. 소울을 펜던트에 넣으면 마법도 사용이 가능하다.

매지컬 체이스 GB ~견습 마법사 현자의 계곡으로~

- 발매일 / 2000년 8월 4일 ● 가격 / 3,480엔
- 퍼블리셔 / 마이크로 캐빈

GAME BOY COLOR
호환 / 전용

게임보이를 대표하는 프리미엄 소프트로 PC엔진으로부터 이식되었다. 쇼핑으로 파워업이 가능한 횡스크롤 슈팅이며 별 모양의 옵션을 사용하는 것이 중요하다.

낚시꾼 어드벤처 카이트의 모험

- 발매일 / 2000년 8월 4일 ● 가격 / 4,200엔
- 퍼블리셔 / 빅터 인터렉티브 소프트웨어

GAME BOY COLOR
호환 / 전용

게임보이용 「낚시꾼」 시리즈로는 다섯 번째 작품이다. 가상의 나라가 무대이며 RPG의 성격을 띠고 있어서 낚시뿐 아니라 적과의 전투도 존재한다. 물고기의 종류는 바다와 강을 합쳐서 모두 77종.

  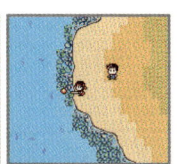

러브 히나 포켓

- 발매일 / 2000년 8월 4일 ● 가격 / 4,200엔
- 퍼블리셔 / 마벨러스 엔터테인먼트

GAME BOY COLOR
호환 / 전용

만화 원작 연애 시뮬레이션 게임으로 리얼 타임제를 채용했다. 주인공을 조작해서 여성 캐릭터와 만나고 선택지를 통해 호감도를 높여가는데, 공략 가능한 여성 캐릭터는 8명이며 CG도 많이 준비되어 있다.

해저 전설!! 트레저 월드

- 발매일 / 2000년 8월 11일 ● 가격 / 3,980엔
- 퍼블리셔 / 다즈

GAME BOY COLOR 전용

보물찾기가 목적인 게임으로 플레이어는 트레저 헌터의 리더가 된다. 4인 팀으로 해역을 샅샅이 탐색하게 되는데 가끔은 쓰레기를 찾아내기도 한다.

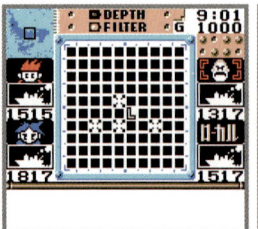 

베이블레이드 FIGNTING TOURNAMENT

- 발매일 / 2000년 8월 11일 ● 가격 / 3,980엔
- 퍼블리셔 / 허드슨

GAME BOY COLOR 전용

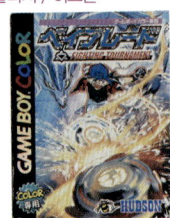 

현대풍 베이고마인 베이블레이드를 다룬 게임으로 시리즈 두 번째 작품이다. 베이블레이드를 파워업 하면서 라이벌들과 배틀에서 승리해 나아가야 한다.

데굴데굴 커비

- 발매일 / 2000년 8월 23일 ● 가격 / 4,500엔
- 퍼블리셔 / 닌텐도

GAME BOY COLOR 전용

카트리지에 센서가 내장되어 있어서 게임보이 컬러 본체를 기울여가며 조작하게 된다. 동그란 커비를 골로 유도하는 것이 목적이며 특이한 조작감에 빠져들게 된다.

팝픈 뮤직 GB 애니메이션 멜로디

- 발매일 / 2000년 9월 7일 ● 가격 / 4,500엔
- 퍼블리셔 / 코나미

GAME BOY COLOR 전용

게임보이용 『팝픈 뮤직』의 두 번째 작품이다. 비밀의 앗코짱・마징가Z・얼렁뚱땅 잇큐씨・문라이트 전설(세일러문-역주) 등 애니메이션 명곡 20곡이 수록되었다.

포켓몬으로 파네퐁

- 발매일 / 2000년 9월 21일
- 가격 / 3,800엔
- 퍼블리셔 / 닌텐도

GAME BOY COLOR

『포켓몬』 캐릭터를 활용한 『파네퐁』『패널로 퐁』이다. 룰은 패널의 좌우를 변경해서 가로, 세로로 세 장 이상 모아 지우는 방식으로 모드는 엔드레스・대전・스테이지 클리어 등이 있다.

포켓 뿌요뿌욘~

- 발매일 / 2000년 9월 22일
- 가격 / 3,980엔
- 퍼블리셔 / 컴파일

GAME BOY COLOR

『뿌요뿌요』 시리즈의 네 번째 작품으로 기본적인 룰은 기존 작품들과 동일하다. 『통』이나 『SUN』과의 대전도 가능하며 게임 내 일러스트를 포켓 프린터로 인쇄할 수도 있다.

비트매니아 GB 가챠 믹스 2

- 발매일 / 2000년 9월 28일
- 가격 / 4,500엔
- 퍼블리셔 / 코나미

GAME BOY COLOR

게임보이용 『비트매니아』 시리즈 세 번째 작품으로 LOVE 머신, 잔혹한 천사의 테제, 낭만 여행, 람의 러브송, 울트라 세븐의 노래 등 25곡이 수록되었다.

 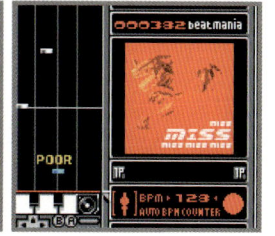

엘리베이터 액션 EX

- 발매일 / 2000년 9월 29일
- 가격 / 4,500엔
- 퍼블리셔 / 알트론

GAME BOY COLOR

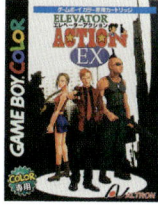 

타이토에서 개발한 아케이드용 게임을 어레인지 이식한 버전. 91년에 발매된 『엘리베이터 액션』의 컬러화 버전이며 변경점이 존재한다. 타입이 다른 세 명의 캐릭터 중 한 명을 선택하게 된다.

신세기 에반게리온 마작 보완계획

- 발매일 / 2000년 9월 29일
- 가격 / 3,980엔
- 퍼블리셔 / 킹 레코드

GAME BOY COLOR

『기동전함 나데시코 루리루리 마작』의 캐릭터를 에반게리온의 캐릭터로 변경한 마작 게임이다. 에바 캐릭터와 2인 마작을 즐기게 되며 게임의 목적은 트레이딩 카드의 수집.

솔로몬

- 발매일 / 2000년 9월 29일
- 가격 / 4,300엔
- 퍼블리셔 / 테크모

GAME BOY COLOR

아케이드, 패미컴으로 인기를 끌었던 『솔로몬의 열쇠』의 어레인지판이다. 장르는 액션 퍼즐로 발판이 되는 블록을 꺼내거나 없애면서 열쇠를 얻게 되며, 스테이지 탈출을 목표로 한다.

목장 이야기 GB3 보이·미츠·걸

- 발매일 / 2000년 9월 29일
- 가격 / 4,200엔
- 퍼블리셔 / 빅터 인터렉티브 소프트웨어

GAME BOY COLOR

『목장 이야기』 시리즈 세 번째 작품이다. 게임을 시작할 때 주인공의 성별과 펫을 선택하는데, 기본 시스템은 전작과 동일하며 작물과 동물을 키우고 팔면서 목장을 2년 동안 경영하게 된다.

 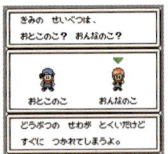 

록맨X 사이버 미션

- 발매일 / 2000년 10월 20일
- 가격 / 3,980엔
- 퍼블리셔 / 캡콤

GAME BOY COLOR

슈퍼패미컴으로 발매된 『록맨X』와 『록맨X2』를 토대로 제작된 록맨X 시리즈 외전작이다. 여러 난관을 헤쳐나가다 보면 보스가 기다리고 있는 전개는 이번 작품에서도 여전하다.

GAME BOY 2000

JET로 GO!

- 발매일 / 2000년 10월 27일 ● 가격 / 4,500엔 GAME BOY COLOR
- 퍼블리셔 / 알트론

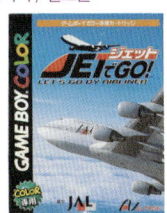 

타이토에서 개발했던 아케이드 게임 『미드나이트 랜딩』의 계보를 잇는 작품이다. 이륙과 착륙 실력을 겨루게 되는 작품으로 JAL(일본항공-역주)에서 제작에 전면 협력했다.

마리오 테니스 GB

- 발매일 / 2000년 11월 1일 ● 가격 / 3,800엔 GAME BOY COLOR
- 퍼블리셔 / 닌텐도

 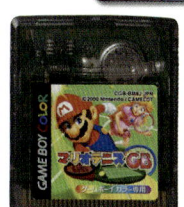

NINTENDO64로 발매된 『마리오 테니스』의 이식판이다. 코트는 네 종류가 준비되어 있으며 자유롭게 대전하는 엑시비전 외에도 테니스 규칙을 변경한 미니 게임을 즐길 수 있다.

휴대 전수 텔레팡 스피드 버전

- 발매일 / 2000년 11월 3일 ● 가격 / 4,700엔 GAME BOY COLOR
- 퍼블리셔 / 스마일 소프트

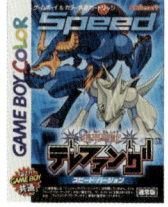 

지금은 피처폰이라 불리는 휴대용 전화기를 모티브로 삼은 RPG이다. 무대는 전수계이며 거기에 살고 있는 전괴와의 배틀에서 이기면 쓰러뜨린 적이 전화번호를 알려준다는 구성이다.

테일즈 오브 판타지아 나리키리 던전

- 발매일 / 2000년 11월 10일 ● 가격 / 4,500엔 GAME BOY COLOR
- 퍼블리셔 / 남코

『테일즈 오브』 시리즈의 스핀오프 작품인 『나리키리 던전』의 첫 번째 작품이다. 랜덤 생성 던전을 탐색하는 RPG로서 코스튬을 변경하면 클래스 체인지가 가능하다.

GAME BOY 2000

진·여신전생 데빌 칠드런 ~흑의 서~

- 발매일 / 2000년 11월 17일 ● 가격 / 4,300엔
- 퍼블리셔 / 아틀라스

『진·여신전생』 시리즈의 세계관과 시스템을 답습한 RPG로 주인공 세츠나는 납치당한 남동생을 구하기 위해 마계로 향한다. 교섭으로 파트너가 된 데빌은 합체를 통해 다른 종족으로 만들 수 있다는 것이 특징이다.

진·여신전생 데빌 칠드런 ~적의 서~

- 발매일 / 2000년 11월 17일 ● 가격 / 4,300엔
- 퍼블리셔 / 아틀라스

『흑의 서』와는 주인공과 여행의 목적이 다른 작품이다. 파트너가 되는 데빌의 종류와 합체 시스템 역시 달라서 같은 게임이지만 전혀 다른 즐거움을 맛볼 수 있다.

몬스터 택틱스

- 발매일 / 2000년 11월 21일 ● 가격 / 3,800엔
- 퍼블리셔 / 닌텐도

'술래잡기 배틀 RPG'라는 장르로 닌텐도에서 발매한 작품이다. 턴제+리얼 타임제를 채용해서 자신의 턴일 때는 자유롭게 움직일 수 있지만 시간이 지나면 적의 턴이 돌아온다.

  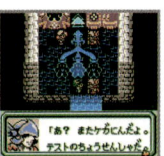

팝픈 뮤직 GB 디즈니 튠즈

- 발매일 / 2000년 11월 22일 ● 가격 / 4,500엔
- 퍼블리셔 / 코나미

『팝픈 뮤직』의 게임보이 두 번째 작품으로 MOUSE TRAP, It's a Small World, MICKEY MOUSE CLUB MARCH 등 디즈니와 관련된 명곡 14곡이 수록되어 있다.

미이라 잃어버린 사막의 도시

- 발매일 / 2000년 11월 30일 ● 가격 / 4,300엔
- 퍼블리셔 / 코나미

동명의 영화를 원작으로 제작된 사이드뷰 액션 게임. 스테이지 상에 있는 동료를 구하고 특정 아이템을 전부 수집하면 탈출할 수 있다. 퍼즐성이 높은 편이고 하나만 소유할 수 있는 아이템을 어떻게 사용해야 할지가 관건이다.

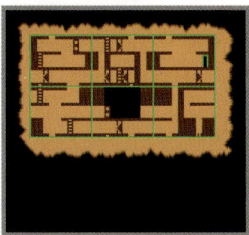

유☆희☆왕 듀얼 몬스터즈4 최강 결투자 전기 카이바 데크

- 발매일 / 2000년 12월 7일 ● 가격 / 4,800엔
- 퍼블리셔 / 코나미

『유우기 데크』, 『조노우치 데크』가 동시 발매되었고 버전에 따라 사용할 수 있는 카드의 종류가 다르다. 장르나 시스템은 전작들과 크게 다르지 않고 3개 데크로 250만 개를 출하했다.

드래곤 퀘스트III 그리고 전설로…

- 발매일 / 2000년 12월 8일 ● 가격 / 6,400엔
- 퍼블리셔 / 에닉스

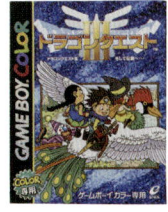 

전설의 명작 RPG의 리메이크작인 슈퍼패미컴 버전을 이식했다. 몬스터 메달 수집은 게임보이 버전의 독자적인 추가 요소인데, 수집을 신경쓰지 않는다면 숨겨진 던전을 진행할 수 없다.

포켓몬스터 크리스탈 버전

- 발매일 / 2000년 12월 14일 ● 가격 / 3,800엔
- 퍼블리셔 / 닌텐도

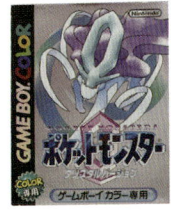 

전년도에 발매되었던 『골드』, 『실버』와는 버전만 다르다. 모바일 어댑터 GB와 호환이 되어서 멀리 떨어져 있는 플레이어와도 통신이 가능해졌으며 포켓몬의 종류와 출현 확률이 달라졌다.

공격 COM 던전 드루루아가

- 발매일 / 2000년 12월 15일 ● 가격 / 4,500엔
- 퍼블리셔 / 남코

『드루아가의 탑』 시리즈의 스핀오프작으로 로그라이크 RPG에 카드 게임과 타워 디펜스 요소를 가미한 듯한 독특한 시스템을 가지고 있다. 남코의 다양한 캐릭터가 게스트로 출연하는 것도 특징.

킨다이치 소년의 사건부 ~10년째의 초대장~

- 발매일 / 2000년 12월 16일 ● 가격 / 4,500엔
- 퍼블리셔 / 반프레스토

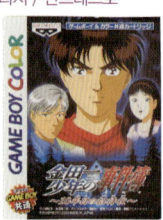 

인기 만화 원작 게임이며 장르는 비주얼을 중시하는 노벨 어드벤처. 각 요소마다 존재하는 선택지에 따라 스토리가 분기되며 추리에 따라 아홉 종류의 엔딩 중 하나를 맞이하게 된다.

위저드리 엠파이어 ~부활의 지팡이~

- 발매일 / 2000년 12월 22일 ● 가격 / 3,980엔
- 퍼블리셔 / 스타 피시

『Wiz』의 『엠파이어』 시리즈 두 번째 작품. 버그가 많았던 전작에 비하여 상당히 개선되었으며 『Wiz』 마니아로부터도 지지를 받았다. 3D 던전을 좋아하는 유저에겐 참으로 즐거운 작품이다.

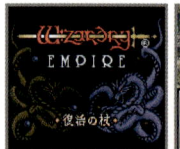  
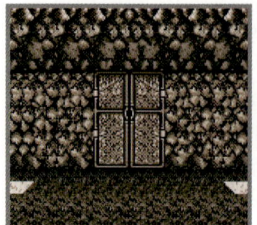

그란디아 패러렐 트리퍼즈

- 발매일 / 2000년 12월 22일 ● 가격 / 4,500엔
- 퍼블리셔 / 허드슨

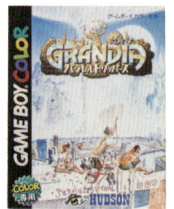 

세가 새턴으로 발매되어 큰 인기를 끌었던 RPG 『그란디아』의 번외편. 시나리오는 본편 이후의 이야기를 다루고 있으며 주인공은 초등학생이다. 시스템은 오리지널 설정이 적용되었다.

GAME BOY 2000

대피·덕 미끄러지고 뒹굴며 백만장자
- 발매일 / 2000년 1월 1일　● 가격 / 3,980엔
- 퍼블리셔 / 선 소프트

GAME BOY COLOR 호환

폭탄으로 적을 공격하는 요란한 사이드뷰 액션 게임이다. 주인공의 움직임은 다채로우며 애니메이션의 패턴도 상당히 풍부하다.

잭의 대모험 ~대마왕의 역습~
- 발매일 / 2000년 1월 15일　● 가격 / 3,980엔
- 퍼블리셔 / 이머지니어

GAME BOY COLOR 호환

NINTENDO64로 발매된 『엘테일 몬스터즈』를 이식한 버전이다. 장르는 RPG이고 시스템이 꽤 특이하지만 재미있는 요소가 많다.

사이좋은 펫 시리즈① 귀여운 햄스터
- 발매일 / 2000년 1월 28일　● 가격 / 3,980엔
- 퍼블리셔 / 엠·티·오

GAME BOY COLOR 호환

시리즈 첫 번째 작품이며 햄스터를 사육하는 게임이다. 햄스터를 돌보면서 친밀도를 올리면 사육 랭크가 오르게 된다.

어락왕 TANGO!
- 발매일 / 2000년 2월 11일　● 가격 / 3,980엔
- 퍼블리셔 / J·윙

GAME BOY COLOR 호환

문자를 사용한 퍼즐 게임으로 필드 상의 문자를 슬라이드시켜 단어를 만든다. 단어가 만들어지면 문자를 지울 수 있는 구조.

본격 대전 장기 보
- 발매일 / 2000년 2월 18일　● 가격 / 3,900엔
- 퍼블리셔 / 컬처 브레인

GAME BOY COLOR 호환

CPU와의 대국은 물론 묘수풀이도 수록되어 있으며 CPU의 난이도는 변경이 가능하다. 말 떼기 대국도 즐길 수 있는 것이 특징.

트레이드 & 배틀 카드 히어로
- 발매일 / 2000년 2월 21일　● 가격 / 3,800엔
- 퍼블리셔 / 닌텐도

GAME BOY COLOR 호환

트레이딩 카드 배틀 게임으로 30장의 카드로 덱을 구성하고 몬스터를 소환해서 싸우며 카드를 입수해 나가는 게임이다.

GAME BOY 2000

프로 마작 강자 GB2
- 발매일 / 2000년 2월 24일 ● 가격 / 3,900엔
- 퍼블리셔 / 컬처 브레인

GAME BOY COLOR 호환 / 전용

프로 작사와 대국할 수 있는 마작 게임 시리즈의 두 번째 작품. 미리 정해진 조건으로 대전을 해 나가는 타이틀전 모드 등이 준비되어 있다.

본격 화투 GB
- 발매일 / 2000년 2월 24일 ● 가격 / 4,500엔
- 퍼블리셔 / 알트론

GAME BOY COLOR 호환 / 전용

꽃 모으기 · 코이코이 · 오이쵸카부의 세 종류 게임을 플레이할 수 있는 화투 게임이다. 승자 진출전에서는 7명의 상대와 대전하게 된다.

메타 모드
- 발매일 / 2000년 2월 24일 ● 가격 / 4,500엔
- 퍼블리셔 / 코에이

GAME BOY COLOR 호환 / 전용

탑뷰 액션 RPG로 남녀 주인공의 직업은 각각 45종류가 존재한다. 직업을 전부 수집하는 것도 이 게임의 즐거움 중 하나.

돌격! 빳빠라대
- 발매일 / 2000년 3월 10일 ● 가격 / 4,500엔
- 퍼블리셔 / J · 윙

GAME BOY COLOR 호환 / 전용

만화 원작 시뮬레이션 슈팅 게임 모음집이다. 스토리 모드에서는 세 명의 캐릭터를 선택할 수 있으며 캐릭터별로 성능이 다르다.

메다로트 카드 로보틀 쿠와가타 버전
- 발매일 / 2000년 3월 10일 ● 가격 / 3,980엔
- 퍼블리셔 / 이머지니어

GAME BOY COLOR 호환 / 전용

『카부토 버전』과 동시 발매되었으며 입수할 수 있는 카드 등이 다르다. 모든 카드를 입수하기 위해서는 양쪽 버전의 통신이 필요하다.

야구 시뮬레이션 포켓 프로야구
- 발매일 / 2000년 3월 10일 ● 가격 / 3,980엔
- 퍼블리셔 / 에폭사

GAME BOY COLOR 호환 / 전용

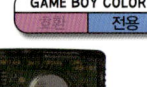  

야구 게임이면서 플레이어는 캐릭터를 조작하지 않고 시합을 관전하는 것이 목표라는 점이 특이하다. 야간 경기를 지켜보는 감각으로 즐길 수 있는 게임이다.

  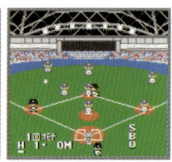

GAME BOY 2000

합격 보이 GOLD ■난 머리를 ●게 한다.
국어 산수 이과 사회 상식의 서
- 발매일 / 2000년 3월 17일　● 가격 / 3,800엔
- 퍼블리셔 / 이머지니어

게임보이 컬러 비호환 학습 소프트로 초기에 출시되었던 작품들과 비교하면 제법 게임다워졌으며 가격도 올랐다.

  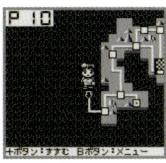

합격 보이 GOLD ■난 머리를 ●게 한다.
국어 산수 이과 사회 난문의 서
- 발매일 / 2000년 3월 17일　● 가격 / 3,800엔
- 퍼블리셔 / 이머지니어

어려운 문제가 모여 있는 작품이다. 미니 게임도 수록되어서 초기 시절처럼 본격적인 학습 소프트라고 말하기에는 많이 게임다워졌다.

  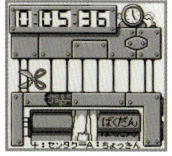

실바니아 멜로디 ~숲속 친구들과 춤추자!~
- 발매일 / 2000년 3월 17일　● 가격 / 3,980엔
- 퍼블리셔 / 에폭사

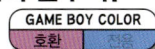

실바니아 패밀리의 캐릭터를 활용한 리듬 게임이다. 위에서 내려오는 아이템의 타이밍에 맞춰서 버튼을 눌러야 한다.

햄스터 파라다이스2
- 발매일 / 2000년 3월 17일　● 가격 / 3,980엔
- 퍼블리셔 / 아틀라스

햄스터 육성 게임 시리즈 두 번째 작품이다. 게임의 목적은 말하는 햄스터를 발견하는 것이며 사진을 앨범에 보존할 수도 있다.

포켓 프로레슬링 퍼펙트 레슬러
- 발매일 / 2000년 3월 17일　● 가격 / 3,980엔
- 퍼블리셔 / J・윙

가공의 레슬러가 등장하는 프로레슬링 게임으로 사용 가능한 레슬러는 10명. 하지만 커맨드를 입력하면 2명의 숨겨진 레슬러가 추가된다.

사이보그 쿠로짱 ~데빌 부활!!~
- 발매일 / 2000년 3월 23일　● 가격 / 4,500엔
- 퍼블리셔 / 코나미

만화 원작의 액션 슈팅 게임으로 조준점을 위로 이동하면 배경을, 아래로 이동하면 전방을 공격할 수 있다.

GAME BOY 2000

사루 펀처
- 발매일 / 2000년 3월 24일 ● 가격 / 3,980엔
- 퍼블리셔 / 타이토

GAME BOY COLOR 호환

육성 게임으로 원숭이를 복서로 키우는 것이 게임의 목적이다. 원숭이 미팅을 통해서 차세대로 능력을 승계시키는 것이 특징.

감자군
- 발매일 / 2000년 3월 24일 ● 가격 / 3,800엔
- 퍼블리셔 / 빅터 인터렉티브 소프트웨어

GAME BOY COLOR 호환

만화를 바탕으로 한 리듬 게임이다. 예시 화면의 캐릭터가 추는 댄스를 흉내 내는 게임이며 음악은 토코 죠지가 담당했다.

사이좋은 펫 시리즈② 귀여운 토끼
- 발매일 / 2000년 3월 24일 ● 가격 / 3,980엔
- 퍼블리셔 / 엠・티・오

GAME BOY COLOR 호환

시리즈 두 번째 작품으로 이번엔 토끼 육성에 도전한다. 토끼 캐릭터가 상당히 귀여우며 기본적인 시스템은 전작과 동일하다.

폭구 연발!! 슈퍼 비다맨 격탄! 라이징 발키리!!
- 발매일 / 2000년 3월 24일 ● 가격 / 4,500엔
- 퍼블리셔 / 타카라

GAME BOY COLOR 전용

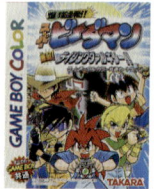 

비다맨 계열의 게임이지만 기존 작품들과는 개발사가 다르다. 장르는 RPG이며 대전을 통해 비다맨을 강화시켜 나가게 된다.

 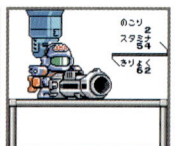 

레이맨 미스터・다크의 덫
- 발매일 / 2000년 3월 24일 ● 가격 / 4,200엔
- 퍼블리셔 / Ubi 소프트

GAME BOY COLOR 전용

해외 제작사에서 개발한 사이드뷰 액션 게임으로 새로운 액션을 배우면 할 수 있는 것, 즐길 수 있는 것이 늘어나는 구성이다.

배틀 피셔즈
- 발매일 / 2000년 3월 30일 ● 가격 / 4,500엔
- 퍼블리셔 / 코나미

GAME BOY COLOR 전용

배틀 계열 낚시 게임으로 학원 생활을 바탕으로 보드 게임처럼 행동을 결정하게 된다. 낚시는 대전형이며 해당되는 물고기를 먼저 낚는 쪽이 승리한다.

GAME BOY 2000

아루루의 모험 마법의 주얼

- 발매일 / 2000년 3월 31일
- 가격 / 4,200엔
- 퍼블리셔 / 컴파일

GAME BOY COLOR 호환 / 전용

『마도물어』의 아루루가 주인공인 RPG. 아루루는 경험치로 파워업 하게 되고 동료 몬스터는 돌을 장비해서 파워업 하게 된다.

명탐정 코난 기암섬 비보 전설

- 발매일 / 2000년 3월 31일
- 가격 / 4,500엔
- 퍼블리셔 / 반프레스토

GAME BOY COLOR 호환 / 전용

시리즈 네 번째 작품에서도 코난의 대활약이 펼쳐진다. 기암섬을 무대로 사건 해결에 도전하며 게임을 클리어하면 명탐정 수치가 표시된다.

스노보드 챔피언

- 발매일 / 2000년 3월 31일
- 가격 / 3,980엔
- 퍼블리셔 / 보톰 업

GAME BOY COLOR 호환 / 전용

스노보드의 기술을 경쟁하는 게임이다. 원메이크·슬라럼·하프파이프·보더크로스를 플레이 할 수 있으며 다양한 트릭을 구사할 수 있다.

트릭 보더 그랑프리

- 발매일 / 2000년 3월 31일
- 가격 / 3,800엔
- 퍼블리셔 / 아테나

GAME BOY COLOR 호환 / 전용

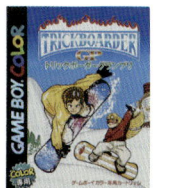 

놀랍게도 바로 옆의 작품과 같은 날에 발매된 스노보드 게임이다. 이쪽 역시 트릭이 주체이며 총 9개의 코스에서 싸우게 된다.

필살 파친코 BOY CR 몬스터 하우스

- 발매일 / 2000년 3월 31일
- 가격 / 3,980엔
- 퍼블리셔 / 선 소프트

GAME BOY COLOR 호환 / 전용

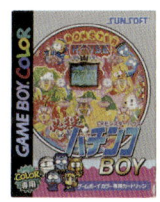 

당시 절대적인 인기를 얻고 있던 파친코 기기 『CR 몬스터 하우스』에 초점을 맞춘 게임으로 리치 액션을 열람할 수 있다는 특징이 있다.

성패 전설

- 발매일 / 2000년 4월 14일
- 가격 / 2,800엔
- 퍼블리셔 / 갭스

GAME BOY COLOR 호환 / 전용

스토리가 있는 마작 게임이다. 플레이어는 맵을 진행하며 대국에서 승리하고 레벨업을 해서 더욱 강해진다.

DX 모노폴리 GB

- 발매일 / 2000년 4월 21일 ● 가격 / 3,980엔
- 퍼블리셔 / 타카라

GAME BOY COLOR 호환

보드 게임 『모노폴리』를 게임보이 컬러로 재현한 작품이다. CPU 캐릭터도 교섭할 수 있어서 망설이고 있으면 혼자 남겨지니 주의할 것.

 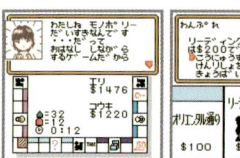 

버거 파라다이스 인터내셔널

- 발매일 / 2000년 4월 21일 ● 가격 / 2,980엔
- 퍼블리셔 / 갭스

GAME BOY COLOR 전용

플레이 스테이션으로 발매된 햄버거 샵 경영 시뮬레이션을 게임보이로 이식한 버전. 오리지널 버거를 개발하는 것이 재미있는 작품이다.

벅스 버니 크레이지 캐슬4

- 발매일 / 2000년 4월 21일 ● 가격 / 3,980엔
- 퍼블리셔 / KEMCO

GAME BOY COLOR 전용

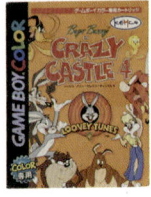 

2 in 1으로 발매된 첫 번째 타이틀부터 카운트하면 네 번째 작품이 된다. 스테이지 상에 있는 열쇠를 모두 수집해서 골에 도달하면 클리어가 되는 방식.

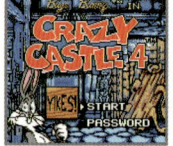  

한자로 퍼즐

- 발매일 / 2000년 4월 28일 ● 가격 / 4,280엔
- 퍼블리셔 / 엠·티·오

GAME BOY COLOR 전용

한자를 사용한 퍼즐, 퀴즈를 수록한 게임이다. 플레이하는 사이에 한자를 익히게 되는 학습 효과가 이 게임의 세일즈 포인트.

 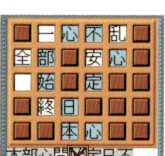 

경마장에 어서 오세요! 와이드

- 발매일 / 2000년 4월 28일 ● 가격 / 3,980엔
- 퍼블리셔 / 헥터

GAME BOY COLOR 호환

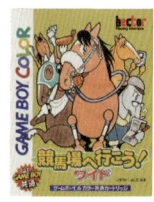 

경마장과 승률을 입력하면 구입해야 할 마권을 예상해준다. 인기 경마 만화가인 요시다 미호가 게임 일러스트를 담당했다.

디노 브리더4

- 발매일 / 2000년 4월 28일 ● 가격 / 4,800엔
- 퍼블리셔 / J·윙

GAME BOY COLOR 호환

공룡 육성 게임 제4탄으로 시리즈 최종작이기에 그동안 출시된 작품들의 집대성 같은 내용을 다루고 있다.

대공의 겐상 ~땅땅 망치가 땅땅~
- 발매일 / 2000년 4월 28일
- 가격 / 3,980엔
- 퍼블리셔 / 바이옥스

GAME BOY COLOR 호환

『대공의 겐상』이 주인공인 액션 퍼즐 게임이다. 적을 블록으로 바꾼다거나 쓰러뜨릴 수 있는 세 종류의 망치를 바꿔가면서 진행하게 된다.

  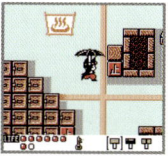

마작 여왕
- 발매일 / 2000년 4월 28일
- 가격 / 3,980엔
- 퍼블리셔 / 와라시

GAME BOY COLOR 호환

대국할 수 있는 캐릭터가 전부 여성인 마작 게임. 마작 퀴즈 이외에도 '프리 대국'과 메인인 '여왕들의 궁전 모드'가 준비되어 있다.

  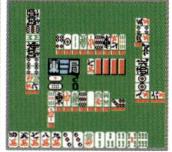

페럿 이야기 디어·마이·페럿
- 발매일 / 2000년 4월 28일
- 가격 / 3,980엔
- 퍼블리셔 / 컬처 브레인

GAME BOY COLOR 호환

페럿을 키우는 육성 게임. 커맨드 아이콘을 선택해서 페럿을 돌보며 대회에서 우승하는 것을 목표로 삼는다.

게임 편의점 21
- 발매일 / 2000년 5월 19일
- 가격 / 3,980엔
- 퍼블리셔 / 스타 피시

GAME BOY COLOR 호환

배스 낚시, 파친코 슬롯, 도둑 잡기, 슈팅, 마작 등 21종류가 되는 게임을 플레이할 수 있는 타이틀이다.

타이토 메모리얼 체이스 H.Q.
- 발매일 / 2000년 5월 26일
- 가격 / 3,980엔
- 퍼블리셔 / 죠르단

GAME BOY COLOR 호환

단순히 컬러화만 된 것이 아니라 게임성도 어레인지 된 이식작이다. 맵 상에 경찰 차량을 배치하고 범인이 접촉하면 레이스 화면으로 넘어가게 된다.

타이토 메모리얼 버블보블
- 발매일 / 2000년 5월 26일
- 가격 / 3,980엔
- 퍼블리셔 / 죠르단

GAME BOY COLOR 호환

90년에 발매되었던 『버블보블』을 컬러화 한 작품이 아니다. 기본적인 시스템은 원작과 동일하지만 스테이지는 오리지널로 제작되었다.

 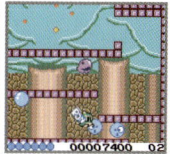 

GAME BOY 2000

빅쿠리맨 2000 차징 카드 GB
● 발매일 / 2000년 6월 10일　● 가격 / 3,980엔　GAME BOY COLOR
● 퍼블리셔 / 이머지니어

당시에 발매되었던 카드 게임을 콘솔 게임화 한 타이틀로, 카드를 수집해 데크를 만들고 CPU 혹은 2P와 대전하게 된다.

 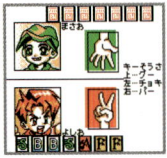 

오쟈루마루 ~만간 신사는 젯날이다!~
● 발매일 / 2000년 6월 30일　● 가격 / 4,280엔　GAME BOY COLOR
● 퍼블리셔 / 엠・티・오

오쟈루마루의 캐릭터를 활용한 미니 게임 모음집으로 금붕어 건지기, 사격, 타코야키 만들기 등 젯날과 어울리는 게임을 10종류 플레이할 수 있다.

한자 BOY2
● 발매일 / 2000년 6월 30일　● 가격 / 4,800엔　GAME BOY COLOR
● 퍼블리셔 / J・윙

시리즈 두 번째 작품으로 과거 한자 검정에 나왔던 문제가 다수 수록되어 있다. 한자를 활용한 미니 게임도 준비되어서 플레이할 수 있다.

 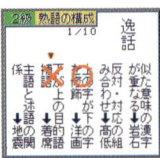 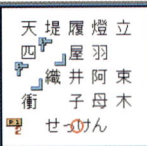

이데 요스케의 마작 교실 GB
● 발매일 / 2000년 6월 30일　● 가격 / 3,800엔　GAME BOY COLOR
● 퍼블리셔 / 아테나

도쿄대 출신의 작사로 유명한 이데 요스케가 감수한 마작 게임으로 프리 대국, 토너먼트전, 초보자용 마작 교실이 준비되어 있다.

  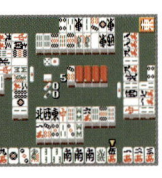

무민의 대모험
● 발매일 / 2000년 6월 30일　● 가격 / 3,980엔　GAME BOY COLOR
● 퍼블리셔 / 선 소프트

무민이 주인공인 사이드뷰 액션 게임이다. 스토리를 중시한 작품이며 중간 중간에 삽입되어 있는 컷신들이 아름다운 작품이다.

언제든지 파친코 GB CR 몬스터 하우스
● 발매일 / 2000년 7월 4일　● 가격 / 3,980엔　GAME BOY COLOR
● 퍼블리셔 / 탐 소프트

같은 해 3월에 발매되었던 『필살 파친코 BOY』에 이어서 CR 몬스터 하우스를 다룬 두 번째 작품이다.

GAME BOY 2000

월드 사커 GB 2000
- 발매일 / 2000년 7월 6일 ● 가격 / 4,500엔
- 퍼블리셔 / 코나미

GAME BOY COLOR 호환/전용

시리즈 제3탄으로 총 48개국의 내셔널 팀을 사용할 수 있다. 플레이할 수 있는 모드의 종류가 많으며 포메이션 변경도 가능.

모아서 노는 곰돌이 푸 ~숲의 보물~
- 발매일 / 2000년 7월 7일 ● 가격 / 3,980엔
- 퍼블리셔 / 토미

GAME BOY COLOR 호환/전용

푸가 주인공인 미니 게임 모음집이다. 주사위 게임형의 맵을 나아가며 미니 게임을 클리어하고 그림책을 수집하는 것이 게임의 목적이다.

힘내라! 일본! 올림픽 2000
- 발매일 / 2000년 7월 13일 ● 가격 / 4,500엔
- 퍼블리셔 / 코나미

GAME BOY COLOR 호환/전용

시드니 올림픽에 맞춰서 발매된 스포츠 게임으로 육상 경기를 중심으로 펜싱, 탁구, 투포환, 클레이 사격 등 12종목을 플레이할 수 있다.

  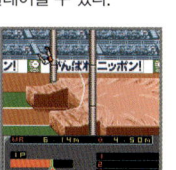

오쟈루마루 ~달밤이 연못의 보물~
- 발매일 / 2000년 7월 14일 ● 가격 / 3,980엔
- 퍼블리셔 / 석세스

GAME BOY COLOR 호환/전용

『오쟈루마루』의 캐릭터를 활용한 작품이지만 앞 작품과 제작사가 다르다. 이쪽은 주사위를 굴려서 플레이하는 보드 게임이다.

서바이벌 키즈2 탈출!! 쌍둥이섬!
- 발매일 / 2000년 7월 19일 ● 가격 / 4,500엔
- 퍼블리셔 / 코나미

GAME BOY COLOR 호환/전용

탈출계 게임의 두 번째 작품으로 이번 작품에서는 주인공을 두 명 중 선택할 수 있으며 섬을 탐색해서 탈출 수단을 찾게 된다. 다양한 엔딩이 존재하는 것이 장점.

데이터 네비 프로야구
- 발매일 / 2000년 7월 21일 ● 가격 / 4,300엔
- 퍼블리셔 / 나우 프로덕션

GAME BOY COLOR 호환/전용

프로야구 시뮬레이션이며 플레이어가 캐릭터를 조작할 수는 없다. 트레이드가 가능하기 때문에 취향에 맞는 팀을 제작할 수 있다.

GAME BOY 2000

메다로트3 쿠와가타 버전

- 발매일 / 2000년 7월 23일 ● 가격 / 4,300엔
- 퍼블리셔 / 이머지니어

『카부토 버전』과 동시에 발매되었다. 기존 시리즈처럼 초기 파츠가 다르지만 기본적으로는 『카부토 버전』과 동일한 게임이다.

화란호롱 학원 ~화투·마작~

- 발매일 / 2000년 7월 28일 ● 가격 / 4,800엔
- 퍼블리셔 / J·윙

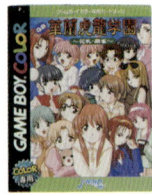 

일본어로는 '카랑코롱' 학원이라고 읽는다. 타이틀 하나로 마작과 화투를 모두 플레이할 수 있으며 대전 상대는 전부 여성 캐릭터이다.

 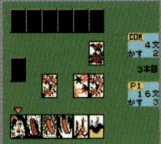 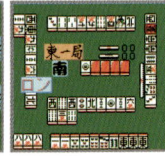

던전 세이버

- 발매일 / 2000년 8월 4일 ● 가격 / 4,800엔
- 퍼블리셔 / J·윙

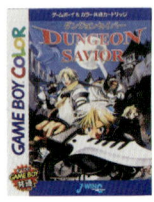 

대전형 RPG로 캐릭터를 소환해서 적의 던전을 침공하는 게임이다. 반대로 자신의 던전을 침공해오는 적 캐릭터도 격퇴시켜야 한다.

오싹오싹 히어로즈

- 발매일 / 2000년 8월 4일 ● 가격 / 5,980엔
- 퍼블리셔 / 미디어 팩토리

 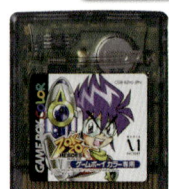

소프트에 동봉된 풀체인저를 사용해서 변신할 수 있다. 장르는 RPG이며 변신할 수 있는 히어로의 종류가 매우 많은 게임이다.

근육 기록표 GB2 ~노려라! 머슬 챔피언!~

- 발매일 / 2000년 8월 10일 ● 가격 / 4,500엔
- 퍼블리셔 / 코나미

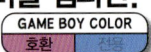

시리즈 두 번째 작품으로 이번 작품에서도 연예인 캐릭터가 등장한다. 다양한 경기를 클리어하면 캐릭터의 능력치도 상승하게 된다.

토코로씨의 세타가야 컨트리 클럽

- 발매일 / 2000년 8월 11일 ● 가격 / 3,980엔
- 퍼블리셔 / 나츠메

토코로 죠지의 일러스트 캐릭터가 등장하는 골프 게임이다. 특정 조건을 만족하면 토코로씨의 스냅 샷이 개방된다.

GAME BOY 2000

타니무라 히토시 류 파친코 공략 대작전 돈키호테가 간다
- 발매일 / 2000년 8월 11일
- 가격 / 4,500엔
- 퍼블리셔 / 아틀라스

GAME BOY COLOR 호환 / 전용

파친코 만화의 대가인 타니무라 히토시의 파친코 게임이다. 타니무라 류의 필살기 전수와 가공의 파친코 기기를 플레이하는 모드가 준비되어 있다.

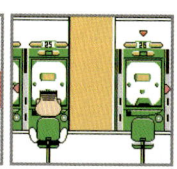

K.O. THE PRO BOXING
- 발매일 / 2000년 8월 11일
- 가격 / 4,500엔
- 퍼블리셔 / 알트론

GAME BOY COLOR 호환 / 전용

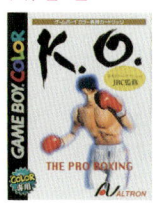

쿼터뷰 복싱 게임으로 십자키와 버튼의 조합으로 다양한 움직임을 실현했다. 캐릭터 육성이 가능한 부분은 덤이다.

실전에 도움이 되는 바둑 묘수풀이
- 발매일 / 2000년 8월 11일
- 가격 / 3,980엔
- 퍼블리셔 / 포니 캐니언

GAME BOY COLOR 호환 / 전용

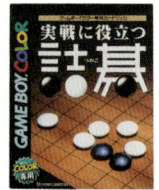

예문 15개와 묘수풀이 100개를 수록한 바둑 게임이다. 불필요한 연출은 일체 없으며 오로지 바둑 실력 향상에만 중점을 둔 작품이다.

트위티 세계 일주 80마리의 고양이를 찾아라!
- 발매일 / 2000년 8월 11일
- 가격 / 4,200엔
- 퍼블리셔 / KEMCO

GAME BOY COLOR 호환 / 전용

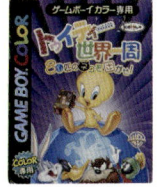

루니 • 툰즈에 등장하는 트위티가 주인공이 된 사이드뷰 액션 게임으로 고양이 발자국을 일정수 수집하면 게임이 클리어되는 방식이다.

사이좋은 펫 시리즈③ 귀여운 강아지
- 발매일 / 2000년 8월 11일
- 가격 / 3,980엔
- 퍼블리셔 / 엠•티•오

GAME BOY COLOR 호환 / 전용

시리즈 세 번째 작품으로 이번엔 개를 키운다는 내용이다. 강아지를 돌보면서 레벨을 올리고 콘테스트에서 우승시키는 것이 게임의 목표.

퍼펙트 쵸로Q
- 발매일 / 2000년 8월 11일
- 가격 / 3,980엔
- 퍼블리셔 / 타카라

GAME BOY COLOR 호환 / 전용

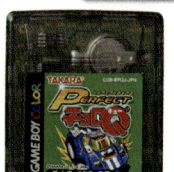

레이싱 게임이지만 차량 운전은 불가능하다. 실제 쵸로Q처럼 직진밖에 못하는 차량은 벽에 부딪혀 가며 진행해야 한다.

GAME BOY 2000

톳토코 햄타로 친구 대작전이에요
- 발매일 / 2000년 9월 8일 ● 가격 / 3,800엔
- 퍼블리셔 / 닌텐도

공식 장르는 '친구 발견 소프트'이며 오늘의 운세와 성격, 상성 진단 같은 점을 볼 수 있다. 적외선 통신으로 카드 교환도 가능한 타이틀이다.

햄스터 구락부 맞춰서 쮸
- 발매일 / 2000년 9월 22일 ● 가격 / 3,980엔
- 퍼블리셔 / 죠르단

육성 게임이었던 전작과는 180도 달라진 낙하형 퍼즐 게임이다. 같은 숫자의 블록을 3개 이상 이어서 지워야 하는 방식이다.

나의 캠프장
- 발매일 / 2000년 9월 22일 ● 가격 / 3,980엔
- 퍼블리셔 / 나그자트

캠프장 경영 시뮬레이션 게임으로 손님으로부터 받는 수입으로 설비를 구매하거나 땅을 넓혀서 캠프장을 키워 나가게 된다.

퍼즐로 승부닷! 우타마짱
- 발매일 / 2000년 9월 28일 ● 가격 / 3,800엔
- 퍼블리셔 / 나그자트

우타마짱이라는 신기한 캐릭터가 주인공인 퍼즐 게임으로 커서 감싼 구슬을 회전시켜서 올바른 방향으로 배치할 경우 구슬이 지워지는 방식이다.

  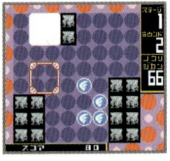

스페이스 인베이더X
- 발매일 / 2000년 9월 29일 ● 가격 / 3,980엔
- 퍼블리셔 / 타이토

역사적인 명작 슈팅 게임을 게임보이로 리메이크하였다. 기본적인 시스템은 오리지널과 동일하며 총 150개의 스테이지가 수록되어 있다.

 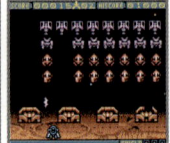 

곤타의 평화로운 대모험
- 발매일 / 2000년 9월 29일 ● 가격 / 3,980엔
- 퍼블리셔 / 레이업

당시 도그 푸드 CM에 출연했던 곤타군이 주인공인 게임으로 공식 장르명은 '평화로운 어드벤처'이다. 전체적으로 느긋하게 플레이할 수 있는 게임이다.

카드 캡터 사쿠라
~토모에다 초등학교 대운동회~

- 발매일 / 2000년 10월 6일　● 가격 / 4,280엔
- 퍼블리셔 / 엠・티・오

GAME BOY COLOR 전용

만화 원작 미니 게임 모음집이다. 작품에서 다루고 있는 것은 운동회이며 2인 3각, 빵 먹기 경주, 공 굴리기, 기마전 등의 8경기를 플레이할 수 있다.

슈퍼 돌・리카짱
~갈아입기 대작전~

- 발매일 / 2000년 10월 6일　● 가격 / 4,300엔
- 퍼블리셔 / 비알・원

GAME BOY COLOR 전용

애니메이션이 원작인 어드벤처 게임으로 게임의 핵심 포인트는 '옷 갈아입기'. 적과의 전투는 커맨드 입력 방식으로 진행된다.

사이보그 쿠로짱 2 ~와이드 우즈의 역습~

- 발매일 / 2000년 10월 19일　● 가격 / 4,500엔
- 퍼블리셔 / 코나미

GAME BOY COLOR 전용

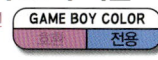

시리즈 두 번째 작품으로 시스템은 전작을 따르고 있다. 위로 조준하면 배경으로, 아래로 조준하면 전방으로 샷을 쏘는 구성.

괴인 조나

- 발매일 / 2000년 10월 21일　● 가격 / 3,800엔
- 퍼블리셔 / 닌텐도

GAME BOY COLOR 호환

「오하스타」의 캐릭터가 등장하는 어드벤처 게임으로 총 400개의 '수수께끼'를 수집하는 것이 게임의 목표.

합격 보이 GOLD ■난 머리를 ●게 한다.
입체 평면 도형의 달인

- 발매일 / 2000년 10월 27일　● 가격 / 3,800엔
- 퍼블리셔 / 이머지니어

참으로 고집스럽게도 흑백을 고수하고 있는 친숙한 시리즈. 이번 타이틀은 수학의 도형 문제에 초점을 맞추고 있는데 게임이구나 싶은 요소도 있기는 하다.

 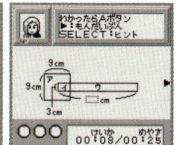 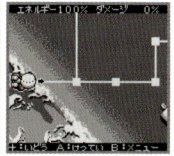

휴대 전수 텔레팡 파워 버전

- 발매일 / 2000년 11월 3일　● 가격 / 4,700엔
- 퍼블리셔 / 스마일 소프트

GAME BOY COLOR 호환

스피드 버전과 동시에 발매되었다. 배틀에서 승리해 전화번호를 수집하게 되는 게임인데, 한쪽 버전만으로는 모든 전화번호를 수집할 수 없다는 것이 문제.

GAME BOY 2000

피와 땀과 눈물의 고교 야구

- 발매일 / 2000년 11월 3일
- 가격 / 4,800엔
- 퍼블리셔 / J·윙

플레이어는 고교 야구부 감독이 되어 코시엔 우승을 목표로 삼게 된다. 각종 커맨드로 선수를 강화해 나가고 약체 팀을 강팀으로 키워 나가는 과정을 즐기게 된다.

댄스 댄스 레볼루션 GB2

- 발매일 / 2000년 11월 16일
- 가격 / 4,800엔
- 퍼블리셔 / 코나미

리듬 게임 시리즈 두 번째 작품으로 TURN ME ON, I'M ALIVE, LOVE MACHINE, AFRONOVA 등의 20곡을 수록하고 있다.

두근두근 전설 마법진 구루구루

- 발매일 / 2000년 11월 17일
- 가격 / 5,900엔
- 퍼블리셔 / 에닉스

만화가 원작인 액션 RPG. 파티는 2인 편성이며 캐릭터에 따라 검, 마법 같은 각자의 역할이 정해져 있다.

에어포스 델타

- 발매일 / 2000년 11월 22일
- 가격 / 4,300엔
- 퍼블리셔 / 코나미

드림캐스트로 발매되었던 3D 플라이트 슈팅을 게임보이로 이식했다. 성능이 다른 다양한 기체를 사용할 수 있는 게임이다.

그린치

- 발매일 / 2000년 11월 22일
- 가격 / 4,500엔
- 퍼블리셔 / 코나미

동명의 영화가 원작인 도트이트 타입의 게임으로, 시간 내 스테이지에 보이는 모든 선물을 수집하면 클리어되는 방식의 게임이다.

커맨드 마스터

- 발매일 / 2000년 11월 22일
- 가격 / 5,900엔
- 퍼블리셔 / 에닉스

기울기를 감지하는 센서가 카트리지에 내장되어 있다. 게임보이 컬러 본체를 기울여서 커맨드를 입력해가며 적과 전투를 벌이게 되는 게임.

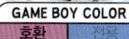

날아라! 호빵맨 ~ 다섯 탑의 임금님 ~

- 발매일 / 2000년 11월 23일
- 가격 / 4,500엔
- 퍼블리셔 / 탐

만화 캐릭터 호빵맨을 주인공으로 삼은 탑뷰 액션 게임이다. 적으로는 곰팡이들과 세균맨 같은 친숙한 캐릭터들이 등장한다.

선계이문록 준제대전 ~TV 애니메이션 「선계전 봉신연의」에서~

- 발매일 / 2000년 11월 24일
- 가격 / 3,980엔
- 퍼블리셔 / 반프레스토

애니메이션 원작의 시뮬레이션 RPG로 '파오페에'라고 불리는 아이템을 장비하면 캐릭터를 강화할 수 있다.

메다로트3 파츠 컬렉션 ~Z에서의 초전장 ~

- 발매일 / 2000년 11월 24일
- 가격 / 4,300엔
- 퍼블리셔 / 이머지니어

『메다로트3』의 메다로트와 메달 전부를 입수할 수 있는 타이틀로 스토리는 『3』의 속편처럼 구성되어 있다.

GB 하로봇츠

- 발매일 / 2000년 12월 1일
- 가격 / 4,800엔
- 퍼블리셔 / 선라이즈 인터렉티브

원더스완으로 발매된 『하로봇츠』의 속편격 타이틀이다. 하로를 로봇으로 변신시켜 싸우게 하고 육성해 나간다는 내용을 담고 있다.

슈퍼 미멜 GB-미멜 베어의 해피 메일 타운

- 발매일 / 2000년 12월 1일
- 가격 / 3,980엔
- 퍼블리셔 / 토미

주인공을 조작해서 마을을 탐색하고 주민과 친해지는 것이 게임의 목적이다. 참고로 '미멜'이란 당시의 휴대전화기형 장난감을 의미한다.

도널드 덕 데이지를 구하라!

- 발매일 / 2000년 12월 1일
- 가격 / 4,300엔
- 퍼블리셔 / Ubi 소프트

플레이 스테이션2로 발매되었던 작품을 이식했다. 장르는 탐색형 점프 액션이며 라이프제가 도입되었다.

GAME BOY 2000

육문천외 몬콜레나이트 GB

- 발매일 / 2000년 12월 1일
- 가격 / 4,300엔
- 퍼블리셔 / 카도카와 서점

GAME BOY COLOR

애니메이션 원작의 RPG로 던전을 탐색하고 몬스터를 동료로 영입할 수 있다. 게임의 목적은 몬몬 아이템을 수집하는 것.

Pia 캐럿에 어서 오세요!! 2.2

- 발매일 / 2000년 12월 2일
- 가격 / 5,300엔
- 퍼블리셔 / NEC 인터 채널

GAME BOY COLOR

원작은 PC용 성인 게임이며 게임보이 컬러로 이식되면서 19금 요소는 전부 삭제되었다.

유☆희☆왕 듀얼 몬스터즈4 최강 결투자 전기 조노우치 데크

- 발매일 / 2000년 12월 7일
- 가격 / 4,800엔
- 퍼블리셔 / 코나미

GAME BOY COLOR

게임 시스템은 앞서 소개했던 『카이바 데크』와 완전히 동일하다. 같은 날에 발매되었으며 다른 데크와는 입수할 수 있는 카드의 종류가 다르다.

유☆희☆왕 듀얼 몬스터즈4 최강 결투자 전기 유우기 데크

- 발매일 / 2000년 12월 7일
- 가격 / 4,800엔
- 퍼블리셔 / 코나미

GAME BOY COLOR

데크가 다른 세 작품이 동시 발매되었다. 규칙이나 시스템에는 차이가 없고 다른 버전에서 얻은 카드를 사용할 수 있다는 점 역시 동일하다.

다! 다! 다! 갑자기★카드에 배틀에 운세에!?

- 발매일 / 2000년 12월 8일
- 가격 / 4,500엔
- 퍼블리셔 / 비디오 시스템

GAME BOY COLOR

만화를 원작으로 삼은 카드 게임이다. 대전에서 이기면 사진을 입수할 수 있으며 덤으로 운세 기능도 준비되어 있다.

데지코의 마작 파티

- 발매일 / 2000년 12월 8일
- 가격 / 3,980엔
- 퍼블리셔 / 킹 레코드

GAME BOY COLOR

『기동전함 나데시코 루리루리 마작』의 계보를 잇는 시리즈 세 번째 작품이다. 2인 마작이며 캐릭터와 대전해서 트레이딩 카드를 수집하게 된다.

GAME BOY 2000

전차로 GO!2
- 발매일 / 2000년 12월 8일
- 가격 / 5,200엔
- 퍼블리셔 / 사이버 프론트

GAME BOY COLOR 호환

유명한 전차 운전 시뮬레이터의 두 번째 작품으로 이번 작품에서는 쿄헤이 토카이선, 아키타 신칸센, 호쿠호쿠선 등 5개 선로를 플레이할 수 있다.

햄스터 구락부2
- 발매일 / 2000년 12월 15일
- 가격 / 4,300엔
- 퍼블리셔 / 죠르단

GAME BOY COLOR 전용

만화 원작 햄스터 육성 게임으로 기본적인 시스템은 전작을 답습했다. 커맨드 입력으로 능력치를 올려나가게 된다.

사이좋은 쿠킹 시리즈① 맛있는 베이커리
- 발매일 / 2000년 12월 15일
- 가격 / 3,980엔
- 퍼블리셔 / 엠·티·오

GAME BOY COLOR 전용

요리 게임 시리즈 첫 번째 작품이다. 플레이어는 주인공인 여자아이를 조작해서 재료와 기구를 입수하고 레시피대로 요리를 만들어야 한다.

햄스터 파라다이스3
- 발매일 / 2000년 12월 15일
- 가격 / 3,800엔
- 퍼블리셔 / 아틀라스

GAME BOY COLOR 전용

 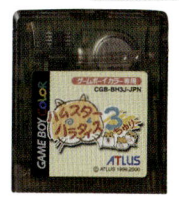

『햄스터 구락부2』와 같은 날에 발매된 육성 게임으로 시리즈 세 번째 작품이다. 햄실이라는 컬렉션 요소가 추가된 것이 특징이다.

도라에몽의 스터디 보이 구구단 게임
- 발매일 / 2000년 12월 20일
- 가격 / 3,980엔
- 퍼블리셔 / 쇼가쿠칸

GAME BOY COLOR 전용

도라에몽 학습 소프트로는 시리즈 일곱 번째 작품이다. 플레이어가 구구단을 외우게 하는 것에 중점을 두고 있다.

힘내라 고에몽 ~성공사 다이너마이트 나타나다!!~
- 발매일 / 2000년 12월 21일
- 가격 / 4,800엔
- 퍼블리셔 / 코나미

GAME BOY COLOR 전용

게임보이용 『힘내라 고에몽』 시리즈의 다섯 번째 작품이자 마지막 작품이다. 점프와 공격을 활용하는 친숙한 액션을 보여준다.

GAME BOY 2000

귀여운 펫샵 이야기2

● 발매일 / 2000년 12월 22일　● 가격 / 4,200엔
● 퍼블리셔 / 타이토

 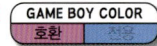

펫 육성 & 펫샵 경영 게임 제2탄으로 야생 동물을 동료로 만든 다음 열심히 돌보면서 능력치를 올려나가게 된다.

비룡의 권 열전 GB

● 발매일 / 2000년 12월 22일　● 가격 / 3,980엔
● 퍼블리셔 / 컬처 브레인

 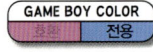

액션 모드는 횡스크롤이며 적을 쓰러뜨리며 진행하는 방식이다. 반면 보스전은 일대일 대전 방식이며, 대전에 특화된 모드도 존재한다.

실바니아 패밀리2 ~물드는 숲의 판타지~

● 발매일 / 2000년 12월 22일　● 가격 / 3,980엔
● 퍼블리셔 / 에폭사

어드벤처 & 미니 게임 모음집 시리즈의 두 번째 작품으로, 가구를 사 모은다거나 꽃을 키우는 등 할 일이 많이 준비되어 있다.

퍼즐보블 밀레니엄

● 발매일 / 2000년 12월 22일　● 가격 / 4,200엔
● 퍼블리셔 / 알트론

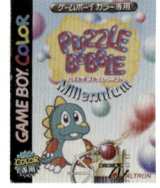 

이제는 친숙한 느낌의 슈팅 퍼즐 게임이다. 게임보이용은 통신 대전 모드와 스토리 모드 등의 다양한 플레이 방식에 대응하고 있다.

 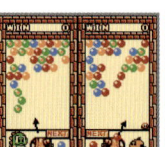 

광고 갤러리

「SD전국전 국가 찬탈 이야기」

「플래피 스페셜」

GAME BOY
GAME BOY COLOR
2001년
GAME BOY COMPLETE GUIDE

모모타로 전설 1 → 2

- 발매일 / 2001년 1월 1일   ● 가격 / 4,300엔
- 퍼블리셔 / 허드슨

PC엔진으로 발매된 『모모타로 전설 터보』와 『모모타로 전설 II』를 합본 이식한 버전이다. 기본적인 내용은 동일하지만 밸런스가 조정되어 있으며 『1』에서 『2』의 순서대로만 플레이할 수 있다.

동키콩 2001

- 발매일 / 2001년 1월 21일   ● 가격 / 3,800엔
- 퍼블리셔 / 닌텐도

슈퍼패미컴으로 발매된 『슈퍼 동키콩』의 리메이크 작품이다. 앞서 발매된 『슈퍼 동키콩 GB』와는 다르게 이쪽은 게임보이 컬러 전용 소프트.

 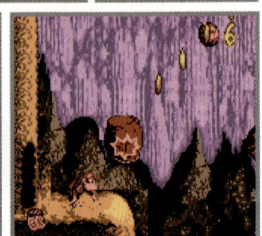

헤로헤로군

- 발매일 / 2001년 2월 9일   ● 가격 / 4,800엔
- 퍼블리셔 / 이머지니어

코믹 봉봉에 연재되었던 만화를 원작으로 제작한 RPG(롤플레잉 '개그') 게임이다. 포근한 그림체가 특징으로 전투는 액티브 타임 배틀 방식이 채용되었다.

승부사 전설 테츠야 신주쿠 천운편

- 발매일 / 2001년 2월 9일   ● 가격 / 4,700엔
- 퍼블리셔 / 아테나

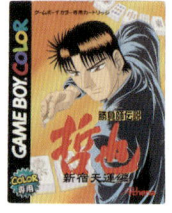 

주간 소년 매거진에 연재되었던 만화가 원작인 마작 게임. 시나리오 대국에서 승리해 나가면 프리 대국을 할 수 있는 캐릭터가 늘어난다. 그래픽이 아름다워서 팬이라면 놓칠 수 없는 작품.

팝픈 팝

- 발매일 / 2001년 2월 16일
- 가격 / 3,800엔
- 퍼블리셔 / 죠르단

GAME BOY COLOR

아케이드용 슈팅 퍼즐 게임을 게임보이로 이식. 풍선을 상공에 쏘아 올려 2개 이상 접촉시키면 없앨 수 있다. 대전 모드와 스토리 모드가 준비되어 있으며 사용 가능 캐릭터는 타이토 게임에서 출연했다.

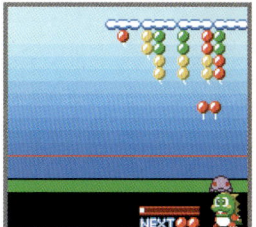

포켓 킹

- 발매일 / 2001년 2월 23일
- 가격 / 4,500엔
- 퍼블리셔 / 남코

GAME BOY COLOR

패미컴으로 발매되었던 『킹 오브 킹스』를 기반으로 제작된 시뮬레이션 RPG. 육성한 유닛을 다음 맵으로 가지고 갈 수 있는 등 시스템 변경점이 많다.

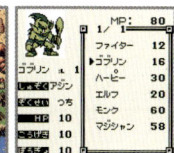

위저드리 미친 왕의 시련장

- 발매일 / 2001년 2월 23일
- 가격 / 4,500엔
- 퍼블리셔 / 아스키

GAME BOY COLOR

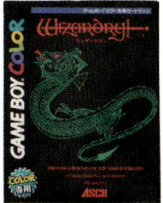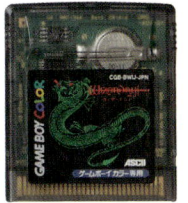

설명이 필요 없는 고전 명작 RPG를 게임보이로 이식. 앞서 『외전』 시리즈나 『엠파이어』 시리즈가 출시되었지만 역시 오리지널이 최고라는 플레이어가 많았다.

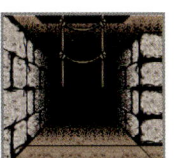

위저드리II 리루가민의 유산

- 발매일 / 2001년 2월 23일
- 가격 / 4,500엔
- 퍼블리셔 / 아스키

GAME BOY COLOR

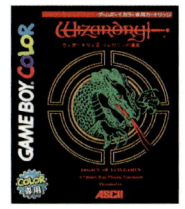

패미컴 버전으로부터 이식되었기 때문에 넘버링이 『II』가 되었지만 사실은 세 번째 작품에 해당된다. 기본적인 시스템은 첫 작품과 동일하지만 등장하는 적과 아이템, 시나리오는 상이하다.

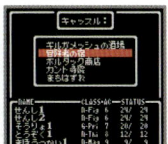

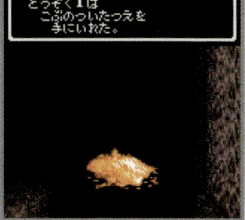

위저드리 III 다이아몬드 기사

- 발매일 / 2001년 2월 23일 ● 가격 / 4,500엔
- 퍼블리셔 / 아스키

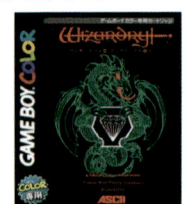 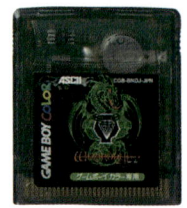

원래는 두 번째 작품에 해당하지만 패미컴 버전처럼 『III』로 발매되었다. 오리지널은 첫 작품에서 클리어한 캐릭터를 환생시켜 플레이하는 내용인 만큼, 강력한 아이템을 입수할 수 있으며 적도 강한 편이다.

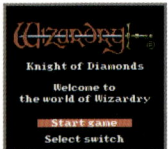  

작은 에일리언

- 발매일 / 2001년 2월 23일 ● 가격 / 4,800엔
- 퍼블리셔 / 크리처스

게임보이 컬러의 적외선 통신을 활용한 작품이다. 본체에 빛이나 리모컨의 적외선을 맞추면 에일리언을 포획할 수 있는데, 진동 기능이 존재해서 게임보이 어드밴스로는 플레이할 수 없다.

 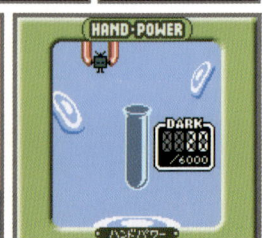

슈퍼로봇핀볼

- 발매일 / 2001년 2월 23일 ● 가격 / 4,500엔
- 퍼블리셔 / 미디어 팩토리

건담이나 마징가Z 등의 로봇이 등장하는 핀볼 게임이다. 조작 방식은 심플하지만 화려한 기믹이 존재하며, 보스전을 비롯해서 플레이어를 질리지 않게 하는 구성이 돋보인다.

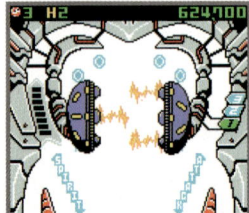

젤다의 전설 이상한 나무 열매 ~시공의 장~

- 발매일 / 2001년 2월 27일 ● 가격 / 3,800엔
- 퍼블리셔 / 닌텐도

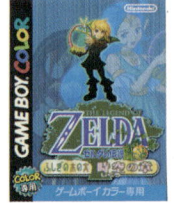 

게임보이용 젤다 시리즈로는 『꿈꾸는 섬(DX)』 이후 두 번째 작품이며 『대지의 장』과 동시에 발매되었다. 장르는 탑뷰 액션 어드벤처이며 아이템 입수로 링크가 강화된다.

GAME BOY 2001

젤다의 전설 이상한 나무 열매 ~대지의 장~

- 발매일 / 2001년 2월 27일 ● 가격 / 3,800엔
- 퍼블리셔 / 닌텐도

GAME BOY COLOR
호환 / 전용

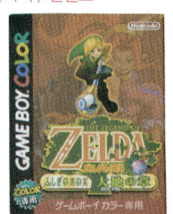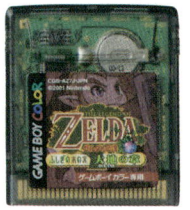

『시공의 장』과 동시 발매되었고 시스템은 완전히 동일하다. 암호를 토대로 작품이 이어진다는 '링크 시스템'을 채용해서 이야기를 확장시켰다.

더·블랙 오닉스

- 발매일 / 2001년 3월 2일 ● 가격 / 4,500엔
- 퍼블리셔 / 타이토

GAME BOY COLOR
호환 / 전용

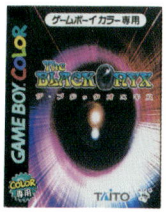

일본에서 RPG로는 처음 히트했고, RPG라는 장르를 알린 선두 주자가 된 작품의 리메이크작이다. 오리지널을 토대로 삼은 '레거시'와 어레인지판 '레전드' 2개 모드를 플레이할 수 있다.

드래곤 퀘스트 몬스터즈2 마르타의 신비한 열쇠 루카의 여행

- 발매일 / 2001년 3월 9일 ● 가격 / 6,400엔
- 퍼블리셔 / 에닉스

GAME BOY COLOR
호환 / 전용

시리즈 두 번째 작품으로 구형 게임보이와도 호환된다. 시스템은 전작과 동일하며 몬스터를 동료로 만들어서 육성해 나간다. 시나리오 부분이 제법 강화되었다.

코토배틀 천외의 수호자

- 발매일 / 2001년 3월 9일 ● 가격 / 4,500엔
- 퍼블리셔 / 알파 드림

GAME BOY COLOR
호환 / 전용

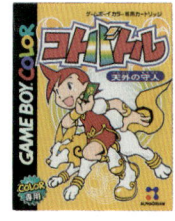

카드 게임을 토대로 한 RPG로서 언령(言靈)이 게임 테마이며 전투는 카드 배틀로 이루어진다. 시스템이 꽤 복잡하지만 튜토리얼로 기본 규칙을 배울 수 있다.

GAME BOY 2001

무적왕 트라이제논

- 발매일 / 2001년 3월 9일　● 가격 / 4,300엔
- 퍼블리셔 / 마벨러스 엔터테인먼트

GAME BOY COLOR - 전용

애니메이션이 원작인 시뮬레이션 게임. 주인공 메카가 처음에는 분리된 상태지만 합체하면 전력을 발휘하게 된다. 스테이지마다 설정된 지령을 달성하면 클리어가 되는 방식.

스페이스넷 코스모 블루

- 발매일 / 2001년 3월 16일　● 가격 / 4,800엔
- 퍼블리셔 / 이머지니어

GAME BOY COLOR - 전용

『코스모 레드』와 동시에 발매되었다. 장르는 탑뷰 SF계 RPG로, 전투 시에는 십자키가 각 커맨드에 대응해서 부드러운 조작이 가능하다.

메다로트4 카부토 버전

- 발매일 / 2001년 3월 23일　● 가격 / 4,500엔
- 퍼블리셔 / 이머지니어

GAME BOY COLOR - 전용

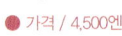

『메다로트』 시리즈의 넘버링 네 번째 작품으로 텐료 잇키를 주인공으로 한 일련의 작품의 최종장이라 할 수 있다. 본 작품에는 미니 게임이 많이 수록되었고 본편과 깊게 관련되어 있다.

포켓몬 카드 GB2 GR단 등장!

- 발매일 / 2001년 3월 28일　● 가격 / 3,980엔
- 퍼블리셔 / 포켓몬

GAME BOY COLOR - 전용

게임보이용 『포켓몬』 시리즈로서는 마지막 작품이다. 시스템은 전작을 잇고 있지만 카드의 종류가 대폭 늘었으며 스토리 모드의 맵 또한 두 배로 늘었다.

스트리트 파이터 ALPHA

- 발매일 / 2001년 3월 30일 ● 가격 / 4,300엔
- 퍼블리셔 / 캡콤

GAME BOY COLOR 전용

아케이드용 대전 격투 게임인 『스트리트 파이터 ZERO』를 게임보이로 이식. 2개의 버튼을 펀치와 킥에 분배했고 누르는 시간에 따라 기술의 강약을 조절할 수 있다. 아쉽게도 2P 대전은 불가능하며 CPU 대전 전용이다.

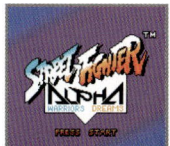  

드래곤 퀘스트 몬스터즈2 마르타의 이상한 열쇠 이루의 모험

- 발매일 / 2001년 4월 12일 ● 가격 / 6,400엔
- 퍼블리셔 / 에닉스

GAME BOY COLOR 호환/전용

『루카의 여행』으로부터 약 1개월 후에 발매된 또 다른 버전. 몬스터를 동료로 만들어서 성장시키고 배합으로 새로운 몬스터를 만들어내는 시스템은 동일하지만 이 작품은 이루가 주인공이다.

크로스 헌터 엑스 헌터 버전

- 발매일 / 2001년 4월 12일 ● 가격 / 4,800엔
- 퍼블리셔 / 게임 빌리지

GAME BOY COLOR 전용

버전이 다른 3개 작품이 동시에 발매되었다. 코믹 봉봉의 독자 참가형 기획이 토대가 된 RPG로 주인공의 무기나 아이템, 적 캐릭터 등 다양한 아이디어가 도입된 작품이다.

HUNTER×HUNTER 금단의 비보

- 발매일 / 2001년 4월 12일 ● 가격 / 4,500엔
- 퍼블리셔 / 코나미

GAME BOY COLOR 전용

게임보이용 HUNTER×HUNTER 두 번째 작품이다. 게임성은 전작으로부터 대폭 변경되었으며 특히 사이드뷰 액션 스타일의 게임으로 탈바꿈했다. 사용 캐릭터는 네 명이고 파고들기 요소가 가득하다.

작급생 ~코스프레★파라다이스~

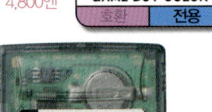
- 발매일 / 2001년 4월 27일
- 가격 / 4,800엔
- 퍼블리셔 / 엘프

PC용 19금 게임이었던 『동급생』의 캐릭터가 등장하는 마작 게임이다. 대국은 2인으로 이루어지며 여성 캐릭터와 대전하게 되지만 성인물 요소는 완전히 배제되었다.

X-MEN MUTANT ACADEMY

- 발매일 / 2001년 4월 27일
- 가격 / 4,500엔
- 퍼블리셔 / 석세스

미국에서 절대적인 인기를 자랑하는 X-MEN의 캐릭터를 활용한 대전 격투 게임이다. 커맨드 입력으로 필살기를 사용할 수 있으며 화면 하단의 게이지가 가득 채워지면 일발 역전이 가능한 초필살기도 사용할 수 있다.

모바일 골프

- 발매일 / 2001년 5월 11일
- 가격 / 5,800엔
- 퍼블리셔 / 닌텐도

휴대전화에 게임보이 컬러를 접속하는 '모바일 어댑터 GB'가 동봉되어서 발매되었다. 캐릭터 육성형 골프 게임이며 전국의 플레이어와 대전할 수 있었는데 현재는 서비스가 종료되었다.

ZOIDS 백은의 수기신 라이거 제로

- 발매일 / 2001년 6월 15일
- 가격 / 4,500엔
- 퍼블리셔 / 토미

ZOIDS의 메카가 다수 등장하는 RPG로 적과의 전투에 돌입하면 콕핏 시점으로 변경되어 박력 있는 배틀을 즐길 수 있다. 게다가 적으로부터 무기를 빼앗아 장비할 수 있는 시스템도 탑재가 되었다.

스누피 테니스

- 발매일 / 2001년 6월 20일
- 가격 / 4,300엔
- 퍼블리셔 / 언포그램 허드슨

GAME BOY COLOR 호환/전용

만화 '피너츠'에 등장하는 스누피와 찰리 브라운 등의 캐릭터가 등장하는 테니스 게임이다. 일반적인 하드·크레이 코트 외에도 좌우가 벽으로 둘러싸인 특수한 코트에서 플레이할 수 있다.

스타 오션 블루 스피어

- 발매일 / 2001년 6월 28일
- 가격 / 5,800엔
- 퍼블리셔 / 에닉스

GAME BOY COLOR 호환/전용

『스타 오션 세컨드 스토리』의 후일담에 해당하는 RPG로 구형 게임보이에서도 호환이 된다. 플레이하는 하드웨어에 따라 입수할 수 있는 아이템이 변경되는 구조가 특이하다.

이상한 던전 풍래의 시렌 GB2 사막의 마성

- 발매일 / 2001년 7월 19일
- 가격 / 4,500엔
- 퍼블리셔 / 춘 소프트

GAME BOY COLOR 호환/전용

『풍래의 시렌』 시리즈로는 게임보이 두 번째 작품이며 장르는 로그라이크 RPG이다. 랜덤 생성되는 던전을 탐색하는 게임이기에 상당히 오랫동안 플레이할 수 있는 명작이다.

초 GALS! 코토부키 란

- 발매일 / 2001년 7월 26일
- 가격 / 4,800엔
- 퍼블리셔 / 코나미

GAME BOY COLOR 호환/전용

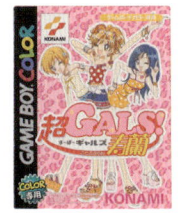 

만화 원작의 갸루 게임으로 휴대전화 문자를 빨리 쓰는 것으로 상대방과 배틀하는 등, 당시의 유행이 강하게 나타나 있는 작품이다. 적외선 통신을 활용한 카드 교환이나 점 보기 등이 가능한 것도 특이사항.

게임보이 워즈3

- 발매일 / 2001년 8월 30일
- 가격 / 3,800엔
- 퍼블리셔 / 허드슨

GAME BOY COLOR 호환 전용

 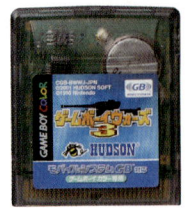

시리즈 세 번째 작품이지만 퍼블리셔가 닌텐도에서 허드슨으로 변경되었다. 게임은 캠페인 모드가 추가되었으며 클리어했을 때 남아 있던 유닛을 다음 맵으로 가지고 갈 수 있게 되었다.

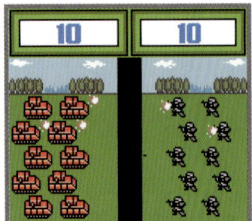 

에스트폴리스 전기 되살아나는 전설

- 발매일 / 2001년 9월 7일
- 가격 / 4,800엔
- 퍼블리셔 / 타이토

GAME BOY COLOR 호환 전용

슈퍼패미컴으로 발매되었던 『에스트폴리스 전기』 시리즈의 계보를 잇는 작품이다. 장르는 RPG이며 던전 내에서는 턴제로 진행된다. 심도 있고 파고들기 요소가 가득한 작품이다.

 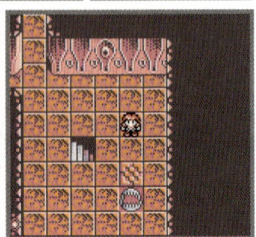

치키치키 머신 맹 레이스

- 발매일 / 2001년 11월 22일
- 가격 / 3,600엔
- 퍼블리셔 / 시스컴 엔터테인먼트

GAME BOY COLOR 호환 전용

애니메이션 원작의 유사 3D 레이싱 게임으로, 각각의 특징을 지닌 머신과 드라이버를 선택해서 3위 이내에 들면 다음 레이스로 넘어갈 수 있다. 충돌이나 아이템을 활용해서 적을 방해할 수 있다.

해리 포터와 마법사의 돌

- 발매일 / 2001년 12월 1일
- 가격 / 4,800엔
- 퍼블리셔 / 일렉트로닉·아츠·스퀘어

GAME BOY COLOR 호환 전용

엄청난 인기 영화를 원작으로 삼은 RPG이며 설정에 따라 전투에서는 마법을 사용한다. 마법은 MP를 소비하는 것과 카드를 사용하는 두 종류가 있으며, 후자는 플레이어끼리 교환도 가능하다.

사쿠라대전 GB2 선더볼트 작전

- 발매일 / 2001년 12월 6일
- 가격 / 4,800엔
- 퍼블리셔 / 세가

GAME BOY COLOR

게임보이의 두 번째 『사쿠라대전』 시리즈로 외전 격 작품이다. 플레이어는 오리지널 캐릭터로 하나구미의 멤버나 오오가미와 함께 싸우게 되는데, 전투는 커맨드 선택 방식의 RPG 타입으로 진행된다.

미니 & 프렌즈 꿈의 나라를 찾아서

- 발매일 / 2001년 12월 13일
- 가격 / 4,800엔
- 퍼블리셔 / 허드슨

GAME BOY COLOR

미키 마우스를 찾아내는 것이 목적인 어드벤처 게임으로 주인공은 미니 마우스이다. 미니 게임이 다수 수록되어 있으며 디즈니의 친숙한 캐릭터가 다수 등장한다.

메다로트 5 스스타케 마을의 전학생 카부토

- 발매일 / 2001년 12월 14일
- 가격 / 4,800엔
- 퍼블리셔 / 이머지니어

GAME BOY COLOR

게임보이용 『메다로트』 시리즈의 마지막 넘버링 타이틀이다. 전작까지의 설정이 리뉴얼 되었으며 스토리와 메다로트의 디자인 등도 크게 변경되었다.

 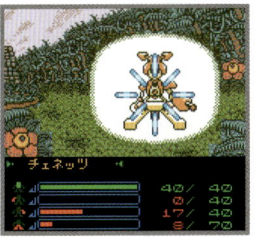

샤먼킹 초·점사약결 훈바리편

- 발매일 / 2001년 12월 21일
- 가격 / 3,980엔
- 퍼블리셔 / 킹 레코드

GAME BOY COLOR

만화 원작 게임으로 『메라메라편』과 동시 발매되었다. 장르는 카드 게임이며 덱을 짜서 캐릭터를 소환해 배틀에 임한다. 주인공은 3명 중 한 명을 선택하는데 모두 다른 스토리가 준비되어 있다.

  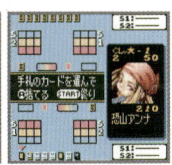

애니멀 브리더4

- 발매일 / 2001년 1월 1일 ● 가격 / 4,800엔
- 퍼블리셔 / J·윙

GAME BOY COLOR 전용

동물 육성 게임 제4탄으로 코끼리·해달·고릴라·돌고래 등의 동물을 선택해서 커맨드를 입력하고 능력을 올리게 된다.

도라에몽의 스터디 보이 학습 한자 게임

- 발매일 / 2001년 1월 12일 ● 가격 / 3,980엔
- 퍼블리셔 / 쇼가쿠칸

GAME BOY COLOR 전용

도라에몽의 학습 소프트로는 여덟 번째 타이틀이다. 게임성을 만끽하며 초등학교 레벨의 한자를 읽고 쓰고 배울 수 있다.

브레이브 사가 신장 아스타리아

- 발매일 / 2001년 1월 26일 ● 가격 / 4,800엔
- 퍼블리셔 / 타카라

GAME BOY COLOR 전용

타카라에서 발매했던 로봇 완구가 다수 등장하는 RPG로 참전 작품은 장갑기병 보톰즈, 거신 고그 등 상당히 다채롭다.

러브 히나 파티

- 발매일 / 2001년 1월 26일 ● 가격 / 4,500엔
- 퍼블리셔 / 마벨러스 엔터테인먼트

GAME BOY COLOR 전용

만화 원작의 퀴즈 & 미니 게임 모음집이다. 클리어하면 히로인들의 호감도가 올라가며 그에 따라 엔딩도 변화된다.

사무라이 키드

- 발매일 / 2001년 2월 2일 ● 가격 / 3,980엔
- 퍼블리셔 / 코에이

GAME BOY COLOR 전용

스테이지 클리어 방식의 액션 퍼즐 게임으로, 효과가 다른 세 가지 종류의 무기를 변경해가며 스테이지를 클리어해 나가야 한다.

오하스타 댄스 댄스 레볼루션 GB

- 발매일 / 2001년 2월 8일 ● 가격 / 4,800엔
- 퍼블리셔 / 코나미

GAME BOY COLOR 전용

 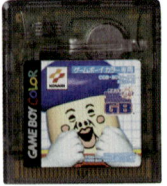

오하스타와 콜라보한 'DDR'이다. O-HA! Manbo, CANDY, 작별 인사 대신에 등의 7곡을 수록했으며 미니 게임도 플레이할 수 있다.

GAME BOY 2001

사이좋은 펫 시리즈④ 귀여운 아기 고양이
- 발매일 / 2001년 2월 16일
- 가격 / 4,200엔
- 퍼블리셔 / 엠·티·오

GAME BOY COLOR 호환 전용

시리즈 네 번째 작품으로 이번엔 아기 고양이에 초점을 맞추었다. 먹이를 주거나 쓰다듬으면서 고양이와 친해져야 하는 게임이다.

근육 기록표 GB3 신세기 서바이벌 열전!
- 발매일 / 2001년 2월 22일
- 가격 / 4,800엔
- 퍼블리셔 / 코나미

GAME BOY COLOR 호환 전용

시리즈 세 번째 작품으로 내용 자체는 변함없다. 미니 게임을 즐기는 감각으로 스트럭 아웃과 킥 타겟 등에 도전할 수 있다.

프론트 라인 THE NEXT MISSION
- 발매일 / 2001년 2월 23일
- 가격 / 4,200엔
- 퍼블리셔 / 알트론

GAME BOY COLOR 호환 전용

1985년부터 가동되었던 아케이드용 액션 슈팅 게임의 리메이크작이다. 주인공이 단신으로 적진을 향해 돌진한다.

웃는 개의 모험 GB SILLY GO LUCKY!
- 발매일 / 2001년 2월 23일
- 가격 / 4,300엔
- 퍼블리셔 / 캡콤

GAME BOY COLOR 호환 전용

일찍이 후지 TV 계열로 방송되었던 버라이어티 방송을 게임화 했다. 장르는 미니 게임 모음집이며 총 20종류가 수록되어 있다.

우디 우드페커의 고!고! 레이싱
- 발매일 / 2001년 3월 15일
- 가격 / 4,500엔
- 퍼블리셔 / 코나미

GAME BOY COLOR 호환 전용

우드페커(딱따구리-역주)를 주인공으로 삼은 탑뷰 레이싱 게임이다. 머신 세팅이 가능하며 레이스 도중 라이벌 캐릭터를 방해할 수도 있다.

댄스 댄스 레볼루션 GB3
- 발매일 / 2001년 3월 15일
- 가격 / 4,500엔
- 퍼블리셔 / 코나미

GAME BOY COLOR 호환 전용

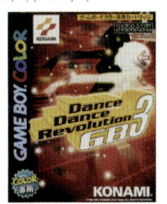 

90년대 후반 폭발적인 인기를 누렸던 댄스 계열 리듬 게임의 제3탄. EAT YOU UP, LUV TO MI, NI NI 등 23곡을 수록하고 있다.

도라에몽 너와 펫의 이야기

- 발매일 / 2001년 3월 16일   ● 가격 / 4,300엔
- 퍼블리셔 / 에폭사

GAME BOY COLOR 호환/전용

원작의 특성을 잘 살린 RPG로, 전투에서 비밀 도구를 사용한다거나 우정을 이용한 연계기를 발동할 수 있다.

스페이스넷 코스모 레드

- 발매일 / 2001년 3월 16일   ● 가격 / 4,800엔
- 퍼블리셔 / 이머지니어

GAME BOY COLOR 호환/전용

『코스모 블루』와 동시에 발매되었다. 두 버전의 차이점으로는 주인공의 기술과 입수할 수 있는 머신의 파츠 등이 있다.

닌타마 란타로 인술 학원에 입학하자 단

- 발매일 / 2001년 3월 23일   ● 가격 / 4,500엔
- 퍼블리셔 / 애스크

GAME BOY COLOR 호환/전용

닌타마 란타로를 소재로 삼은 게임은 총 3개의 회사에서 발매되었다. 본 작품은 수리검술, 도약술과 같은 인술(忍術)에 대한 미니 게임 모음집이다.

메다로트4 쿠와가타 버전

- 발매일 / 2001년 3월 23일   ● 가격 / 4,500엔
- 퍼블리셔 / 이머지니어

GAME BOY COLOR 호환/전용

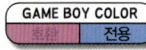

동시에 발매된 『카부토 버전』과의 차이점은 초기 기체와 입수할 수 있는 파츠 뿐. 시나리오는 동일한 작품이다.

환상마전 최유기 사막의 사신

- 발매일 / 2001년 3월 23일   ● 가격 / 4,980엔
- 퍼블리셔 / J・윙

GAME BOY COLOR 호환/전용

만화 원작의 카드 게임으로 덱을 짜서 적과 배틀하고 이기면 카드와 경험치를 입수할 수 있다. 게임의 목표는 무도 대회에서의 우승!

  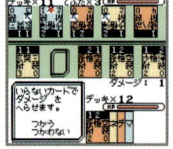

패션 일기

- 발매일 / 2001년 3월 23일   ● 가격 / 4,200엔
- 퍼블리셔 / 빅터 인터렉티브 소프트웨어

GAME BOY COLOR 호환/전용

남성의 호감도를 올려나가야 한다는 여성향 게임으로 옷 갈아입히기에 주안점을 둔 연애 시뮬레이션이다. 당연히 주인공은 여성 캐릭터.

댄스 댄스 레볼루션 GB 디즈니 믹스

- 발매일 / 2001년 3월 29일 ● 가격 / 3,090엔
- 퍼블리셔 / 코나미

GAME BOY COLOR

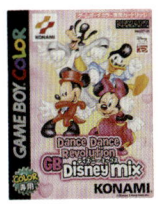 

디즈니와의 콜라보를 통해 탄생한 'DDR'이다. Chim Chim Cher-ee, IT'S A SMALL WORLD 등의 18곡을 수록하고 있다.

아니마스타 GB

- 발매일 / 2001년 3월 30일 ● 가격 / 3,980엔
- 퍼블리셔 / 미디어 팩토리

GAME BOY COLOR

드림캐스트로 발매되었던 카드 레이싱 게임을 게임보이로 이식했다. 아니마로 불리는 전자 생물을 레이스에 참가시켜서 승리를 목표로 나아가게 된다.

합격 보이 GOLD ■난 머리를 ●게 한다. 정수 소수 분수 단위 계산의 달인

- 발매일 / 2001년 3월 30일 ● 가격 / 3,800엔
- 퍼블리셔 / 이머지니어

오랫동안 발매되어온 『합격 보이』 시리즈의 마지막 작품이다. 총 32작품 발매되어, 게임보이 최다 출시 시리즈로 남게 되었다.

합격 보이 GOLD ■난 머리를 ●게 한다. 읽기 쓰기 필순 숙어 한자의 달인

- 발매일 / 2001년 3월 30일 ● 가격 / 3,800엔
- 퍼블리셔 / 이머지니어

『합격 보이』 시리즈는 마지막까지 구형 게임보이 전용으로 발매되었고, 이 두 개 작품이 구형 게임보이 전용의 마지막 소프트가 되었다.

  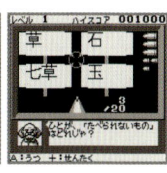

크로스 헌터 트레저 헌터 버전

- 발매일 / 2001년 4월 12일 ● 가격 / 4,800엔
- 퍼블리셔 / 게임 빌리지

GAME BOY COLOR

3개 버전이 동시에 발매된 RPG이다. 버전에 따라 동료로 만들 수 있는 펫의 종류가 다르다.

크로스 헌터 몬스터 헌터 버전

- 발매일 / 2001년 4월 12일 ● 가격 / 4,800엔
- 퍼블리셔 / 게임 빌리지

GAME BOY COLOR

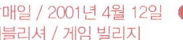 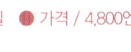 
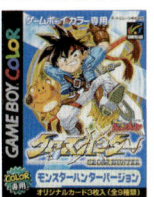 

기본적인 시나리오는 양쪽 버전이 동일하지만 동료의 종류가 다르기 때문에 플레이 감각 역시 다르다.

헬로 키티와 디어 다니엘의 드림 어드벤처

- 발매일 / 2001년 4월 14일 ● 가격 / 4,500엔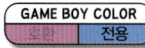
- 퍼블리셔 / 이머지니어

키티가 주인공인 점프 액션 게임이다. 코스튬을 발견하고 갈아입으면 키티의 성능이 달라진다.

사이좋은 쿠킹 시리즈② 맛있는 베이커리

- 발매일 / 2001년 4월 20일 ● 가격 / 4,200엔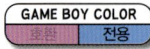
- 퍼블리셔 / 엠·티·오

두 번째 작품 역시 시스템은 전작과 거의 동일하다. 주인공을 조작해서 재료와 레시피를 입수하고 맛있는 빵을 만드는 것이 게임의 목적이다.

톳토코 햄타로2 햄짱즈 대집합이에요

- 발매일 / 2001년 4월 21일 ● 가격 / 3,800엔
- 퍼블리셔 / 닌텐도

톳토코 햄타로의 캐릭터를 활용한 어드벤처 게임으로 '햄고'를 사용해서 동료를 수집하고 '햄고 사전'을 만들게 된다.

오이데 라스칼

- 발매일 / 2001년 4월 25일 ● 가격 / 4,500엔
- 퍼블리셔 / 탐

미국 너구리인 라스칼을 육성해야 하는 게임. 커맨드 선택으로 라스칼과 친해질 수 있고 미니 게임을 통해 아이템을 입수해야 한다.

From TV animation ONE PIECE 꿈의 루피 해적단 탄생!

- 발매일 / 2001년 4월 27일 ● 가격 / 4,500엔
- 퍼블리셔 / 반프레스토

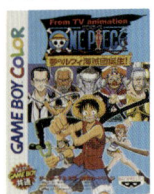 

원피스의 캐릭터가 등장하는 RPG로 원작을 토대로 한 스토리가 전개되며 친숙한 캐릭터들이 동료로 들어온다.

사이좋은 펫 시리즈⑤ 귀여운 햄스터 2

- 발매일 / 2001년 4월 27일 ● 가격 / 4,200엔
- 퍼블리셔 / 엠·티·오

게임보이로 출시된 시리즈 최종작이다. 키울 수 있는 햄스터의 종류가 늘어났고 아이템도 구입할 수 있게 되었다.

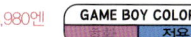

스파이더맨

- 발매일 / 2001년 4월 27일
- 가격 / 3,980엔
- 퍼블리셔 / 석세스

GAME BOY COLOR 호환 전용

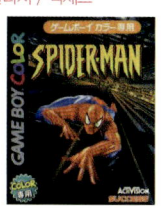 

스파이더맨이 주인공인 사이드뷰 액션 게임으로 와이어 액션과 벽에 붙기 등 다채로운 움직임이 매력적인 작품이다.

구루구루 타운 하나마루군

- 발매일 / 2001년 4월 27일
- 가격 / 4,980엔
- 퍼블리셔 / J·윙

GAME BOY COLOR 호환 전용

애니메이션 원작의 심부름 게임으로 아동용 작품이다. 퀴즈와 미니 게임이 수록되어서 재미있게 즐길 수 있다.

DX 인생게임

- 발매일 / 2001년 4월 27일
- 가격 / 4,500엔
- 퍼블리셔 / 타카라

GAME BOY COLOR 호환 전용

대단히 유명한 보드 게임을 게임화 한 작품이다. 룰렛으로 나온 숫자만큼 진행하면 다양한 이벤트가 발생한다.

DT Lords of Genomes

- 발매일 / 2001년 5월 25일
- 가격 / 4,500엔
- 퍼블리셔 / 미디어 팩토리

GAME BOY COLOR 호환 전용

『제비우스』로 유명한 엔도 마사노부가 개발에 참여한 카드 게임이다. 카드에 적혀 있는 텍스트를 읽어보면 스토리가 쉽게 이해된다.

명탐정 코난 저주받은 항로

- 발매일 / 2001년 6월 1일
- 가격 / 4,500엔
- 퍼블리셔 / 반프레스토

GAME BOY COLOR 호환 전용

게임보이로 출시된 시리즈로는 최종작이다. 멀티 엔딩과 파트너 체인지 시스템을 채용한 것이 특징.

사이좋은 쿠킹 시리즈③ 즐거운 도시락

- 발매일 / 2001년 6월 29일
- 가격 / 4,200엔
- 퍼블리셔 / 엠·티·오

GAME BOY COLOR 호환 전용

전작 발매로부터 2개월이라는 짧은 기간 만에 발매된 세 번째 작품이다. 요리 파트는 미니 게임으로 진행되어 완성도가 달라진다.

가이아 마스터 DUEL 카드 어태커즈

- 발매일 / 2001년 6월 29일 ● 가격 / 4,300엔
- 퍼블리셔 / 캡콤

GAME BOY COLOR 호환/전용

플레이 스테이션으로 발매되었던 보드 게임을 게임보이로 이식했다. 단순한 운 게임이 아니라 카드를 사용한 배틀이 승패를 가르게 된다.

네트로 겟 미니 게임 @100

- 발매일 / 2001년 7월 12일 ● 가격 / 5,800엔
- 퍼블리셔 / 코나미

GAME BOY COLOR 호환/전용

미니 게임이 다수 수록된 작품인데, 모바일 어댑터 GB를 사용하면 새로운 미니 게임을 다운로드할 수 있었다.

데이터 네비 프로야구2

- 발매일 / 2001년 7월 13일 ● 가격 / 4,300엔
- 퍼블리셔 / 나우 프로덕션

GAME BOY COLOR 호환/전용

프로야구 시뮬레이션 게임의 두 번째 작품이다. 플레이어는 감독이 되어서 선수에게 지시를 내리고 시합을 진행하게 된다.

낚시 가자!!

- 발매일 / 2001년 7월 19일 ● 가격 / 4,500엔
- 퍼블리셔 / 아스키

GAME BOY COLOR 호환/전용

코믹한 캐릭터가 특징인 낚시 게임으로 물고기를 낚아 올리기 위해서는 마치 리듬 게임처럼 십자키를 입력해줘야 한다.

 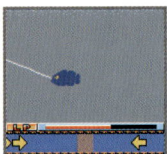 

록맨X2 소울 이레이저

- 발매일 / 2001년 7월 19일 ● 가격 / 3,980엔
- 퍼블리셔 / 캡콤

GAME BOY COLOR 호환/전용

슈퍼패미컴으로 발매되었던 『록맨X』를 이식한 작품이지만 다른 시리즈의 요소도 다수 도입되었다.

J리그 익사이트 스테이지 택틱스

- 발매일 / 2001년 7월 20일 ● 가격 / 4,300엔
- 퍼블리셔 / 에폭사

GAME BOY COLOR 호환/전용

축구팀 경영 시뮬레이션으로 플레이어는 시합에서 지시를 내릴 뿐, 경기는 자동으로 진행된다. 오리지널 캐릭터를 만들 수 있다는 것이 특징.

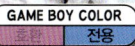

우주인 타나카 타로 RPG 쯔쿠르 GB2

- 발매일 / 2001년 7월 20일
- 가격 / 5,200엔
- 퍼블리셔 / 엔터 브레인

GAME BOY COLOR 전용

게임보이용 『RPG 쯔쿠르』 시리즈 두 번째 작품으로 이 타이틀은 만화가 원작이다. 내용은 'RPG 개발 소프트 + 샘플 게임'으로 구성되어 있다.

  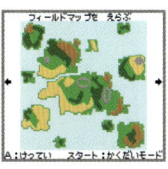

맥도날드 이야기

- 발매일 / 2001년 7월 20일
- 가격 / 4,500엔
- 퍼블리셔 / TDK 코어

GAME BOY COLOR 전용

맥도날드 아르바이트 체험 시뮬레이션. 구성은 미니 게임 형식이며 아르바이트생과 교류하고 가게 업무를 수행하며 점장이 되는 것을 목표로 삼는다.

진·여신전생 데빌 칠드런 백의 서

- 발매일 / 2001년 7월 27일
- 가격 / 4,500엔
- 퍼블리셔 / 아틀라스

GAME BOY COLOR 전용

앞서 두 개의 버전이 발매된 후 반년이 지난 시점에 발매되었다. 다른 작품들과 다르게 본 작품은 스토리가 버전에 따라 다르다.

진·여신전생 트레이딩 카드 카드 서머너

- 발매일 / 2001년 7월 27일
- 가격 / 5,200엔
- 퍼블리셔 / 엔터 브레인

GAME BOY COLOR 전용

『진·여신전생』 시리즈에 등장하는 악마를 활용한 카드 게임이다. 튜토리얼이 상당히 세세하기 때문에 초보자라도 룰을 숙지하기 쉽다는 장점이 있다.

곤충박사3

- 발매일 / 2001년 7월 27일
- 가격 / 4,980엔
- 퍼블리셔 / J·윙

GAME BOY COLOR 전용

곤충 채집 게임 제3탄으로 시점이 사이드뷰로 변경되었다. 벌레를 잡을 때 '숨어서 휘두르기', '모자 캐치'와 같은 기술을 사용할 수 있다.

꽃보다 남자 ANOTHER LOVE STORY

- 발매일 / 2001년 7월 27일
- 가격 / 4,500엔
- 퍼블리셔 / TDK 코어

GAME BOY COLOR 전용

원작에 충실한 스토리를 즐길 수 있는 연애 시뮬레이션 게임으로, 주인공이 취한 행동으로 인해 상대방의 호감도가 변화되며 이는 엔딩에도 영향을 미친다.

미즈키 시게루의 신·요괴전

- 발매일 / 2001년 7월 27일 ● 가격 / 4,800엔
- 퍼블리셔 / 프라임 시스템

GAME BOY COLOR 호환/전용

미즈키 시게루가 그린 요괴를 활용한 카드 게임이다. 요괴에 대한 설명이 상당히 디테일해서 카드를 수집해 나가는 즐거움이 있다.

폭전 슛 베이블레이드

- 발매일 / 2001년 7월 27일 ● 가격 / 4,800엔
- 퍼블리셔 / 브로콜리

GAME BOY COLOR 호환/전용

베이블레이드를 사용한 배틀을 콘솔 게임화 한 작품으로 앞서 발매되었던 시리즈와는 퍼블리셔가 다르다.

배드 바츠마루 로보 배틀

- 발매일 / 2001년 8월 10일 ● 가격 / 4,500엔
- 퍼블리셔 / 이머지니어

GAME BOY COLOR 호환/전용

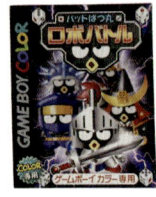 

산리오의 캐릭터를 활용한 보드 게임. 이벤트 외에도 라이벌과의 배틀이나 미니 게임이 존재해서 게임이 쉽게 질리지 않는다.

치비 마루코짱 마을 사람 다 같이 게임이야!

- 발매일 / 2001년 8월 10일 ● 가격 / 4,300엔
- 퍼블리셔 / 에폭사

GAME BOY COLOR 호환/전용

다수 발매되었던 『치비 마루코짱』 시리즈의 마지막 작품이다. 퍼블리셔가 변경되었으며 장르도 보드 게임으로 변경되었다.

니세몬 퍼즐 da몬! 페로몬 구출대작전

- 발매일 / 2001년 8월 10일 ● 가격 / 4,800엔
- 퍼블리셔 / 프라임 시스템

GAME BOY COLOR 호환/전용

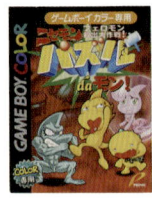 

스테이지 클리어형 퍼즐 게임으로 붉은 구슬을 지정 위치까지 옮기면 클리어되는 방식이다. 곳곳에 다양한 기믹이 준비되어 있다.

포켓 쿠킹

- 발매일 / 2001년 8월 24일 ● 가격 / 4,800엔
- 퍼블리셔 / J·윙

GAME BOY COLOR 호환/전용

망해가는 가게를 구하기 위해 주인공이 요리에 도전한다는 내용을 다루고 있다. 가장 중요한 요리는 미니 게임 형식으로 진행된다.

GAME BOY 2001

전일본 소년 축구 대회 목표는 일본 제일!
- 발매일 / 2001년 9월 7일 가격 / 4,800엔
- 퍼블리셔 / 석세스

GAME BOY COLOR 전용

소년 축구팀 육성 시뮬레이션 게임. 연습으로 선수를 강화시켜야 하며 오리지널 캐릭터도 가입시킬 수 있다.

햄스터 구락부 가르쳐줘요
- 발매일 / 2001년 9월 21일 가격 / 4,300엔
- 퍼블리셔 / 죠르단

GAME BOY COLOR 전용

햄스터에 관한 퀴즈를 중심으로 미니 게임을 수록한 작품이다. 햄스터의 타입을 진단하는 기능도 존재한다.

햄스터 파라다이스4
- 발매일 / 2001년 9월 28일 가격 / 4,500엔
- 퍼블리셔 / 아틀러스

GAME BOY COLOR 전용

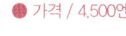 
 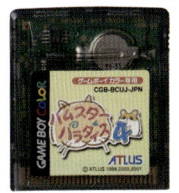

햄스터 육성 게임 제4탄으로 여덟 종류의 햄스터 중 두 마리를 선택해 동시에 사육할 수 있다. 또한 햄스터를 교배시켜 번식시키는 것도 가능.

격주 탄환 레이서 음속 버스터 DANGUN탄
- 발매일 / 2001년 10월 12일 가격 / 4,600엔
- 퍼블리셔 / 이머지니어

GAME BOY COLOR 전용

배틀 타입 레이싱 게임으로 플레이어가 머신을 직접 조작할 수는 없으며, 라이벌을 이겨서 얻은 파츠로 튜닝하는 것이 중요하다.

 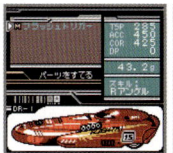 

기관차 토마스 소도어 섬의 친구들
- 발매일 / 2001년 10월 12일 가격 / 4,500엔
- 퍼블리셔 / 탐

GAME BOY COLOR 전용

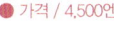

스토리 모드에서는 토마스를 조작해서 선로를 수리해 나가게 되며, 도감 모드에서는 토마스의 친구들을 감상할 수 있다.

DOKI×DOKI 하게 해줘!!
- 발매일 / 2001년 10월 26일 가격 / 4,200엔
- 퍼블리셔 / 빅터 인터렉티브 소프트웨어

GAME BOY COLOR 전용

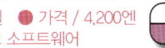 

만화 원작 연애 어드벤처로 주인공 소녀가 남성 아이돌 그룹에 참가해서 콘서트를 성공시킨다는 내용을 담고 있다.

GAME BOY 2001

앙천인간 배트실러 닥터·가이의 야망

- 발매일 / 2001년 11월 1일
- 가격 / 4,800엔
- 퍼블리셔 / 코나미

GAME BOY COLOR

과자 완구의 캐릭터를 활용한 RPG. 시스템은 전체적으로 전형적인 JRPG 스타일이며 전투는 커맨드 입력 방식으로 진행된다.

네트워크 모험기 버그사이트 알파

- 발매일 / 2001년 11월 2일
- 가격 / 4,800엔
- 퍼블리셔 / 스마일 소프트

GAME BOY COLOR

『포켓몬』 타입의 몬스터 육성 RPG이다. 전뇌 공간을 무대로 삼고 있으며 사이버틱한 분위기의 세계관이 특징이다.

네트워크 모험기 버그사이트 베타

- 발매일 / 2001년 11월 2일
- 가격 / 4,800엔
- 퍼블리셔 / 스마일 소프트

GAME BOY COLOR

『알파』와는 등장 몬스터가 다르지만 양쪽 버전 모두 '버그 센서'라는 주변기기가 동봉되었다.

사이좋은 쿠킹 시리즈④ 즐거운 디저트

- 발매일 / 2001년 11월 16일
- 가격 / 4,200엔
- 퍼블리셔 / 엠·티·오

GAME BOY COLOR

시리즈 네 번째 작품은 디저트에 초점을 맞췄으며 시스템은 전작들과 거의 동일, 미니 게임을 즐기면서 요리를 배우게 된다.

메다로트5 스스타케 마을의 전학생 쿠와가타

- 발매일 / 2001년 12월 14일
- 가격 / 4,800엔
- 퍼블리셔 / 이머지니어

GAME BOY COLOR

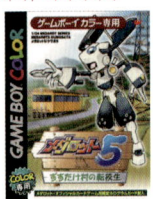 

『카부토』와의 차이점은 초기 메다로트와 입수할 수 있는 파츠의 종류이다. 지금까지 출시된 시리즈와 스토리는 동일하다.

루니·툰즈 컬렉터 마션 퀘스트!

- 발매일 / 2001년 12월 14일
- 가격 / 3,700엔
- 퍼블리셔 / 시스컴 엔터테인먼트

GAME BOY COLOR

벅스 버니가 주인공인 점프 액션 게임으로 동료들의 힘을 빌려 화성인으로부터 지구를 지킨다는 내용을 담고 있다.

나의 키친

- 발매일 / 2001년 12월 21일
- 가격 / 3,980엔
- 퍼블리셔 / 키랏토

GAME BOY COLOR 호환/전용

아동용 요리 체험 게임이다. 재료를 구매해서 엄마의 지시에 따라 요리를 하면 되는데, 메뉴는 총 13종류가 준비되어 있다.

샤먼킹 초·점사약결 메라메라편

- 발매일 / 2001년 12월 21일
- 가격 / 3,980엔
- 퍼블리셔 / 킹 레코드

GAME BOY COLOR 호환/전용

『훈바리편』과 동시 발매된 소프트이다. 게임 내용과 스토리는 동일하지만 입수할 수 있는 카드의 종류가 다르다.

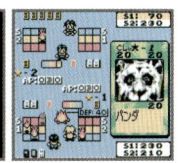

옷 갈아입기 햄스터

- 발매일 / 2001년 12월 21일
- 가격 / 4,200엔
- 퍼블리셔 / 빅터 인터렉티브 소프트웨어

GAME BOY COLOR 호환/전용

복수의 콘텐츠를 수록하고 있으며, 햄 라이브로 입수한 양복을 갈아입힌다거나 햄 점 보기, 심지어 보드 게임까지 플레이가 가능하다.

실바니아 패밀리3 별 내리는 밤의 모래시계

- 발매일 / 2001년 12월 21일
- 가격 / 4,300엔
- 퍼블리셔 / 에폭사

GAME BOY COLOR 호환/전용

게임보이에서 출시된 시리즈 최종작이다. 마을에서 사라진 별을 찾아내야 하는 어드벤처 게임이다.

장기3

- 발매일 / 2001년 12월 24일
- 가격 / 4,800엔
- 퍼블리셔 / 포니 캐니언

GAME BOY COLOR 호환/전용

상당히 전형적인 장기 게임이다. 대전 상대인 CPU의 실력을 변경할 수 있으며 구형 게임보이에서도 플레이가 가능하다는 장점이 있다.

광고 갤러리

『물고기들』

한정판 본체 소개②

슈퍼, 백화점, 완구점 등에서 한정 판매된 본체, 게임 소프트 동봉판 본체 등 GB 시리즈에는 다양한 본체가 존재한다. 컬러풀한 본체들은 가만히 보기만 해도 흐뭇해진다.

게임보이 라이트 테즈카 오사무 월드샵 오픈 기념 버전

발매일 / 1998년 7월 12일   가격 / 7,500엔

테즈카 오사무 월드샵에서 판매된 GB 컬러 기념 버전. 클리어 레드의 본체에는 테즈카의 캐릭터가 프린트되어 있다.

게임보이 컬러 포켓몬 3주년 기념 버전

발매일 / 1999년 2월 20일   가격 / 8,900엔

포켓몬스터 3주년 기념으로 제작된 GB 컬러 한정판. 오렌지와 블루의 투 톤 컬러 본체에는 포켓몬 로고가 프린트되어 있다. 코로코로 코믹 등에서도 구입할 수 있었다.

게임보이 컬러 카드 캡터 사쿠라 버전

발매일 / 1999년 3월 24일   가격 / 7,280엔

이토요카도 한정으로 판매된 인기 애니메이션 『카드캡터 사쿠라』 사양의 GB 컬러. 화이트와 핑크의 투 톤 컬러 본체에는 '사쿠라'의 일러스트가 그려져 있다.

게임보이 컬러 다이에 한정 버전 클리어 오렌지 & 클리어 블랙

발매일 / 1999년 9월 26일   가격 / 6,780엔

1999년 다이에 호크스의 우승을 기념해서 제작된 GB 컬러 한정 컬러. 클리어 오렌지와 클리어 블랙의 투 톤 컬러로 되어 있다.

GAME BOY
GAME BOY COLOR

2002년
2003년

GAME BOY COMPLETE GUIDE

GAME BOY 2002

초 GALS! 코토부키 란2 ~미라클→겟팅~
- 발매일 / 2002년 2월 7일 ● 가격 / 4,800엔
- 퍼블리셔 / 코나미

GAME BOY COLOR 호환 전용

낙하형 퍼즐 게임으로, 전작과 전혀 다른 스타일의 게임이 되었다. 포인트를 사용해서 옷을 구입할 수 있으며 캐릭터의 옷을 갈아입힐 수도 있다.

Dr. 린에게 물어봐! 사랑의 린 풍수
- 발매일 / 2002년 2월 21일 ● 가격 / 3,980엔
- 퍼블리셔 / 허드슨

GAME BOY COLOR 호환 전용

Dr.코파가 아닌 Dr.린이 주인공인 풍수 어드벤처 게임으로 플레이하면서 풍수를 배울 수 있고 점을 칠 수 있는 요소도 수록되어 있다.

헬로 키티의 해피 하우스
- 발매일 / 2002년 3월 2일 ● 가격 / 4,500엔
- 퍼블리셔 / 엠·티·오

GAME BOY COLOR 호환 전용

화면 안의 키티와 커뮤니케이션하며 말을 가르치는 게임이다. 또한 미니 게임도 준비되어 있어서 재미있게 즐길 수 있다.

몬★스터 트래블러
- 발매일 / 2002년 3월 8일 ● 가격 / 4,300엔
- 퍼블리셔 / 타이토

GAME BOY COLOR 호환 전용

코즈몬이라 불리는 몬스터를 육성하는 RPG로, 이 코즈몬을 육성하면 진화하게 되는데 그 종류가 매우 풍부하다.

바다표범 전대 이나즈마 ~두근두근 대작전!?~
- 발매일 / 2002년 3월 29일 ● 가격 / 3,980엔
- 퍼블리셔 / 오메가·프로젝트

GAME BOY COLOR 호환 전용

독특한 캐릭터를 활용한 미니 게임 모음집이다. 미니 게임을 클리어해서 변신 포인트를 수집하게 되며 변신 후에는 보스전에 도전하게 된다.

BIOHAZARD GAIDEN
- 발매일 / 2002년 3월 29일 ● 가격 / 4,200엔
- 퍼블리셔 / 캡콤

GAME BOY COLOR 호환 전용

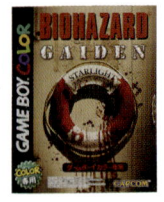 

초인기 좀비 게임의 외전작으로 해외 제작사에서 개발했다. 이동 중에는 탑뷰 화면으로 진행되지만 전투 시에는 1인칭 시점으로 변경된다.

사이좋은 쿠킹 시리즈⑤ 코무기짱의 케이크를 만들자!
- 발매일 / 2002년 4월 5일 ● 가격 / 4,200엔
- 퍼블리셔 / 엠·티·오

GAME BOY COLOR

시리즈 다섯 번째 작품이자 게임보이 최종작이다. 본작에서는 케이크 만들기에 도전하게 되는데 게임을 즐기다 보면 플레이어는 자연스럽게 요리 지식을 익히게 된다.

모험! 돈도코섬
- 발매일 / 2002년 4월 18일 ● 가격 / 4,300엔
- 퍼블리셔 / 글로벌·A·엔터테인먼트

GAME BOY COLOR

육성 요소가 존재하는 서바이벌 시뮬레이션. 포획한 몬스터에게 일을 돕게 하면서 무인도에서의 탈출을 목표로 삼는다.

나의 레스토랑
- 발매일 / 2002년 4월 26일 ● 가격 / 3,980엔
- 퍼블리셔 / 키랏토

GAME BOY COLOR

전년도에 발매되었던 『나의 키친』의 속편이다. 선생님에게 배운 요리 순서를 그대로 재현해야 하며 요리는 13종이 수록되었다.

From TV animation ONE PIECE 환상의 그랜드라인 모험기!
- 발매일 / 2002년 6월 28일 ● 가격 / 4,500엔
- 퍼블리셔 / 반프레스토

GAME BOY COLOR

구형 게임보이와 호환되는 마지막 소프트이다. 원피스의 캐릭터가 등장하는 RPG로 만화 원작 팬을 위한 작품.

곤충 파이터즈
- 발매일 / 2002년 7월 26일 ● 가격 / 4,200엔
- 퍼블리셔 / 디지털 키즈

GAME BOY COLOR

킬러 곤충으로 돈을 버는 악의 조직에 대항하기 위해 게놈 곤충을 키우는 게임으로 트레이닝은 미니 게임 형식으로 진행된다.

드래곤볼Z 전설의 초전사들
- 발매일 / 2002년 8월 9일 ● 가격 / 4,500엔
- 퍼블리셔 / 반프레스토

GAME BOY COLOR

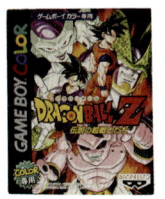 

드래곤볼Z 카드 게임이다. 배틀에는 턴제가 채용되었고 서로 카드를 내서 공격하게 된다.

GAME BOY 2002-2003

햄스터 이야기 GB + 완전 햄 마법 소녀

● 발매일 / 2002년 8월 9일　● 가격 / 3,980엔
● 퍼블리셔 / 컬처 브레인

햄스터 육성 게임과 햄스터가 주인공인 어드벤처 게임의 합본이다. 어느 쪽을 먼저 플레이하든 문제될 것은 없다.

도라에몽의 퀴즈 보이2

● 발매일 / 2002년 10월 4일　● 가격 / 3,980엔
● 퍼블리셔 / 에폭사

국어・산수・이과・사회를 중심으로 한 도라에몽 학습 퀴즈 게임으로 플레이하며 다양한 지식을 습득할 수 있다.

한자 BOY3

● 발매일 / 2002년 6월 5일　● 가격 / 4,980엔
● 퍼블리셔 / J・윙

2003년에 발매된 2개 소프트는 모두 한자 학습용이다. 본 작품은 한자 검정 공부용이며 사자성어, 유의어와 읽기, 쓰기를 배울 수 있다.

  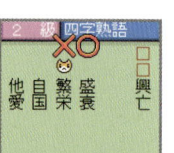

도라에몽의 스터디 보이 한자 읽고 쓰기 마스터

● 발매일 / 2003년 7월 18일　● 가격 / 3,980엔
● 퍼블리셔 / 쇼가쿠칸

장장 15년 동안 선보였던 게임보이의 수많은 게임 중 그 마지막을 장식한 작품. 플레이를 통해 한자 읽기와 쓰는 방법 등을 학습할 수 있는 소프트이다.

광고지 갤러리

『슈퍼마리오 랜드2』

『포켓몬스터 블루』

『게임보이 갤러리』

닌텐도 파워 (덧씌우기용 타이틀 일람)

「닌텐도 파워」는 편의점 로손의 점포에 설치된 멀티미디어 단말기 Loppi를 사용한 덧씌우기 서비스이다. 애초 SFC 한정이었지만 2000년 3월 1일부터 GB 덧씌우기가 시작. 2002년 8월 31일 Loppi에서의 덧씌우기 서비스는 종료되었지만, 그 후 2007년 2월 28일까지 닌텐도 서비스센터에서는 계속되었다. 덧씌우기는 1000엔이 기본인데 극소수 예외도 존재한다. 또한 덧씌우기 전용 소프트도 존재했다.

타이틀	퍼블리셔	발매 연도
젤다의 전설 꿈꾸는 섬 DX	닌텐도	2000년
개구리를 위해 종은 울린다	닌텐도	2000년
두더지냐~	닌텐도	2000년
별의 커비2	닌텐도	2000년
별의 커비	닌텐도	2000년
커비의 핀볼	닌텐도	2000년
게임보이 워즈	닌텐도	2000년
솔라 스트라이커	닌텐도	2000년
메트로이드 II	닌텐도	2000년
슈퍼 동키콩 GB	닌텐도	2000년
동키콩	닌텐도	2000년
요시의 파네퐁	닌텐도	2000년
게임보이 갤러리	닌텐도	2000년
마리오의 피크로스	닌텐도	2000년
닥터 마리오	닌텐도	2000년
슈퍼마리오 랜드3 와리오 랜드	닌텐도	2000년
슈퍼마리오 랜드	닌텐도	2000년
슈퍼마리오 랜드2 6개의 금화	닌텐도	2000년
역만	닌텐도	2000년
골프	닌텐도	2000년
F★1레이스	닌텐도	2000년
슈퍼마리오 브라더스 DX	닌텐도	2000년
동키콩 랜드	닌텐도	2000년
피크로스2	닌텐도	2000년
게임보이 갤러리2	닌텐도	2000년
테니스	닌텐도	2000년
요시의 쿠키	닌텐도	2000년
게임보이 갤러리3	닌텐도	2000년
커비의 반짝반짝 키즈	닌텐도	2000년
커비의 블록 볼	닌텐도	2000년
코나미 GB 컬렉션 VOL.2	코나미	2000년
유☆희☆왕 듀얼 몬스터즈	코나미	2000년
갓 메디슨	코나미	2000년
슈퍼 블랙 배스 포켓3	스타 피시	2000년
카라무쵸는 대소동! ~폴리키즈와 이상한 친구들~	스타 피시	2000년
화석창세 리본 II	스타 피시	2000년
프로 마작 극 GB	아테나	2000년
퍼즐보블 GB2	타이토	2000년
스페이스 인베이더즈	타이토	2000년
남코 갤러리 VOL.1	남코	2000년
비타미너 왕국 이야기	남코	2000년
팩맨	남코	2000년
슈퍼 모모타로 전철 II	허드슨	2000년
봄버맨 GB3	허드슨	2000년
모모타로 전극2	허드슨	2000년
트럼프 컬렉션 GB	보톰 업	2000년
열투 투신전	타카라	2000년
인생게임	타카라	2000년
여신전생 외전 라스트 바이블	아틀라스	2000년
여신전생 외전 라스트 바이블 II	아틀라스	2000년
스트리트 파이터 II	캡콤	2000년
바다의 낚시꾼2	팩·인·소프트	2000년
강의 낚시꾼3	팩·인·소프트	2000년
레드 아리마 마계촌 외전	캡콤	2000년
프리쿠라 Pocket3 탤런트 데뷔 대작전	아틀라스	2000년
프리쿠라 Pocket 불완전 여고생 매뉴얼	아틀라스	2000년
프리쿠라 Pocket2 남친 개조 대작전	아틀라스	2000년
코나미 GB 컬렉션 VOL.3	코나미	2000년
네메시스 II	코나미	2000년
악마성 스페셜 나는 드라큘라군	코나미	2000년
남코 갤러리 VOL.3	남코	2000년
세임 게임	허드슨	2000년
GB원인2	허드슨	2000년
페어리 키티의 개운 사전	이머지니어	2000년
메다로트 카부토 버전	이머지니어	2000년
메다로트 쿠와가타 버전	이머지니어	2000년
코나미 GB 컬렉션 VOL.4	코나미	2000년
폭조 리트리브 마스터	코나미	2000년
드래곤 슬레이어 외전 잠든 왕관	에폭사	2000년
게임보이 워즈 TURBO	허드슨	2000년
바이오닉 코만도	캡콤	2000년
마계촌 외전 THE DEMON DARKNESS	캡콤	2000년
아레사 III	야노만	2000년
아레사	야노만	2000년
아레사 II	야노만	2000년
본격 4인 마작 마작왕	와라시	2000년
장기2	포니 캐니언	2000년
더·수도고 레이싱	포니 캐니언	2000년
곤충박사	J윙	2000년
애니멀 브리더2	J윙	2000년
디노 브리더2	J윙	2000년
마작 퀘스트	J윙	2000년
산리오 타임넷 과거편	이머지니어	2000년
산리오 타임넷 미래편	이머지니어	2000년
비트매니아 GB	코나미	2000년
힘내라 고에몽 ~텐구당의 역습~	코나미	2000년
오델로 월드	츠쿠다 오리지널	2000년
소코반 전설 빛과 어둠의 나라	J윙	2000년
GO! GO! 히치하이크	J윙	2000년
미니4보이2	J윙	2000년
통조림 몬스터 파르페	스타 피시	2000년
파치파치파치슬로 뉴 펄서편	스타 피시	2000년
타카하시 명인의 모험도 III	허드슨	2000년
구루구루 가라쿠타즈	아틀라스	2000년
대전 장기 묘수풀이	아테나	2000년
드래곤 슬레이어1	에폭사	2000년
푸치캐럿	타이토	2000년
버블보블 주니어	타이토	2000년
사가이아	타이토	2000년
도라에몽의 GAMEBOY로 놀자 디럭스10	에폭사	2000년
도라에몽 카트	에폭사	2000년
봄버맨 퀘스트	허드슨	2000년
초마신영웅전 와타루 뒤죽박죽 몬스터2	반프레스토	2000년
레이더 미션	닌텐도	2000년
카라무쵸는 대소동! 한 그릇 더!	스타 피시	2000년
아더 라이트 애저 드림스 GB	코나미	2000년
It's a 월드 랠리	코나미	2000년
목장 이야기 GB	빅터 인터렉티브 소프트웨어	2000년
이상한 던전 풍래의 시렌 GB ~츠키카게 마을의 괴물~	춘 소프트	2000년
벌룬 파이트 GB	닌텐도	2000년
얼레이웨이	닌텐도	2000년

타이틀	퍼블리셔	발매 연도
테트리스 디럭스	닌텐도	2000년
테트리스	닌텐도	2000년
상하이 POCKET	선 소프트	2000년
퀵스 어드벤처	타이토	2000년
포켓 뿌요뿌요 투	컴파일	2000년
컬럼스 GB 테즈카 오사무 캐릭터즈	미디어 팩토리	2000년
F-1 WORLD GRAND PRIX	비디오 시스템	2000년
격투요리전설 비스트로 레시피 격투 푸드 배틀편	반프레스토	2000년
어락왕 TANGO!	J윙	2000년
슈퍼 봄블리스 디럭스	BPS	2000년
치비 마루코짱4 이게 일본이야! 왕자님	타카라	2000년
치비 마루코짱 마루코 디럭스 극장	타카라	2000년
감자군	빅터 인터렉티브 소프트웨어	2000년
격투요리전설 비스트로 레시피 결투 비스트 가름편	반프레스토	2000년
트릭 보더 그랑프리	아테나	2000년
메다로트 파츠 컬렉션	이머지니어	2000년
본격 화투 GB	알트론	2000년
모모타로 전철 jr. 전국 라면 순회의 권	허드슨	2000년
유☆희☆왕 몬스터 캡슐 GB2	코나미	2001년
비트매니아 GB2 가챠 믹스	코나미	2001년
서바이벌 키즈 고도의 모험가	코나미	2001년
록맨 월드3	캡콤	2001년
록맨 월드	캡콤	2001년
록맨 월드2	캡콤	2001년
록맨 월드5	캡콤	2001년
록맨 월드4	캡콤	2001년
꽃 피는 천사 텐텐군의 비트 브레이커	코나미	2001년
대도	켐코	2001년
배트맨 비욘드	켐코	2001년
스파이 앤드 스파이	켐코	2001년
프로 마작 극 GB2	아테나	2001년
햄스터 파라다이스	아틀라스	2001년
미스터 드릴러	남코	2001년
코구루 구루구루 ~구루구루와 사이 좋게~	스팅	2001년
힘내라 고에몽 성공사 다이너마이트 나타나다!!	코나미	2001년
파도 타는 녀석!	나츠메	2001년
Loppi 퍼즐 매거진 생각하는 퍼즐 창간호	석세스	2001년
Loppi 퍼즐 매거진 번뜩이는 퍼즐 창간호	석세스	2001년
Loppi 퍼즐 매거진 생각하는 퍼즐 제2호	석세스	2001년
Loppi 퍼즐 매거진 번뜩이는 퍼즐 제2호	석세스	2001년
Loppi 퍼즐 매거진 생각하는 퍼즐 제3호	석세스	2001년
Loppi 퍼즐 매거진 번뜩이는 퍼즐 제3호	석세스	2002년

게임보이 게임 소프트 검색

파란색은 일반 GB, 노란색은 컬러 공용, 녹색은 컬러 전용.

연대순

타이틀	발매일	퍼블리셔	페이지
1989년			
얼레이웨이	1989년 04월 21일	닌텐도	19
역만	1989년 04월 21일	닌텐도	20
슈퍼마리오 랜드	1989년 04월 21일	닌텐도	18
베이스볼	1989년 04월 21일	닌텐도	19
테니스	1989년 05월 29일	닌텐도	20
테트리스	1989년 06월 14일	닌텐도	18
상하이	1989년 07월 28일	HAL 연구소	20
소코반	1989년 09월 01일	포니 캐니언	20
미키 마우스	1989년 09월 05일	켐코	24
모토크로스 매니악스	1989년 09월 20일	코나미	21
하이퍼 로드 러너	1989년 09월 21일	반다이	21
핀볼 66마리의 악어 대행진	1989년 10월 18일	HAL 연구소	21
드라큘라 전설	1989년 10월 27일	코나미	21
씨사이드 발리	1989년 10월 31일	톤킹 하우스	24
퍼즐 보이	1989년 11월 24일	아틀라스	22
골프	1989년 11월 28일	닌텐도	22
파친코 타임	1989년 12월 08일	코코너츠 재팬 엔터테인먼트	24
마계탑사 SaGa	1989년 12월 15일	스퀘어	19
장기	1989년 12월 19일	포니 캐니언	24
해전 게임 네이비 블루	1989년 12월 22일	유스	22
Q빌리온	1989년 12월 22일	세타	24
북두의 권 처절십번승부	1989년 12월 22일	토에이 동화	24
터벅터벅! 아스믹군 월드	1989년 12월 27일	아스믹	22
셀렉션 선택 받은 자	1989년 12월 28일	켐코	23
마스터 카라테카	1989년 12월 28일	신세이 공업	23
1990년			
히어로 집합!! 핀볼 파티	1990년 01월 12일	자레코	35
월드 볼링	1990년 01월 13일	아테나	35
헤이안쿄 에일리언	1990년 01월 26일	멜닥	35
솔라 스트라이커	1990년 01월 26일	닌텐도	28
오델로	1990년 02월 09일	카와다	35
대국연주	1990년 02월 23일	토와치키	35
네메시스	1990년 02월 23일	코나미	26
베이스볼 키즈	1990년 03월 15일	자레코	35
퀴스	1990년 03월 16일	코나미	28
플리플	1990년 03월 16일	타이토	36
펭귄 랜드	1990년 03월 21일	포니 캐니언	36
플래피 스페셜	1990년 03월 23일	빅터 음악산업	36
SD전국전 국가 찬탈 이야기	1990년 03월 24일	반다이	36
트럼프 보이	1990년 03월 29일	팩·인·비디오	36
스페이스 인베이더즈	1990년 03월 30일	타이토	36
펭귄군 wars vs.	1990년 03월 30일	아스키	37
감싸는 뱀	1990년 04월 06일	나그자트	37
SD 루팡 3세 금고 파괴 대작전	1990년 04월 13일	반프레스토	37
퀴스	1990년 04월 13일	닌텐도	28
폭렬 전사 워리어	1990년 04월 13일	에폭사	37
배트맨	1990년 04월 13일	선 전자	28
슈퍼 차이니즈 랜드	1990년 04월 20일	컬처 브레인	37
데드 히트 스크럼블	1990년 04월 20일	코피아 시스템	37
블로디아	1990년 04월 20일	톤킹 하우스	38
모험! 퍼즐 로드	1990년 04월 20일	빅 토카이	38
뽀빠이	1990년 04월 20일	시그마 상사	38
사커 보이	1990년 04월 27일	에픽·소니 레코드	38
천신괴전	1990년 04월 27일	멜닥	38
스누피 매직쇼	1990년 04월 28일	켐코	38
레드 아리마 마계촌 외전	1990년 05월 02일	캡콤	26
로큰 체이스	1990년 05월 11일	데이터 이스트	39
복싱	1990년 05월 18일	톤킹 하우스	39
아야카시의 성	1990년 05월 25일	세타	39
울트라맨 클럽 적 괴수를 발견하라	1990년 05월 26일	반다이	39
피트맨	1990년 06월 01일	애스크 코단샤	39
코스모 탱크	1990년 06월 08일	아틀라스	29
카드 게임	1990년 06월 15일	코코너츠 재팬 엔터테인먼트	39
퍼니 필드	1990년 06월 15일	SNK	40
메카 생체 ZOIDS 조이드 전설	1990년 06월 15일	토미	40
소코반2	1990년 06월 22일	포니 캐니언	40
부라이 파이터 디럭스	1990년 06월 27일	타이토	40
발리 파이어	1990년 06월 29일	토에이 동화	40
파이프 드림	1990년 07월 03일	BPS	40
사천성	1990년 07월 13일	아이렘	41
더블 드래곤	1990년 07월 20일	테크노 재팬	29
타즈마니아 이야기	1990년 07월 27일	포니 캐니언	41
닥터 마리오	1990년 07월 27일	닌텐도	27
란마 1/2	1990년 07월 28일	반프레스토	41
퍼즈닉	1990년 07월 31일	타이토	41
이시도	1990년 08월 02일	아스키	41
틴에이지 뮤턴트 닌자 터틀스	1990년 08월 03일	코나미	29
돌격!! 남자 훈련소 명봉도결전	1990년 08월 04일	유타카	41
야단법석! 펭귄 BOY	1990년 08월 08일	나츠메	41
VS 배틀러	1990년 08월 10일	유스	42
홍콩	1990년 08월 11일	토쿠마 서점	42
드래곤 슬레이어 I	1990년 08월 12일	에폭사	42
파워 미션	1990년 08월 24일	밥	42
기동경찰 패트레이버 표적이 된 거리 1990	1990년 08월 25일	유타카	42
배틀 핑퐁	1990년 08월 31일	퀘스트	42
봄버보이	1990년 08월 31일	허드슨	30
패미스타	1990년 09월 14일	남코	30
프로 레슬링	1990년 09월 14일	휴먼	43
사이드 포켓	1990년 09월 21일	데이터 이스트	43
덕 테일즈	1990년 09월 21일	캡콤	43
볼더 대시	1990년 09월 21일	빅터 음악산업	43
루나 랜더	1990년 09월 21일	팩·인·비디오	43
F1 보이	1990년 09월 28일	애스크 코단샤	43
나는 자쟈마루! 세계대모험	1990년 09월 28일	자레코	44
물고기들	1990년 10월 05일	토와치키	44
SD건담 외전 라크로안 히어로즈	1990년 10월 06일	반다이	30
노부나가의 야망 게임보이판	1990년 10월 10일	코에이	30
아스트로 라비	1990년 10월 12일	아이·지·에스	44
트윈비다!!	1990년 10월 12일	코나미	31
팔라메데스	1990년 10월 12일	핫·비	44
고스트 버스터즈2	1990년 10월 16일	HAL 연구소	44
몬스터 트럭	1990년 10월 19일	바리에	44
로드스터	1990년 10월 19일	톤킹 하우스	45
아미다군	1990년 10월 23일	코코너츠 재팬 엔터테인먼트	45
레이더 미션	1990년 10월 23일	닌텐도	45
애프터 버스트	1990년 10월 26일	NCS	45
베리우스 롤랜드의 마수	1990년 10월 26일	새미 공업	31
F★1 레이스	1990년 11월 09일	닌텐도	31
트럼프 보이 II	1990년 11월 09일	팩·인·비디오	45
신비한 블로비 프린세스·블로비를 구하라!	1990년 11월 09일	자레코	31

타이틀	발매일	제작사	페이지
아레사	1990년 11월 16일	야노만	32
팩맨	1990년 11월 16일	남코	32
파라솔 헨베 무지개 대모험	1990년 11월 16일	에폭사	45
캐딜락 II	1990년 11월 30일	헥터	46
고고·탱크	1990년 11월 30일	코피아 시스템	46
배틀 볼	1990년 11월 30일	세타	46
해전 게임 네이비 블루 90	1990년 12월 07일	유스	32
코로다이스	1990년 12월 07일	킹 레코드	46
스코틀랜드 야드	1990년 12월 07일	토에이 동화	46
치비 마루코짱 용돈 대작전!	1990년 12월 07일	타카라	46
열혈경파 쿠니오군 번외난투편	1990년 12월 07일	테크노스 재팬	33
버블보블	1990년 12월 07일	타이토	32
페인터 모모피	1990년 12월 07일	시그마 상사	47
헤드 온	1990년 12월 07일	테크모	47
귀인항마록 ONI	1990년 12월 08일	반프레스토	33
스파르탄X	1990년 12월 11일	아이렘	47
PRI PRI PRIMITIVE PRINCESS	1990년 12월 12일	선 전자	47
드래곤 테일	1990년 12월 13일	아이맥스	47
카드 & 퍼즐 컬렉션 은하	1990년 12월 14일	핫·비	48
클럭스	1990년 12월 14일	허드슨	33
SaGa2 비보 전설	1990년 12월 14일	스퀘어	27
네코자라 이야기	1990년 12월 14일	켐코	33
포켓 스타디움	1990년 12월 14일	아틀라스	47
고질라군 괴수대행진	1990년 12월 18일	토호	48
폰타와 히나코의 별난 여행길 우정편	1990년 12월 20일	나그자트	48
이시다 요시오의 바둑 묘수풀이 파라다이스	1990년 12월 21일	포니 캐니언	49
캡콤 퀴즈 물음표? 대모험	1990년 12월 21일	캡콤	48
그렘린2 - 신·종·탄·생-	1990년 12월 21일	선 전자	48
배틀 유닛 ZEOTH	1990년 12월 21일	자레코	48
버블 고스트	1990년 12월 21일	포니 캐니언	49
비룡의 권 외전	1990년 12월 22일	컬처 브레인	34
몬스터 메이커	1990년 12월 22일	소프엘	34
아메리카 횡단 울트라 퀴즈	1990년 12월 23일	토미	34
드루아가의 탑	1990년 12월 31일	엔젤	34
1991년			
콘트라	1991년 01월 08일	코나미	53
돌격! 고물 탱크	1991년 01월 08일	HAL 연구소	53
타이토 체이스 H.Q.	1991년 01월 11일	타이토	62
돌격 바레이션즈	1991년 01월 25일	아틀라스	62
오니가시마 파친코 가게	1991년 02월 08일	코코너츠 재팬 엔터테인먼트	62
레이 선더	1991년 02월 08일	일본 물산	62
버거 타임 디럭스	1991년 02월 15일	데이터 이스트	62
삼색 고양이 홈즈의 기사도	1991년 02월 15일	아스크 코단샤	53
분노의 요새	1991년 02월 26일	자레코	62
F-1 스피리트	1991년 02월 28일	코나미	53
레이싱 혼	1991년 02월 28일	아이렘	63
도라에몽 대결 비밀도구!!	1991년 03월 01일	에폭사	63
로보캅	1991년 03월 01일	에픽·소니 레코드	54
슈퍼 모모타로 전철	1991년 03월 08일	허드슨	54
전국 닌자군	1991년 03월 08일	UPL	63
루프스	1991년 03월 15일	마인드 스케이프	63
R-TYPE	1991년 03월 19일	아이렘	54
패스티스트·랩	1991년 03월 20일	밥	63
젬젬	1991년 03월 29일	빅 토카이	63
패밀리 자키	1991년 03월 29일	남코	54
솔로몬즈 클럽	1991년 04월 05일	테크모	64
파로디우스다!!	1991년 04월 05일	코나미	55
파이널 리버스	1991년 04월 12일	토에이 동화	64
월드 아이스하키	1991년 04월 12일	아테나	64
케이브 노어	1991년 04월 19일	코나미	55
차차마루 패닉	1991년 04월 19일	휴먼	64
리틀 마스터 라이크반의 전설	1991년 04월 19일	토쿠마 서점	55
슈퍼로봇대전	1991년 04월 20일	반프레스토	55
스모 파이터 토카이도 장소	1991년 04월 26일	아이맥스	65
열혈 고교 축구부 월드컵편	1991년 04월 26일	테크노스 재팬	65
미키 마우스 II	1991년 04월 26일	켐코	64
미니 퍼트	1991년 04월 26일	A-WAVE	64
럭키 몽키	1991년 04월 26일	나츠메	65
계락 검호전 무사시 로드	1991년 04월 27일	유타카	55
토피드·레인지	1991년 04월 27일	세타	65
키친 패닉	1991년 05월 10일	코코너츠 재팬 엔터테인먼트	65
산리오 카니발	1991년 05월 11일	캐릭터 소프트	66
DX 마권왕	1991년 05월 17일	아스믹	66
러블 세이버	1991년 05월 17일	킹 레코드	66
SD코만도 건담 G-ARMS 오퍼레이션 건담	1991년 05월 18일	반다이	66
게임보이 워즈	1991년 05월 21일	닌텐도	56
아스믹군 월드2	1991년 05월 24일	아스믹	66
스노우 브라더스 주니어	1991년 05월 24일	나그자트	56
레전드 내일을 향한 날개	1991년 05월 31일	퀘스트	56
사커	1991년 06월 07일	톤킹 하우스	66
대전략	1991년 06월 12일	히로	67
매지컬☆타루루토군	1991년 06월 15일	반다이	67
정글 워즈	1991년 06월 21일	포니 캐니언	56
촙 리프터 II	1991년 06월 21일	빅터 음악산업	67
에어로 스타	1991년 06월 28일	빅 토카이	67
인생게임 전설	1991년 06월 28일	타카라	67
성검전설 파이널 판타지 외전	1991년 06월 28일	스퀘어	52
원조!! 얀챠마루	1991년 07월 11일	아이렘	67
배틀 기우스	1991년 07월 12일	아이·지·에스	68
드라큘라 전설 II	1991년 07월 12일	코나미	57
자금성	1991년 07월 16일	토에이 동화	68
해트리스	1991년 07월 19일	BPS	57
사랑은 밀당	1991년 07월 21일	포니 캐니언	68
버닝 레이서	1991년 07월 26일	자레코	68
록맨 월드	1991년 07월 26일	캡콤	57
차차마루 모험기3 어비스의 탑	1991년 08월 02일	휴먼	69
퍼즐 보이 II	1991년 08월 02일	아틀라스	68
플리트 커맨더 VS.	1991년 08월 02일	아스믹	68
페케와 포코의 다루마 버스터즈	1991년 08월 09일	반프레스토	69
엘리베이터 액션	1991년 08월 09일	타이토	57
네메시스 II	1991년 08월 09일	코나미	58
배틀 시티	1991년 08월 09일	노바	58
히가시오 오사무 감수 프로야구 스타디움'91	1991년 08월 09일	토쿠마 서점	69
메가리트	1991년 08월 09일	아스믹	69
봄버킹 시나리오2	1991년 08월 23일	선 전자	69
시공전기 무	1991년 09월 13일	허드슨	69
치비 마루코짱2 디럭스 마루코 월드	1991년 09월 13일	타카라	69
나이트 퀘스트	1991년 09월 13일	타이토	69
위너즈 호스	1991년 09월 20일	NCS	70
아레사 II	1991년 09월 27일	야노만	59
소년 아시베 유원지 패닉	1991년 09월 27일	타카라	70
테크모 볼 GB	1991년 09월 27일	테크모	59

제목	발매일	제작사	페이지	제목	발매일	제작사	페이지
위저드리 외전 I 여왕의 수난	1991년 10월 01일	아스키	52	헤이세이 천재 바카본	1992년 02월 28일	남코	85
자드의 전설	1991년 10월 18일	빅 토카이	59	타카하시 명인의 모험도 II	1992년 03월 06일	허드슨	79
드래곤즈 · 레어	1991년 10월 25일	에픽 · 소니 레코드	70	드래곤 슬레이어 외전 잠든 왕관	1992년 03월 06일	에폭사	78
코나미 골프	1991년 11월 01일	코나미	70	러블 세이버 II	1992년 03월 06일	킹 레코드	86
열혈 고교 피구부 강적! 투구 전사의 권	1991년 11월 08일	테크노스 재팬	70	요미횬 유메고요미 천신괴전2	1992년 03월 13일	멜닥	86
틴에이지 뮤턴트 닌자 터틀즈2	1991년 11월 15일	코나미	70	허드슨 · 호크	1992년 03월 13일	에픽 · 소니 레코드	86
비전 음양기공법 도식 의문의 유희 화타	1991년 11월 22일	요네자와	71	슈퍼 스트리트 바스켓볼	1992년 03월 19일	밥	86
뽀빠이2	1991년 11월 22일	시그마 상사	71	로보캅2	1992년 03월 19일	에픽 · 소니 레코드	86
알터드 스페이스	1991년 11월 29일	에픽 · 소니 레코드	71	캡틴 츠바사 VS	1992년 03월 27일	테크모	79
슈퍼 차이니즈 랜드2 우주대모험	1991년 11월 29일	컬처 브레인	71	잔시로	1992년 03월 27일	새미 공업	87
남코 클래식	1991년 12월 03일	남코	71	치키치키 머신 맹 레이스	1992년 03월 27일	아틀라스	86
돗지 보이	1991년 12월 06일	톤킹 하우스	71	치비 마루코짱3 가자! 게임 대상의 권	1992년 03월 27일	타카라	87
사가이아	1991년 12월 13일	타이토	60	프로 사커	1992년 03월 27일	이머지니어	87
SaGa3 시공의 패자 [완결편]	1991년 12월 13일	스퀘어	59	리틀 마스터2 뇌광의 기사	1992년 03월 27일	토쿠마 서점 인터미디어	79
닌자용검전 GB 마천루결전	1991년 12월 13일	테크모	60	배트맨 리턴 오브 조커	1992년 03월 28일	선 전자	87
파친코 서유기	1991년 12월 13일	코코너츠 재팬 엔터테인먼트	72	HOOK	1992년 04월 03일	에픽 · 소니 레코드	87
배틀 오브 킹덤	1991년 12월 13일	멜닥	72	DX 마권왕Z	1992년 04월 17일	아스믹	87
마인 스위퍼 소해정	1991년 12월 13일	팩 · 인 · 비디오	72	불꽃의 투구아 돗지탄평	1992년 04월 24일	허드슨	88
월드 비치 발리 1991 GB컵	1991년 12월 13일	아이 · 지 · 에스	72	미그레인	1992년 04월 24일	어클레임 재팬	88
울티마 잃어버린 룬	1991년 12월 14일	포니 캐니언	72	별의 커비	1992년 04월 27일	닌텐도	76
금붕어 주의보! 와피코의 두근두근 스탬플러리!	1991년 12월 14일	유타카	72	포켓 배틀	1992년 4월 48일	시그마 상사	88
요시의 알	1991년 12월 14일	닌텐도	60	레드 옥토버를 쫓아라	1992년 04월 28일	알트론	88
아메리카 횡단 울트라 퀴즈 PART2	1991년 12월 20일	토미	60	스파이 VS 스파이 트래퍼즈 천국	1992년 05월 02일	켐코	88
태양의 용사 파이어버드 GB	1991년 12월 20일	아이렘	73	패널 닌자 케사마루	1992년 05월 02일	에폭사	88
모노폴리	1991년 12월 20일	토미	61	X	1992년 05월 29일	닌텐도	79
록맨 월드2	1991년 12월 20일	캡콤	61	슈퍼 헌치백	1992년 06월 26일	이머지니어	89
힘내라 고에몽 납치된 에비스마루	1991년 12월 25일	코나미	61	솔리테어	1992년 06월 26일	헥터	89
모모타로 전설 외전	1991년 12월 26일	허드슨	61	나 홀로 집에	1992년 06월 26일	알트론	89
가오바우보맨	1991년 12월 27일	NCS	73	우루세이 야츠라 미스 토모비키를 찾아라!	1992년 07월 03일	야노만	89
나카지마 사토루 감수 F-1 HERO GB WORLD CHAMPIONSHIP'91	1991년 12월 27일	바리에	73	매지컬☆타루루토군2 라이버존 패닉!!	1992년 07월 10일	반다이	89
피탄	1991년 12월 27일	KANEKO	73	우주 전함 야마토	1992년 07월 17일	벡	90
절대무적 라이징오	1991년 12월 28일	토미	73	코나믹 스포츠 인 바르셀로나	1992년 07월 17일	코나미	89
울트라맨	1991년 12월 29일	벡	73	히가시오 오사무 감수 프로야구 스타디움'92	1992년 07월 17일	토쿠마 서점 인터미디어	90
1992년				란마 1/2 열렬격투편	1992년 07월 17일	반프레스트	90
기갑경찰 메탈 잭	1992년 01월 08일	타카라	84	다운타운 열혈 진행곡 어디서든 대운동회	1992년 07월 24일	테크노스 재팬	80
토키오 전기 영웅열전	1992년 01월 10일	휴먼	84	바이오닉 코만도	1992년 07월 24일	캡콤	80
Q-bert	1992년 01월 14일	자레코	84	페르시아의 왕자	1992년 07월 24일	NCS	90
SD전국전 천하통일편	1992년 01월 18일	반다이	84	패미스타2	1992년 07월 30일	남코	90
메트로이드 II RETURN OF SAMUS	1992년 01월 21일	닌텐도	76	대공의 겐상 고스트 빌딩 컴퍼니	1992년 07월 31일	아이렘	91
꼬리에 붕!	1992년 01월 24일	밥	84	펜타 드래곤	1992년 07월 31일	야노만	90
마작판 보이	1992년 01월 24일	남코	84	퀴즈 세계는 SHOW BY 쇼바이!!	1992년 08월 07일	타카라	91
TWIN	1992년 01월 31일	아테나	85	게임보이 전자수첩 나노 노트	1992년 08월 07일	코나미	91
타이니 · 툰 어드벤처즈	1992년 02월 01일	코나미	78	시저스 퍼레스	1992년 08월 07일	코코너츠 재팬 엔터테인먼트	91
WWF 슈퍼 스타즈	1992년 02월 14일	핫 · 비	85	치비 마루코짱4 이게 일본이야! 왕자님	1992년 08월 07일	타카라	91
트럭 미트 가자! 바르셀로나로	1992년 02월 14일	히로	85	버서스 히어로 격투왕이 되는 길	1992년 08월 07일	반프레스트	91
분노의 요새2	1992년 02월 21일	자레코	85	마사카리 전설 킨타로 액션편	1992년 08월 07일	톤킹 하우스	92
베리우스 II 복수의 사신	1992년 02월 21일	새미 공업	78				
ONI 닌자 전설	1992년 02월 28일	반프레스토	78				
신세기 GPX 사이버 포뮬러	1992년 02월 28일	바리에	85				

제목	발매일	제작사	페이지
나카지마 사토루 감수 F-1 HERO GB '92 THE GRADED DRIVER	1992년 08월 11일	바리에	92
하이퍼 블랙 배스	1992년 08월 28일	핫·비	92
SD건담 SD전국전3 신SD전국전 지상 최강편	1992년 09월 04일	반다이	92
셀렉션II 암흑의 봉인	1992년 09월 04일	켐코	80
근육맨 더☆드림 매치	1992년 09월 12일	유타카	92
개구리를 위해 종은 울린다	1992년 09월 14일	닌텐도	77
비타미나 왕국 이야기	1992년 09월 17일	남코	80
코나믹 바스켓	1992년 09월 25일	코나미	92
메르헨 클럽	1992년 09월 25일	나그자트	93
삼국지 게임보이판	1992년 09월 30일	코에이	81
파친코 카구야 공주	1992년 10월 09일	코코너츠 재팬 엔터테인먼트	93
아레사III	1992년 10월 16일	야노만	81
3분 예상 마번구락부	1992년 10월 16일	헥터	93
SPOT	1992년 10월 16일	BPS	93
배틀 돗지볼	1992년 10월 16일	반프레스토	93
슈퍼마리오 랜드2 6개의 금화	1992년 10월 21일	닌텐도	81
아담 패밀리	1992년 10월 23일	미사와 엔터테인먼트	93
쿄로짱 랜드	1992년 10월 30일	히로	94
램파트	1992년 10월 30일	자레코	81
판타즘	1992년 11월 06일	자레코	94
세인트 파라다이스 최강의 전사들	1992년 11월 13일	반다이	94
페라리	1992년 11월 13일	코코너츠 재팬 엔터테인먼트	94
텀블 팝	1992년 11월 20일	데이터 이스트	94
요시의 쿠키	1992년 11월 21일	닌텐도	82
아메리카 횡단 울트라 퀴즈 PART3 챔피언 대회	1992년 11월 27일	토미	82
금붕어 주의보!2 교피짱을 찾아라	1992년 11월 27일	비아이	94
원기폭발 간바루가	1992년 11월 27일	토미	95
코나믹 아이스하키	1992년 11월 27일	코나미	95
GB원인	1992년 11월 27일	허드슨	82
트립 월드	1992년 11월 27일	선 소프트	95
R-TYPEII	1992년 12월 11일	아이렘	82
슈퍼 빅쿠리맨 전설의 석판	1992년 12월 11일	유타카	95
누~보~	1992년 12월 11일	아이렘	93
미라클 어드벤처 에스파크스 잃어버린 성석 페리바론	1992년 12월 11일	토미	93
록맨 월드3	1992년 12월 11일	캡콤	93
던전 랜드	1992년 12월 15일	에닉스	95
우주의 기사 테카맨 블레이드	1992년 12월 18일	유타카	96
나무랬다 퀴즈다 겐상이네!	1992년 12월 18일	아이렘	97
퀴즈 일본 옛날이야기 아테나의 물음표?	1992년 12월 18일	아테나	95
지구해방군 ZAS	1992년 12월 18일	T&E 소프트	96
닥터 프랑켄	1992년 12월 18일	켐코	96
톰과 제리	1992년 12월 18일	알트론	96
미소녀전사 세일러문	1992년 12월 18일	엔젤	96
혼자서도 잘해요! 쿠킹 전설	1992년 12월 18일	밥	96
미키즈 체이스	1992년 12월 18일	켐코	96
도라에몽2 애니멀 혹성 전설	1992년 12월 19일	에폭사	97
4 IN 1 FUN PACK	1992년 12월 22일	이머지니어	97
루니 툰즈 벅스 버니와 유쾌한 친구들	1992년 12월 22일	선 전자	97
제논2 메가 블래스트	1992년 12월 25일	PCM 컴플리트	97
바코드 보이 배틀 스페이스	1992년 12월 25일	남코	98
여신전생 외전 라스트 바이블	1992년 12월 25일	아틀라스	98
위저드리·외전II 고대 황제의 저주	1992년 12월 26일	아스키	77
J리그 파이팅 사커	1992년 12월 27일	아이·지·에스	98
헤라클레스의 영광 움직이기 시작한 신들	1992년 12월 27일	데이터 이스트	83
1993년			
악마성 스페셜 나는 드라큘라군	1993년 01월 03일	코나미	100
더티·레이싱	1993년 01월 08일	자레코	106
신일본 프로레슬링 투혼 삼총사	1993년 01월 29일	바리에	100
링 레이지	1993년 01월 29일	타이토	106
썬더버드	1993년 02월 12일	비아이	106
자드의 전설2 가짜 신의 영역	1993년 02월 19일	빅 토카이	101
ONIIII 검은 파괴신	1993년 02월 26일	반프레스토	101
타카하시 명인의 모험도III	1993년 02월 26일	허드슨	106
바트의 서바이벌 캠프	1993년 02월 26일	어클레임 재팬	106
버닝 페이퍼	1993년 02월 26일	로직	106
CLUT MASTER 울트라맨에게 이끌려서	1993년 03월 12일	반다이	107
킬러 토마토	1993년 03월 19일	알트론	107
더·킥복싱	1993년 03월 19일	마이크로 월드	107
산리오 카니발2	1993년 03월 19일	캐릭터 소프트	107
GB 바스켓볼	1993년 03월 19일	이머지니어	107
더블 역만	1993년 03월 19일	밥	107
몬스터 메이커2 우르의 비검	1993년 03월 19일	소펠	108
G1 킹! 3필의 예상옥	1993년 03월 26일	빅 토카이	108
아웃 버스트	1993년 03월 26일	코나미	108
미론의 미궁조곡	1993년 03월 26일	허드슨	101
크레용 신짱 나랑 시로는 친구야	1993년 04월 09일	반다이	108
NBA 올스타 챌린지2	1993년 04월 16일	어클레임 재팬	108
마계촌 외전 TME DEMON DARKNESS	1993년 04월 16일	캡콤	101
미키 마우스IV 마법의 라비린스	1993년 04월 23일	켐코	102
WWF 슈퍼 스타즈2	1993년 05월 21일	어클레임 재팬	108
요정 이야기 로드·랜드	1993년 05월 21일	자레코	109
스즈키 아구리의 F-1 슈퍼 드라이빙	1993년 05월 28일	로직	109
버블보블 Jr	1993년 05월 28일	타이토	102
파퓰러스 외전	1993년 05월 28일	이머지니어	109
젤다의 전설 꿈꾸는 섬	1993년 06월 06일	닌텐도	100
파치슬로 키즈	1993년 06월 18일	코코너츠 재팬 엔터테인먼트	109
스플리츠 초상화 15게임	1993년 06월 25일	이머지니어	109
부비 보이즈	1993년 06월 25일	일본 물산	109
에일리언3	1993년 07월 09일	어클레임 재팬	110
깜짝 열혈 신기록! 어디서든 금메달	1993년 07월 16일	테크노스 재팬	110
마이클 조던 ONE ON ONE	1993년 07월 16일	EA 빅터	110
갓 메디슨 판타지 세계의 탄생	1993년 07월 20일	코나미	102
아아 하리마나다	1993년 07월 23일	애스크 코단샤	110
지미 코너스의 프로 테니스 투어	1993년 07월 23일	미사와 엔터테인먼트	111
자레코 J컵 사커	1993년 07월 23일	자레코	110
미스테리움	1993년 07월 23일	밥	110
유☆유☆백서	1993년 07월 23일	토미	102
주역전대 아이렘 파이터	1993년 07월 30일	아이렘	103
적중 러쉬	1993년 07월 30일	일본 클라리 비즈니스	111

제목	발매일	제작사	페이지
철구 파이트! 더 · 그레이트 배틀 외전	1993년 07월 30일	반프레스토	111
솔담	1993년 08월 06일	자레코	111
란마 1/2 격극문답!!	1993년 08월 06일	반프레스토	111
모모타로 전극	1993년 08월 08일	허드슨	111
몬스터 메이커 바코드 사가	1993년 08월 10일	남코	112
더블 역만 Jr.	1993년 08월 19일	밥	112
가면 라이더 SD 달려라! 마이티 라이더즈	1993년 08월 20일	유타카	112
MVP 베이스볼	1993년 08월 27일	어클레임 재팬	112
승리마 예상 경마귀족	1993년 08월 27일	킹 레코드	112
패밀리 자키2 명마의 혈통	1993년 08월 27일	남코	112
컬트 점프	1993년 09월 10일	반다이	113
더블 역만 II	1993년 09월 17일	밥	113
레밍스	1993년 09월 23일	이머지니어	113
에이리언 VS 프레데터	1993년 09월 24일	애스크 코단샤	113
위저드리 · 외전 III 어둠의 성전	1993년 09월 25일	아스키	103
캇토비 로드	1993년 10월 08일	남코	113
크레용 신짱2 나와 개구쟁이 놀이하자	1993년 10월 22일	바나렉스	113
아메리카 횡단 울트라 퀴즈 PART4	1993년 10월 29일	토미	114
패미스타3	1993년 10월 29일	남코	114
록맨 월드4	1993년 10월 29일	캡콤	103
GB 파치오군	1993년 11월 19일	코코너츠 재팬 엔터테인먼트	104
울티마 ~잃어버린 룬2~	1993년 11월 19일	포니 캐니언	103
여신전생 외전 라스트 바이블 II	1993년 11월 19일	아틀라스	104
UNO 스몰 월드	1993년 11월 26일	토미	114
틴에이지 뮤턴트 닌자 터틀즈3 터틀즈 위기일발	1993년 11월 26일	코나미	114
커비의 핀볼	1993년 11월 27일	닌텐도	104
덕 테일즈2	1993년 12월 03일	캡콤	114
언더 커버 캅스 파괴신 가루마	1993년 12월 10일	아이렘	114
핑구 세계에서 제일 건강한 펭귄	1993년 12월 10일	비아이	115
유☆유☆백서 제2탄 암흑무술회편	1993년 12월 10일	토미	104
괴수왕 고질라	1993년 12월 17일	반다이	115
마권왕 V3	1993년 12월 17일	아스믹	115
최후의 인도	1993년 12월 18일	아이렘	104
타이니 · 툰 어드벤처즈2 버스터 버니의 폭주 대모험	1993년 12월 22일	코나미	115
다운타운 스페셜 쿠니오군의 시대극이다 전원 집합!	1993년 12월 22일	테크노스 재팬	105
미키 마우스V 마법의 스틱	1993년 12월 22일	켐코	115
모탈 컴뱃 신권강림전설	1993년 12월 24일	어클레임 재팬	105
1994년			
배틀 토드	1994년 01월 07일	메사이어	118
톰과 제리 PART2	1994년 01월 14일	알트론	124
슈퍼마리오 랜드3 와리오 랜드	1994년 01월 21일	닌텐도	118
스팟 쿨 어드벤처	1994년 02월 11일	버진	124
버추얼 워즈	1994년 02월 11일	코코너츠 재팬 엔터테인먼트	124
슈퍼 모모타로 전철 II	1994년 02월 18일	허드슨	118
다케다 노부히로의 에이스 스트라이커	1994년 02월 18일	자레코	124
호이호이 게임보이판	1994년 02월 18일	코에이	118
T2 더 · 아케이드 게임	1994년 02월 25일	어클레임 재팬	119
웰컴 나카요시 파크	1994년 03월 03일	반다이	124
ONIV 귀신의 혈족	1994년 03월 11일	반프레스토	119
질풍! 아이언 리거	1994년 03월 11일	반다이	124
잔시로2	1994년 03월 18일	새미 공업	125
WWF 킹 오브 더 링	1994년 03월 25일	어클레임 재팬	125
검용전설 야이바	1994년 03월 25일	반프레스토	119
남국 소년 파프와군 감마단의 야망	1994년 03월 25일	에닉스	125
루클	1994년 03월 25일	빅 토카이	125
로로의 대모험	1994년 03월 25일	이머지니어	125
대공의 겐상 로봇 제국의 야망	1994년 03월 25일	아이렘	119
크레용 신짱3 나의 기분 좋은 애슬레틱	1994년 03월 26일	반다이	125
Mr. GO의 마권적중술	1994년 04월 01일	타이토	126
J리그 위닝 골	1994년 04월 02일	EAV	126
박보장기 백번승부	1994년 04월 08일	이머지니어	126
박보장기 문제 제공 「장기 세계」	1994년 04월 15일	아이맥스	126
두더지로 퐁!	1994년 04월 15일	아테나	126
GB원인 랜드 비바! 칙국 왕국	1994년 04월 22일	허드슨	120
천지를 먹다	1994년 04월 22일	캡콤	120
파치오군 캐슬	1994년 04월 22일	코코너츠 재팬 엔터테인먼트	126
미소녀 전사 세일러문 R	1994년 04월 22일	엔젤	120
피제츠	1994년 04월 22일	코코너츠 재팬 엔터테인먼트	127
논땅과 함께 빙글빙글 퍼즐	1994년 04월 28일	빅터 엔터테인먼트	127
루니 · 툰즈 시리즈 가라 스피디 · 곤잘레스	1994년 04월 29일	선 소프트	127
태양의 천사 마로 꽃밭은 대 패닉!	1994년 05월 27일	테크노스 재팬	127
유☆유☆백서 제3탄 마계의 비편	1994년 06월 03일	토미	127
더 · 심리 게임	1994년 06월 10일	비지트	127
파치슬로 키즈2	1994년 06월 10일	코코너츠 재팬 엔터테인먼트	128
테트리스 플래시	1994년 06월 14일	닌텐도	120
동키콩	1994년 06월 14일	닌텐도	121
월드컵 스트라이커	1994년 06월 17일	코코너츠 재팬 엔터테인먼트	128
열투 사무라이 스피리츠	1994년 06월 30일	타카라	121
로큰! 몬스터!!	1994년 07월 01일	홀리 전기	128
키테레츠 대백과 모험 오오에도 쥬라기	1994년 07월 15일	비디오 시스템	128
전 일본 프로레슬링 제트	1994년 07월 15일	메사이어	128
록맨 월드5	1994년 07월 22일	캡콤	121
승리마 예상 경마귀족 EX'94	1994년 07월 29일	킹 레코드	129
크리스티 월드	1994년 07월 29일	어클레임 재팬	129
GB 파치슬로 필승법! Jr.	1994년 07월 29일	새미 공업	128
정글의 왕자 타짱	1994년 07월 29일	반다이	129
열혈! 비치발리볼이다♥ 쿠니오군	1994년 07월 29일	테크노스 재팬	129
열투 아랑전설2 새로운 결투	1994년 07월 29일	타카라	121
파치슬로 월드컵'94	1994년 07월 29일	아이맥스	129
월드컵 USA'94	1994년 07월 29일	선 소프트	129
뿌요뿌요	1994년 07월 31일	반프레스토	122
3가지의 타마 타마 & 프렌즈 3번가 유령 패닉!!	1994년 08월 05일	비아이	130
포코냥! 꿈의 대모험	1994년 08월 05일	토호 · 쇼가쿠칸 프로덕션	130
봄버맨 GB	1994년 08월 10일	허드슨	122
From TV animation 슬램덩크 벼랑 끝의 결승 리그	1994년 08월 11일	반다이	130

제목	발매일	제작사	페이지
울트라맨 초투사격전	1994년 08월 26일	엔젤	122
크레용 신짱4 나의 장난 대변신	1994년 08월 26일	반다이	130
신SD건담 외전 나이트 건담 이야기	1994년 09월 09일	반다이	122
슈퍼 스트리트 바스켓볼2	1994년 09월 16일	밥	130
연대왕	1994년 09월 16일	비젯	130
떴다! 럭키맨	1994년 09월 22일	반다이	131
콘트라 스피리츠	1994년 09월 23일	코나미	123
오델로 월드	1994년 09월 30일	츠쿠다 오리지널	131
바트의 잭과 콩나무	1994년 09월 30일	어클레임 재팬	131
루니·툰즈 더피·덕	1994년 09월 30일	선 소프트	131
본명 보이	1994년 10월 07일	일본 물산	131
더·심리 게임2 오사카편	1994년 10월 14일	비젯	131
바둑 묘수풀이 시리즈1 후지사와 히데유키 명예 기성	1994년 10월 19일	마호	132
박보장기 칸키 5단	1994년 10월 19일	마호	132
GB원인2	1994년 10월 21일	허드슨	132
체스 마스터	1994년 10월 28일	알트론	132
마권왕 T'94	1994년 10월 28일	아스믹	132
마사카리 전설 킨타로 RPG편	1994년 10월 28일	톤킹 하우스	132
모탈 컴뱃 II 궁극신권	1994년 11월 11일	어클레임 재팬	123
휴대 경마 에이트 스페셜	1994년 11월 18일	이머지니어	133
니치부츠 마작 요시모토 극장	1994년 11월 18일	일본 물산	133
GB 파치오군2	1994년 11월 25일	코코너츠 재팬 엔터테인먼트	133
타이니·툰 어드벤처스3 두근두근 스포츠 페스티벌	1994년 11월 25일	코나미	133
드래곤볼Z 오공비상전	1994년 11월 25일	반다이	123
본장기	1994년 11월 25일	이머지니어	133
팩 패닉	1994년 12월 09일	남코	133
유☆유☆백서 제4탄 마계통일편	1994년 12월 09일	토미	134
모모타로 전극2	1994년 12월 16일	허드슨	134
슈퍼 스네이키	1994년 12월 20일	요지겐	134
울트라맨 볼	1994년 12월 22일	벡	134
토코로'S 마작 Jr.	1994년 12월 22일	빅 토카이	134
인디아나 존스 [최후의 성전]	1994년 12월 23일	코코너츠 재팬 엔터테인먼트	134
장기최강	1994년 12월 23일	마호	135
나다 마사타로의 파워풀 마작 ~다음 한 수 100제~	1994년 12월 23일	요지겐	135
프로 마작 극 GB	1994년 12월 23일	아테나	135
1995년			
팩 인 타임	1995년 01월 03일	남코	138
슈퍼 차이니즈 랜드3	1995년 01월 13일	컬처 브레인	143
파치슬로 필승 가이드 GB	1995년 01월 27일	마지팩트	138
배틀 크러셔	1995년 01월 27일	반프레스토	143
마멀레이드·보이	1995년 01월 27일	반다이	143
열투 월드 히어로즈2 JET	1995년 02월 24일	타카라	138
어나더·바이블	1995년 03월 03일	아틀라스	143
UNO2 스몰 월드	1995년 03월 03일	토미	143
가메라 대괴수 공중 결전	1995년 03월 03일	엔젤	143
마리오 피크로스	1995년 03월 14일	닌텐도	139
From TV animation 슬램덩크2 전국으로 가는 TIP OFF	1995년 03월 17일	반다이	144
NFL 쿼터백 클럽'95	1995년 03월 17일	어클레임 재팬	143
슈퍼 봄블리스	1995년 03월 17일	BPS	139
별의 카비2	1995년 03월 21일	닌텐도	139
ONIV 닌자를 계승하는 자	1995년 03월 24일	반프레스토	139
원인 콧츠	1995년 03월 24일	비아이	144
파치슬로 키즈3	1995년 03월 24일	코코너츠 재팬 엔터테인먼트	144
푸른 전설 슛!	1995년 04월 07일	반프레스토	144
SD 비룡의 권 외전	1995년 04월 14일	컬처 브레인	140
승리마 예상 경마귀족 EX'95	1995년 04월 14일	킹 레코드	144
J리그 LIVE'95	1995년 04월 21일	EAV	144
GB 파치오군3	1995년 04월 28일	코코너츠 재팬 엔터테인먼트	145
빨간 망토 차차	1995년 04월 28일	토미	145
공상 과학 세계 걸리버 보이 공상 과학 퍼즐 탱글하고 퐁	1995년 04월 28일	반다이	145
치키치키 천국	1995년 04월 28일	J윙	145
마법진 구루구루 용사와 쿠쿠리의 대모험	1995년 04월 28일	타카라	145
치비 마루코짱 마루코 디럭스 극장	1995년 05월 26일	타카라	145
마법기사 레이어스	1995년 06월 02일	토미	146
모그모그 GOMBO 머나먼 초 요리 전설	1995년 06월 16일	반다이	146
인생게임	1995년 06월 23일	타카라	146
파친코 이야기 외전	1995년 06월 23일	케이에스에스	146
슈퍼 파친코 대전	1995년 06월 30일	반프레스토	146
제2차 슈퍼로봇대전G	1995년 06월 30일	반프레스토	140
갤러거 & 갤럭시안	1995년 07월 14일	남코	140
NINKU -忍空-	1995년 07월 14일	토미	146
프리스키 톰	1995년 07월 14일	일본 물산	147
슈퍼 동키콩 GB	1995년 07월 27일	닌텐도	140
알프레드 치킨	1995년 07월 28일	선 소프트	147
옛날이야기 대전	1995년 08월 04일	요지겐	141
봄버맨 GB2	1995년 08월 10일	허드슨	141
스트리트 파이터 II	1995년 08월 11일	캡콤	141
GO GO 아크맨	1995년 08월 25일	반프레스토	147
드래곤볼Z 오공격투전	1995년 08월 25일	반다이	141
캡틴 츠바사J 완전 제패를 향한 도전	1995년 09월 14일	반다이	142
하이퍼 블랙 배스'95	1995년 10월 20일	BLACK LABEL	147
NBA JAM 토너먼트 에디션	1995년 10월 27일	어클레임 재팬	147
저지·드레드	1995년 10월 27일	어클레임 재팬	147
배트맨 포에버	1995년 10월 27일	어클레임 재팬	142
포어맨 포 리얼	1995년 10월 27일	어클레임 재팬	148
마법기사 레이어스 2nd 미싱 컬러스	1995년 10월 27일	토미	148
j리그 빅 웨이브 사커	1995년 11월 24일	토미	148
NINKU -忍空- 닌쿠 전쟁편	1995년 11월 24일	토미	148
웨딩피치 자마피 패닉	1995년 12월 08일	케이에스에스	148
커비의 블록 볼	1995년 12월 14일	닌텐도	142
도쿄 디즈니랜드 미키의 신데렐라성 미스터리 투어	1995년 12월 22일	토미	142
P-GB	1995년 12월 22일	켐코	148
닌타마 란타로 GB	1995년 12월 27일	컬처 브레인	149
블록 깨기 GB	1995년 12월 29일	POW	149
1996년			
포켓몬스터 레드	1996년 02월 27일	닌텐도	152
포켓몬스터 그린	1996년 02월 27일	닌텐도	152
쿠마의 푸타로 보물찾기다 흥행 게임 배틀	1996년 02월 29일	타카라	156
열투 투신전	1996년 03월 22일	타카라	156
열투 더 킹 오브 파이터즈'95	1996년 04월 26일	타카라	156
연주 클럽 오목	1996년 05월 17일	헥터	156
배스 피싱 달인 수첩	1996년 06월 21일	스타 피시	156
남코 갤러리 VOL.1	1996년 07월 21일	남코	152
봄버맨 컬렉션	1996년 07월 21일	허드슨	153
두더지냐	1996년 07월 21일	닌텐도	156

타이틀	발매일	제작사	페이지
모모타로 컬렉션	1996년 08월 09일	허드슨	153
열투 사무라이 스피리츠 잔쿠로 무쌍검	1996년 08월 23일	타카라	157
슈퍼 차이니즈 랜드 1·2·3	1996년 09월 13일	컬쳐 브레인	153
SD 비룡의 권 외전2	1996년 09월 27일	컬쳐 브레인	157
스트리트 레이서	1996년 09월 27일	UBI 소프트	157
스포츠 컬렉션	1996년 09월 27일	톤킹 하우스	157
포켓몬스터 블루	1996년 10월 15일	닌텐도	153
피크로스2	1996년 10월 19일	닌텐도	157
요시의 파네퐁	1996년 10월 26일	닌텐도	154
퍼즐 닌타마 란타로	1996년 11월 01일	컬쳐 브레인	157
원인 컬렉션	1996년 11월 22일	허드슨	158
이상한 던전 풍래의 시렌 GB ~츠카카게 마을의 괴물~	1996년 11월 22일	춘 소프트	154
동키콩 랜드	1996년 11월 23일	닌텐도	154
남코 갤러리 VOL.2	1996년 11월 29일	남코	154
파치오군 게임 갤러리	1996년 11월 29일	코코너츠 재팬 엔터테인먼트	158
크레용 신짱 나의 기분 좋은 컬렉션	1996년 12월 02일	반다이	158
봄버맨 GB3	1996년 12월 02일	허드슨	158
모모타로 컬렉션2	1996년 12월 06일	허드슨	155
게게게의 키타로 괴이 창조주 나타나다!	1996년 12월 13일	반다이	158
합격 보이 시리즈 영단어 타겟 1900	1996년 12월 13일	이머지니어	158
포켓 뿌요뿌요 통	1996년 12월 13일	컴파일	155
스누피의 첫 심부름	1996년 12월 21일	켐코	159
녹색의 마키바오	1996년 12월 21일	토미	159
테트리스 플러스	1996년 12월 27일	자레코	159
미니4보이	1996년 12월 27일	J윙	155
명탐정 코난 지하 유원지 살인 사건	1996년 12월 27일	반다이	159
슈퍼 차이니즈 파이터 GB	1996년 12월 28일	컬쳐 브레인	159
슈퍼 블랙 배스 포켓	1996년 12월 28일	스타 피시	159
1997년			
합격 보이 시리즈 세트로 외우는 일본사 타겟 201	1997년 01월 24일	이머지니어	167
커비의 반짝반짝 키즈	1997년 01월 25일	닌텐도	162
ZOOP	1997년 01월 31일	야노만 게임즈	167
게임보이 갤러리	1997년 02월 01일	닌텐도	162
챠르보55 SUPER PUZZLE ACTION	1997년 02월 21일	일본 시스템 서플라이	167
타이토 버라이어티 팩	1997년 02월 28일	타이토	162
합격 보이 시리즈 대학 입시에 나오는 순서 영숙어 타겟 1000	1997년 03월 28일	이머지니어	167
세임 게임	1997년 04월 25일	허드슨	167
미니사구 GB Let's & Go!!	1997년 05월 23일	아스키	162
슈퍼 블랙 배스 포켓2	1997년 06월 20일	스타 피시	167
게임으로 발견!! 타마고치	1997년 06월 27일	반다이	163
게임보이 워즈 TURBO	1997년 06월 27일	허드슨	163
합격 보이 시리즈 고교 입시에 나오는 순서 중학 영단어 1700	1997년 06월 27일	이머지니어	168
슈퍼 비다맨 파이팅 피닉스	1997년 07월 11일	허드슨	163
Z회 합격 보이 시리즈 Z회 궁극의 영단어 1500	1997년 07월 11일	이머지니어	168
가자! 키드 GO! GO! KID	1997년 07월 18일	켐코	168
포켓 러브	1997년 07월 18일	키드	163
합격 보이 시리즈 고교 입시에 나오는 순서 중학 영숙어 350	1997년 07월 25일	이머지니어	168
남코 갤러리 VOL.3	1997년 07월 25일	남코	164
포켓 마작	1997년 07월 25일	보톰 업	168
열투 더 킹 오브 파이터즈'96	1997년 08월 08일	타카라	168
마하 GoGoGo	1997년 08월 12일	토미	169
디노 브리더	1997년 08월 22일	J윙	164
합격 보이 시리즈 고교 입시에 "나오는 순서" 한자 문제 정복	1997년 08월 29일	이머지니어	169
머니 아이돌 익스체인저	1997년 08월 29일	아테나	169
강의 낚시꾼3	1997년 09월 19일	팩·인·소프트	169
코나미 GB 컬렉션 VOL.1	1997년 09월 25일	코나미	164
간식 퀴즈 우물우물Q THE QUIZ GAME	1997년 09월 26일	스타 피시	169
합격 보이 시리즈 「해체 영숙어」 완전 준거 Z회 궁극의 영숙어 1017	1997년 09월 26일	이머지니어	169
합격 보이 시리즈 고교 입시 역사 연대 암기 포인트 240	1997년 09월 26일	이머지니어	170
미니4보이Ⅱ 파이널 에볼루션	1997년 09월 26일	J윙	170
게임보이 갤러리2	1997년 09월 27일	닌텐도	164
합격 보이 시리즈 고교 입시 이과 암기 포인트 250	1997년 10월 01일	이머지니어	170
애니멀 브리더	1997년 10월 17일	J윙	170
게임으로 발견!! 타마고치2	1997년 10월 17일	반다이	170
프리쿠라 포켓 불완전 여고생 매뉴얼	1997년 10월 17일	아틀라스	165
합격 보이 시리즈 자주 쓰이는 영어 검정 2급 레벨 회화표현 333	1997년 10월 31일	이머지니어	170
컬렉션 포켓	1997년 11월 21일	나그자트	171
악마성 드라큘라 ~칠흑의 전주곡~	1997년 11월 27일	코나미	165
합격 보이 시리즈 「해체 영어 구문」 완전 준거 Z회 궁극의 영어 구문 285	1997년 11월 28일	이머지니어	171
트럼프 컬렉션 GB	1997년 11월 28일	보톰 업	171
메다로트 카부토 버전	1997년 11월 28일	이머지니어	165
메다로트 쿠와가타 버전	1997년 11월 28일	이머지니어	171
프리쿠라 포켓2 남친 개조 대작전	1997년 11월 29일	아틀라스	171
힘내라 고에몽 ~흑선당의 비밀~	1997년 12월 04일	코나미	165
산리오 운세 파티	1997년 12월 05일	이머지니어	171
코나미 GB 컬렉션 VOL.2	1997년 12월 11일	코나미	166
초마신영웅전 와타루 뒤죽박죽 몬스터	1997년 12월 12일	반프레스토	172
포켓 봄버맨	1997년 12월 12일	허드슨	172
카라무쵸의 대사건	1997년 12월 19일	스타 피시	166
스타 스윕	1997년 12월 19일	액셀러	172
벅스 버니 컬렉션	1997년 12월 19일	켐코	166
목장 이야기 GB	1997년 12월 19일	팩·인·소프트	166
1998년			
포켓 칸지로	1998년 01월 10일	신가쿠샤	181
게임으로 발견!! 타마고치 오스치와 메스치	1998년 01월 15일	반다이	181
합격 보이 시리즈 학연 초등학교 고학년 레벨 입시에 나온 요점 랭크 순서 관용구·속담 210	1998년 01월 30일	이머지니어	181
합격 보이 시리즈 학연 초등학교 고학년 레벨 입시에 나온 요점 랭크 순서 사자성어 288	1998년 01월 30일	이머지니어	181
뉴 체스 마스터	1998년 01월 30일	알트론	181

코나미 GB 컬렉션 VOL.3	1998년 02월 19일	코나미	181		브레인 드레인	1998년 07월 31일	어클레임 재팬	187
네오비 블루 98	1998년 02월 20일	쇼우에이 시스템	182		모모타로 전철 jr. 전국 라면 순회 여행	1998년 07월 31일	허드슨	176
넥타리스 GB	1998년 02월 27일	허드슨	175		상하이 Pocket	1998년 08월 06일	선 소프트	177
포켓 쿄로짱	1998년 02월 27일	토미	182		초마신영웅전 와타루 뒤죽박죽 몬스터2	1998년 08월 07일	반프레스토	188
대패수 이야기 더·미라클·오브·더·존	1998년 03월 05일	허드슨	175		튜록 ~바이오노 사우르스의 싸움~	1998년 08월 07일	스타 피시	188
이니셜 외전	1998년 03월 06일	코단샤	182					
몬스터★레이스	1998년 03월 06일	코에이	182		명탐정 코난 의혹의 호화열차	1998년 08월 07일	반다이	177
파친코 CR 대공의 겐샹 GB	1998년 03월 13일	일본 텔레넷	182		포켓 패밀리 GB	1998년 08월 09일	허드슨	188
포켓 러브2	1998년 03월 13일	키드	182		곤충박사	1998년 08월 28일	J윙	177
코나미 GB 컬렉션 VOL.4	1998년 03월 19일	코나미	183		낚시 선생	1998년 09월 11일	J윙	188
통조림 몬스터	1998년 03월 20일	아이맥스	183		포켓 장기	1998년 09월 11일	보톰 업	188
합격 보이 시리즈 Z회 〈예문으로 외우는〉 중학 영단어 1132	1998년 03월 20일	이머지니어	183		모탈 컴뱃 & 모탈 컴뱃Ⅱ	1998년 09월 11일	어클레임 재팬	188
					포켓몬스터 피카츄	1998년 09월 12일	닌텐도	177
합격 보이 시리즈 야마카와 일문일답 세계사B 용어 문제집	1998년 03월 20일	이머지니어	183		초속 스피너	1998년 09월 18일	허드슨	178
					드래곤 퀘스트 몬스터즈 테리의 원더랜드	1998년 09월 25일	에닉스	174
도라에몽 카트	1998년 03월 20일	에폭사	183		포켓 골프	1998년 09월 25일	보톰 업	189
메다로트 파츠 컬렉션	1998년 03월 20일	이머지니어	183		몬스터★레이스 한 그릇 더	1998년 10월 02일	코에이	189
파워 프로 GB	1998년 03월 26일	코나미	175		폭조 리트리브 마스터	1998년 10월 15일	코나미	189
열투 리얼 바우트 아랑전설 스페셜	1998년 03월 27일	타카라	184		신경마귀족 포켓 자키	1998년 10월 16일	킹 레코드	189
퍼즐보블 GB	1998년 04월 10일	타이토	175		글로컬 헥사이트	1998년 10월 21일	NEC 인터 채널	189
합격 보이 시리즈 키리하라 서점 빈출 영문법·어법 문제 1000	1998년 04월 22일	이머지니어	184		테트리스 디럭스	1998년 10월 21일	닌텐도	178
					와리오 랜드2 도둑맞은 재보	1998년 10월 21일	닌텐도	178
합격 보이 시리즈 야마카와 일문일답 신 과정 일본사B 용어 문제집	1998년 04월 22일	이머지니어	184		포켓 볼링 GB	1998년 10월 23일	아테나	189
					포켓 전차	1998년 10월 30일	코코너츠 재팬 엔터테인먼트	190
포켓 배스 피싱	1998년 04월 24일	보톰 업	184		본격 장기 장기왕	1998년 11월 13일	와라시	190
셀렉션 Ⅰ&Ⅱ 선택받은 자 & 암흑의 봉인	1998년 05월 01일	켐코	184		게임보이 워즈2	1998년 11월 20일	허드슨	178
					격투 파워 모델러	1998년 11월 27일	캡콤	179
애니멀 브리더2	1998년 05월 15일	J윙	184		산리오 타임넷 과거편	1998년 11월 27일	이머지니어	190
일본 대표팀 영광의 일레븐	1998년 05월 22일	토미	185		산리오 타임넷 미래편	1998년 11월 27일	이머지니어	190
합격 보이 시리즈 학연 초등학교 고학년 레벨 입시에 나온 요점 랭크 순서 역사 512	1998년 05월 29일	이머지니어	185		슈퍼 블랙 배스 포켓3	1998년 11월 27일	스타 피시	190
					도라에몽의 GAMEBOY로 놀자 디럭스10	1998년 11월 27일	에폭사	179
메다로트 파츠 컬렉션2	1998년 05월 29일	이머지니어	185		포켓 뿌요뿌요 SUN	1998년 11월 27일	컴파일	179
월드 사커 GB	1998년 06월 04일	코나미	185		로봇 폰코츠 별 버전	1998년 12월 04일	허드슨	179
디노 브리더2	1998년 06월 05일	J윙	185		로봇 폰코츠 태양 버전	1998년 12월 04일	허드슨	179
닌타마 란타로 GB 그림 맞추기	1998년 06월 19일	컬처 브레인	186		카라무쵸는 대소동! ~폴리키즈와 이상한 친구들~	1998년 12월 11일	스타 피시	191
챌린지 퍼즐								
미니사구 GB Let's & Go!! 올스타 배틀 MAX	1998년 06월 19일	아스키	185		게임보이 모노폴리	1998년 12월 11일	해즈브로 재팬	191
					바코드 대전 바디건	1998년 12월 11일	탐	191
J리그 서포터 사커	1998년 06월 26일	J윙	186		로도스도 전기 -영웅 기사전- GB	1998년 12월 11일	토미	180
언제든지! 냥하고 원더풀	1998년 06월 26일	반프레스토	186					
합격 보이 시리즈 ■난 머리를 ●게 한다. 숫자로 놀자 산수편	1998년 06월 26일	이머지니어	186		젤다의 전설 꿈꾸는 섬 DX	1998년 12월 12일	닌텐도	180
					페어리 키티의 개운 사전 ~요정 나라의 점술 수행~	1998년 12월 12일	이머지니어	191
일간 베루토모 클럽	1998년 06월 26일	아이맥스	186		유☆희☆왕 듀얼 몬스터즈	1998년 12월 17일	코나미	174
고기압 보이	1998년 07월 02일	코나미	186		더·수도 레이싱	1998년 12월 18일	포니 캐니언	192
바다의 낚시꾼2	1998년 07월 10일	팩·인·소프트	176		프리쿠라 포켓3 ~탤런트 데뷔 대작전~	1998년 12월 18일	아틀라스	191
합격 보이 시리즈 99년도판 영단어 센터 1500	1998년 07월 10일	이머지니어	187					
					포켓 컬러 블록	1998년 12월 18일	보톰 업	191
GO! GO! 히치하이크	1998년 07월 10일	J윙	187		포켓몬 카드 GB	1998년 12월 18일	닌텐도	180
화석창세 리본	1998년 07월 17일	스타 피시	176		마작 퀘스트	1998년 12월 23일	J윙	192
그랜더 무사시 RV	1998년 07월 24일	반다이	176		봄버맨 퀘스트	1998년 12월 24일	허드슨	180
도쿄 디즈니랜드 판타지 투어	1998년 07월 24일	토미	187		합격 보이 시리즈 「읽고 푸는 고문 단어」 준거 Z회 〈예문으로 외운다〉 궁극의 고문 단어 ~고문 지식·문법 기초 다지기~	1998년 12월 25일	이머지니어	192
폭조열전 쇼우 ~하이퍼·피싱~	1998년 07월 24일	스타 피시	187					
하야오키 퀴즈 ~왕좌 결정전~	1998년 07월 31일	자레코	187					

제목	발매일	제작사	페이지
코지마 타케오·나다 마사타로의 실전 마작 교실	1998년 12월 25일	갭스	192
1999년			
힘내라 고에몽 ~텐구당의 역습~	1999년 01월 14일	코나미	194
Pachinko Data Card 초~아타루군	1999년 01월 28일	BOSS 커뮤니케이션즈	209
벅스 버니 크레이지 캐슬3	1999년 01월 29일	KEMCO	209
B 비다맨 폭외전 ~빅토리로 가는 길~	1999년 01월 29일	미디어 팩토리	194
두근두근 메모리얼 Pocket 컬처편 ~나뭇잎 사이로 비치는 햇빛의 멜로디~	1999년 02월 11일	코나미	195
두근두근 메모리얼 Pocket 스포츠편 ~교정의 포토그래프~	1999년 02월 12일	코나미	195
화석창세 리본!! ~몬스터 디거~	1999년 02월 19일	스타 피시	195
햄스터 파라다이스	1999년 02월 26일	아틀라스	209
본격 4인 마작 마작왕	1999년 02월 26일	와라시	209
포용의 던전 룸 -대패수 이야기-	1999년 03월 05일	허드슨	195
ROX -록스-	1999년 03월 11일	알트론	209
왕도둑 JING 엔젤 버전	1999년 03월 12일	메사이어	210
왕도둑 JING 데빌 버전	1999년 03월 12일	메사이어	210
오하스타 야마짱 & 레이몬드	1999년 03월 12일	에폭사	210
합격 보이 시리즈 ■난 머리를 ●게 한다. 산수 배틀편	1999년 03월 12일	이머지니어	209
코시엔 포켓	1999년 03월 12일	마호	210
도라에몽 카트2	1999년 03월 12일	에폭사	210
비트매니아 GB	1999년 03월 12일	코나미	196
장기2	1999년 03월 19일	포니 캐니언	211
대패수 이야기 더·미라클 오브 더·존!!	1999년 03월 19일	허드슨	211
프로 마작 극 GB!!	1999년 03월 19일	아테나	211
여신전생 외전 라스트 바이블	1999년 03월 19일	아틀라스	211
몬스터★레이스2	1999년 03월 19일	코에이	210
격투 비스트 워즈 비스트 전사 최강 결정전	1999년 03월 19일	타카라	196
QUI QUI	1999년 03월 26일	마호	211
버거버거 포켓	1999년 03월 26일	갭스	211
파워 프로군 포켓	1999년 04월 01일	코나미	196
포켓 전차2	1999년 04월 02일	코코너츠 재팬	212
게임보이 갤러리3	1999년 04월 08일	닌텐도	212
카토 히후미 9단의 장기 교실	1999년 04월 09일	컬처 브레인	196
노부나가의 야망 게임보이판2	1999년 04월 09일	코에이	197
포켓몬 핀볼	1999년 04월 14일	닌텐도	197
체크메이트	1999년 04월 16일	알트론	212
여신전생 외전 라스트 바이블!!	1999년 04월 16일	아틀라스	212
골프 DE 오하스타	1999년 04월 23일	에폭사	197
인생게임 친구를 많이 만들자!	1999년 04월 23일	타카라	212
탑기어 · 포켓	1999년 04월 23일	KEMCO	198
푸치캐럿	1999년 04월 23일	타이토	197
리얼 프로야구! 센트럴리그편	1999년 04월 23일	나츠메	212
리얼 프로야구! 퍼시피리그편	1999년 04월 23일	나츠메	213
디노 브리드3 가이아 부활	1999년 04월 28일	J·윙	213
파치파치파치슬로 ~뉴 펄서편~	1999년 04월 28일	스타 피시	213
꽃 피는 천사 텐텐군의 비트 브레이커	1999년 04월 28일	코나미	213
헬로 키티의 매지컬 뮤지엄	1999년 04월 28일	이머지니어	213
포켓 GI 스테이블	1999년 04월 28일	코나미	198
SD 비룡의 권 EX	1999년 04월 30일	컬처 브레인	213
It's a 월드 랠리	1999년 05월 13일	코나미	198
카드 캡터 사쿠라 ~늘 사쿠라와 함께~	1999년 05월 15일	엠·티·오	198
피트폴 GB	1999년 05월 28일	포니 캐니언	199
학급왕 야마자키 게임보이판	1999년 05월 29일	코에이	199
한자 BOY	1999년 06월 03일	J·윙	214
통조림 몬스터 파르페	1999년 06월 04일	스타 피시	214
파친코 CR 맹렬 원시인T	1999년 06월 04일	헥터	214
포켓 화투	1999년 06월 11일	보톰 업	214
루카의 퍼즐로 대모험!	1999년 06월 11일	휴먼	214
서바이벌 키즈 고도의 모험가	1999년 06월 17일	코나미	214
애니멀 브리더3	1999년 06월 24일	J·윙	215
월드 사커 GB2	1999년 06월 24일	코나미	215
사카타 고로 9단의 연주 교실	1999년 06월 25일	컬처 브레인	215
하이퍼 올림픽 시리즈 트랙 & 필드 GB	1999년 07월 01일	코나미	199
유☆희☆왕 듀얼 몬스터즈!! 암계 결투기	1999년 07월 08일	코나미	199
프로 마작 강자 GB	1999년 07월 09일	컬처 브레인	215
강의 낚시꾼4	1999년 07월 16일	팩·인·소프트	215
합격 보이 시리즈 ■난 머리를 ●게 한다. 사회 배틀편	1999년 07월 16일	이머지니어	215
골프왕	1999년 07월 16일	디지털 키즈	216
헬로 키티의 비즈 공방	1999년 07월 17일	이머지니어	216
곤충박사2	1999년 07월 23일	J·윙	216
스파이 앤드 스파이	1999년 07월 23일	KEMCO	200
낚시 선생2	1999년 07월 23일	J·윙	216
도라에몽 걸어라 걸어라 라비린스	1999년 07월 23일	에폭사	200
부라이 파이터 컬러	1999년 07월 23일	키드	217
포켓 루어 보이	1999년 07월 23일	킹 레코드	216
메다로트2 카부토 버전	1999년 07월 23일	이머지니어	200
메다로트2 쿠와가타 버전	1999년 07월 23일	이머지니어	216
차세대 베이고마 배틀 베이블레이드	1999년 07월 23일	허드슨	200
삼국지 게임보이판2	1999년 07월 30일	코에이	201
젬젬 몬스터	1999년 07월 30일	키드	217
쵸로Q 하이퍼 커스터머블 GB	1999년 07월 30일	타카라	201
아더 라이프 애저 드림스 GB	1999년 08월 05일	코나미	201
목장 이야기 GB2	1999년 08월 06일	팩·인·소프트	201
포켓 패밀리 GB2	1999년 08월 06일	허드슨	217
마리오 골프 GB	1999년 08월 10일	닌텐도	202
J리그 익사이트 스테이지 GB	1999년 08월 13일	에폭사	217
Get 충 구락부: 모두의 곤충대도감	1999년 08월 13일	자레코	202
섀도우 게이트 리턴	1999년 08월 13일	KEMCO	202
백개먼	1999년 08월 27일	알트론	217
뿌요뿌요 외전 뿌요 워즈	1999년 08월 27일	컴파일	202
키세카에 모노가타리	1999년 09월 03일	팩·인·소프트	203
구루구루 가라쿠타즈	1999년 09월 10일	아틀라스	217
튜루2 ~시공 전사~	1999년 09월 10일	스타 피시	218
귀여운 펫샵 이야기	1999년 09월 10일	타이토	203
드래곤 퀘스트 I·II	1999년 09월 23일	에닉스	203
합격 보이 시리즈 ■난 머리를 ●게 한다. 국어 배틀편	1999년 09월 24일	이머지니어	218
슈퍼로봇대전 링크 배틀러	1999년 10월 01일	반프레스토	203

타이틀	발매일	메이커	페이지
프론트 로우	1999년 10월 01일	키드	218
오델로 밀레니엄	1999년 10월 08일	츠쿠다 오리지널	218
격투요리전설 비스트로 레시피 ~격투★푸드 배틀편~	1999년 10월 08일	반프레스토	204
슈퍼 리얼 피싱	1999년 10월 08일	보톰 업	218
V랠리 챔피언십 에디션	1999년 10월 14일	스파이크	218
실바니아 패밀리 ~동화 나라의 펜던트~	1999년 10월 15일	에폭사	219
데자뷰 I&II	1999년 10월 15일	KEMCO	204
포켓 GT	1999년 10월 15일	엠·티·오	219
총강 전기 바렛 배틀러	1999년 10월 21일	코나미	204
아쿠아 라이프	1999년 10월 22일	탐 소프트	219
퀵스 어드벤처	1999년 10월 22일	타이토	219
야광충 GB	1999년 10월 22일	아테나	204
위저드리 엠파이어	1999년 10월 29일	스타 피시	205
웨트릭스 GB	1999년 10월 29일	이머지니어	219
골프 너무 좋아!	1999년 10월 29일	키드	219
햄스터 구락부	1999년 10월 29일	죠르단	220
메다로트2 파츠 컬렉션	1999년 10월 29일	이머지니어	205
합격 보이 시리즈 ■난 머리를 ●게 한다. 이과 배틀편	1999년 11월 05일	이머지니어	220
컬럼스 GB 테즈카 오사무 캐릭터즈	1999년 11월 05일	미디어 팩토리	205
테트리스 어드벤처 가자, 미키와 친구들	1999년 11월 12일	캡콤	206
포켓몬스터 골드	1999년 11월 21일	닌텐도	194
포켓몬스터 실버	1999년 11월 21일	닌텐도	206
R-TYPE DX	1999년 11월 12일	아이렘	205
근육 기록표 GB ~도전자는 너다!~	1999년 11월 25일	코나미	206
비트매니아 GB2 가챠 믹스	1999년 11월 25일	코나미	206
리틀 매직	1999년 11월 26일	알트론	220
더·그레이트 배틀 POCKET	1999년 12월 03일	반프레스토	207
날아라! 호빵맨 신비한 싱글벙글 앨범	1999년 12월 03일	탐 소프트	220
격투요리전설 비스트로 레시피 ~결투★비스트 가룸편~	1999년 12월 10일	반프레스토	220
그랑듀얼 ~깊은 던전의 비보~	1999년 12월 10일	보톰 업	221
슈퍼 블랙 배스 리얼 파이트	1999년 12월 10일	스타 피시	221
슈퍼 봄블리스 디럭스	1999년 12월 10일	BPS	220
전차로 GO!	1999년 12월 10일	사이버 프론트	207
모두의 장기 -초급편-	1999년 12월 10일	엠·티·오	221
힘내라 고에몽 ~원령 여행길 뛰쳐나가라 나베부교!~	1999년 12월 16일	코나미	207
스위트 엔젤	1999년 12월 17일	코에이	221
탑기어·포켓2	1999년 12월 17일	KEMCO	221
봄버맨 MAX ~빛의 용자~	1999년 12월 17일	허드슨	207
봄버맨 MAX ~어둠의 전사~	1999년 12월 17일	허드슨	222
여류 작사에게 도전 GB ~우리에게 도전해줘!~	1999년 12월 17일	컬처 브레인	221
파친코 필승 가이드 데이터의 왕	1999년 12월 22일	BOSS 커뮤니케이션	222
포켓 컬러 트럼프	1999년 12월 22일	보톰 업	222
포켓 컬러 마작	1999년 12월 22일	보톰 업	222
헐리웃 핀볼	1999년 12월 23일	스타 피시	222
춤추는 천재 펫! 댄싱 퍼비	1999년 12월 24일	토미	208
기동전함 나데시코 루리루리 마작	1999년 12월 24일	킹 레코드	208
슈퍼 차이니즈 파이터 EX	1999년 12월 24일	컬처 브레인	223
폭주 전기 메탈워커 GB ~강철 같은 우정~	1999년 12월 24일	캡콤	208
포켓 컬러 빌리어드	1999년 12월 24일	보톰 업	223
몬스터 팜 배틀 카드 GB	1999년 12월 24일	테크모	208
로봇 폰코츠 달 버전	1999년 12월 24일	허드슨	222
만담 요이코의 게임도 ~아빠 찾아 3번가~	1999년 12월 25일	코나미	223
소코반 전설 빛과 어둠의 나라	1999년 12월 25일	J·윙	223

2000년

타이틀	발매일	메이커	페이지
더피·덕 미끄러지고 뒹굴며 백만장자	2000년 01월 01일	선 소프트	243
마리의 아틀리에 GB	2000년 01월 08일	이머지니어	226
에리의 아틀리에 GB	2000년 01월 08일	이머지니어	226
잭의 대모험 ~대마왕의 역습~	2000년 01월 15일	이머지니어	243
하이퍼 올림픽 윈터 2000	2000년 01월 27일	코나미	226
동키콩 GB 딩키콩 & 딕시콩	2000년 01월 28일	닌텐도	226
사이좋은 펫 시리즈① 귀여운 햄스터	2000년 01월 28일	엠·티·오	243
B 비다맨 폭외전V 파이널·메가튠	2000년 02월 04일	미디어 팩토리	227
어락왕 TANGO!	2000년 02월 11일	J·윙	243
본격 대전 장기 보	2000년 02월 18일	컬처 브레인	243
포켓 빌리어드 펑크·더·9볼	2000년 02월 19일	탐	227
트레이드 & 배틀 카드 히어로	2000년 02월 21일	닌텐도	243
F1 월드 그랑프리 II for 게임보이 컬러	2000년 02월 24일	비디오 시스템	227
프로 마작 강자 GB2	2000년 02월 24일	컬처 브레인	244
본격 화투 GB	2000년 02월 24일	알트론	244
명탐정 코난 카라쿠리 사원 살인 사건	2000년 02월 24일	반프레스토	227
메타파이트 EX	2000년 02월 24일	선 소프트	228
메타 모드	2000년 02월 24일	코에이	244
돌격 빳빠라대	2000년 03월 10일	J·윙	244
도라에몽 메모리즈 노비타의 추억 대모험	2000년 03월 10일	에폭사	228
메다로트 카드 로보틀 카부토 버전	2000년 03월 10일	이머지니어	228
메다로트 카드 로보틀 쿠와가타 버전	2000년 03월 10일	이머지니어	244
야구 시뮬레이션 포켓 프로야구	2000년 03월 10일	에폭사	244
RPG 쯔쿠르 GB	2000년 03월 17일	아스키	229
합격 보이 GOLD ■난 머리를 ●게 한다. 국어 산수 이과 사회 상식의 서	2000년 03월 17일	이머지니어	245
합격 보이 GOLD ■난 머리를 ●게 한다. 국어 산수 이과 사회 난문의 서	2000년 03월 17일	이머지니어	245
실바니아 멜로디 ~숲속 친구들과 춤추자!~	2000년 03월 17일	에폭사	245
퍼즈 루프	2000년 03월 17일	캡콤	228
햄스터 파라다이스2	2000년 03월 17일	아틀라스	245
포켓 프로레슬링 퍼펙트 레슬러	2000년 03월 17일	J·윙	245
마크로스7 은하의 하트를 뒤흔들어라!!	2000년 03월 17일	에폭사	229
와리오 랜드3 신비한 오르골	2000년 03월 21일	닌텐도	229
사이보그 쿠로짱 ~데빌 부활!!~	2000년 03월 23일	코나미	245
사루 펀처	2000년 03월 24일	타이토	246
감자군	2000년 03월 24일	빅터 인터렉티브 소프트웨어	246
Disney's Tarzan	2000년 03월 24일	시스컴 엔터테인먼트	229
사이좋은 펫 시리즈② 귀여운 토끼	2000년 03월 24일	엠·티·오	246

제목	발매일	제작사	페이지
사이좋은 펫 시리즈② 귀여운 토끼	2000년 03월 24일	엠·티·오	246
폭구 연발!! 슈퍼 비다맨 격컨! 라이징 발키리!!	2000년 03월 24일	타카라	246
레이맨 미스터·다크의 덫	2000년 03월 24일	Ubi 소프트	246
배틀 피져스	2000년 03월 30일	코나미	246
파워 프로군 포켓2	2000년 03월 30일	코나미	230
팝픈 뮤직 GB	2000년 03월 30일	코나미	230
아루루의 모험 마법의 주얼	2000년 03월 31일	컴파일	247
스노보드 챔피언	2000년 03월 31일	보톰 업	247
트릭 보더 그랑프리	2000년 03월 31일	아테나	247
필살 파친코 BOY CR 몬스터 하우스	2000년 03월 31일	선 소프트	247
명탐정 코난 기암섬 비보 전설	2000년 03월 31일	반프레스토	247
VS 레밍스	2000년 04월 07일	J·윙	230
유☆희☆왕 몬스터 캡슐 GB	2000년 04월 13일	코나미	230
성패 전설	2000년 04월 14일	갭스	247
DX 모노폴리 GB	2000년 04월 21일	타카라	248
버거 파라다이스 인터내셔널	2000년 04월 21일	갭스	248
벅스 버니 크레이지 캐슬4	2000년 04월 21일	KEMCO	248
메탈기어 고스트 바벨	2000년 04월 27일	코나미	231
한자로 퍼즐	2000년 04월 28일	엠·티·오	248
경마장에 어서 오세요! 와이드	2000년 04월 28일	헥터	248
대공의 겐상 ~땅땅 망치가 땅땅~	2000년 04월 28일	바이옥스	249
디노 브리더4	2000년 04월 28일	J·윙	248
도라에몽의 퀴즈 보이	2000년 04월 28일	에폭사	231
퍼즐보블4	2000년 04월 28일	알트론	231
페렛 이야기 디어·마이·페렛	2000년 04월 28일	컬처 브레인	249
마작 여왕	2000년 04월 28일	와라시	249
로드 러너 덤덤단의 야망	2000년 04월 28일	엑싱·엔터테인먼트	231
게임 편의점21	2000년 05월 19일	스타 피시	249
타이토 메모리얼 체이스 H.Q.	2000년 05월 26일	죠르단	249
타이토 메모리얼 버블보블	2000년 05월 26일	죠르단	249
대패수 이야기 포용의 던전 룸2	2000년 06월 02일	허드슨	232
빅쿠리맨 2000 차징 카드 GB	2000년 06월 10일	이머지니어	250
HUNTER×HUNTER 헌터의 계보	2000년 06월 15일	코나미	232
미스터 드릴러	2000년 06월 29일	남코	232
이데 요스케의 마작 교실 GB	2000년 06월 30일	아테나	250
오쟈루마루 ~만간 신사는 젯날이다!~	2000년 06월 30일	엠·티·오	250
한자 BOY2	2000년 06월 30일	J·윙	250
무민의 대모험	2000년 06월 30일	선 소프트	250
언제든지 파친코 GB CR 몬스터 하우스	2000년 07월 04일	탐 소프트	250
월드 사커 GB 2000	2000년 07월 06일	코나미	251
모아서 노는 곰돌이 푸 ~숲의 보물~	2000년 07월 07일	토미	251
힘내라! 일본! 올림픽 2000	2000년 07월 13일	코나미	251
유☆희☆왕 듀얼 몬스터즈Ⅲ 삼성전신강림	2000년 07월 13일	코나미	232
오쟈루마루 ~달밤이 연못의 보물~	2000년 07월 14일	석세스	251
도카폰?! 밀레니엄 퀘스트	2000년 07월 14일	아스믹·에이스 엔터테인먼트	233
서바이벌 키즈2 탈출!! 쌍둥이섬	2000년 07월 19일	코나미	251
헬로 키티의 스위트 어드벤처 ~다니엘군과 만나고 싶어~	2000년 07월 19일	이머지니어	233
디어 다니엘의 스위트 어드벤처 ~키티짱을 찾아서~	2000년 07월 19일	이머지니어	233
폭주 데코토라 전설 GB 스페셜 남자 배짱의 천하통일	2000년 07월 21일	키드	233
메다로트3 카부토 버전	2000년 07월 23일	이머지니어	234
메다로트3 쿠와가타 버전	2000년 07월 23일	이머지니어	252
화란호룡 학원 ~화투·마작~	2000년 07월 28일	J·윙	252
사쿠라 대전 GB 격·하나구미 입대!	2000년 07월 28일	미디어 팩토리	234
댄스 댄스 레볼루션 GB	2000년 08월 03일	코나미	234
조이드 사신 부활! ~제노브레이커편~	2000년 08월 04일	토미	234
소울 겟타 ~방의 후 모험 RPG~	2000년 08월 04일	마이크로 캐빈	235
오싹오싹 히어로즈	2000년 08월 04일	미디어 팩토리	252
던전 세이버	2000년 08월 04일	J·윙	252
낚시꾼 어드벤처 카이트의 모험	2000년 08월 04일	빅터 인터렉티브 소프트웨어	235
매지컬 체이스 GB ~견습 마법사 현자의 계곡으로~	2000년 08월 04일	마이크로 캐빈	235
러브 히나 포켓	2000년 08월 04일	마벨러스 엔터테인먼트	235
근육 기록표 GB2 ~노려라! 머슬 챔피언!~	2000년 08월 10일	코나미	252
K.O. THE PRO BOXING	2000년 08월 11일	알트론	253
해저 전설!! 트레져 월드	2000년 08월 11일	다즈	236
실전에 도움이 되는 바둑 묘수풀이	2000년 08월 11일	포니 캐닝	253
타니무라 히토시 류 파친코 공략 대작전 돈키호테가 간다	2000년 08월 11일	아틀라스	253
트위티 세계 일주 80마리의 고양이를 찾아라!	2000년 08월 11일	KEMCO	253
토코로씨의 세타가야 컨트리 클럽	2000년 08월 11일	나츠메	232
사이좋은 펫 시리즈③ 귀여운 강아지	2000년 08월 11일	엠·티·오	253
퍼펙트 쵸로Q	2000년 08월 11일	타카라	253
베이블레이드 FIGHTING TOURNAMENT	2000년 08월 11일	허드슨	236
데굴데굴 커비	2000년 08월 23일	닌텐도	236
팝픈 뮤직 GB 애니메이션 멜로디	2000년 09월 07일	코나미	236
톳토코 햄타로 친구 대작전이에요	2000년 09월 08일	닌텐도	254
포켓몬으로 파네퐁	2000년 09월 21일	닌텐도	237
햄스터 구락부 맞춰서 쮸	2000년 09월 22일	죠르단	254
나의 캠프장	2000년 09월 22일	나그자트	254
포켓 뿌요뿌요~	2000년 09월 22일	컴파일	237
퍼즐로 승부닷! 우타마짱	2000년 09월 28일	나그자트	254
비트매니아 GB 가챠 믹스2	2000년 09월 28일	코나미	237
엘리베이터 액션 EX	2000년 09월 29일	알트론	237
곤타의 평화로운 대모험	2000년 09월 29일	레이업	254
신세기 에반게리온 마작 보완계획	2000년 09월 29일	킹 레코드	238
스페이스 인베이더X	2000년 09월 29일	타이토	254
솔로몬	2000년 09월 29일	테크모	238
목장 이야기 GB3 보이·미츠·걸	2000년 09월 29일	빅터 인터렉티브 엔터테인먼트	238
카드 캡터 사쿠라 ~토모에다 초등학교 대운동회~	2000년 10월 06일	엠·티·오	255
슈퍼 돌·리카짱 ~갈아입기 대작전~	2000년 10월 06일	비알·윙	255
사이보그 쿠로쨩2 ~화이트 우즈의 역습~	2000년 10월 19일	코나미	255

록맨X 사이버 미션	2000년 10월 20일	캡콤	235	힘내라 고에몽 ~성공사 다이너마이트 나타나라!!~	2000년 12월 21일	코나미	259
괴인 조나	2000년 10월 21일	닌텐도	255	위저드리 엠파이어 ~부활의 지팡이~	2000년 12월 22일	스타 피시	242
합격 보이 GOLD ■난 머리를 ●게 한다. 입체 평면 도형의 달인	2000년 10월 27일	이머지니어	255	귀여운 펫샵 이야기2	2000년 12월 22일	타이토	260
JET로 GO!	2000년 10월 27일	알트론	239	그란디아 패러렐 트리퍼즈	2000년 12월 22일	허드슨	242
마리오 테니스 GB	2000년 11월 01일	닌텐도	239	실바니아 패밀리2 ~몰드는 숲의 판타지~	2000년 12월 22일	에폭사	260
휴대 전수 텔레팡 스피드 버전	2000년 11월 03일	스마일 소프트	239	퍼즐보블 밀레니엄	2000년 12월 22일	알트론	260
휴대 전수 텔레팡 파워 버전	2000년 11월 03일	스마일 소프트	255	비룡의 권 열전 GB	2000년 12월 22일	컬처 브레인	260
피와 땀과 눈물의 고교 야구	2000년 11월 03일	J·윙	256	2001년			
테일즈 오브 판타지아 나리키리 던전	2000년 11월 10일	남코	239	애니멀 브리더4	2001년 01월 01일	J·윙	272
댄스 댄스 레볼루션 GB2	2000년 11월 16일	코나미	256	모모타로 전설1→2	2001년 01월 01일	허드슨	262
진·여신전생 데빌 칠드런 ~흑의 서~	2000년 11월 17일	아틀라스	240	도라에몽의 스터디 보이 학습 한자 게임	2001년 01월 12일	쇼가쿠칸	272
진·여신전생 데빌 칠드런 ~적의 서~	2000년 11월 17일	아틀라스	240	동키콩 2001	2001년 01월 21일	닌텐도	262
두근두근 전설 마법진 구루구루	2000년 11월 17일	에닉스	256	브레이브 사가 신장 아스타리아	2001년 01월 26일	타카라	272
몬스터 택틱스	2000년 11월 21일	닌텐도	240	러브 히나 파티	2001년 01월 26일	마벨러스	272
에어포스 델타	2000년 11월 22일	코나미	256	사무라이 키드	2001년 02월 02일	코에이	272
그린치	2000년 11월 22일	코나미	256	오하스타 댄스 댄스 레볼루션 GB	2001년 02월 08일	코나미	272
커맨드 마스터	2000년 11월 22일	에닉스	256	승부사 전설 테츠야 신주쿠 천운편	2001년 02월 09일	아테나	262
팝픈 뮤직 GB 디즈니 튠즈	2000년 11월 22일	코나미	240	헤로헤로군	2001년 02월 09일	이머지니어	262
날아라 호빵맨 ~다섯 탑의 임금님~	2000년 11월 23일	탐	257	사이좋은 펫 시리즈④ 귀여운 아기 고양이	2001년 02월 16일	엠·티·오	273
선계이문록 준제대전 ~TV 애니메이션 「선계전 봉신연의」에서~	2000년 11월 24일	반프레스토	257	팝픈 팝	2001년 02월 16일	죠르단	263
메다로트3 파츠 컬렉션 ~Z에서의 초전장~	2000년 11월 24일	이머지니어	257	근육 기록표 GB3 신세기 서바이벌 열전!	2001년 02월 22일	코나미	273
미이라 잃어버린 사막의 도시	2000년 11월 30일	코나미	241	위저드리 미친 왕의 시련장	2001년 02월 23일	아스키	263
GB 하로봇츠	2000년 12월 01일	선라이즈 인터렉티브	257	위저드리II 리루가민의 유산	2001년 02월 23일	아스키	263
슈퍼 미멜 GB 미멜 베어의 해피 메일 타운	2000년 12월 01일	토미	257	위저드리III 다이아몬드 기사	2001년 02월 23일	아스키	264
도널드 덕 데이지를 구하라!	2000년 12월 01일	Ubi 소프트	257	슈퍼로봇핀볼	2001년 02월 23일	미디어 팩토리	264
육문천외 문콜레나이트 GB	2000년 12월 01일	카도카와 서점	258	작은 에일리언	2001년 02월 23일	크리처스	264
Pia 캐럿에 어서 오세요!! 2.2	2000년 12월 02일	NEC 인터 채널	258	프론트 라인 THE NEXT MISSION	2001년 02월 23일	알트론	273
유☆희☆왕 듀얼 몬스터즈4	2000년 12월 07일	코나미	241	포켓 킹	2001년 02월 23일	남코	263
최강 결투자 전기 카이바 데크				웃는 개의 모험 GB SILLY GO LUCKY!	2001년 02월 23일	캡콤	273
유☆희☆왕 듀얼 몬스터즈4 최강 결투자 전기 조노우치 데크	2000년 12월 07일	코나미	258	젤다의 전설 이상한 나무 열매 ~시공의 장~	2001년 02월 27일	닌텐도	264
유☆희☆왕 듀얼 몬스터즈4 최강 결투자 전기 유우기 데크	2000년 12월 07일	코나미	258	젤다의 전설 이상한 나무 열매 ~대지의 장~	2001년 02월 27일	닌텐도	265
다! 다! 다! 갑자기★카드에 배틀에 운세의!	2000년 12월 08일	비디오 시스템	258	더·블랙 오닉스	2001년 03월 02일	타이토	265
데지코의 마작 파티	2000년 12월 08일	킹 레코드	258	코토배틀 천외의 수호자	2001년 03월 09일	알파 드림	265
전차로 GO!2	2000년 12월 08일	사이버 프론트	259	드래곤 퀘스트 몬스터즈2 마르타의 신비한 열쇠 루카의 여행	2001년 3월 9일	에닉스	265
드래곤 퀘스트III 그리고 전설로…	2000년 12월 08일	에닉스	241	무적왕 트라이제논	2001년 3월 9일	마벨러스 엔터테인먼트	266
포켓몬스터 크리스탈 버전	2000년 12월 14일	닌텐도	241	우디 우드페커의 고! 고! 레이싱	2001년 3월 15일	코나미	273
공격 COM 던전 드루루루아2	2000년 12월 15일	남코	242	댄스 댄스 레볼루션 GB3	2001년 3월 15일	코나미	273
사이좋은 쿠킹 시리즈① 맛있는 베이커리	2000년 12월 15일	엠·티·오	259	스페이스넷 코스모 블루	2001년 03월 16일	이머지니어	266
햄스터 구락부2	2000년 12월 15일	죠르단	259	스페이스넷 코스모 레드	2001년 03월 16일	이머지니어	274
햄스터 파라다이스3	2000년 12월 15일	아틀라스	259	도라에몽 너와 펫의 이야기	2001년 03월 16일	에폭사	274
킨다이치 소년의 사건부 ~10년째의 초대장~	2000년 12월 16일	반프레스토	242	패션 일기	2001년 03월 23일	빅터 인터렉티브 소프트웨어	274
도라에몽의 스터디 보이 구구단 게임	2000년 12월 20일	쇼가쿠칸	259	닌타마 란타로 인술 학원에 입학하자 단	2001년 03월 23일	애스크	274
				메다로트4 카부토 버전	2001년 03월 23일	이머지니어	266
				메다로트4 쿠와가타 버전	2001년 03월 23일	이머지니어	274
				환상마전 최유기 사막의 사신	2001년 03월 23일	J·윙	274

게임명	발매일	제작사	페이지
포켓몬 카드 GB2 GR단 등장!	2001년 03월 28일	포켓몬	266
댄스 댄스 레볼루션 GB 디즈니 믹스	2001년 03월 29일	코나미	275
아니마스타 GB	2001년 03월 30일	미디어 팩토리	275
스트리트 파이터 ALPHA	2001년 03월 30일	캡콤	267
합격 보이 GOLD ■난 머리를 ●씨 한다. 정수 소수 분수 단위 계산의 달인	2001년 03월 30일	이머지니어	275
합격 보이 GOLD ■난 머리를 ●씨 한다. 읽기 쓰기 필순 숙어 한자의 달인	2001년 03월 30일	이머지니어	275
크로스 헌터 트레저 헌터 버전	2001년 04월 12일	게임 빌리지	275
크로스 헌터 몬스터 헌터 버전	2001년 04월 12일	게임 빌리지	275
크로스 헌터 엑스 헌터 버전	2001년 04월 12일	게임 빌리지	267
드래곤 퀘스트 몬스터즈2 마르타의 이상한 열쇠 이루의 모험	2001년 04월 12일	에닉스	267
HUNTER×HUNTER 금단의 비보	2001년 04월 12일	코나미	267
헬로 키티와 디어 다니엘의 드림 어드벤처	2001년 04월 14일	이머지니어	276
사이좋은 쿠킹 시리즈② 맛있는 베이커리	2001년 04월 20일	엠·티·오	276
톳토코 햄타로2 햄짱즈 대집합이에요	2001년 04월 21일	닌텐도	276
오이데 라스칼	2001년 04월 25일	탐	276
X-MEN MUTANT ACADEMY	2001년 04월 27일	석세스	268
구루구루 타운 하나마루군	2001년 04월 27일	J·윙	277
작급생 ~코스프레★파라다이스~	2001년 04월 27일	엘프	268
스파이더맨	2001년 04월 27일	석세스	277
DX 인생게임	2001년 04월 27일	타카라	277
사이좋은 펫 시리즈⑤ 귀여운 햄스터2	2001년 04월 27일	엠·티·오	276
From TV animation ONE PIECE 꿈의 루피 해적단 탄생!	2001년 04월 27일	반프레스토	276
모바일 골프	2001년 05월 11일	닌텐도	268
DT Lords of Genomes	2001년 05월 25일	미디어 팩토리	277
명탐정 코난 저주받은 항로	2001년 06월 01일	반프레스토	277
ZOIDS 백은의 수기신 라이거 제로	2001년 06월 15일	토미	268
스누피 테니스	2001년 06월 20일	언포그램 허드슨	269
스타 오션 블루 스피어	2001년 06월 28일	에닉스	269
가이아 마스터 DUEL 카드 어태커즈	2001년 06월 29일	캡콤	278
사이좋은 쿠킹 시리즈③ 즐거운도시락	2001년 06월 29일	엠·티·오	277
네트로 겟 미니 게임@100	2001년 07월 12일	코나미	278
데이터 네비 프로야구2	2001년 07월 13일	나우 프로덕션	278
낚시 가자!!	2001년 07월 19일	아스키	278
록맨X2 소울 이레이저	2001년 07월 19일	캡콤	278
이상한 던전 풍래의 시렌 GB2 사막의 마성	2001년 07월 19일	춘 소프트	269
우주인 타나카 타로로 RPG 쯔구르 GB2	2001년 07월 20일	엔터 브레인	279
우주인 타나카 타로로 RPG 쯔구르 GB2	2001년 07월 20일	엔터 브레인	279
J리그 익사이트 스테이지 택틱스	2001년 07월 20일	에폭사	278
맥도날드 이야기	2001년 07월 20일	TDK 코어	279
초 GALS! 코토부키 란	2001년 07월 26일	코나미	269
곤충박사3	2001년 07월 27일	J·윙	279
진·여신전생 데빌 칠드런 백의 서	2001년 07월 27일	아틀라스	279
진·여신전생 트레이딩 카드 카드 서머너	2001년 07월 27일	엔터 브레인	279
폭전 슛 베이블레이드	2001년 07월 27일	브로콜리	280
꽃보다 남자 ANOTHER LOVE STORY	2001년 07월 27일	TDK 코어	279
미즈키 시게루의 신·요괴전	2001년 07월 27일	프라임 시스템	280
치비 마루코짱 마을 사람 다 같이 게임이야!	2001년 08월 10일	에폭사	280
니세몬 퍼즐da몬! 페로몬 구출대작전	2001년 08월 10일	프라임 시스템	280
배드 바츠마루 로보 배틀	2001년 08월 10일	이머지니어	280
포켓 쿠킹	2001년 08월 24일	J·윙	280
게임보이 워즈3	2001년 08월 30일	허드슨	270
에스트폴리스 전기 되살아나는 전설	2001년 09월 07일	타이토	270
전일본 소년 축구 대회 목표는 일본 제일!	2001년 09월 07일	석세스	281
햄스터 구락부 가르쳐줘요-	2001년 09월 21일	죠르단	281
햄스터 파라다이스4	2001년 09월 28일	아틀라스	281
기관차 토마스 소도어 섬의 친구들	2001년 10월 12일	탐	281
격추 탄환 레이서 음속 버스터 DANGUN탄	2001년 10월 12일	이머지니어	281
DOKI×DOKI 하게 해줘!!	2001년 10월 26일	빅터 인터렉티브 소프트웨어	281
양천인간 배트실러 닥터·가이의 야망	2001년 11월 01일	코나미	282
네트워크 모험기 버그사이트 알파	2001년 11월 02일	스마일 소프트	282
네트워크 모험기 버그사이트 베타	2001년 11월 02일	스마일 소프트	282
사이좋은 쿠킹 시리즈④ 즐거운 디저트	2001년 11월 16일	엠·티·오	282
치키치키 머신 맨 레이스	2001년 11월 22일	시스컴 엔터테인먼트	270
해리 포터와 마법사의 돌	2001년 12월 01일	일렉트로니·아츠·스퀘어	270
사쿠라 대전 GB2 선더볼트 작전	2001년 12월 06일	세가	271
미니 & 프렌즈 꿈의 나라를 찾아서	2001년 12월 13일	허드슨	271
메다로트5 스스타케 마을의 전학생 카부토	2001년 12월 14일	이머지니어	271
메다로트5 스스타케 마을의 전학생 쿠와가타	2001년 12월 14일	이머지니어	282
루니·툰즈 컬렉터 마션 퀘스트!	2001년 12월 14일	시스컴 엔터테인먼트	282
옷 갈아입기 햄스터	2001년 12월 21일	빅터 인터렉티브 소프트웨어	283
샤먼킹 초·점사약결 훈바리편	2001년 12월 21일	킹 레코드	271
샤먼킹 초·점사약결 메라메라편	2001년 12월 21일	킹 레코드	283
실바니아 패밀리3 별 내리는 밤의 모래시계	2001년 12월 21일	에폭사	283
나의 키친	2001년 12월 21일	키랏토	283
장기3	2001년 12월 24일	포니 캐니언	283
2002년			
초 GALS! 코토부키 란2 ~미라쿠루→겟팅~	2002년 02월 07일	코나미	286
Dr. 린에게 물어봐! 사랑의 린 풍수	2002년 02월 21일	허드슨	286

헬로 키티의 해피 하우스	2002년 03월 02일	엠·티·오	286
몬★스터 트래블러	2002년 03월 08일	타이토	286
바다표범 전대 이나즈마 ~두근두근 대작전!?~	2002년 03월 29일	오메가· 프로젝트	286
BIOHAZARD GAIDEN	2002년 03월 29일	캡콤	286
사이좋은 쿠킹 시리즈⑤ 코무기짱의 케이크를 만들자!	2002년 04월 05일	엠·티·오	287
모험! 돈도코섬	2002년 04월 18일	글로벌·A· 엔터테인먼트	287
나의 레스토랑	2002년 04월 26일	키랏토	287
From TV animation ONE PIECE 환상의 그랜드라인 모험기!	2002년 06월 28일	반프레스토	287
곤충 파이터즈	2002년 07월 26일	디지털 키즈	287
드래곤볼Z 전설의 초전사들	2002년 08월 09일	반프레스토	287
햄스터 이야기 GB + 완전 햄 마법 소녀	2002년 08월 09일	컬처 브레인	288
도라에몽의 퀴즈 보이2	2002년 10월 04일	에폭사	288
2003년			
한자 BOY3	2003년 06월 05일	J·윙	288
도라에몽의 스터디 보이 한자 읽고 쓰기 마스터	2003년 07월 18일	쇼가쿠칸	288

게임보이 게임 소프트 검색

파란색은 일반 GB, 노란색은 컬러 공용, 녹색은 컬러 전용.

가나다순

타이틀	발매일	퍼블리셔	페이지
A-Z			
3번가의 타마 타마 & 프렌즈 3번가 유령 패닉!!	1994년 08월 05일	비아이	130
3분 예상 마번구락부	1992년 10월 16일	헥터	93
4 IN 1 FUN PACK	1992년 12월 22일	이머지니어	97
B 비다만 폭외전 ~빅토리로 가는 길~	1999년 01월 29일	미디어 팩토리	194
B 비다만 폭외전V 파이널·메가튠	2000년 02월 04일	미디어 팩토리	227
BIOHAZARD GAIDEN	2002년 03월 29일	캡콤	286
CLUT MASTER 울트라맨에게 이끌려서	1993년 03월 12일	반다이	107
Disney's Tarzan	2000년 03월 24일	시스컴 엔터테인먼트	229
DOKI×DOKI 하게 해줘!!	2001년 10월 26일	빅터 인터렉티브 소프트웨어	281
Dr. 린에게 물어봐! 사랑의 린 풍수	2002년 02월 21일	허드슨	286
DT Lords of Genomes	2001년 05월 25일	미디어 팩토리	277
DX 마권왕	1991년 05월 17일	아스믹	66
DX 마권왕Z	1992년 04월 17일	아스믹	87
DX 모노폴리 GB	2000년 04월 21일	타카라	248
DX 인생게임	2001년 04월 27일	타카라	277
F★1 레이스	1990년 11월 09일	닌텐도	31
F1 보이	1990년 09월 28일	애스크 코단샤	43
F-1 스피리트	1991년 02월 28일	코나미	53
F1 월드 그랑프리 II for 게임보이 컬러	2000년 02월 24일	비디오 시스템	227
From TV animation ONE PIECE 꿈의 루피 해적단 탄생!	2001년 04월 27일	반프레스토	276
From TV animation ONE PIECE 환상의 그랜드라인 모험기!	2002년 06월 28일	반프레스토	287
From TV animation 슬램덩크 벼랑 끝의 결승 리그	1994년 08월 11일	반다이	130
From TV animation 슬램덩크2 전국으로 가는 TIP OFF	1995년 03월 17일	반다이	144
G1 킹! 3필의 예상옥	1993년 03월 26일	빅 토카이	108
GB 바스켓볼	1993년 03월 19일	이머지니어	107
GB원인	1992년 11월 27일	허드슨	82
GB원인2	1994년 10월 21일	허드슨	132
GB원인 랜드 비바! 칙군 왕국	1994년 04월 22일	허드슨	120
GB 파치슬로 필승법! Jr.	1994년 07월 29일	새미 공업	128
GB 파치오군	1993년 11월 19일	코코너츠 재팬 엔터테인먼트	104
GB 파치오군2	1994년 11월 25일	코코너츠 재팬 엔터테인먼트	133
GB 파치오군3	1995년 04월 28일	코코너츠 재팬 엔터테인먼트	145
GB 하로봇츠	2000년 12월 01일	선라이즈 인터렉티브	257
Get 충 구락부: 모두의 곤충대도감	1999년 08월 13일	자레코	202
GO GO 아크맨	1995년 08월 25일	반프레스토	147
GO! GO! 히치하이크	1998년 07월 10일	J윙	187
HOOK	1992년 04월 03일	에픽·소니 레코드	87
HUNTER×HUNTER 금단의 비보	2001년 04월 12일	코나미	267
HUNTER×HUNTER 헌터의 계보	2000년 06월 15일	코나미	232
It's a 월드 랠리	1999년 05월 13일	코나미	198
JET로 GO!	2000년 10월 27일	알트론	239
J리그 LIVE'95	1995년 04월 21일	EAV	144
J리그 서포터 사커	1998년 06월 26일	J윙	186
J리그 위닝 골	1994년 04월 02일	EAV	126
J리그 익사이트 스테이지 GB	1999년 08월 13일	에폭사	217
J리그 익사이트 스테이지 택틱스	2001년 07월 20일	에폭사	278
J리그 파이팅 사커	1992년 12월 27일	아이·지·에스	98
j리그 빅 웨이브 사커	1995년 11월 24일	토미	148
K.O. THE PRO BOXING	2000년 08월 11일	알트론	253
Mr. GO의 마권적중술	1994년 04월 01일	타이토	126
MVP 베이스볼	1993년 08월 27일	어클레임 재팬	112
NBA JAM 토너먼트 에디션	1995년 10월 27일	어클레임 재팬	147
NBA 올스타 챌린지2	1993년 04월 16일	어클레임 재팬	108
NFL 쿼터백 클럽'95	1995년 03월 17일	어클레임 재팬	143
NINKU -忍空-	1995년 07월 14일	토미	146
NINKU -忍空- 닌쿠 전쟁편	1995년 11월 24일	토미	148
ONI II 닌자전설	1992년 02월 28일	반프레스토	78
ONI III 검은 파괴신	1993년 02월 26일	반프레스토	101
ONI IV 귀신의 혈족	1994년 03월 11일	반프레스토	119
ONI V 닌자를 계승하는 자	1995년 03월 24일	반프레스토	139
Pachinko Data Card 초~아타루군	1999년 01월 28일	BOSS 커뮤니 케이션즈	209
Pia 캐럿에 어서 오세요!! 2.2	2000년 12월 02일	NEC 인터 채널	258
PRI PRI PRIMITIVE PRINCESS	1990년 12월 12일	선 전자	47
P-맨 GB	1995년 12월 22일	켐코	148
Q-bert	1992년 01월 14일	자레코	84
QUI QUI	1999년 03월 26일	마호	211
Q빌리온	1989년 12월 22일	세타	24
ROX -록스-	1999년 03월 11일	알트론	209
RPG 쯔쿠르 GB	2000년 03월 17일	아스키	229
R-TYPE	1991년 03월 19일	아이렘	54
R-TYPE DX	1999년 11월 12일	아이렘	205
R-TYPE II	1992년 12월 11일	아이렘	82
SaGa2 비보 전설	1990년 12월 14일	스퀘어	27
SaGa3 시공의 패자 [완결편]	1991년 12월 13일	스퀘어	59
SD건담 SD전국전3 신SD전국전 지상 최강편	1992년 09월 04일	반다이	92
SD건담 외전 라크로안 히어로즈	1990년 10월 06일	반다이	30
SD 루팡 3세 금고 파괴 대작전	1990년 04월 13일	반프레스토	37
SD 비룡의 권 EX	1999년 04월 30일	컬처 브레인	213
SD 비룡의 권 외전	1995년 04월 14일	컬처 브레인	140
SD 비룡의 권 외전2	1996년 09월 27일	컬처 브레인	157
SD전국전 국가 찬탈 이야기	1990년 03월 24일	반다이	36
SD전국전2 천하통일편	1992년 01월 18일	반다이	84
SD코만도 건담 G-ARMS 오퍼레이션 건담	1991년 05월 18일	반다이	66
SPOT	1992년 10월 16일	BPS	93
T2 더·아케이드 게임	1994년 02월 25일	어클레임 재팬	119
TV 챔피언	1994년 10월 28일	유타카	123
TWIN	1992년 01월 31일	아테나	85
UNO 스몰 월드	1993년 11월 26일	토미	114
UNO2 스몰 월드	1995년 03월 03일	토미	143
VS 레밍스	2000년 04월 07일	J·윙	230
VS 배틀러	1990년 08월 10일	유스	42
V랠리 챔피언십 에디션	1999년 10월 14일	스파이크	218
WWF 슈퍼 스타즈	1992년 02월 14일	핫·비	85
WWF 슈퍼 스타즈2	1993년 05월 21일	어클레임 재팬	108
WWF 킹 오브 더 링	1994년 03월 25일	어클레임 재팬	125
X	1992년 05월 29일	닌텐도	79

제목	발매일	제작사	페이지
X-MEN MUTANT ACADEMY	2001년 04월 27일	석세스	268
ZOIDS 백은의 수기신 라이거 제로	2001년 06월 15일	토미	268
ZOOP	1997년 01월 31일	야노만 게임즈	167
Z회 합격 보이 시리즈 Z회 궁극의 영단어 1500	1997년 07월 11일	이머지니어	168
가			
가메라 대괴수 공중 결전	1995년 03월 03일	엔젤	143
가면 라이더 SD 달려라! 마이티 라이더즈	1993년 08월 20일	유타카	112
가위바위보맨	1991년 12월 27일	NCS	73
가이아 마스터 DUEL 카드 어태커즈	2001년 06월 29일	캡콤	278
가자! 키드 GO! GO! KID	1997년 07월 18일	켐코	168
간식 퀴즈 우물우물Q THE QUIZ GAME	1997년 09월 26일	스타 피시	169
감싸는 뱀	1990년 04월 06일	나그자트	37
감자군	2000년 03월 24일	빅터 인터렉티브 소프트웨어	246
갓 메디슨 판타지 세계의 탄생	1993년 07월 20일	코나미	102
강의 낚시꾼3	1997년 09월 19일	팩·인·소프트	169
강의 낚시꾼4	1999년 07월 16일	팩·인·소프트	215
개구리를 위해 종은 울린다	1992년 09월 14일	닌텐도	77
갤러가 & 갤럭시안	1995년 07월 14일	남코	140
검용전설 야이바	1994년 03월 25일	반프레스토	119
게게게의 키타로 괴이 창조주 나타나다!	1996년 12월 13일	반다이	158
게임 편의점21	2000년 05월 19일	스타 피시	249
게임보이 갤러리	1997년 02월 01일	닌텐도	162
게임보이 갤러리2	1997년 09월 27일	닌텐도	164
게임보이 갤러리3	1999년 04월 08일	닌텐도	212
게임보이 모노폴리	1998년 12월 11일	해즈브로 재팬	191
게임보이 워즈	1991년 05월 21일	닌텐도	56
게임보이 워즈 TURBO	1997년 06월 27일	허드슨	163
게임보이 워즈2	1998년 11월 20일	허드슨	178
게임보이 워즈3	2001년 08월 30일	허드슨	270
게임보이 전자수첩 나노 노트	1992년 08월 07일	코나미	91
게임으로 발견!! 타마고치	1997년 06월 27일	반다이	163
게임으로 발견!! 타마고치 오스치와 메스치	1998년 01월 15일	반다이	181
게임으로 발견!! 타마고치2	1997년 10월 17일	반다이	170
격주 탄환 레이서 음속 버스터 DANGUN탄	2001년 10월 12일	이머지니어	281
격투 비스트 워즈 비스트 전사 최강 결정전	1999년 03월 19일	타카라	196
격투 파워 모델러	1998년 11월 27일	캡콤	179
격투요리전설 비스트로 레시피 ~격투★푸드 배틀편~	1999년 10월 08일	반프레스토	204
격투요리전설 비스트로 레시피 ~결투★비스트 가룸편~	1999년 12월 10일	반프레스토	220
경마장에 어서 오세요! 와이드	2000년 04월 28일	헥터	248
계간 김호천 무사시 로드	1991년 04월 27일	코피아 시스템	65
고고·탱크	1990년 11월 30일	코피아 시스템	46
고기압 보이	1998년 07월 02일	코나미	186
고스트 버스터즈2	1990년 10월 16일	HAL 연구소	44
고질라군 괴수대행진	1990년 12월 18일	토호	48
곤충박사	1998년 08월 28일	J윙	177
곤충박사2	1999년 07월 23일	J·윙	216
곤충박사3	2001년 07월 27일	J·윙	279
곤충 파이터즈	2002년 03월 26일	디지털 키즈	287
곤타의 평화로운 대모험	2000년 09월 29일	레이업	254

제목	발매일	제작사	페이지
골프	1989년 11월 28일	닌텐도	22
골프 DE 오하스타	1999년 04월 23일	에폭사	197
골프 너무 좋아!	1999년 10월 29일	키드	219
골프왕	1999년 07월 16일	디지털 키즈	216
공격 COM 던전 드루루루아가	2000년 12월 15일	남코	242
공상 과학 세계 걸리버 보이 공상 과학 퍼즐 탱글하고 퐁	1995년 04월 28일	반다이	145
괴수왕 고질라	1993년 12월 17일	반다이	115
괴인 조나	2000년 10월 21일	닌텐도	255
구루구루 가라쿠타즈	1999년 09월 10일	아틀라스	217
구루구루 타운 하나마루군	2001년 04월 27일	J·윙	277
귀여운 펫샵 이야기	1999년 09월 23일	타이토	203
귀여운 펫샵 이야기2	2000년 12월 22일	타이토	260
귀인항마록 ONI	1990년 12월 08일	반프레스토	33
그란디아 패러렐 트리퍼즈	2000년 12월 22일	허드슨	242
그랑듀얼 ~깊은 던전의 비보~	1999년 12월 10일	보톰 업	221
그랜더 무사시 RV	1998년 07월 24일	반다이	176
그렘린2 -신·종·탄·생-	1990년 12월 21일	선 전자	48
그린치	2000년 11월 22일	코나미	256
근육 기록표 GB ~도전자는 너다!~	1999년 11월 25일	코나미	206
근육 기록표 GB2 ~노려라! 머슬 챔피언!~	2000년 08월 10일	코나미	252
근육 기록표 GB3 신세기 서바이벌 열전!	2001년 02월 22일	코나미	273
근육맨 더☆드림 매치	1992년 09월 12일	유타카	92
글로컬 헥사이트	1998년 10월 21일	NEC 인터 채널	189
금붕어 주의보! 와피코의 두근두근 스탬플러!	1991년 12월 14일	유타카	72
금붕어 주의보!2 교피짱을 찾아라	1992년 11월 27일	비아이	94
기갑경찰 메탈 잭	1992년 01월 08일	타카라	84
기관차 토마스 소도어 섬의 친구들	2001년 10월 12일	탐	281
기동경찰 패트레이버 표적이 된 거리 1990	1990년 08월 25일	유타카	42
기동전함 나데시코 루리루리 마작	1999년 12월 24일	킹 레코드	208
깜짝 열혈 신기록! 어디서든 금메달	1993년 07월 16일	테크노스 재팬	110
꼬리로 붕!	1992년 01월 24일	밥	84
꽃 피는 천사 텐텐군의 비트 브레이커	1999년 04월 28일	코나미	213
꽃보다 남자 ANOTHER LOVE STORY	2001년 07월 27일	TDK 코어	279
나			
나 홀로 집에	1992년 06월 26일	알트론	89
나는 쟈쟈마루! 세계대모험	1990년 09월 28일	자레코	44
나다 마사타로의 파워풀 마작 ~다음 한 수 100제~	1994년 12월 23일	요지겐	135
나무밀치는 퀴즈다 겐상이다!	1992년 12월 18일	아이렘	97
나의 레스토랑	2002년 04월 26일	키랏토	287
나의 캠프장	2000년 09월 22일	나그자트	254
나의 키친	2001년 12월 21일	키랏토	283
나이트 퀘스트	1991년 09월 13일	타이토	69
나카지마 사토루 감수 F-1 HERO GB WORLD CHAMPIONSHIP'91	1991년 12월 27일	바리에	73
나카지마 사토루 감수 F-1 HERO GB'92 THE GRADED DRIVER	1992년 08월 11일	바리에	92
낚시 가자!!	2001년 07월 19일	아스키	278

제목	발매일	제작사	페이지
낚시 선생	1998년 09월 11일	J윙	188
낚시 선생2	1999년 07월 23일	J·윙	216
낚시꾼 어드벤처 카이트의 모험	2000년 08월 04일	빅터 인터렉티브 소프트웨어	235
날아라 호빵맨 ~다섯 탑의 임금님~	2000년 11월 23일	탐	257
날아라 호빵맨 신비한 싱글빙글 앨범	1999년 12월 03일	탐 소프트	220
남국 소년 파프와군 감마단의 야망	1994년 03월 25일	에닉스	125
남코 갤러리 VOL.1	1996년 07월 21일	남코	152
남코 갤러리 VOL.2	1996년 11월 29일	남코	154
남코 갤러리 VOL.3	1997년 07월 25일	남코	164
남코 클래식	1991년 12월 03일	남코	71
네메시스	1990년 02월 23일	코나미	26
네메시스 II	1991년 08월 09일	코나미	58
네이비 블루 98	1998년 02월 20일	쇼우에이 시스템	182
네코쟈라 이야기	1990년 12월 14일	켐코	33
네트로 겟 미니 게임@100	2001년 07월 12일	코나미	278
네트워크 모험기 버그사이트 베타	2001년 11월 02일	스마일 소프트	282
네트워크 모험기 버그사이트 알파	2001년 11월 02일	스마일 소프트	282
넥타리스 GB	1998년 02월 27일	허드슨	175
노부나가의 야망 게임보이판	1990년 10월 10일	코에이	30
노부나가의 야망 게임보이판2	1999년 04월 09일	코에이	197
녹색의 마키바오	1996년 12월 21일	토미	159
논땅과 함께 빙글빙글 퍼즐	1994년 04월 28일	빅터 엔터테인먼트	127
누~보~	1992년 12월 11일	아이렘	93
뉴 체스 마스터	1998년 01월 30일	알트론	181
니세몬 퍼즐da몬! 페로몬 구출대작전	2001년 08월 10일	프라임 시스템	280
니치부츠 마작 요시모토 극장	1994년 11월 18일	일본 물산	133
닌자용검전 GB 마천루결전	1991년 12월 13일	테크모	60
닌타마 란타로 GB	1995년 12월 27일	컬처 브레인	149
닌타마 란타로 GB 그림 맞추기 챌린지 퍼즐	1998년 06월 19일	컬처 브레인	186
닌타마 란타로 인술 학원에 입학하자 단	2001년 03월 23일	애스크	274
다			
다! 다! 갑자기★카드에 배틀에 운세에!?	2000년 12월 08일	비디오 시스템	258
다운타운 스페셜 쿠니오군의 시대극이다 전원 집합!	1993년 12월 22일	테크노스 재팬	105
다운타운 열혈 진행곡 어디서든 대운동회	1992년 07월 24일	테크노스 재팬	80
다케다 노부히로의 에이스 스트라이커	1994년 02월 18일	자레코	124
닥터 마리오	1990년 07월 27일	닌텐도	27
닥터 프랑켄	1992년 12월 18일	켐코	96
대공의 겐상 ~땅땅 망치가 땅땅~	2000년 04월 28일	바이옥스	249
대공의 겐상 고스트 빌딩 컴퍼니	1992년 07월 31일	아이렘	91
대공의 겐상 로봇 제국의 야망	1994년 03월 25일	아이렘	119
대국연주	1990년 02월 23일	토와치키	35
대전략	1991년 06월 12일	히로	67
대패수 이야기 더·미라클 오브 더·존 II	1999년 03월 19일	허드슨	211
대패수 이야기 더·미라클·오브·더·존	1998년 03월 05일	허드슨	175
대패수 이야기 포용의 던전 룸2	2000년 06월 02일	허드슨	232
댄스 댄스 레볼루션 GB	2000년 08월 03일	코나미	234
댄스 댄스 레볼루션 GB 디즈니 믹스	2001년 03월 29일	코나미	275
댄스 댄스 레볼루션 GB2	2000년 11월 16일	코나미	256
댄스 댄스 레볼루션 GB3	2001년 03월 15일	코나미	273
더·그레이트 배틀 POCKET	1999년 12월 03일	반프레스토	207
더·블랙 오닉스	2001년 03월 02일	타이토	265
더·수도고 레이싱	1998년 12월 18일	포니 캐니언	192
더·심리 게임	1994년 06월 10일	비지트	127
더·심리 게임2 오사카편	1994년 10월 14일	비젯	131
더·킥복싱	1993년 03월 19일	마이크로 월드	107
더블 드래곤	1990년 07월 20일	테크노 재팬	29
더블 역만	1993년 03월 19일	밥	107
더블 역만 Jr.	1993년 08월 19일	밥	112
더블 역만 II	1993년 09월 17일	밥	113
더티·레이싱	1993년 01월 08일	자레코	106
더피·덕 미끄러지고 뒹굴며 백만장자	2000년 01월 01일	선 소프트	243
덕 테일즈	1990년 09월 21일	캡콤	43
덕 테일즈2	1993년 12월 03일	캡콤	114
던전 랜드	1992년 12월 15일	에닉스	95
던전 세이버	2000년 08월 04일	J·윙	252
데굴데굴 커비	2000년 08월 23일	닌텐도	236
데드 히트 스크럼블	1990년 04월 20일	코피아 시스템	37
데이터 네비 프로야구	2000년 07월 21일	나우 프로덕션	251
데이터 네비 프로야구2	2001년 07월 13일	나우 프로덕션	278
데자뷰 I & II	1999년 10월 15일	KEMCO	204
데지코의 마작 파티	2000년 12월 08일	킹 레코드	258
도널드 덕 데이지를 구하라!	2000년 12월 01일	Ubi 소프트	257
도라에몽 걸어라 걸어라 라비린스	1999년 07월 23일	에폭사	200
도라에몽 너와 펫의 이야기	2001년 03월 16일	에폭사	274
도라에몽 대결 비밀도구!!	1991년 03월 01일	에폭사	63
도라에몽 메모리즈 노비타의 추억 대모험	2000년 03월 10일	에폭사	228
도라에몽 카트	1998년 03월 20일	에폭사	183
도라에몽 카트2	1999년 03월 12일	에폭사	210
도라에몽2 애니멀 혹성 전설	1992년 12월 19일	에폭사	97
도라에몽의 GAMEBOY로 놀자 디럭스10	1998년 11월 27일	에폭사	179
도라에몽의 스터디 보이 구구단 게임	2000년 12월 20일	쇼가쿠칸	259
도라에몽의 스터디 보이 학습 한자 게임	2001년 01월 12일	쇼가쿠칸	272
도라에몽의 스터디 보이 한자 읽고 쓰기 마스터	2003년 07월 18일	쇼가쿠칸	288
도라에몽의 퀴즈 보이	2000년 04월 28일	에폭사	231
도라에몽의 퀴즈 보이2	2002년 10월 04일	에폭사	288
도카폰?! 밀레니엄 퀘스트	2000년 07월 14일	아스믹·에이스 엔터테인먼트	233
도쿄 디즈니랜드 미키의 신데렐라성 미스테리 투어	1995년 12월 22일	토미	142
도쿄 디즈니랜드 판타지 투어	1998년 07월 24일	토미	187
돌격! 고물 탱크	1991년 01월 08일	HAL 연구소	53
돌격!! 남자 훈련소 명봉도결전	1990년 08월 04일	유타카	41
돌격 바레이션즈	1991년 01월 25일	아틀라스	62
돌격! 뺏빠라대	2000년 03월 10일	J·윙	244
돗지 보이	1991년 12월 06일	토킹 하우스	71
동키콩	1994년 06월 14일	닌텐도	121
동키콩 2001	2001년 01월 21일	닌텐도	262
동키콩 GB 딩키콩 & 딕시콩	2000년 01월 28일	닌텐도	226

제목	발매일	제작사	페이지
동키콩 랜드	1996년 11월 23일	닌텐도	154
두근두근 메모리얼 Pocket 스포츠편 ~교정의 포토그래프~	1999년 02월 12일	코나미	195
두근두근 메모리얼 Pocket 컬처편 ~나뭇잎 사이로 비치는 햇빛의 멜로디~	1999년 02월 11일	코나미	195
두근두근 전설 마법진 구루구루	2000년 11월 17일	에닉스	256
두더지나	1996년 07월 21일	닌텐도	156
두더지로 퐁!	1994년 04월 15일	아테나	126
드라큘라 전설	1989년 10월 27일	코나미	21
드라큘라 전설II	1991년 07월 12일	코나미	57
드래곤 슬레이어 외전 잠든 왕관	1992년 03월 06일	에폭사	78
드래곤 슬레이어 I	1990년 08월 12일	에폭사	42
드래곤 퀘스트 I·II	1999년 09월 23일	에닉스	203
드래곤 퀘스트 몬스터즈 테리의 원더랜드	1998년 09월 25일	에닉스	174
드래곤 퀘스트 몬스터즈2 마르타의 신비한 열쇠 루카의 여행	2001년 03월 09일	에닉스	265
드래곤 퀘스트 몬스터즈2 마르타의 이상한 열쇠 이루의 모험	2001년 04월 12일	에닉스	267
드래곤 퀘스트Ⅲ 그리고 전설로…	2000년 12월 08일	에닉스	241
드래곤 테일	1990년 12월 13일	아이맥스	47
드래곤볼Z 오공격투전	1995년 08월 25일	반다이	141
드래곤볼Z 오공비상전	1994년 11월 25일	반다이	123
드래곤볼Z 전설의 초전사들	2002년 08월 09일	반프레스토	287
드래곤즈·레어	1991년 10월 25일	에픽·소니 레코드	70
드루아가의 탑	1990년 12월 31일	엔젤	34
디노 브리더	1997년 08월 22일	J윙	164
디노 브리더2	1998년 06월 05일	J윙	185
디노 브리더3 가이아 부활	1999년 04월 28일	J·윙	213
디노 브리더4	2000년 04월 28일	J·윙	248
디어 다니엘의 스윗 어드벤처 ~키티짱을 찾아서~	2000년 07월 19일	이머지니어	233
떴다! 럭키맨	1994년 09월 22일	반다이	131
라			
란마 1/2	1990년 07월 28일	반프레스토	41
란마 1/2 격극문답!!	1993년 08월 06일	반프레스토	111
란마 1/2 열렬격투편	1992년 07월 17일	반프레스트	90
램파트	1992년 10월 30일	자레코	81
러브 히나 파티	2001년 01월 26일	마벨러스 엔터테인먼트	272
러브 히나 포켓	2000년 08월 04일	마벨러스 엔터테인먼트	235
러블 세이버	1991년 05월 17일	킹 레코드	66
러블 세이버II	1992년 03월 06일	킹 레코드	86
럭키 몽키	1991년 04월 26일	나츠메	65
레드 아리마 마계촌 외전	1990년 05월 02일	캡콤	26
레드 옥토버를 쫓아라	1992년 04월 28일	알트론	88
레밍스	1993년 09월 23일	이머지니어	113
레이 선더	1991년 02월 08일	일본 물산	62
레이더 미션	1990년 10월 23일	닌텐도	45
레이맨 미스터·다크의 덫	2000년 03월 24일	Ubi 소프트	246
레이싱 혼	1991년 04월 02일	아이렘	63
레전드 내일을 향한 날개	1991년 05월 31일	퀘스트	56
로도스도 전기 -영웅 기사전- GB	1998년 12월 11일	토미	180
로드 러너 덤덤단의 야망	2000년 04월 28일	엑싱·엔터테인먼트	231
로드스터	1990년 10월 19일	톤킹 하우스	45
로로의 대모험	1994년 03월 25일	이머지니어	125
로보캅	1991년 03월 01일	에픽·소니 레코드	54
로보캅2	1992년 03월 19일	에픽·소니 레코드	86
로봇 폰코츠 달 버전	1999년 12월 24일	허드슨	222
로봇 폰코츠 별 버전	1998년 12월 04일	허드슨	179
로봇 폰코츠 태양 버전	1998년 12월 04일	허드슨	190
로건 체이스	1990년 05월 11일	데이터 이스트	39
로킨 몬스터!!	1994년 07월 01일	홀리 전기	128
록맨 월드	1991년 07월 26일	캡콤	57
록맨 월드2	1991년 12월 20일	캡콤	61
록맨 월드3	1992년 12월 11일	캡콤	93
록맨 월드4	1993년 10월 29일	캡콤	103
록맨 월드5	1994년 07월 22일	캡콤	121
록맨X 사이버 미션	2000년 10월 20일	캡콤	235
록맨X2 소울 이레이저	2001년 07월 19일	캡콤	278
루나 랜드	1990년 09월 21일	팩·인·비디오	43
루니·툰즈 더피·덕	1994년 09월 30일	선 소프트	131
루니·툰즈 벅스 버니와 유쾌한 친구들	1992년 12월 22일	선 전자	97
루니·툰즈 시리즈 가랴! 스피디·곤잘레스	1994년 04월 29일	선 소프트	127
루니·툰즈 컬렉터 마션 퀘스트!	2001년 12월 14일	시스컴 엔터테인먼트	282
루카의 퍼즐로 대모험!	1999년 06월 11일	휴먼	214
루클	1994년 03월 25일	빅 토카이	125
루프스	1991년 03월 15일	마인드 스케이프	63
리얼 프로야구! 센트럴리그편	1999년 04월 23일	나츠메	212
리얼 프로야구! 퍼시픽리그편	1999년 04월 23일	나츠메	213
리틀 마스터 라이크반의 전설	1991년 04월 19일	토쿠마 서점	55
리틀 마스터2 뇌광의 기사	1992년 03월 27일	토쿠마 서점 인터미디어	79
리틀 매직	1999년 11월 26일	알트론	220
링 레이지	1993년 01월 29일	타이토	106
마			
마계촌 외전 TME DEMON DARKNESS	1993년 04월 16일	캡콤	101
마계탑사 SaGa	1989년 12월 15일	스퀘어	19
마권왕 T'94	1994년 10월 28일	아스믹	132
마권왕 V3	1993년 12월 17일	아스믹	115
마리오 골프 GB	1999년 08월 10일	닌텐도	202
마리오 테니스 GB	2000년 11월 01일	닌텐도	239
마리오의 피크로스	1995년 03월 14일	닌텐도	139
마리의 아틀리에 GB	2000년 01월 08일	이머지니어	226
마멀레이드·보이	1995년 01월 27일	반다이	143
마법기사 레이어스	1995년 06월 02일	토미	146
마법기사 레이어스 2nd 미싱 컬러스	1995년 10월 27일	토미	148
마법진 구루구루 용사와 쿠쿠리의 대모험	1995년 04월 28일	타카라	145
마사카리 전설 킨타로 액션편	1992년 08월 07일	톤킹 하우스	92
마사카리 전설 킨타로 RPG편	1994년 10월 28일	톤킹 하우스	132
마스터 카라테카	1989년 12월 28일	신세이 공업	23
마이클 조던 ONE ON ONE	1993년 07월 16일	EA 빅터	110
마인 스위퍼 소해정	1991년 12월 13일	팩·인·비디오	72
마작 여왕	2000년 04월 28일	와라시	249
마작 퀘스트	1998년 12월 23일	J윙	192
마작판 보이	1992년 01월 14일	남코	84
마크로스7 은하의 하트를 뒤흔들어라!!	2000년 03월 17일	에폭사	229
마하 GoGoGo	1997년 08월 12일	토미	169

제목	발매일	제작사	페이지
만담 요이코의 게임도 ~아빠 찾아 3번가~	1999년 12월 25일	코나미	223
매지컬 체이스 GB ~견습 마법사 현자의 계곡으로~	2000년 08월 04일	마이크로 캐빈	235
매지컬☆타루루토군	1991년 06월 15일	반다이	67
매지컬☆타루루토군2 라이버존 패닉!!	1992년 07월 10일	반다이	89
맥도날드 이야기	2001년 07월 20일	TDK 코어	279
머니 아이돌 익스체인저	1997년 08월 29일	아테나	169
메가리트	1991년 08월 09일	아스믹	69
메다로트 카드 로보틀 카부토 버전	2000년 03월 10일	이머지니어	228
메다로트 카드 로보틀 쿠와가타 버전	2000년 03월 10일	이머지니어	244
메다로트 카부토 버전	1997년 11월 28일	이머지니어	165
메다로트 쿠와가타 버전	1997년 11월 28일	이머지니어	171
메다로트 파츠 컬렉션	1998년 03월 20일	이머지니어	183
메다로트 파츠 컬렉션2	1998년 05월 29일	이머지니어	185
메다로트2 카부토 버전	1999년 07월 23일	이머지니어	200
메다로트2 쿠와가타 버전	1999년 07월 23일	이머지니어	216
메다로트2 파츠 컬렉션	1999년 10월 29일	이머지니어	205
메다로트3 카부토 버전	2000년 07월 23일	이머지니어	234
메다로트3 쿠와가타 버전	2000년 07월 23일	이머지니어	252
메다로트3 파츠 컬렉션 ~Z에서의 초전장~	2000년 11월 24일	이머지니어	257
메다로트4 카부토 버전	2001년 03월 23일	이머지니어	266
메다로트4 쿠와가타 버전	2001년 03월 23일	이머지니어	274
메다로트5 스스타케 마을의 전학생 카부토	2001년 12월 14일	이머지니어	271
메다로트5 스스타케 마을의 전학생 쿠와가타	2001년 12월 14일	이머지니어	282
메르헨 클럽	1992년 09월 25일	나그자트	93
메카 생체 ZOIDS 조이드 전설	1990년 06월 15일	토미	40
메타 모드	2000년 02월 24일	코에이	244
메타파이트 EX	2000년 02월 24일	선 소프트	228
메탈기어 고스트 바벨	2000년 04월 27일	코나미	231
메트로이드 II RETURN OF SAMUS	1992년 01월 21일	닌텐도	76
명탐정 코난 기암섬 비보 전설	2000년 03월 31일	반프레스토	247
명탐정 코난 의혹의 호화열차	1998년 08월 07일	반다이	177
명탐정 코난 저주받은 항로	2001년 06월 01일	반프레스토	277
명탐정 코난 지하 유원지 살인 사건	1996년 12월 27일	반다이	159
명탐정 코난 카라쿠리 사원 살인 사건	2000년 02월 24일	반프레스토	227
모그모그 GOMBO 머나먼 초 요리 전설	1995년 06월 16일	반다이	146
모노폴리	1991년 12월 20일	토미	61
모두의 장기 -초급편-	1999년 12월 10일	엠・티・오	221
모모타로 전극	1993년 08월 08일	허드슨	111
모모타로 전극2	1994년 12월 16일	허드슨	134
모모타로 전설 외전	1991년 12월 26일	허드슨	61
모모타로 전설1~2	2001년 01월 01일	허드슨	262
모모타로 전철 jr. 전국 라면 순회 여행	1998년 07월 31일	허드슨	176
모모타로 컬렉션	1996년 08월 09일	허드슨	153
모모타로 컬렉션2	1996년 12월 06일	허드슨	155
모바일 골프	2001년 05월 11일	닌텐도	268
모아서 노는 곰돌이 푸 ~숲의 보물~	2000년 07월 07일	토미	251
모탈 컴뱃 & 모탈 컴뱃 II	1998년 09월 11일	어클레임 재팬	188
모탈 컴뱃 신권강림전설	1993년 12월 24일	어클레임 재팬	105
모탈 컴뱃 II 궁극신권	1994년 11월 11일	어클레임 재팬	123

제목	발매일	제작사	페이지
모토크로스 매니악스	1989년 09월 20일	코나미	21
모험! 돈도코섬	2002년 04월 18일	글로벌・A・ 엔테테인먼트	287
모험! 퍼즐 로드	1990년 04월 20일	빅 토카이	38
목장 이야기 GB	1997년 12월 19일	팩・인・소프트	166
목장 이야기 GB2	1999년 08월 06일	팩・인・소프트	201
목장 이야기 GB3 보이・미츠・걸	2000년 09월 29일	빅터 인터랙티브 소프트웨어	238
몬★스터 트래블러	2002년 03월 08일	타이토	286
몬스터 메이커	1990년 12월 22일	소프엘	34
몬스터 메이커 바코드 사가	1993년 08월 10일	남코	112
몬스터 메이커2 우르의 비검	1993년 03월 19일	소펠	108
몬스터 택틱스	2000년 11월 21일	닌텐도	240
몬스터 트럭	1990년 10월 19일	바리에	44
몬스터 팜 배틀 카드 GB	1999년 12월 24일	테크모	208
몬스터★레이스	1998년 03월 06일	코에이	182
몬스터★레이스 한 그릇 더	1998년 10월 02일	코에이	189
몬스터★레이스2	1999년 03월 19일	코에이	210
무민의 대모험	2000년 06월 30일	선 소프트	250
무적왕 트라이제논	2001년 03월 09일	마벨러스 엔터테인먼트	266
물고기들	1990년 10월 05일	토와치키	44
미그레인	1992년 04월 24일	어클레임 재팬	88
미니 & 프렌즈 꿈의 나라를 찾아서	2001년 12월 13일	허드슨	271
미니 퍼트	1991년 04월 26일	A-WAVE	64
미니4보이	1996년 12월 27일	J윙	155
미니4보이 II 파이널 에볼루션	1997년 09월 26일	J윙	170
미니사구 GB Let's & Go!!	1997년 05월 23일	아스키	162
미니사구 GB Let's & Go!! 올스타 배틀 MAX	1998년 06월 19일	아스키	185
미라클 어드벤처 에스파크스 잃어버린 성석 페리바론	1992년 12월 11일	토미	93
미론의 미궁조곡	1993년 03월 26일	허드슨	101
미소녀 전사 세일러문 R	1994년 04월 22일	엔젤	120
미소녀전사 세일러문	1992년 12월 18일	엔젤	97
미스터 드릴러	2000년 06월 29일	남코	232
미스테리움	1993년 07월 23일	밥	110
미이라 잃어버린 사막의 도시	2000년 11월 30일	코나미	241
미즈키 시게루의 신・요괴전	2001년 07월 27일	프라임 시스템	280
미키 마우스	1989년 09월 05일	켐코	24
미키 마우스 II	1991년 04월 26일	켐코	64
미키 마우스 IV 마법의 라비린스	1993년 04월 23일	켐코	102
미키 마우스 V 마법의 스틱	1993년 12월 22일	켐코	115
미키즈 체이스	1992년 12월 18일	켐코	96

바

제목	발매일	제작사	페이지
바다의 낚시꾼2	1998년 07월 10일	팩・인・소프트	176
바다표범 전대 이나즈마 ~두근두근 대작전!?~	2002년 03월 29일	오메가・ 프로젝트	286
바둑 묘수풀이 시리즈1 후지사와 히데유키 명예 기성	1994년 10월 19일	마호	132
바이오닉 코만도	1992년 07월 24일	캡콤	80
바코드 대전 바디건	1998년 12월 11일	탐	191
바코드 보이 배틀 스페이스	1992년 12월 25일	남코	98
바트의 서바이벌 캠프	1993년 02월 26일	어클레임 재팬	106
바트의 책과 콩나무	1994년 09월 30일	어클레임 재팬	131
배틀 가우스	1991년 07월 12일	아이・지・에스	68
박보장기 문제 제공 「장기 세계」	1994년 04월 15일	아이맥스	126
박보장기 백번승부	1994년 04월 08일	이머지니어	126
박보장기 칸키 5단	1994년 10월 19일	마호	132
발리 파이어	1990년 06월 29일	토에이 동화	40
배드 바츠마루 로보 배틀	2001년 08월 10일	이머지니어	280

제목	발매일	제작사	페이지
배스 피싱 달인 수첩	1996년 06월 21일	스타 피시	156
배트맨	1990년 04월 13일	선 전자	28
배트맨 리턴 오브 조커	1992년 03월 28일	선 전자	87
배트맨 포에버	1995년 10월 27일	어클레임 재팬	142
배틀 돗지볼	1992년 10월 16일	반프레스토	93
배틀 불	1990년 11월 30일	세타	46
배틀 시티	1991년 08월 09일	노바	58
배틀 오브 킹덤	1991년 12월 13일	멜닥	72
배틀 유닛 ZEOTH	1990년 12월 21일	자레코	48
배틀 크러셔	1995년 01월 27일	반프레스토	143
배틀 토드	1994년 01월 07일	메사이어	118
배틀 피셔즈	2000년 03월 30일	코나미	246
배틀 핑퐁	1990년 08월 31일	퀘스트	42
백개먼	1999년 08월 27일	알트론	217
버거 타임 디럭스	1991년 02월 15일	데이터 이스트	62
버거 파라다이스 인터내셔널	2000년 04월 21일	갭스	248
버거버거 포켓	1999년 03월 26일	갭스	211
버닝 레이서	1991년 07월 26일	자레코	68
버닝 페이퍼	1993년 02월 26일	로직	106
버블 고스트	1990년 12월 21일	포니 캐니언	49
버블보블	1990년 12월 07일	타이토	32
버블보블 Jr	1993년 05월 28일	타이토	102
버서스 히어로 격투왕이 되는 길	1992년 08월 07일	반프레스토	91
버추얼 워즈	1994년 02월 11일	코코너츠 재팬 엔터테인먼트	124
벅스 버니 컬렉션	1997년 12월 19일	켐코	166
벅스 버니 크레이지 캐슬3	1999년 01월 29일	KEMCO	209
벅스 버니 크레이지 캐슬4	2000년 04월 21일	KEMCO	248
베리우스 롤랜드의 마수	1990년 10월 26일	새미 공업	31
베리우스 II 복수의 사신	1992년 02월 21일	새미 공업	78
베이블레이드 FIGHTING TOURNAMENT	2000년 08월 11일	허드슨	236
베이스볼	1989년 04월 21일	닌텐도	19
베이스볼 키즈	1990년 03월 15일	자레코	35
별의 커비	1992년 04월 27일	닌텐도	76
별의 커비2	1995년 03월 21일	닌텐도	139
복싱	1990년 05월 18일	톤킹 하우스	39
본격 4인 마작 마작왕	1999년 02월 26일	와라시	209
본격 대전 장기 보	2000년 02월 18일	컬처 브레인	243
본격 장기 장기왕	1998년 11월 13일	와라시	190
본격 화투 GB	2000년 02월 24일	알트론	244
본명 보이	1994년 10월 07일	일본 물산	131
본장기	1994년 11월 25일	이머지니어	133
볼더 대시	1990년 09월 21일	빅터 음악산업	43
봄버맨 GB	1994년 08월 10일	허드슨	122
봄버맨 GB2	1995년 08월 10일	허드슨	141
봄버맨 GB3	1996년 12월 02일	허드슨	158
봄버맨 MAX ~빛의 용자~	1999년 12월 17일	허드슨	207
봄버맨 MAX ~어둠의 전사~	1999년 12월 17일	허드슨	222
봄버맨 컬렉션	1996년 07월 21일	허드슨	153
봄버맨 퀘스트	1998년 12월 24일	허드슨	180
봄버보이	1990년 08월 10일	허드슨	30
봄버킹 시나리오2	1991년 08월 23일	선 전자	58
부라이 파이터 디럭스	1990년 06월 27일	타이토	40
부라이 파이터 컬러	1999년 07월 23일	키드	217
부비 보이즈	1993년 06월 25일	일본 물산	109
북두의 권 처절십번승부	1989년 12월 22일	토에이 동화	24
분노의 요새	1991년 02월 26일	자레코	62
분노의 요새2	1992년 02월 21일	자레코	85
불꽃의 투구아 돗지탄평	1992년 04월 24일	허드슨	88
브레이브 사가 신장 아스타리아	2001년 01월 26일	타카라	272
브레인 드레인	1998년 07월 31일	어클레임 재팬	187
블로디아	1990년 04월 20일	톤킹 하우스	38
블록 깨기 GB	1995년 12월 29일	POW	149
비룡의 권 열전 GB	2000년 12월 22일	컬처 브레인	260
비룡의 권 외전	1990년 12월 22일	컬처 브레인	34
비전 음양기공법 도식 의문의 유희 화타	1991년 11월 22일	요네자와	71
비타미너 왕국 이야기	1992년 09월 17일	남코	80
비트매니아 GB	1999년 03월 12일	코나미	196
비트매니아 GB 가챠 믹스2	2000년 09월 28일	코나미	237
비트매니아 GB2 가챠 믹스	1999년 11월 25일	코나미	206
빅쿠리맨 2000 차징 카드 GB	2000년 06월 10일	이머지니어	250
빨간 망토 차차	1995년 04월 28일	토미	145
뽀빠이	1990년 04월 20일	시그마 상사	38
뽀빠이2	1991년 11월 22일	시그마 상사	71
뿌요뿌요	1994년 07월 31일	반프레스토	122
뿌요뿌요 외전 뿌요 워즈	1999년 08월 27일	컴파일	202

사

제목	발매일	제작사	페이지
사가이아	1991년 12월 13일	타이토	60
사랑은 밀당	1991년 07월 21일	포니 캐니언	68
사루 펀처	2000년 03월 24일	타이토	246
사무라이 키드	2001년 02월 02일	코에이	272
사이드 포켓	1990년 09월 21일	데이터 이스트	43
사이보그 쿠로짱 ~데빌 부활!!~	2000년 03월 23일	코나미	245
사이보그 쿠로짱2 ~화이드 우즈의 역습~	2000년 10월 19일	코나미	255
사이좋은 쿠킹 시리즈① 맛있는 베이커리	2000년 12월 15일	엠·티·오	259
사이좋은 쿠킹 시리즈② 맛있는 베이커리	2001년 04월 20일	엠·티·오	276
사이좋은 쿠킹 시리즈③ 즐거운 도시락	2001년 06월 29일	엠·티·오	277
사이좋은 쿠킹 시리즈④ 즐거운 디저트	2001년 11월 16일	엠·티·오	282
사이좋은 쿠킹 시리즈⑤ 코무기짱의 케이크를 만들자!	2002년 04월 05일	엠·티·오	287
사이좋은 펫 시리즈① 귀여운 햄스터	2000년 01월 28일	엠·티·오	243
사이좋은 펫 시리즈② 귀여운 토끼	2000년 03월 24일	엠·티·오	246
사이좋은 펫 시리즈③ 귀여운 강아지	2000년 08월 11일	엠·티·오	253
사이좋은 펫 시리즈④ 귀여운 아기 고양이	2001년 02월 16일	엠·티·오	273
사이좋은 펫 시리즈⑤ 귀여운 햄스터2	2001년 04월 27일	엠·티·오	276
사천성	1990년 07월 13일	아이렘	41
사카타 고로 9단의 연주 교실	1999년 06월 25일	컬처 브레인	215
사커	1991년 06월 07일	톤킹 하우스	66
사커 보이	1990년 04월 27일	에픽·소니 레코드	38
사쿠라 대전 GB 격·하나구미 입대!	2000년 07월 28일	미디어 팩토리	234
사쿠라 대전 GB2 선더볼트 작전	2001년 12월 06일	세가	271
산리오 운세 파티	1997년 12월 05일	이머지니어	171
산리오 카니발	1991년 05월 11일	캐릭터 소프트	66
산리오 카니발2	1993년 03월 19일	캐릭터 소프트	107
산리오 타임넷 과거편	1998년 11월 27일	이머지니어	190
산리오 타임넷 미래편	1998년 11월 27일	이머지니어	190
삼국지 게임보이판	1992년 09월 30일	코에이	81

제목	발매일	제작사	페이지	제목	발매일	제작사	페이지
삼국지 게임보이판2	1999년 07월 30일	코에이	201	슈퍼 차이니즈 파이터 GB	1996년 12월 28일	컬처 브레인	159
삼색 고양이 홈즈의 기사도	1991년 02월 15일	애스크 코단샤	53	슈퍼 파친코 대전	1995년 06월 30일	반프레스토	146
상하이	1989년 07월 28일	HAL 연구소	20	슈퍼 헌치백	1992년 06월 26일	이머지니어	89
상하이 Pocket	1998년 08월 06일	선 소프트	177	슈퍼로봇대전	1991년 04월 20일	반프레스토	55
샤머킹 초·점사약결 메라메라편	2001년 12월 21일	킹 레코드	283	슈퍼로봇대전 링크 배틀러	1999년 10월 01일	반프레스토	203
샤머킹 초·점사약결 훈바리편	2001년 12월 21일	킹 레코드	271	슈퍼로봇핀볼	2001년 02월 23일	미디어 팩토리	264
섀도우 게이트 리턴	1999년 08월 13일	KEMCO	202	스노보드 챔피언	2000년 03월 31일	보톰 업	247
서바이벌 키즈 고도의 모험가	1999년 06월 17일	코나미	214	스노우 브라더스 주니어	1991년 05월 24일	나그자트	56
서바이벌 키즈2 탈출!! 쌍둥이섬!	2000년 07월 19일	코나미	251	스누피 매직쇼	1990년 04월 28일	켐코	38
선계이문록 준제대전 ~TV 애니메이션 「선계전 봉신연의」에서~	2000년 11월 24일	반프레스토	257	스누피 테니스	2001년 06월 20일	언포그램 허드슨	269
성검전설 파이널 판타지 외전	1991년 06월 28일	스퀘어	52	스누피의 첫 심부름	1996년 12월 21일	켐코	159
성패 전설	2000년 04월 14일	갭스	247	스모 파이터 토카이도 장소	1991년 04월 26일	아이맥스	65
세인트 파라다이스 최강의 전사들	1992년 11월 13일	반다이	94	스위트 엔젤	1999년 12월 17일	코에이	221
세임 게임	1997년 04월 25일	허드슨	167	스즈키 아구리의 F-1 슈퍼 드라이빙	1993년 05월 28일	로직	109
셀렉션 I & II 선택받은 자 & 암흑의 봉인	1998년 05월 01일	켐코	184	스코틀랜드 야드	1990년 12월 07일	토에이 동화	46
셀렉션 선택 받은 자	1989년 12월 28일	켐코	23	스타 스윕	1997년 12월 19일	액셀러	172
셀렉션II 암흑의 봉인	1992년 09월 04일	켐코	80	스타 오션 블루 스피어	2001년 06월 28일	에닉스	269
소년 아시베 유원지 패닉	1991년 09월 27일	타카라	70	스트리트 레이서	1996년 09월 27일	UBI 소프트	157
소울 겟타 ~방과 후 모험 RPG~	2000년 08월 04일	마이크로 캐빈	235	스트리트 파이터 ALPHA	2001년 03월 30일	캡콤	267
소코반	1989년 09월 01일	포니 캐니언	20	스트리트 파이터II	1995년 08월 11일	캡콤	141
소코반 전설 빛과 어둠의 나라	1999년 12월 25일	J·윙	223	스파르탄X	1990년 12월 11일	아이렘	47
소코반2	1990년 06월 22일	포니 캐니언	40	스파이 VS 스파이 트래퍼즈 천국	1992년 05월 02일	켐코	88
솔담	1993년 08월 06일	자레코	111	스파이 앤드 스파이	1999년 07월 23일	KEMCO	200
솔라 스트라이커	1990년 01월 26일	닌텐도	28	스파이더맨	2001년 04월 27일	석세스	277
솔로몬	2000년 09월 29일	테크모	238	스팟 쿨 어드벤처	1994년 02월 11일	버진	124
솔로몬즈 클럽	1991년 04월 05일	테크모	64	스페이스 인베이더X	2000년 09월 29일	타이토	254
솔리테어	1992년 06월 26일	헥터	89	스페이스넷 코스모 레드	2001년 03월 16일	이머지니어	274
슈퍼 돌·리카쨩 ~갈아입기 대작전~	2000년 10월 06일	비알·원	255	스페이스넷 코스모 블루	2001년 03월 16일	이머지니어	266
슈퍼 동키콩 GB	1995년 07월 27일	닌텐도	140	스포츠 컬렉션	1996년 09월 27일	톤킹 하우스	157
슈퍼 리얼 피싱	1999년 10월 08일	보톰 업	218	스플리츠 초상화 15게임	1993년 06월 25일	이머지니어	109
슈퍼마리오 랜드	1989년 04월 21일	닌텐도	18	승리마 예상 경마귀족	1993년 08월 27일	킹 레코드	112
슈퍼마리오 랜드2 6개의 금화	1992년 10월 21일	닌텐도	81	승리마 예상 경마귀족 EX'94	1994년 07월 29일	킹 레코드	129
슈퍼마리오 랜드3 와리오 랜드	1994년 01월 21일	닌텐도	118	승리마 예상 경마귀족 EX'95	1995년 04월 14일	킹 레코드	144
슈퍼 모모타로 전철	1991년 03월 08일	허드슨	54	승부사 전설 테츠야 신주쿠 천운편	2001년 02월 09일	아테나	262
슈퍼 모모타로 전철II	1994년 02월 18일	허드슨	118	시공전기 무	1991년 09월 13일	허드슨	58
슈퍼 미엘 GB 미엘 베어의 해피 메일 타운	2000년 12월 01일	토미	257	시저스 퍼레스	1992년 08월 07일	코코너츠 재팬 엔터테인먼트	91
슈퍼 봄블리스	1995년 03월 17일	BPS	139	신SD건담 외전 나이트 건담 이야기	1994년 09월 09일	반다이	122
슈퍼 봄블리스 디럭스	1997년 12월 10일	BPS	220	신경마귀족 포켓 자키	1998년 10월 16일	킹 레코드	189
슈퍼 블랙 배스 리얼 파이트	1999년 12월 10일	스타 피시	221	신비한 블로비 프린세스·블로비를 구하라!	1990년 11월 09일	자레코	31
슈퍼 블랙 배스 포켓	1996년 12월 28일	스타 피시	159	신세기 GPX 사이버 포뮬러	1992년 02월 28일	바리에	85
슈퍼 블랙 배스 포켓2	1997년 06월 20일	스타 피시	167	신세기 에반게리온 마작 보완계획	2000년 09월 29일	킹 레코드	238
슈퍼 블랙 배스 포켓3	1998년 11월 27일	스타 피시	190	신일본 프로레슬링 투혼 삼총사	1993년 01월 29일	바리에	100
슈퍼 비다맨 파이팅 피닉스	1997년 07월 11일	허드슨	163	실바니아 멜로디 ~숲속 친구들과 춤추자!~	2000년 03월 17일	에폭사	245
슈퍼 빅쿠리맨 전설의 석판	1992년 12월 11일	유타카	95	실바니아 패밀리 ~동화 나라의 펜던트~	1999년 10월 15일	에폭사	219
슈퍼 스네이커	1994년 12월 20일	요지겐	134	실바니아 패밀리2 ~물드는 숲의 판타지~	2000년 12월 22일	에폭사	260
슈퍼 스트리트 바스켓볼	1992년 03월 19일	밥	86	실바니아 패밀리3 별 내리는 밤의 모래시계	2001년 12월 21일	에폭사	283
슈퍼 스트리트 바스켓볼2	1994년 09월 16일	밥	130	실전에 도움이 되는 바둑 묘수풀이	2000년 08월 11일	포니 캐니언	253
슈퍼 차이니즈 랜드	1990년 04월 20일	컬처 브레인	37	썬더버드	1993년 02월 12일	비아이	106
슈퍼 차이니즈 랜드 1·2·3	1996년 09월 13일	컬처 브레인	153	씨사이드 발리	1989년 10월 31일	톤킹 하우스	24
슈퍼 차이니즈 랜드2 우주대모험	1991년 11월 29일	컬처 브레인	71	아			
슈퍼 차이니즈 랜드3	1995년 01월 13일	컬처 브레인	143				
슈퍼 차이니즈 파이터 EX	1999년 12월 24일	컬처 브레인	223				

제목	발매일	제작사	페이지
아니마스타 GB	2001년 03월 30일	미디어 팩토리	275
아담스 패밀리	1992년 10월 23일	미사와 엔터테인먼트	93
아더 라이프 애저 드림스 GB	1999년 08월 05일	코나미	201
아레사	1990년 11월 16일	야노만	32
아레사 II	1991년 09월 27일	야노만	59
아레사 III	1992년 10월 16일	야노만	81
아루루의 모험 마법의 주얼	2000년 03월 31일	컴파일	247
아메리카 횡단 울트라 퀴즈	1990년 12월 23일	토미	34
아메리카 횡단 울트라 퀴즈 PART2	1991년 12월 20일	토미	60
아메리카 횡단 울트라 퀴즈 PART3 챔피언 대회	1992년 11월 27일	토미	82
아메리카 횡단 울트라 퀴즈 PART4	1993년 10월 29일	토미	114
아미다군	1990년 10월 23일	코코너츠 재팬 엔터테인먼트	45
아스믹군 월드2	1991년 05월 24일	아스믹	66
아스트로 라비	1990년 10월 12일	아이·지·에스	44
아아 하리마나다	1993년 07월 23일	애스크 코단샤	110
아야카시의 성	1990년 05월 25일	세타	39
아웃 버스트	1993년 03월 26일	코나미	108
아쿠아 라이프	1999년 10월 22일	탐 소프트	219
악마성 드라큘라 ~칠흑의 전주곡~	1997년 11월 27일	코나미	165
악마성 스페셜 나는 드라큘라군	1993년 01월 03일	코나미	100
알터드 스페이스	1991년 11월 29일	에픽·소니 레코드	71
알프레드 치킨	1995년 07월 28일	선 소프트	147
양천인간 배트실러 닥터·가이의 야망	2001년 11월 01일	코나미	282
애니멀 브리더	1997년 10월 17일	J윙	170
애니멀 브리더2	1998년 05월 15일	J윙	184
애니멀 브리더3	1999년 06월 24일	J·윙	215
애니멀 브리더4	2001년 01월 01일	J·윙	272
애프터 버스트	1990년 10월 26일	NCS	45
야광충 GB	1999년 10월 22일	아테나	204
야구 시뮬레이션 포켓 프로야구	2000년 03월 10일	에폭사	244
야단법석! 펭귄 BOY	1990년 08월 08일	나츠메	41
어나더·바이블	1995년 03월 03일	아틀라스	138
어락왕 TANGO!	2000년 02월 11일	J·윙	243
언더 커버 캅스 파괴신 가루마	1993년 12월 10일	아이렘	114
언제든지 파친코 GB CR 몬스터 하우스	2000년 07월 04일	탐 소프트	250
언제든지! 낭하고 원더풀	1998년 06월 26일	반프레스토	186
얼레이웨이	1989년 04월 21일	닌텐도	19
에리의 아틀리에 GB	2000년 01월 08일	이머지니어	226
에스트폴리스 전기 되살아나는 전설	2001년 09월 07일	타이토	270
에어로 스타	1991년 06월 28일	빅 토카이	67
에어포스 델타	2000년 11월 22일	코나미	256
에이리언 VS 프레데터	1993년 09월 24일	애스크 코단샤	113
에이리언³	1993년 07월 09일	어클레임 재팬	110
엘리베이터 액션	1991년 08월 09일	타이토	57
엘리베이터 액션 EX	2000년 09월 29일	알트론	237
여류 작사에게 도전 GB ~우리에게 도전해줘!~	1999년 12월 17일	컬처 브레인	221
여신전생 외전 라스트 바이블	1992년 12월 25일	아틀라스	98
여신전생 외전 라스트 바이블	1999년 03월 19일	아틀라스	211
여신전생 외전 라스트 바이블 II	1993년 11월 19일	아틀라스	104
여신전생 외전 라스트 바이블 II	1999년 04월 16일	아틀라스	212
역만	1989년 04월 21일	닌텐도	20
연대왕	1994년 09월 16일	비젯	130
연주 클럽 오목	1996년 05월 17일	헥터	156
열투 더 킹 오브 파이터즈'95	1996년 04월 26일	타카라	156
열투 더 킹 오브 파이터즈'96	1997년 08월 08일	타카라	168
열투 리얼 바우트 아랑전설 스페셜	1998년 03월 27일	타카라	184
열투 사무라이 스피리츠	1994년 06월 30일	타카라	121
열투 사무라이 스피리츠 잔쿠로 무쌍검	1996년 08월 23일	타카라	157
열투 아랑전설2 새로운 결투	1994년 07월 29일	타카라	121
열투 월드 히어로즈2 JET	1995년 02월 24일	타카라	138
열투 투신전	1996년 03월 22일	타카라	156
열혈 고교 축구부 월드컵편	1991년 04월 26일	테크노스 재팬	65
열혈 고교 피구부 강적! 투구 전사의 권	1991년 11월 08일	테크노스 재팬	70
열혈! 비치발리볼이다♥ 쿠니오군	1994년 07월 29일	테크노스 재팬	129
열혈경파 쿠니오군 번외난투편	1990년 12월 07일	테크노스 재팬	33
옛날이야기 대전	1995년 08월 04일	요지겐	141
오니가시마 파친코 가게	1991년 02월 08일	코코너츠 재팬 엔터테인먼트	62
오델로	1990년 02월 09일	카와다	35
오델로 밀레니엄	1999년 10월 08일	츠쿠다 오리지널	218
오델로 월드	1994년 09월 30일	츠쿠다 오리지널	131
오싹오싹 히어로즈	2000년 08월 04일	미디어 팩토리	252
오이데 라스칼	2001년 04월 25일	탐	276
오쟈마루 ~달밤이 연못의 보물~	2000년 07월 14일	석세스	251
오쟈마루 ~만간 신사는 젯날이다!~	2000년 06월 30일	엠·티·오	250
오하스타 댄스 댄스 레볼루션 GB	2001년 02월 08일	코나미	272
오하스타 야마짱 & 레이몬드	1999년 03월 12일	에폭사	210
옷 갈아입기 햄스터	2001년 12월 21일	빅터 인터렉티브 소프트웨어	283
와리오 랜드2 도둑맞은 재보	1998년 10월 21일	닌텐도	178
와리오 랜드3 신비한 오르골	2000년 03월 21일	닌텐도	229
왕도둑 JING 데빌 버전	1999년 03월 12일	메사이어	210
왕도둑 JING 엔젤 버전	1999년 03월 12일	메사이어	210
요미혼 유메고요미 천신괴전2	1992년 03월 13일	멜닥	86
요시의 알	1991년 12월 14일	닌텐도	60
요시의 쿠키	1992년 11월 21일	닌텐도	82
요시의 파네퐁	1996년 10월 26일	닌텐도	154
요정 이야기 로드·랜드	1993년 05월 21일	자레코	109
우디 우드페커의 고! 고! 레이싱	2001년 03월 15일	코나미	273
우루세이 야츠라 미스 토모비키를 찾아라!	1992년 07월 03일	야노만	89
우주의 기사 테카맨 블레이드	1992년 12월 18일	유타카	96
우주인 타나카 타로로 RPG 쯔쿠르 GB2	2001년 07월 20일	엔터 브레인	279
우주 전함 야마토	1992년 07월 17일	벡	90
울트라맨	1991년 12월 29일	벡	73
울트라맨 볼	1994년 12월 22일	벡	134
울트라맨 초투사격전	1994년 08월 26일	엔젤	122
울트라맨 클럽 적 괴수를 발견하라	1990년 05월 26일	반다이	39
울티마 잃어버린 룬	1991년 12월 14일	포니 캐니언	72
울티마 잃어버린 룬2	1993년 11월 19일	포니 캐니언	103
웃는 개의 모험 GB SILLY GO LUCKY!	2001년 02월 23일	캡콤	273
원기폭발 간바루가	1992년 11월 27일	토미	95
원인 컬렉션	1996년 11월 22일	허드슨	158
원인 콧츠	1995년 03월 24일	비아이	144

원조!! 얀챠마루	1991년 07월 11일	아이렘	67	
월드 볼링	1990년 01월 13일	아테나	35	
월드 비치 발리 1991 GB컵	1991년 12월 13일	아이·지·에스	72	
월드 사커 GB	1998년 06월 04일	코나미	185	
월드 사커 GB2	1999년 06월 24일	코나미	215	
월드 사커 GB 2000	2000년 07월 06일	코나미	251	
월드 아이스하키	1991년 04월 12일	아테나	64	
월드컵 USA'94	1994년 07월 29일	선 소프트	129	
월드컵 스트라이커	1994년 06월 17일	코코너츠 재팬 엔터테인먼트	128	
웨딩피치 쟈마피 패닉	1995년 12월 08일	케이에스에스	148	
웨트릭스 GB	1999년 10월 29일	이머지니어	219	
웰컴 나카요시 파크	1994년 03월 03일	반다이	124	
위너즈 호스	1991년 09월 20일	NCS	70	
위저드리 미친 왕의 시련장	2001년 02월 23일	아스키	263	
위저드리 엠파이어	1999년 10월 29일	스타 피시	205	
위저드리 엠파이어 ~부활의 지팡이~	2000년 12월 22일	스타 피시	242	
위저드리 외전Ⅰ 여왕의 수난	1991년 10월 01일	아스키	52	
위저드리·외전Ⅱ 고대 황제의 저주	1992년 12월 26일	아스키	77	
위저드리·외전Ⅲ 어둠의 성전	1993년 09월 25일	아스키	103	
위저드리Ⅱ 리루가민의 유산	2001년 02월 23일	아스키	263	
위저드리Ⅲ 다이아몬드 기사	2001년 02월 23일	아스키	264	
유☆유☆백서	1993년 07월 23일	토미	102	
유☆유☆백서 제2탄 암흑무술회편	1993년 12월 10일	토미	115	
유☆유☆백서 제3탄 마계의 비편	1994년 06월 03일	토미	127	
유☆유☆백서 제4탄 마계통일편	1994년 12월 09일	토미	134	
유☆기☆왕 듀얼 몬스터즈	1998년 12월 17일	코나미	174	
유☆기☆왕 듀얼 몬스터즈4 최강 결투자 전기 유우기 덱	2000년 12월 07일	코나미	258	
유☆기☆왕 듀얼 몬스터즈4 최강 결투자 전기 죠노우치 덱	2000년 12월 07일	코나미	258	
유☆기☆왕 듀얼 몬스터즈4 최강 결투자 전기 카이바 덱	2000년 12월 07일	코나미	241	
유☆기☆왕 듀얼 몬스터즈Ⅱ 암계 결투기	1999년 07월 08일	코나미	199	
유☆기☆왕 듀얼 몬스터즈Ⅲ 삼성전신강림	2000년 07월 13일	코나미	232	
유☆기☆왕 몬스터 캡슐 GB	2000년 04월 13일	코나미	230	
육문천외 몬콜레나이트 GB	2000년 12월 01일	카도카와 서점	258	
이니셜D 외전	1998년 03월 06일	코단샤	182	
이데 요스케의 마작 교실 GB	2000년 06월 30일	아테나	250	
이상한 던전 풍래의 시렌 GB ~츠키카게 마을의 괴물~	1996년 11월 22일	춘 소프트	154	
이상한 던전 풍래의 시렌 GB2 사막의 마성	2001년 07월 19일	춘 소프트	269	
이시다 요시오의 바둑 묘수풀이 파라다이스	1990년 12월 21일	포니 캐니언	49	
이시도	1990년 08월 02일	아스키	41	
인디아나 존스 [최후의 성전]	1994년 12월 23일	코코너츠 재팬 엔터테인먼트	134	
인생게임	1995년 06월 23일	타카라	146	
인생게임 전설	1991년 06월 28일	타카라	67	
인생게임 친구를 많이 만들자!	1999년 04월 23일	타카라	212	
일간 베루토모 클럽	1998년 06월 26일	아이맥스	186	
일본 대표팀 영광의 일레븐	1998년 05월 22일	토미	185	

자

자금성	1991년 07월 16일	토에이 동화	68	
쟈드의 전설	1991년 10월 18일	빅 토카이	59	
쟈드의 전설2 가짜 신의 영역	1993년 02월 19일	빅 토카이	101	

자레코 J컵 사커	1993년 07월 23일	자레코	110	
작급생 ~코스프레★파라다이스~	2001년 04월 27일	엘프	268	
작은 에일리언	2001년 02월 23일	크리처스	264	
잔시로	1992년 03월 27일	새미 공업	87	
잔시로2	1994년 03월 18일	새미 공업	125	
장기	1989년 12월 19일	포니 캐니언	24	
장기2	1999년 03월 19일	포니 캐니언	211	
장기3	2001년 12월 24일	포니 캐니언	283	
장기최강	1994년 12월 23일	마호	135	
잭의 대모험 ~대마왕의 역습~	2000년 01월 15일	이머지니어	243	
저지·드레드	1995년 10월 27일	어클레임 재팬	147	
적중 러쉬	1993년 07월 30일	일본 클라리 비즈니스	111	
전 일본 프로레슬링 제트	1994년 07월 15일	메사이어	128	
전국 닌자군	1991년 03월 08일	UPL	63	
전일본 소년 축구 대회 목표는 일본 제일!	2001년 09월 07일	석세스	281	
전차로 GO!	1999년 12월 10일	사이버 프론트	207	
전차로 GO!2	2000년 12월 08일	사이버 프론트	259	
절대무적 라이징오	1991년 12월 28일	토미	73	
정글 위즈	1991년 06월 21일	포니 캐니언	56	
정글의 왕자 타짱	1994년 07월 29일	반다이	129	
제2차 슈퍼로봇대전G	1995년 06월 30일	반프레스토	140	
제논 메가 블래스트	1992년 12월 25일	PCM 컴플리트	97	
젤다의 전설 꿈꾸는 섬	1993년 06월 06일	닌텐도	100	
젤다의 전설 꿈꾸는 섬 DX	1998년 12월 12일	닌텐도	180	
젤다의 전설 이상한 나무 열매 ~대지의 장~	2001년 02월 27일	닌텐도	265	
젤다의 전설 이상한 나무 열매 ~시공의 장~	2001년 02월 27일	닌텐도	264	
젬젬	1991년 03월 29일	빅 토카이	63	
젬젬 몬스터	1999년 07월 30일	키드	217	
조이드 사신 부활! ~제노브레이커편~	2000년 08월 04일	토미	234	
주역전대 아이렘 파이터	1993년 07월 30일	아이렘	103	
지구해방군 ZAS	1992년 12월 18일	T&E 소프트	96	
지미 코너스의 프로 테니스 투어	1993년 07월 23일	미사와 엔터테인먼트	111	
진·여신전생 데빌 칠드런 ~적의 서	2000년 11월 17일	아틀라스	240	
진·여신전생 데빌 칠드런 ~흑의 서	2000년 11월 17일	아틀라스	240	
진·여신전생 데빌 칠드런 백의 서	2001년 07월 27일	아틀라스	279	
진·여신전생 트레이딩 카드 카드 서머너	2001년 07월 27일	엔터 브레인	279	
질풍! 아이언 리거	1994년 03월 11일	반다이	124	

차

차세대 베이고마 배틀 베이블레이드	1999년 07월 23일	허드슨	200	
챠챠마루 모험기3 어비스의 탑	1991년 08월 02일	휴먼	69	
챠챠마루 패닉	1991년 04월 19일	휴먼	64	
챠르보55 SUPER PUZZLE ACTION	1997년 02월 21일	일본 시스템 서플라이	167	
천신괴전	1990년 04월 27일	멜다	38	
천지를 먹다	1994년 04월 22일	캡콤	120	
철구 파이트! 더·그레이트 배틀 외전	1993년 07월 30일	반프레스토	111	
체스 마스터	1994년 10월 28일	알트론	132	
체크메이트	1999년 04월 16일	알트론	212	
초 GALS! 코토부키 란	2001년 07월 26일	코나미	269	

제목	발매일	제작사	번호
초 GALS! 코토부키 란2 ~미라클→겟팅~	2002년 02월 07일	코나미	286
초마신영웅전 와타루 뒤죽박죽 몬스터	1997년 12월 12일	반프레스토	172
초마신영웅전 와타루 뒤죽박죽 몬스터2	1998년 08월 07일	반프레스토	188
초속 스피너	1998년 09월 18일	허드슨	178
촙 리프터II	1991년 06월 21일	빅터 음악산업	67
총강 전기 바렛 배틀러	1999년 10월 21일	코나미	204
최후의 인도	1993년 12월 18일	아이렘	104
쵸로Q 하이퍼 커스터머블 GB	1999년 07월 30일	타카라	201
춤추는 천재 펫! 댄싱 퍼비	1999년 12월 24일	토미	208
치비 마루코짱 마루코 디럭스 극장	1995년 05월 26일	타카라	145
치비 마루코짱 마을 사람 다 같이 게임이야	2001년 08월 10일	에폭사	280
치비 마루코짱 용돈 대작전!	1990년 12월 07일	타카라	46
치비 마루코짱2 디럭스 마루코 월드	1991년 09월 13일	타카라	69
치비 마루코짱3 가자! 게임 대상의 권	1992년 03월 27일	타카라	87
치비 마루코짱4 이게 일본이야! 왕자님	1992년 08월 07일	타카라	91
치키치키 머신 맨 레이스	1992년 03월 27일	아틀라스	86
치키치키 머신 맨 레이스	2001년 11월 22일	시스컴 엔터테인먼트	270
치키치키 천국	1995년 04월 28일	J윙	145
카			
카드 & 퍼즐 컬렉션 은하	1990년 12월 14일	핫·비	48
카드 게임	1990년 06월 15일	코코너츠 재팬엔 터테인먼트	39
카드 캡터 사쿠라 ~늘 사쿠라와 함께~	1999년 05월 15일	엠·티·오	198
카드 캡터 사쿠라 ~토모에다 초등학교 대운동회~	2000년 10월 06일	엠·티·오	255
카라마쵸는 대소동! ~폴린키즈와 이상한 친구들~	1998년 12월 11일	스타 피시	191
카라무쵸의 대사건	1997년 12월 19일	스타 피시	166
카토 히후미 9단의 장기 교실	1999년 04월 09일	컬처 브레인	196
캇토비 로드	1993년 10월 08일	남코	113
캐딜락II	1990년 11월 30일	헥터	46
캐릭터즈			
캡콤 퀴즈 물음표? 대모험	1990년 12월 21일	캡콤	48
캡틴 츠바사 VS	1992년 03월 27일	테크모	79
캡틴 츠바사J 완전 제패를 향한 도전	1995년 09월 14일	반다이	142
커맨드 마스터	2000년 11월 22일	에닉스	256
커비의 반짝반짝 키즈	1997년 01월 25일	닌텐도	162
커비의 블록 볼	1995년 12월 14일	닌텐도	142
커비의 핀볼	1993년 11월 27일	닌텐도	104
컬럼스 GB 테즈카 오사무	1999년 11월 05일	미디어 팩토리	205
컬렉션 포켓	1997년 11월 21일	나그자트	171
컬트 점프	1993년 09월 10일	반다이	113
케이브 노어	1991년 04월 19일	코나미	55
코나미 GB 컬렉션 VOL.1	1997년 11월 21일	코나미	164
코나미 GB 컬렉션 VOL.2	1997년 12월 11일	코나미	166
코나미 GB 컬렉션 VOL.3	1998년 02월 19일	코나미	181
코나미 GB 컬렉션 VOL.4	1998년 03월 19일	코나미	183
코나믹 골프	1991년 11월 01일	코나미	70
코나믹 바스켓	1992년 09월 25일	코나미	92
코나믹 스포츠 인 바르셀로나	1992년 07월 17일	코나미	89
코나믹 아이스하키	1992년 11월 27일	코나미	95
코로다이스	1990년 12월 07일	킹 레코드	46
코스모 탱크	1990년 06월 08일	아틀라스	29
코시엔 포켓	1999년 03월 12일	마호	210
코지마 타케오· 나다 마사타로의 실전 마작 교실	1998년 12월 25일	갭스	192
코토배틀 천외의 수호자	2001년 03월 09일	알파 드림	265
콘트라	1991년 01월 08일	코나미	53
콘트라 스피리츠	1994년 09월 23일	코나미	123
코로짱 랜드	1992년 10월 30일	히로	94
쿠마의 푸타로 보물찾기다 흥행 게임 배틀	1996년 02월 29일	타카라	156
퀴즈	1990년 03월 16일	코나미	28
퀴즈 세계는 SHOW BY 쇼바이!!!	1992년 08월 07일	타카라	91
퀴즈 일본 옛날이야기 아테나의 물음표?	1992년 12월 18일	아테나	95
퀴즈	1990년 04월 13일	닌텐도	28
퀴즈 어드벤처	1999년 10월 22일	타이토	219
크레용 신짱 나랑 시로는 친구야	1993년 04월 09일	반다이	108
크레용 신짱 나의 기분 좋은 컬렉션	1996년 12월 02일	반다이	158
크레용 신짱2 나와 개구쟁이가 놀이하자	1993년 10월 22일	바나렉스	113
크레용 신짱3 나의 기분 좋은 애슬레틱	1994년 03월 26일	반다이	125
크레용 신짱4 나의 장난 대변신	1994년 08월 26일	반다이	130
크로스 헌터 몬스터 헌터 버전	2001년 04월 12일	게임 빌리지	275
크로스 헌터 엑스 헌터 버전	2001년 04월 12일	게임 빌리지	267
크로스 헌터 트레저 헌터 버전	2001년 04월 12일	게임 빌리지	275
크리스티 월드	1994년 07월 29일	어클레임 재팬	129
클락스	1990년 12월 14일	허드슨	33
키세르카에 모노가타리	1999년 09월 03일	팩·인·소프트	203
키친 패닉	1991년 05월 10일	코코너츠 재팬 엔터테인먼트	65
키테레츠 대백과 모험 오오에도 쥬라이	1994년 07월 15일	비디오 시스템	128
킨다이치 소년의 사건부 ~10년째의 초대장~	2000년 12월 16일	반프레스토	242
킬러 토마토	1993년 03월 19일	알트론	107
타			
타니무라 히토시 류 파친코 공략 대작전 돈키호테가 간다	2000년 08월 11일	아틀라스	253
타이니·툰 어드벤처즈	1992년 02월 01일	코나미	78
타이니·툰 어드벤처즈2 버스터 버니의 폭주 대모험	1993년 12월 22일	코나미	115
타이니·툰 어드벤처즈3 두근두근 스포츠 페스티벌	1994년 11월 25일	코나미	133
타이토 메모리얼 버블보블	2000년 05월 26일	죠르단	249
타이토 메모리얼 체이스 H.Q.	2000년 05월 26일	죠르단	249
타이토 버라이어티 팩	1997년 02월 28일	타이토	162
타이토 체이스 H.Q.	1991년 01월 11일	타이토	62
타즈마니아 이야기	1990년 07월 27일	포니 캐니언	41
타카하시 명인의 모험도II	1992년 03월 06일	허드슨	79
타카하시 명인의 모험도III	1993년 02월 26일	허드슨	106
탑기어·포켓	1999년 04월 23일	KEMCO	198
탑기어·포켓2	1999년 12월 17일	KEMCO	221
태양의 용사 파이어버드 GB	1991년 12월 20일	아이렘	73
태양의 천사 마로 꽃밭은 대 패닉!	1994년 05월 27일	테크노스 재팬	127
터벅터벅! 아스믹군 월드	1989년 12월 27일	아스믹	22
텀블 팝	1992년 11월 20일	데이터 이스트	94
테니스	1989년 05월 29일	닌텐도	20

제목	발매일	제작사	페이지
테일즈 오브 판타지아 나리키리 던전	2000년 11월 10일	남코	239
테크모 볼 GB	1991년 09월 27일	테크모	59
테트리스	1989년 06월 14일	닌텐도	18
테트리스 디럭스	1998년 10월 21일	닌텐도	178
테트리스 어드벤처 가자, 미키와 친구들	1999년 11월 12일	캡콤	206
테트리스 플래시	1994년 06월 14일	닌텐도	120
테트리스 플러스	1996년 12월 27일	자레코	159
토코로'S 마작 Jr.	1994년 12월 22일	빅 토카이	134
토코로씨의 세타가야 컨트리 클럽	2000년 08월 11일	나츠메	232
토키오 전기 영웅열전	1992년 01월 10일	휴먼	84
토피드·레인지	1991년 04월 27일	세타	65
톰과 제리	1992년 12월 18일	알트론	96
톰과 제리 PART2	1994년 01월 14일	알트론	124
톳토코 햄타로 친구 대작전이에요	2000년 09월 08일	닌텐도	254
톳토코 햄타로2 햄짱즈 대집합이에요	2001년 04월 21일	닌텐도	276
통조림 몬스터	1998년 03월 20일	아이맥스	183
통조림 몬스터 파르페	1999년 06월 04일	스타 피시	214
튜록 ~바이오노 사우르스의 싸움~	1998년 08월 07일	스타 피시	188
튜록2 ~시공 전사~	1999년 09월 10일	스타 피시	218
트럭 미트 가자! 바르셀로나로	1992년 02월 14일	히로	85
트럼프 보이	1990년 03월 29일	팩·인·비디오	36
트럼프 보이 II	1990년 11월 09일	팩·인·비디오	45
트럼프 컬렉션 GB	1997년 11월 28일	보톰 업	171
트레이드 & 배틀 카드 히어로	2000년 02월 21일	닌텐도	243
트릭 보더 그랑프리	2000년 03월 31일	아테나	247
트립 월드	1992년 11월 27일	선 소프트	95
트위티 세계 일주 80마리의 고양이를 찾아라!	2000년 08월 11일	KEMCO	253
트윈비다!!	1990년 10월 12일	코나미	31
틴에이지 뮤턴트 닌자 터틀스	1990년 08월 03일	코나미	29
틴에이지 뮤턴트 닌자 터틀스2	1991년 11월 15일	코나미	70
틴에이지 뮤턴트 닌자 터틀스3 터틀스 위기일발	1993년 11월 26일	코나미	114

파

제목	발매일	제작사	페이지
파라솔 헨베 무지개 대모험	1990년 11월 16일	에폭사	45
파로디우스다!!	1991년 04월 05일	코나미	55
파워 미션	1990년 08월 24일	밥	42
파워 프로 GB	1998년 03월 26일	코나미	175
파워 프로군 포켓	1999년 04월 01일	코나미	196
파워 프로군 포켓2	2000년 03월 30일	코나미	230
파이널 리버스	1991년 04월 12일	토에이 동화	64
파이프 드림	1990년 07월 03일	BPS	40
파치슬로 월드컵'94	1994년 07월 29일	아이맥스	129
파치슬로 키즈	1993년 06월 18일	코코너츠 재팬 엔터테인먼트	109
파치슬로 키즈2	1994년 06월 10일	코코너츠 재팬 엔터테인먼트	128
파치슬로 키즈3	1995년 03월 24일	코코너츠 재팬 엔터테인먼트	144
파치슬로 필승 가이드 GB	1995년 01월 27일	마지팩트	138
파치오군 게임 갤러리	1996년 11월 29일	코코너츠 재팬 엔터테인먼트	158
파치오군 캐슬	1994년 04월 22일	코코너츠 재팬 엔터테인먼트	126
파치파치파치슬로 ~뉴 펄서편~	1999년 04월 28일	스타 피시	213
파치코 CR 대공의 겐상 GB	1998년 03월 13일	일본 텔레넷	182
파치코 CR 맹렬 원시인T	1999년 06월 04일	헥터	214
파친코 서유기	1991년 12월 13일	코코너츠 재팬 엔터테인먼트	72
파친코 이야기 외전	1995년 06월 23일	케이에스에스	146
파친코 카구야 공주	1992년 10월 09일	코코너츠 재팬 엔터테인먼트	93
파친코 타임	1989년 12월 08일	코코너츠 재팬 엔터테인먼트	24
파친코 필승 가이드 데이터의 왕	1999년 12월 22일	BOSS	222
파퓰러스 외전	1993년 05월 28일	이머지니어	109
판타즘	1992년 11월 06일	자레코	94
팔라메데스	1990년 10월 12일	핫·비	44
팝픈 뮤직 GB	2000년 03월 30일	코나미	230
팝픈 뮤직 GB 디즈니 튠즈	2000년 11월 22일	코나미	240
팝픈 뮤직 GB 애니메이션 멜로디	2000년 09월 07일	코나미	236
팝픈 팝	2001년 02월 16일	죠르단	263
패널 닌자 케사마루	1992년 05월 02일	에폭사	88
패미스타	1990년 09월 14일	남코	30
패미스타2	1992년 07월 30일	남코	90
패미스타3	1993년 10월 29일	남코	114
패밀리 자키	1991년 03월 29일	남코	54
패밀리 자키2 명마의 혈통	1993년 08월 27일	남코	112
패션 일기	2001년 03월 23일	빅터 인터렉티브 소프트웨어	274
패스티스트·랩	1991년 03월 20일	밥	63
팩 인 타임	1995년 01월 03일	남코	138
팩 패닉	1994년 12월 09일	남코	133
팩맨	1990년 11월 16일	남코	32
퍼니 필드	1990년 06월 15일	SNK	40
퍼즈 루프	2000년 03월 17일	캡콤	228
퍼즈닉	1990년 07월 31일	타이토	29
퍼즐 닌타마 란타로	1996년 11월 01일	컬처 브레인	157
퍼즐보블 GB	1998년 04월 10일	타이토	175
퍼즐보블 밀레니엄	2000년 12월 22일	알트론	260
퍼즐보블4	2000년 04월 28일	알트론	231
퍼즐 보이	1989년 11월 24일	아틀라스	22
퍼즐 보이 II	1991년 08월 02일	아틀라스	68
퍼즐로 승부닷! 우타마짱	2000년 09월 28일	나그자트	254
퍼펙트 쵸로Q	2000년 08월 11일	타카라	253
페라리	1992년 11월 13일	코코너츠 재팬 엔터테인먼트	94
페럿 이야기 디어·마이·페럿	2000년 04월 28일	컬처 브레인	249
페르시아의 왕자	1992년 07월 24일	NCS	90
페어리 키티의 개운 사전 ~요정 나라의 점술 수행~	1998년 12월 12일	이머지니어	191
페인터 모모피	1990년 12월 07일	시그마 상사	47
페케와 포코의 다루만 버스터즈	1991년 08월 03일	반프레스토	69
펜타 드래곤	1992년 07월 31일	야노만	90
펭귄 랜드	1990년 03월 21일	포니 캐니언	36
펭귄군 wars vs.	1990년 03월 30일	아스키	37
포어맨 포 리얼	1995년 10월 27일	어클레임 재팬	148
포용의 던전 룸 -대패수 이야기-	1999년 03월 05일	허드슨	195
포켓 GI 스테이블	1999년 04월 28일	코나미	198
포켓 GT	1999년 10월 15일	엠·티·오	219
포켓 골프	1998년 09월 25일	보톰 업	189
포켓 러브	1997년 07월 18일	키드	163
포켓 러브2	1998년 03월 13일	키드	182
포켓 루어 보이	1999년 07월 23일	킹 레코드	216
포켓 마작	1997년 07월 25일	보톰 업	168
포켓 배스 피싱	1998년 04월 24일	보톰 업	184
포켓 배틀	1992년 4월 48일	시그마 상사	88

포켓 볼링 GB	1998년 10월 23일	아테나	189
포켓 봄버맨	1997년 12월 12일	허드슨	172
포켓 빌리어드 펑크 · 더 · 9볼	2000년 02월 19일	탐	227
포켓 뿌요 SUN	1998년 11월 27일	컴파일	179
포켓 뿌요뿌요 통	1996년 12월 13일	컴파일	155
포켓 뿌요뿌요~	2000년 09월 22일	컴파일	237
포켓 스타디움	1990년 12월 14일	아틀라스	47
포켓 장기	1998년 09월 11일	보톰 업	188
포켓 전차	1998년 10월 30일	코코너츠 재팬	190
포켓 전차2	1999년 04월 02일	코코너츠 재팬	212
포켓 칸지로	1998년 01월 10일	신가쿠샤	181
포켓 컬러 마작	1999년 12월 22일	보톰 업	222
포켓 컬러 블록	1998년 12월 18일	보톰 업	191
포켓 컬러 빌리어드	1999년 12월 24일	보톰 업	223
포켓 컬러 트럼프	1999년 12월 22일	보톰 업	222
포켓 코로짱	1998년 02월 27일	토미	182
포켓 쿠킹	2001년 08월 24일	J · 윙	280
포켓 킹	2001년 02월 23일	남코	263
포켓 패밀리 GB	1998년 08월 09일	허드슨	188
포켓 패밀리 GB2	1999년 08월 06일	허드슨	217
포켓 프로레슬링 퍼펙트 레슬러	2000년 03월 17일	J · 윙	245
포켓 화투	1999년 06월 11일	보톰 업	214
포켓몬 카드 GB	1998년 12월 18일	닌텐도	180
포켓몬 카드 GB2 GR단 등장!	2001년 03월 28일	포켓몬	266
포켓몬 핀볼	1999년 04월 14일	닌텐도	197
포켓몬스터 골드	1999년 11월 21일	닌텐도	194
포켓몬스터 그린	1996년 02월 27일	닌텐도	152
포켓몬스터 레드	1996년 02월 27일	닌텐도	152
포켓몬스터 블루	1996년 10월 15일	닌텐도	153
포켓몬스터 실버	1999년 11월 21일	닌텐도	206
포켓몬스터 크리스탈 버전	2000년 12월 14일	닌텐도	241
포켓몬으로 파네폰	2000년 09월 21일	닌텐도	237
포켓몬스터 피카츄	1998년 09월 12일	닌텐도	177
포코냥! 꿈의 대모험	1994년 08월 05일	토호 · 쇼가쿠칸 프로덕션	130
폭구 연발!! 슈퍼 비다맨 격탄! 라이징 발키리!!	2000년 03월 24일	타카라	246
폭렬 전사 워리어	1990년 04월 13일	에폭사	37
폭전 슛 베이블레이드	2001년 07월 27일	브로콜리	280
폭조 리트리브 마스터	1998년 10월 15일	코나미	189
폭조열전 쇼우 ~하이퍼 · 피싱~	1998년 07월 24일	스타 피시	187
폭주 데코토라 전설 GB 스페셜 남자 배짱의 천하통일	2000년 07월 21일	키드	233
폭주 전기 메탈워커 GB ~강철 같은 우정~	1999년 12월 24일	캡콤	208
폰타와 히나코의 별난 여행길 우정편	1990년 12월 20일	나그자트	48
푸른 전설 슛!	1995년 04월 07일	반프레스토	144
푸치캐럿	1999년 04월 23일	타이토	197
프로 레슬링	1990년 09월 14일	휴먼	43
프로 마작 강자 GB	1999년 07월 09일	컬처 브레인	215
프로 마작 강자 GB2	2000년 02월 24일	컬처 브레인	244
프로 마작 극 GB	1994년 12월 23일	아테나	135
프로 마작 극 GBⅡ	1999년 03월 19일	아테나	211
프로 사커	1992년 03월 27일	이머지니어	87
프론트 라인 THE NEXT MISSION	2001년 02월 23일	알트론	273
프론트 로우	1999년 10월 01일	키드	218
프리스키 톰	1995년 07월 14일	일본 물산	147
프리쿠라 포켓 불완전 여고생 매뉴얼	1997년 10월 17일	아틀라스	165
프리쿠라 포켓2 남친 개조 대작전	1997년 11월 29일	아틀라스	171
프리쿠라 포켓3 ~탤런트 데뷔 대작전~	1998년 12월 18일	아틀라스	191
플래피 스페셜	1990년 03월 23일	빅터 음악산업	36
플리트 커맨더 VS.	1991년 08월 02일	아스키	68
플리플	1990년 03월 16일	타이토	36
피와 땀과 눈물의 고교 야구	2000년 11월 03일	J · 윙	256
피제츠	1994년 04월 22일	코코너츠 재팬 엔터테인먼트	127
피크로스2	1996년 10월 19일	닌텐도	157
피탄	1991년 12월 27일	KANEKO	73
피트맨	1990년 06월 01일	애크로 코단샤	39
피트폴 GB	1999년 05월 28일	포니 캐니언	199
핀볼 66마리의 악어 대행진	1989년 10월 18일	HAL 연구소	21
필살 파친코 BOY CR 몬스터 하우스	2000년 03월 31일	선 소프트	247
핑구 세계에서 제일 건강한 펭귄	1993년 12월 10일	비아이	115
하			
하야오시 퀴즈 ~왕좌 결정전~	1998년 07월 31일	자레코	187
하이퍼 로드 러너	1989년 09월 21일	반다이	21
하이퍼 블랙 배스	1992년 08월 28일	핫 · 비	92
하이퍼 블랙 배스'95	1995년 10월 20일	BLACK LABEL	147
하이퍼 올림픽 시리즈 트랙 & 필드 GB	1999년 07월 01일	코나미	199
하이퍼 올림픽 윈터 2000	2000년 01월 27일	코나미	226
학급왕 야마자키 게임보이판	1999년 05월 29일	코에이	199
한자 BOY	1999년 06월 03일	J · 윙	214
한자 BOY2	2000년 06월 30일	J · 윙	250
한자 BOY3	2003년 06월 05일	J · 윙	288
한자로 퍼즐	2000년 04월 28일	엠 · 티 · 오	248
합격 보이 GOLD ■난 머리를 ●게 한다. 국어 산수 이과 사회 난문의 서	2000년 03월 17일	이머지니어	245
합격 보이 GOLD ■난 머리를 ●게 한다. 국어 산수 이과 사회 상식의 서	2000년 03월 17일	이머지니어	245
합격 보이 GOLD ■난 머리를 ●게 한다. 읽기 쓰기 필순 숙어 한자의 달인	2001년 03월 30일	이머지니어	275
합격 보이 GOLD ■난 머리를 ●게 한다. 입체 평면 도형의 달인	2000년 10월 27일	이머지니어	255
합격 보이 GOLD ■난 머리를 ●게 한다. 정수 소수 분수 단위 계산의 달인	2001년 03월 30일	이머지니어	275
합격 보이 시리즈 「읽고 푸는 고문 단어」준거 Z회 (예문으로 외운다) 궁극의 고문 단어 ~고문 지식 · 문법 기초 다지기~	1998년 12월 25일	이머지니어	192
합격 보이 시리즈 「해체 영숙어」완전 준거 Z회 궁극의 영숙어 1017	1997년 09월 26일	이머지니어	169
합격 보이 시리즈 「해체 영어 구문」완전 준거 Z회 궁극의 영어 구문 285	1997년 11월 28일	이머지니어	171
합격 보이 시리즈 ■난 머리를 ●게 한다. 국어 배틀편	1999년 09월 24일	이머지니어	218
합격 보이 시리즈 ■난 머리를 ●게 한다. 사회 배틀편	1999년 07월 16일	이머지니어	215

합격 보이 시리즈 ■난 머리를 ●게 한다. 산수 배틀편	1999년 03월 12일	이머지니어		209
합격 보이 시리즈 ■난 머리를 ●게 한다. 숫자로 놀자 산수편	1998년 06월 26일	이머지니어		186
합격 보이 시리즈 ■난 머리를 ●게 한다. 이과 배틀편	1999년 11월 05일	이머지니어		220
합격 보이 시리즈 99년도판 영단어 센터 1500	1998년 07월 10일	이머지니어		187
합격 보이 시리즈 고교 입시 역사 연대 암기 포인트 240	1997년 09월 26일	이머지니어		170
합격 보이 시리즈 고교 입시 이과 암기 포인트 250	1997년 10월 01일	이머지니어		170
합격 보이 시리즈 고교 입시에 "나오는 순서" 한자 문제 정복	1997년 08월 29일	이머지니어		169
합격 보이 시리즈 고교 입시에 나오는 순서 중학 영단어 1700	1997년 06월 27일	이머지니어		168
합격 보이 시리즈 고교 입시에 나오는 순서 중학 영숙어 350	1997년 07월 25일	이머지니어		168
합격 보이 시리즈 대학 입시에 나오는 순서 영숙어 타겟 1000	1997년 03월 28일	이머지니어		167
합격 보이 시리즈 세트로 외우는 일본사 타겟 201	1997년 01월 24일	이머지니어		167
합격 보이 시리즈 야마카와 일문일답 세계사B 용어 문제집	1998년 03월 20일	이머지니어		183
합격 보이 시리즈 야마카와 일문일답 신 과정 일본사B 용어 문제집	1998년 04월 22일	이머지니어		184
합격 보이 시리즈 영단어 타겟 1900	1996년 12월 13일	이머지니어		158
합격 보이 시리즈 자주 쓰이는 영어 검정 2급 레벨 회화표현 333	1997년 10월 31일	이머지니어		170
합격 보이 시리즈 키리하라 서점 빈출 영문법 · 어법 문제 1000	1998년 04월 22일	이머지니어		184
합격 보이 시리즈 학연 초등학교 고학년 레벨 입시에 나온 요점 랭크 순서 역사 512	1998년 05월 29일	이머지니어		185
합격 보이 시리즈 Z회 (예문으로 외우는) 중학 영단어 1132	1998년 03월 20일	이머지니어		183
합격 보이 시리즈 학연 초등학교 고학년 레벨 입시에 나온 요점 랭크 순서 관용구 · 속담 210	1998년 01월 30일	이머지니어		181
합격 보이 시리즈 학연 초등학교 고학년 레벨 입시에 나온 요점 랭크 순서 사자성어 288	1998년 01월 30일	이머지니어		181
해리 포터와 마법사의 돌	2001년 12월 01일	일렉트로닉 · 아츠 · 스퀘어		270
해저 전설!! 트레저 월드	2000년 08월 11일	다즈		236
해전 게임 네이비 블루	1989년 12월 22일	유스		22
해전 게임 네이비 블루 90	1990년 12월 07일	유스		32
해트리스	1991년 07월 19일	BPS		57
햄스터 구락부	1999년 10월 29일	죠르단		220
햄스터 구락부 가르쳐줘요–	2001년 09월 21일	죠르단		281
햄스터 구락부 맞춰서 쮸	2000년 09월 22일	죠르단		254
햄스터 구락부2	2000년 12월 15일	죠르단		259
햄스터 이야기 GB + 완전 햄 마법 소녀	2002년 08월 09일	컬처 브레인		288
햄스터 파라다이스	1999년 02월 26일	아틀라스		209
햄스터 파라다이스2	2000년 03월 17일	아틀라스		245
햄스터 파라다이스3	2000년 12월 15일	아틀라스		259
햄스터 파라다이스4	2001년 09월 28일	아틀라스		281
허드슨 · 호크	1992년 03월 13일	에픽 · 소니 레코드		86
헐리우드 핀볼	1999년 12월 23일	스타 피시		222
헤드 온	1990년 12월 07일	테크모		47
헤라클레스의 영광 움직이기 시작한 신들	1992년 12월 27일	데이터 이스트		83
헤로헤로군	2001년 02월 09일	이머지니어		262
헤이세이 천재 바카본	1992년 02월 28일	남코		85
헤이안쿄 에일리언	1990년 01월 26일	멜닥		35
헬로 키티와 디어 다니엘의 드림 어드벤처	2001년 04월 14일	이머지니어		276
헬로 키티의 매지컬 뮤지엄	1999년 04월 28일	이머지니어		213
헬로 키티의 비즈 공방	1999년 07월 17일	이머지니어		216
헬로 키티의 스위트 어드벤처 ~다니엘군과 만나고 싶어~	2000년 07월 19일	이머지니어		233
헬로 키티의 해피 하우스	2002년 03월 02일	엠 · 티 · 오		286
호이호이 게임보이판	1994년 02월 18일	코에이		118
혼자서도 잘해요! 쿠킹 전설	1992년 12월 18일	밥		96
홍콩	1990년 08월 11일	토쿠마 서점		42
화란호룡 학원 ~화투 · 마작~	2000년 07월 28일	J · 윙		252
화석창세 리본	1998년 07월 17일	스타 피시		176
화석창세 리본 II ~몬스터 디거~	1999년 02월 19일	스타 피시		195
환상마전 최유기 사막의 사신	2001년 03월 23일	J · 윙		274
휴대 경마 에이트 스페셜	1994년 11월 18일	이머지니어		133
휴대 전수 텔레팡 스피드 버전	2000년 11월 03일	스마일 소프트		239
휴대 전수 텔레팡 파워 버전	2000년 11월 03일	스마일 소프트		255
히가시오 오사무 감수 프로야구 스타디움'92	1992년 07월 17일	토쿠마 서점 인터미디어		90
히가시오 오사무 감수 프로야구 스타디움'91	1991년 08월 09일	토쿠마 서점		69
히어로 집합!! 핀볼 파티	1990년 01월 12일	자레코		35
힘내라 고에몽 ~성공사 다이너마이트 나타나다!!~	2000년 12월 21일	코나미		259
힘내라 고에몽 ~원령 여행길 뛰쳐나가라 나베부교!~	1999년 12월 16일	코나미		207
힘내라 고에몽 ~텐구당의 역습~	1999년 01월 14일	코나미		194
힘내라 고에몽 ~흑선당의 비밀~	1997년 12월 04일	코나미		165
힘내라 고에몽 납치된 에비스마루	1991년 12월 25일	코나미		61
힘내라! 일본! 올림픽 2000	2000년 07월 13일	코나미		251

당신은 언제나 옳습니다. 그대의 삶을 응원합니다. — 라의눈 출판그룹

게임보이 컴플리트 가이드

초판 1쇄 2020년 8월 3일

지은이 레트로 게임 동호회 옮긴이 최다움
펴낸이 설응도 편집주간 안은주
영업책임 민경업 디자인책임 조은교

펴낸곳 라의눈

출판등록 2014 년 1 월 13 일 (제 2014-000011 호)
주소 서울시 강남구 테헤란로 78 길 14-12(대치동) 동영빌딩 4 층
전화 02-466-1283 팩스 02-466-1301

문의 (e-mail)
편집 editor@eyeofra.co.kr
마케팅 marketing@eyeofra.co.kr
경영지원 management@eyeofra.co.kr

ISBN : 979-11-88726-54-7 13500

이 책의 저작권은 저자와 출판사에 있습니다 .
저작권법에 따라 보호를 받는 저작물이므로 무단전재와 복제를 금합니다 .
이 책 내용의 일부 또는 전부를 이용하려면 반드시 저작권자와 출판사의 서면 허락을 받아야 합니다 .
잘못 만들어진 책은 구입처에서 교환해드립니다 .

ゲームボーイコンプリートガイド

©Shufunotomo Infos Co., LTD. 2019
Originally published in Japan by Shufunotomo Infos Co.,Ltd.
Translation rights arranged with Shufunotomo Co., Ltd.
Through TUTTLE-MORI AGENCY, INC. & Double J Agency

이 책의 한국어판 저작권은 더블제이 에이전시를 통해 저작권자와 독점 계약한 라의눈에 있습니다 .
저작권법에 의해 한국 내에서 보호를 받는 저작물이므로 무단 전재와 무단 복제를 금합니다 .

디자인 | 이시자카 토모, 마츠자키 유, 마이센스
촬영 | 이시다 쥰, 토쿠라 타카노리
자료협력 | 사케칸, 라구타로, 야마자키 코우, 타케노스케 외
편집 | 우치다 아키요 (주부의 벗 인포스)